浅草公園 凌雲閣十二階

失われた〈高さ〉の歴史社会学

佐藤健二 著

弘文堂

浅草公園　凌雲閣十二階——失われた〈高さ〉の歴史社会学

◎目次◎

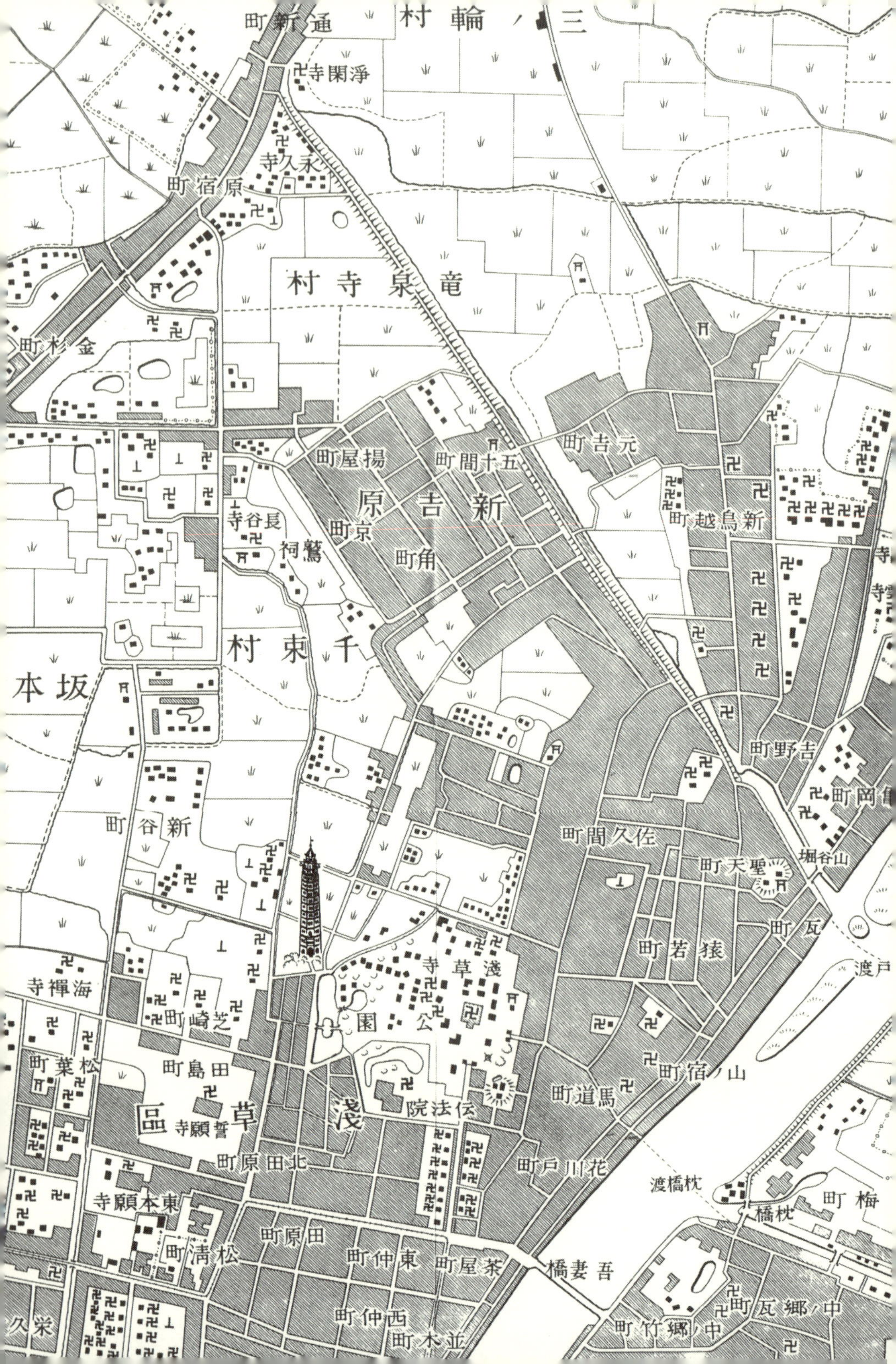
三ノ輪村
通新町
浄閑寺
永久寺
原宿町
竜泉寺村
金杉町
揚屋町
五十間町
元吉町
新吉原
京町
角町
長谷寺
鷲祠
新鳥越町
千束村
坂本
吉野町
岡町
新谷町
佐久間町
聖天町
山谷堀
瓦町
猿若町
海禅寺
浅草寺
公園
芝崎町
松葉町
田島町
山ノ宿町
馬道町
伝法院
浅草区
誓願寺
北田原町
花川戸町
枕橋渡
梅町
枕橋
東本願寺
田原町
松清町
東仲町
茶屋町
吾妻橋
中ノ郷瓦町
西仲町
中郷竹町
並木町

第一章　塔の視覚と想像力——浅草公園・十二階凌雲閣

第三章「十二階凌雲閣」問わず語り

❖喜多川周之「十二階凌雲閣」問わず語り❖

＊目次扉裏の地図は
凌雲閣竣工当時（一八九〇年）の浅草
喜多川周之作図

❖第一章

塔の視覚と想像力

——浅草公園・十二階凌雲閣

一　思い出となればなつかし――凌雲閣を見上げつつ

歌人の吉井勇は、戦後の増補改訂新版の『東京紅燈集』(1)に「凌雲閣」と題して、次のような短歌を載せた。

春来れど寂しかりけり浅草の凌雲閣は見るよしもなく
啄木と凌雲閣を見上げつつ語りしことも夢なりしかな
おもひでとなればなつかし昔見し凌雲閣の美人写真も

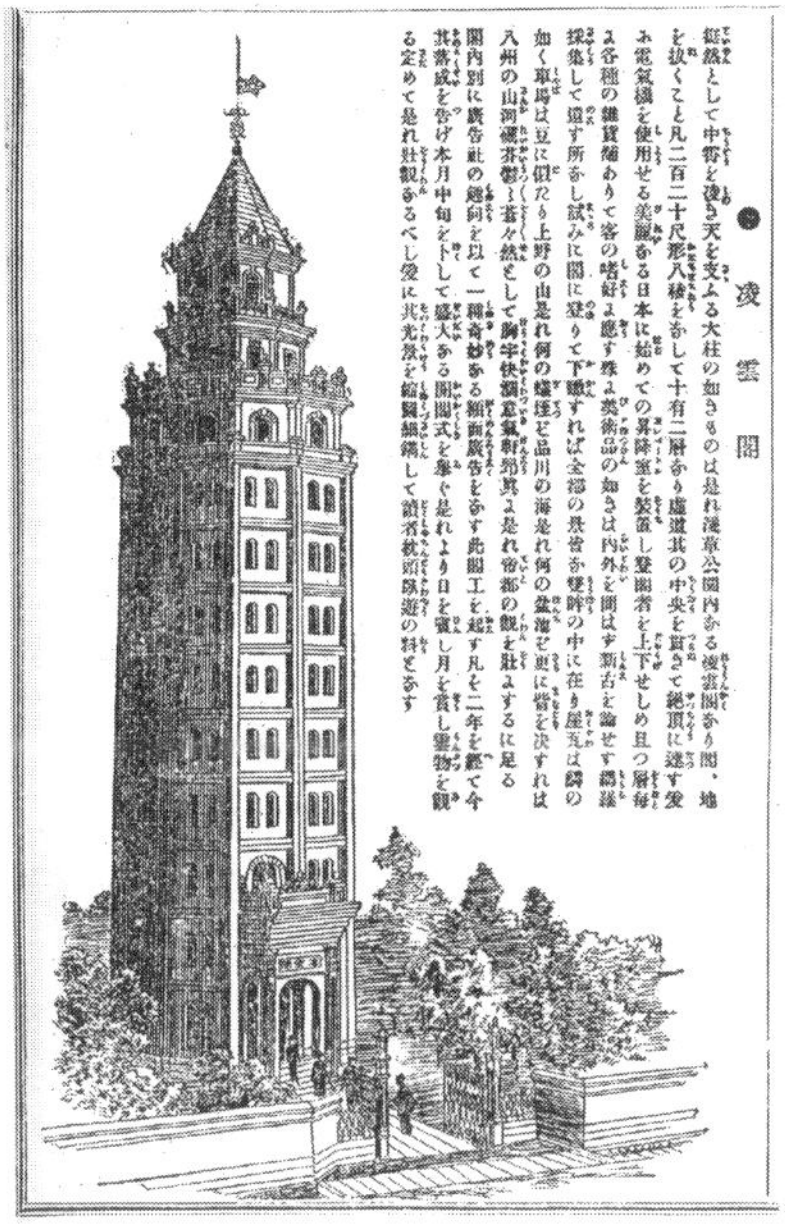
●凌雲閣
聳然として中空を凌ぎ天を支ふる大柱の如きものは是れ浅草公園内なる凌雲閣なり閣・地を抜くこと凡二百二十尺形八稜をなして十有二層なり廬道其の中央を貫きて絶頂に達す傍ふ電気機を使用せる美麗なる日本に始めての昇降室を装置し登閣者を上下せしめ且つ層毎に各種の雑貨舗ありて客の嗜好に應ず殊に美術品の如きは内外を問はず新古を論ぜず網羅採集して遺す所なし試みに閣に登りて下瞰すれば全都の景皆な双眸の中に在り屋瓦は鱗の如く車馬は豆に似たり上野の山是れ何の盆栽ぞ品川の海是れ何の盆池ぞ更に眥を決すれば八州の山河渺茫蒼々然として胸宇快濶意氣軒昂眞に是れ帝都の觀を壯にするに足る閣内別に廣告社の經營を以て一種奇妙なる細面廣告をなす此閣工を起す凡そ二年を經て今其落成を告げ本月中旬をトして盛大なる開閣式を擧ぐ是れより日を重ね月を重ねるし靈物を觀る定めて是れ壯觀なるべし殊に其光景を縮圖組織して讀者枕頭臥遊の料となす

図1-1　郵便報知新聞　1890.10.13

ここで回想されている「凌雲閣」は、明治の中頃から大正の終わりにかけて、浅草を象徴し東京を代表した十二階建ての高塔であった（図1―1）。

吉井勇が寂しさとともに思い出して詠んだのは、それが失われてほぼ四半

(1) 吉井勇『東京紅燈集』新生社、一九四七

世紀の後となる。数多くの明治色の建造物とともに、十二階凌雲閣が崩れたのは、大正一二年（一九二三）九月だった。一日の正午近くをおそった大正関東地震（関東大震災）で、そびえ立つ塔の上部四階が折れて落ち、鉄条が垂れ下がる無残な姿が多くのひとに目撃された（図1―2）。数回の余震のあとになろうか、午後一時半頃、上野の西郷像の崖上から浅草方面を眺めた石井研堂は、その様子を次のように証言している。

「八階目以上は折れて形無く、その八階の折れ口より盛んに火焔を吹き出し、それが南風に煽られて、水平に北方に流れて物凄まじき形相なりし」(2)

余震が断続的に話題にされるなか、さらなる倒潰が危険だからと赤羽の陸軍工兵隊がのこった半壊の残骸を爆破し撤去したのは、その三週間あまりのちの九月二三日であった。

数えてみると三三年間しか、この世に存在していなかったということになる。

吉井が詠んだ「啄木と凌雲閣を見上げつつ」とは、いうまでもなく夭折の文学者との交流で、自分たちの青年期への追憶であ

図1-2　半壊の残骸となった凌雲閣

（2）石井研堂『増訂 明治事物起原』春陽堂、一九二六：六四二

る。明治四一年に東京での作家人生を夢見て上京した石川啄木も、凌雲閣を詠んだ二つの歌をのこした。吉井の思い出は街なかから「見上げ」つつだが、啄木の歌は駆けのぼった「いただき」の位置で詠まれる。

浅草の凌雲閣にかけのぼり息がきれしに
飛び下りかねき(3)

浅草の凌雲閣のいただきに
腕組みし日の
長き日記かな(4)

細馬宏通は、この二つの歌を対比し関連づけながら、新しい小説を書こうとしていたこの早世の歌人の「浅草の凌雲閣」に寄せた、思いの屈折を解読している。

のちに触れる十二階からの自殺者の話題を暗ににおわせる「飛び下りかねき」は、なぜか最初の歌集『一握の砂』に収録されなかった。「腕組みし日の」という収録作に、いわば推敲されたためだ。啄木は、飛び降りることができなかったことをめぐって、一度は提示した「息がきれしに」という身体的で平板な説明を離れていく。そのかわりに腕を組む。腕組みは覚悟である、と同時に、なにかに対する防御の姿勢でもある。ひとは腕を組むことで構え、身を守りながら考える。自分の内面に集中する、そうした作業にともなう構えである。そして自分をとりまく環境に向かいあおうとする。推敲作は、

(3) 石川啄木「莫復問(七十首)」『スバル』五月号、昴発行所、一八九九:六一

(4) 石川啄木『一握の砂』東雲堂、一九一〇:四二

凌雲閣の高みから思いがけずに見え、あるいは感じられたものの奥行きと複雑さとを暗示している。「腕組みし日」の一首は、そのなにものかとの直面を物語ろうとするのである(5)。

　細馬によれば、啄木に見えたのは拡がる「都会の底」(6)であり、その首都の深い底を生きている自分だった。だとすればこの経験は幻視であり、見えたものもまた幻影である。ひょっとしたらこの鋭敏な歌人は、現実の凌雲閣の上には登らなかったのではないか。すなわち、凌雲閣への「かけのぼり」も「いただき」での腕組みも、想像上のできごとであり、つくられた場面なのではないか、と細馬はあえて論じていく。つまり頂上から見ているという、この歌の空間的な構図自体が、啄木自身の新聞校正係の経験から生みだされたまぼろしではないか、という。

　なるほど、そもそも新聞があたえてくれる視界それ自体が、共同のまぼろしであった。おそらく啄木が校正刷ですみずみまで読んだ都会の新聞は、見たこともない殺人や戦争や貧困や富や自殺を、無数にとりあげていた。校正係として直面した新聞の紙面からは、「今までは我々と何の縁もゆかりも無かった様な事件や問題」(7)があふれ出してくる。そして都会を生きる人びとの不幸なる人生が、小説家志望の文学者に迫ってくる。啄木の腕組みは、紙面の向こうがわに見えてしまった「世間」の底のうごめきと向かいあうものではなかったか、という。そうした新しい経験の舞台として、凌雲閣はまことにふさわしい鳥瞰の高みであった。

　校正者としていち早く、またたんねんに世間の事件の記録を読むことを強いられた。そのように強いられたがゆえの「読者の想像力」だったのだという細馬の問題提起は、

(5)『一握の砂』の冒頭に藪野椋十が寄せた序の最初に、その新派の構想の面白さにおいて引用された啄木の句「高きより飛び下りるごとき心もて／この一生を終るすべなきか」[同前：三]にも、収録されなかった十二階の「飛び下りかねき」の一首とひびきあうところがある。同じく「腕拱みて／このごろ思ふ／大いなる敵目の前に躍り出でよと」[同前：四]の一首も、まだなにものかであるかが見すえられていない戦う相手の存在が、「腕組み」において暗示されている。

(6)細馬宏通『浅草十二階』青土社、二〇〇一：二五四―六一

(7)細馬宏通、同前：二四四

新聞メディア論としても、十二階論としても、なかなかに刺激的である。

啄木自身も遅れて東京にやってきた作家として、見下ろされてしまう小さなものたちの側に身を置いている。であればこそ、塔の高みから見えてしまう風景や眺められた事物を、具体的直接的には詠まなかった。その底からの告発に共鳴するがゆえに、この歌人は頂きからの現実を、あえて「眺望」として歌に描かなかったのだ、と細馬は説く(8)。高みから眺め詠って、終わらせてしまうことに耐えられなかったからだ。そうなのかもしれない。ただ私は、啄木の内面を構成する主観的な思い以上に、舞台装置としての高塔が見せてしまっているなにかのほうが気になる。そして見えてしまったものの力が語られるべきではないかと思う。無言の「腕組み」や長い「日記」としてだけ提示する。そのことで、かえってそこに、向かいあう者の内面の拡がりと奥行きが生まれている。そのひとが、「閉塞」の相において見ていたのも時代の単なる思想ではない(9)。

あらためての確認だが、この歌人の文学経験の時空を個別的に深めていくことは、ここでの主題ではない。むしろ、この煉瓦造りの塔の存在と盛衰それ自体が指しめす、都市の近代の集合的な経験のようなものに光をあててみたい。都市は、人口が密集した地理上の空間という以上に、マクルーハン的な理解における「メディア」の作用が重なりあう場でもあった。十二階凌雲閣は、その意味で「浅草」という、あるいは「東京」という空間の変容を映し出すものと位置づけることができる。

十二階凌雲閣とは、いかなる構築物であったのか。

まずは、この高塔がたどった履歴の概略を浮かび上がらせていこう。

(8) 細馬宏通、同前:二三四―二六三

(9) 石川啄木「時代閉塞の現状」[一九一〇執筆](http://www.aozora.gr.jp/cards/000153/card814.html)

二　「エレベートル」を以て縦覧人を昇降し——高みからの見物

上野の内国勧業博覧会

この煉瓦塔が浅草に建てられたのは明治二三年（一八九〇）である。まだ四歳の啄木は渋民村で遊び、同い年の吉井勇はその頃、鎌倉材木座の別荘で暮らしていた。

建設の動機には、さまざまな説がある。

エッフェル塔の模倣とかたるものが多い。しかし、あとで論ずるように、こじつけの思いつきである。帝国憲法発布の記念なども動機として触れられているけれども、たまたま時期をおなじくしたできごとにつなげてみただけのようにも思う。

見過ごせないのは、第三回内国勧業博覧会というイベントの存在である。この年の三月から七月まで上野公園で開催される予定で、準備が進んでいた。そして、全国から見物に集まってくる人びとを目当てにした興行の思惑が、この施設建設の発想の基本にあった。

高みから見晴るかす視覚の楽しみも、受容者の動機として無視できない。浅草は、その楽しみの先進地でもあった。明治一九年三月の浅草寺五重塔（露盤台までの高さが約二五メートル）の修理で組まれた足場に人びとを登らせた企画は意外な注目を集めた（図1-3）。浅草の見世物としては、人造富士山[10]すなわち「富士山縦覧場」（明治二〇年一一月開業、高さ約三二・六メートル）も十二階に先行するが（図1-6）、その見晴らしの

(10) この試みは関西の興行にも影響を与えて、「浪花富士」や今宮村の五階建ての「眺望閣」、北野村の有楽園の九階建ての「凌雲閣」など、浅草の十二階凌雲閣の建設の前に高さを競うブームがあったかのようにも見える。しかし、しばしば引き合いに出された芝公園の愛宕館付属の五層の「愛宕塔」（図1-4）、一般に公開されていたわけではない写真館の「江木塔」（図1-5）、豪商の盛衰に伴う流転の物語を秘めた花やしきの「奥山閣（鳳凰閣）」などを含め、それぞれの建物は個別の性格と歴史とを有しており、必ずしも高さだけを競っていたわけではない。関西の高楼建築ブームについては、橋爪伸也「世俗の塔の誕生」『明治の迷宮都市』平凡社、一九九〇：六一-九六）や行吉正一他「浅草十二階と大阪の展望所を持つ施設」『喜多川周之コレクション第2集』江戸東京博物館調査報告書第二六集、江戸東京博物館、二〇一二：六七-一一三）に詳しい。

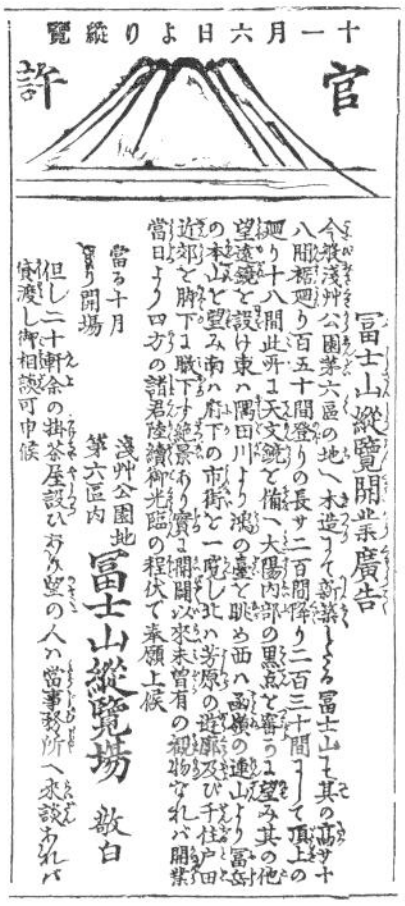

図1-6	図1-4	図1-3
図1-5		

図1-3　五重塔修復図
図1-4　愛宕塔（読売新聞 1890.4.1.）
図1-5　江木塔（『東京景色写真版』1893）
図1-6　富士山縦覧場（読売新聞 1887.11.6.）

提供も五重塔修理のにぎわいから発想されたものであった。凌雲閣の建設は、興行という観点から考えると、五重塔足場と人造富士山の先行事例の楽しみを踏まえたアミューズメント施設としてはじまる。

エッフェル塔という現実の高塔はどのようにかかわるのか。たしかに竣工の前年にあたる明治二二年五月から一一月にかけて、第四回パリ万博が遠いフランスの首都で開催された。新築のエッフェル塔は世界の話題となり、万国博覧会の最大のモニュメントとなった。これまでにない高さは、世界の耳目をあつめる格好の話題であった。それゆえ、ほぼ時期を同じくして建設された高さが売りの十二階凌雲閣もまた、エッフェル塔をモデルにし、それを模したものだと説かれることが多い。たしかに当時の新聞もこの連関・類似に無邪気に言及している。

しかしながら、エッフェル塔がモデルだという説には納得しにくいところもある。高い建造物という類似性の一点だけにたよった連想だからだ。そこから模倣という動機を擬するのは、観念的で単純である。

そもそも高さの類似といっても、その差は大きい。一方の三一二メートルに対して、十二階は公称二二〇尺(11)の約六七メートルでしかない。真似というには目指した高さが違い過ぎる。さらに、鉄と煉瓦との建築素材の差異も、つくり上げられた空間に無視できない特質の違いを生みだしている。一方は骨組みだけで透けて、明るく軽快な外観を有するのに対し、煉瓦を積み上げた空間は重厚で、見通せぬ内部をもつ差異も見落とされてはならない。

むしろ塔そのものを直接に見て模倣してというより、「博覧会」という場が共有され

(11) さまざまな文献に「二二〇尺」と出てくるが、大正一〇年の震災予防調査会の実測で「一七二尺四寸」という高さも報告されている『震災予防調査会報告』九七号甲、震災予防調査会、一九二一：八-九」。建築学者の堀口甚吉は、震災予防調査会の計算は天井のふところや入り口の石段の高さを入れておらず、二二〇尺の通説は基礎の底面から避雷針の上までの全体の合計であろうと論じている「堀口甚吉「浅草一二階凌雲閣の建築について」『日本建築学会大会学術講演梗概集』一九六八：八一一」

ていることに注目すべきだろう。この近代的で国家的な催しの、新しいと同時に祝祭的でもあり見世物的でもある場の共通性にこそ、エッフェル塔と凌雲閣とをつなぐ同時代史的な類似性がある。

福原庄七とウィリアム・バルトン

もちろん興行建築物としてのこの高塔は、内国勧業博覧会の側が用意した企画ではない。いわばこの博覧会イベントを当てこんだ民間の事業である。

施主は生糸貿易商とも織物問屋とも建築請負業とも言われている越後長岡出身の福原庄七[12]という人物である。この人を中心に一四〜五名が資本を出しあい、株金を募って設立した「会社」が具体的な事業主体である。この直立の塔すなわち「拾弐階ノ高塔ニシテ、電気ノ作用ニ依リ「エレベートル」ヲ以テ縦覧人ヲ昇降シ、縦覧料ヲ収ムルヲ以テ目的」[13]とする興行施設の会社設立届の計画書の発起人の筆頭に、福原庄七の名があらわれる。

さらに調べてみると、福原は帝国議会の開設や内国勧業博覧会をあてこんで、「大来館」という宿泊兼商業活動のための三階建て煉瓦造りの会館施設を建設しようとしていたことがわかってきた。読売新聞は明治二二年の六月に「来年の国会開設及び大博覧会を当込み、資本金十万円を以て大来館といへる一大旅人宿を設置せんとの計画」[14]を伝え、その発起人として「福原庄七外四名」が、東京府庁に設立願を出したと伝えている。この有限会社は新聞報道によると「内外国人の宿泊を主とし、商品の委託販売競売貨物運送等」の営業をおこなうとあって、もうひとつ具体的な業態がイメージしにくい。しか

(12)「福原庄太郎」「庄三郎」と記しているものもあるが、「会社設立届」にある名前がもっとも正確であろう。この人物について、喜多川周之は長岡市役所にまで問い合わせて調べたというが、よくわからなかったという。さて同一人物かどうか確かではないが、大阪の朝日新聞を調べると、明治二〇年一〇月に商用での渡米の挨拶広告が「福原庄七」の名で謹告されている［九月二七日・一〇月一日］。もし貿易商であったとしたら、同一人物である可能性もある。福原が大阪で活動していた時期があったとすると、大阪の高塔ブームとの関係や、凌雲閣という同一名での東西の競争について、一つのつながりを与えることになるかもしれない。

(13)「会社設立届」『東京市史稿 市街篇』第八〇、東京都公文書館、一九八九：五八五

(14) 読売新聞、一八八九年六月二九日および七月一六日記事

図1-8　W.K. Burton（喜多川周之模写）

し、株金の募集のためにつくられたであろう『大来館規則書』（図1-7）をみると、宿泊の施設であると同時に、商品を陳列し商談ができるとともに娯楽のための遊戯場のような設備も計画されていて、十二階の商品陳列場としての性格とつながらないわけではない。株式募集の規則書の書き方が、設立願と類似しているのも偶然とは思えない。

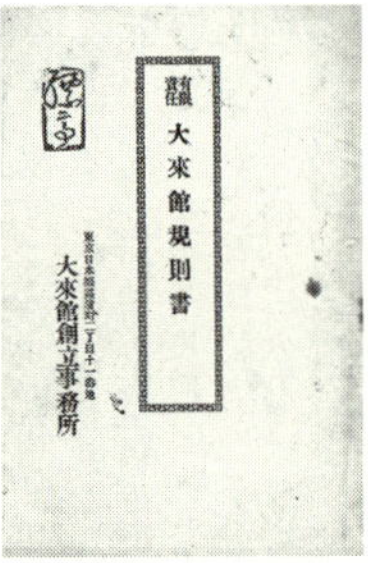

図1-7　大来館の設立趣意書

さて設計者は、帝国大学のお雇い外国人教師で水道の衛生技師でもあったウィリアム・K・バルトン（図1-8）である。日本人の妻をめとり、この国で病死し青山墓地に眠ることになる、このスコットランド人については、近年顕彰が進んでいる[15]。バルトンの人生も、十二階凌雲閣の建設にかかわることで大きく変わった。このお雇い外国人の結婚と日本への定住はおそらく、凌雲閣建設のたまものである。孫にあたる鳥海たへ子の遺稿には、なかなかおもしろいエピソードが記されている。たとえばバルトンの幼い娘のタマ（多満子）は、妻マツの父親の荒川善八を気味わるがったのだという。善八は「チャキチャキの江戸っ子」で、背中から腕までたいそうな入れ墨があったからだ。それゆえマツは、襟元から手首まですっぽりと隠れるシャツを善八に着せてしまった、という。ここから類推できるのは、バルトンと結婚したマツの父親の荒川善八が、鳶職であった可能性である。鳥海が推理しているように、十二階を建てた時の職人であった

（15）新たな発掘と顕彰のひとつは、上下水道の衛生技師としての国際的な業績を中心としたものである。早くにまとめられた試みは稲葉紀久雄『都市の医師：浜野弥四郎の軌跡』［水道産業新聞社、一九九三］であろう。バルトンの弟子で台湾の上下水道事業にかかわった浜野弥四郎の生涯を掘り起こすなかで、バルトンの復権を図っている。稲葉が中心になって『水道公論』［日本水道新聞社］や『下水文化研究』［下水文化研究会］といった刊行物での新たな顕彰が二〇〇〇年代に繰り広げられている。またコナン・ドイル研究者の石井貴志は、バルトンの写真家としての活動を丹念に探究している。

という事情が潜んでいそうに思う。

凌雲閣の竣工は明治二三年（一八九〇）で、娘のタマの誕生が明治二五年（一八九二）であった。ということは、バルトンが家庭をもったのは高塔の工事が終わったあとということになろう。しかしながら、喜多川さんが東京都公文書館から探しだしたバルトンと「荒川まつ」との婚姻の公式書類の日付は、明治二七年（一八九四）五月一九日である。このあたりについても、バルトンの孫にあたる鳥海たへ子『霧の中から』が入り組んだ事情を説明してくれている。じつはマツ（マツ子）はタマの「育ての母」であったようで、「生みの母」はウメ子（おそらくウメ）といった。鳥海は名前からの当て推量だが、二人は姉妹だったのではないかとし、「私の想像を許していただきますと、タマ子がマツ子によく懐いていたのと異国で赤子を連れてやもめになったバルトンに同情して結ばれた結婚であったのかもしれません」(16)と書いている。この時、バルトンは三八歳である。亡姉もしくは亡妹の代わりに、妹あるいは姉が後妻に入るような縁組みはかなり普通におこなわれていたので、この推測があたっている可能性は高い(17)。

建設工事を請け負ったと言われているのは、のちに煉瓦造りの吉沼時計店の塔を建築する和泉孝次郎(18)であった。当初は内国勧業博覧会に間に合わせた三月末の完成を意識していた。しかし実際には上野公園で開かれていた会期中での竣工はまったくかなわず、会社の設立届が浅草区長に出されたのも、六月になってからであった。

凌雲閣が登高縦覧興行施設として浅草のなかでも公園という「新開」の地に開業したのは、けっきょくその年の一一月である。

(16) 鳥海たへ子『霧の中から』［日本下水文化研究会、一九九四：一四］。マツが荒川善八の「二女」であったことは、喜多川さんが参照した国立公文書館所蔵の婚姻関係の書類から確かめられているからである。

(17) このあたりの母子関係の複雑さについては、喜多川さんからお聞きした記憶がない。喜多川さんは少なくとも二度、鳥海たへ子さんに会っており、『霧の中から』で触れられた幾つかのエピソードについては、直接話を聞いている可能性もあるが、あとから思い出したということもある。また逆に喜多川さんから教えられた情報が、混じっている可能性もある。時期は明確でないが、最初の訪問は一九六〇年前後ではないだろうか。もう一度は、一九七八年二月のＮＨＫの番組「十二階繁盛記」への出演の時の再会である。

「祖父バルトンは、江戸の名残のある庶民生活が大変好きであったらしく、愉快な江戸庶民の暮らしぶりなどの写真集を作り、自分の結婚記念に出版しています」［：一五］とあるのは、『Out-of-Doors Life in JAPAN』が、結婚記念の配りものだったのではないかという、喜多川さんの推定と対応している。しかし、その「結婚記念」が意味する時期はむずかしい。喜多川コレクションに所蔵されているバルトンの写真集は、この『Out-of Doors Life in JAPAN』だけである。これと一部分重なった写真を収録するものに『Scenes From Open Air Life in Japan』

凌雲閣に登る人びと

開業して三〜四年のあいだ、登ってみようという客の関心を集め、十二階凌雲閣は話題にもなり注目もされた。

当初は一〇月末あたりに開業式をと報じられていたが、エレベーターの不調で延期。一一月二日お披露目の予定を新聞広告（図1-9）にまで出したものの、準備が整わず再び延期された。次に掲載された広告（図1-10）では一一月一〇日に開業式をおこなうとしているが、実際におこなわれたのは一一日であった。

開業後はじめての日曜日であった一六日には、一日約六八〇〇人[19]が訪れ、その次の日曜日の登閣者は約五四〇〇人[20]であったというから、相当に目立つ賑わいだったに違いない。開業翌年の元旦の早朝に、十二階の上から初日の出を見ようと塔に集まったひとは三〇〇〜四〇〇人にもなり[21]、その正月の「三が日」の登閣者の総計は、およそ二万人にのぼったという[22]。開業してすぐにも登ったことがあるという岸田吟香は、明治二四年の正月の五日に家族と凌雲閣を訪れ、次のように記している。

「凌雲閣に登る。これ去年新築したる十二層の高塔也。さる十一月十四日にも、妻と共に登りたれども、その時は薄暮にて、何もよく見えざりしが、今日は四方遠く見渡して、景色よし。あれは上野、これは隅田川、遠くに高く見ゆる屋根は、築地の本願寺なり。わが住む銀座は、かしこの辺りなるべしなど、おふく等に指さしをしゆ。風つよく吹きて、いと寒し。暫く遊びて下りぬ。」[23]

(ca. 1893) があるが、判型はまったく異なる大型である。両者ともに発行年月不明であるが、ロンドンの Japan Society Library の目録（Transactions and Proceedings, Vol.1）に「July 31, 1893」の受け入れ記録があるという。もしこの本が一八九三年七月末日の図書館リストに載っているとすれば、「結婚記念」はマツとの正式書類の提出の一八九四年ではなく、タマ子誕生の一八九二年から一八九三年の間であろうか。つまり先妻であったウメとの結婚記念と考えるならば、一八九一年頃まで遡らせることもできる。十二階はすでに立派に完成して写っているので、一八九〇年以前ということはありえない。

(18) 資料によっては「泉好治郎」「和泉幸次郎」「和泉幸次」等記載に揺れがあるが、おそらく同一人物であろう。当時の建築学会の名簿を確認した堀口甚吉の報告に依った。

(19) 読売新聞、一八九〇年一一月一八日

(20) 読売新聞、一八九〇年一一月二五日

(21) 読売新聞、一八九一年一月二日

(22) 読売新聞、一八九一年一月五日

(23) 『岸田吟香日記』湖北社、一九八二：明治二四年一月五日の項

開業半年後の記録をみわたすと、一日平均で三〇〇人ていどの賑わいだったらしい。(24) しかしながら、開業七年目の明治三〇年（一八九七）には「一日僅か数十名に止まり毎日二十余円宛の損害を蒙り居る始末」(25) という凋落ぶりをしめす。職人や小僧たちの休日で普段にはない賑わいを見せる「藪入り」でも、開業翌年の正月には午前中だけで約一二〇〇から一三〇〇人で、(26) 三年目の正月にも同じく午前中に約一〇〇〇人ばかりの登閣者があったというのに、開業一〇年目になる明治三三年（一九〇〇）の夏の「藪入り」休暇の時期には、

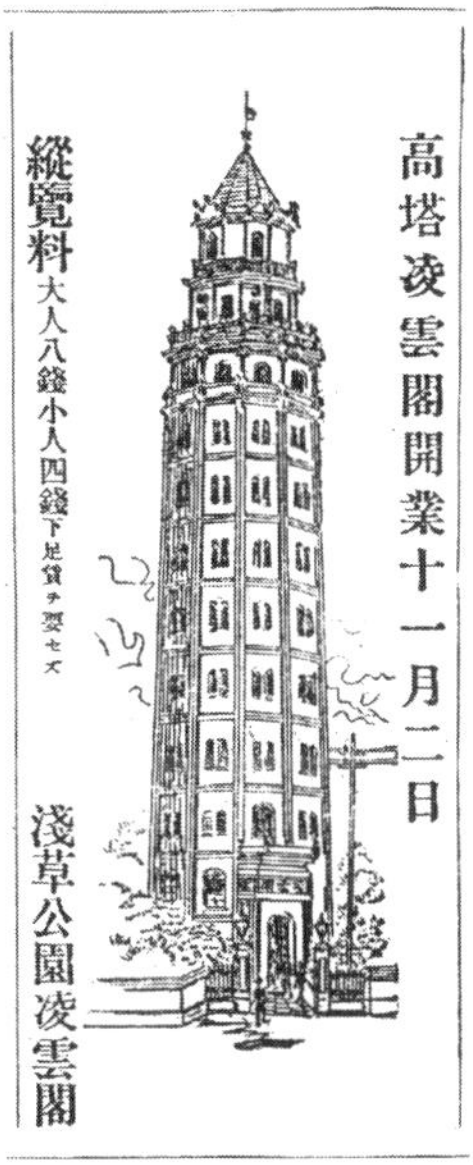

図1-9　郵便報知新聞 1890.11.2.

図1-10　読売新聞 1890.11.4.

「奥山の見世物はこれまた客留めの上景気に引きかへ、凌雲閣は左程の登覧者なかりしは最早あまり珍らしがられぬためならん」(27)

と書かれるにいたる。明治四二年（一九〇九）になると「日曜祭日にても登覧者は五六人に過ぎざりし」(28) との寂しい報告もある。それでもなお、夏の藪入りの時など

(24) 読売新聞、一八九一年七月五日
(25) 読売新聞、一八九七年三月一四日
(26) 読売新聞、一八九一年一月一七日
(27) 二六新報、一九〇〇年七月一六日
(28) 東京朝日新聞、一九〇九年一月二五日。ただし、この記事の「五六人」は誤植の可能性もある。一日後の読売新聞の記事では「日曜祭日とても五六十名以上の登覧者なかりしを」［読売新聞、一九〇九年一月二六日］という説明となっているからである。

には「ふだんあまり人影を見ない凌雲閣の上にまで黒豆の様に小さい頭が沢山見える」(29)とあって、世の中が休み気分になれば思い出されて足が向くような施設であった。

高塔のたそがれ

大正九年（一九二〇）に一八歳であった新進漫画家宮尾しげをは、凌雲閣は「旧世紀の遺物」で、もはや「田舎人士の東京見物の一ッ」でしかないと述べて、世の中での厳しい評価を代弁した。(30)

しかしながら、あいかわらず東京を代表する見どころであったことは事実である。明治後期から数多く出された東京の観光案内書の類は実際に、浅草寺や浅草公園の説明のなかで、たとえば「凌雲閣あり、俗に十二階と称す、眺望最も佳也」(31)など、必ず見どころとしてこの高塔からの眺望に触れている。(32)大正期の修学旅行案内でも「螺旋状の階段を上つて最上層に至れば、地上は寸馬豆人、目も眩めく如くである」(33)というふうに記されて、東京見物の学生たちの好奇心をかき立て続けたのである（図1―11）。

そのもっとも念入りな推薦が、紀行文作家でもあった田山花袋の「浅草十二階の眺望」である。大正七年というと、すでにお世辞にも立派とはいいにくくなった明治色の濃い煉瓦塔ではあるが、そこから見た山の眺めは、「日本にもたんとない眺望の一つである」と花袋は躊躇なく断言する。秋の晴れた日が殊にすばらしいと、田山の故郷の上州の山々をはじめ、丹沢や多摩や秩父や房総の群山に思いを馳せ、「実際、十二階の上の眺望は、天然の大パノラマである。是非一度は登つて見なければならないと思ふ」(34)と読者に呼びかけている。

(29) 二六新報、一九〇九年七月一六日

(30) 『日本一』第六巻第四号、南北社、一九二〇：二〇三

(31) 東京市編纂『東京遊覧案内』博文館、一九〇七：二三七

(32) たとえば、古くは野崎左文『日本名勝地誌 第二編』［博文館、一八九四］が「其頂上に登れば地上の行人はさながら豆の如く四方の眺望眼界を遮るもの無くして、東京の大半を望むべく、真に凌雲の名に背かざる高塔なり」と勧めている。震災前の浅草は、やはり「東都第一」の盛り場で「東京一の熱閙場」［児島新平編『三府及近郊名所名物案内』日本名所案内社、一九一八：八］であり、大正博覧会見物のために出版された東京案内は、十二階と浅草国技館が並び立つ写真を掲げて、「突き当りが有名な凌雲閣即ち十二階で、これに登れば東京市街を大観することが出来る」［石倉翠葉編『東京案内』中央教育会、一九一四：五八］と説く。他の

劇作家で脚本家でもあった仲木貞一は、啄木らと同じく明治一九年生まれ、一二歳の時にはじめて浅草の十二階に昇ったというから、明治三〇年代の初めである。その時の印象は「すべての物が面白く賑やか」に思えた。十二階にはすこぶる多数の人が昇り降りし、望遠鏡も申しこみが多くてなかなか自分たちにまで回ってこなかったという。しかし、次に訪れたのは数年後の中学卒業時で、日露戦争当時の明治三八年（一九〇五）

図1-11-1　明治 42 年頃の十二階からの眺め
南側／六区興行街から蔵前方面
[『増補新訂 浅草細見』1976：166]

図1-11-2　明治 42 年頃の十二階からの眺め
北側／千束町から吉原方面
[『増補新訂 浅草細見』1976：167]

案内でも、とりあえず言及しないものはほとんどなく、「有名な十二階」というフレーズも定番である。震災一年前のコンパクトな案内は「螺旋状の階段を上ぼること十二階、東京全市は一眸の内に集まる。十二階といへば浅草名物の一つであると共に東京の一名物」[加藤好造編『遊覧東京案内』大東社、一九二二：一九一―一九二] であることを確認している。

(33)『修学旅行帝都案内』中興館書店、一九一四：二〇八

(34) 田山花袋『一日の行楽』博文館、一九一八：三八五―三八九

頃、田舎出の中学卒業生たちとともに浅草見物に向かうが、少年時代の記憶のまま同じように期待した感銘にはまったく出会えなかった。

「十二階はよごれて、さびれてゐた。花屋敷もごたごたと色々な物はあつたがダークの操つり以外は、皆真の子供だましの馬鹿馬鹿しい物であり、その他の見世物もあまりに下卑て、動物ばかりでなく、少年少女の虐待も目の前に見せつけられたり、荒んだ芸人達の浅ましい有様を見たり、小舎の中が皆汚く臭く、見物人も皆あまりに無知低級で、かつ悪臭を放つ手合なのに、全く吃驚して引上げた次第である。浅草は面白い所と云つて引張つて行つた友人の手前、はなはだ面目無かつた事を覚えてゐる。」[35]

にもかかわらず正直なところ、田舎から東京見物の人でも来たら、日比谷公園の次には浅草十二階にでも引っ張って行かなければならないのも、現実なのだと嘆く。もちろん、この感想には「少年時代」の無垢なまなざしと異なる、青年期特有の理想や潔癖が作用しているのかもしれない。しかし明治の終わり頃、すでに十二階は汚れてさびれつつあったのも、共有された現実であった。

いいいいいいいいいいいたそがれてなお東京を代表する名所として浅草に立ちつづけていたのである。

(35) 仲木貞一「笑ひの要求から涙の味へ」『恋と愛』第二巻第四号、天下堂書房、一九二二：三七

三 昔見し凌雲閣の百美人——写真による比較と選別

振り返ってみると十二階凌雲閣は、ただ高いだけの建造物ではなかった。すでに開業の初期から、客寄せのためのさまざまな展観コンテンツが工夫され、宣伝されていた。残念ながら、日本ではじめての乗客用エレベーターという、設立趣意書にもあらわれる当初の目玉は、運転のトラブルと故障続きであった。それが売り物にならず、半年も経たずに警察から運行停止を命ぜられるという経緯も、この塔のその後の運命を少なからず方向づけている。

のちにすこしくわしく述べる凌雲閣「百美人」の写真の掲示と投票は、その一つの工夫にすぎない。

建ってから一年もたたぬころから、さまざまな時事的な展観の試みが、この高塔をかざりたてた。愛知岐阜の大地震（濃尾地震）の惨状を描いた「震災油絵」〔明治二四年一一月～〕、シカゴ博覧会会場の「白昼幻灯および写真ジオラマ」〔明治二六年九月～〕、日清戦争の交戦模様の「油絵」〔明治二七年一〇月～〕や「ジオラマ」展示〔明治二八年七月あるいは一一月～〕[36]などである。

百美人投票の後追い企画であった「肖像美人画投票」〔明治二五年一月～〕をはじめ、尾形月耕の「日本絵百美人」の絵画の陳列〔明治二七年一二月～〕や「古書画展覧会」といった美術展もどきのイベントもあれば、フランスの万国博覧会に出品された大音量自動演奏の「大楽器」の展示〔明治二六年四月～〕の新しさに焦点をあてたものもあり、古くからの見世物の系譜ともいうべき「両頭の蛇」のアルコール漬けの公開〔明治二五年二月～〕や、「大鯨と大鰑《するめ》」〔明治二七年四月～〕の観覧（図1-12）のような催しもあった。

（36）日清戦争のジオラマに関しては、新聞記事は新設の予告をしているのが目立つだけで、実際にどのていど実現したものかはわからない。新聞記事をみていると、夏の藪入りの時期などを意識して、いつも何らかの新しい企画が打ち出されているという印象をもつ。

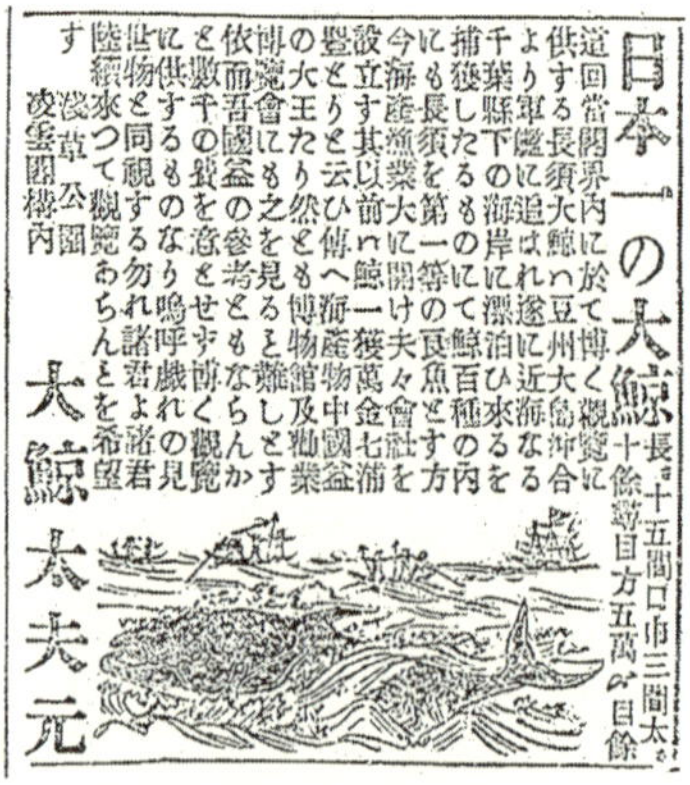

図1-12　東京朝日新聞 1894.5.4.

こうならべてみると、凌雲閣は、それまで見たことのないなにかを見つめさせる空間とし(37)て提供されていたことがわかる。喧伝された頂上の眺望も、これまで見たこともないなにかのひとつにすぎなかったともいえる。

美人写真を見つめる

写真に固定された美人もまた、これまで見たことがない悦楽のひとつであり、新たな視覚的欲望の対象であった。

冒頭に引用した短歌で吉井勇は「昔見し凌雲閣の美人写真も」と言及している。この美人芸妓の写真の展示は、まちがいなく凌雲閣の名を高くした一大イベントである。もちろん、吉井が見たのは日本初の美人コンテストとされる明治二四年夏の「凌雲閣百美人」(38)ではない。明治一九年生まれの吉井は、まだそのとき五歳にすぎなかった。「昔見し」が回顧だとしても、いささか幼なすぎる。百美人の試みは、芸妓から娼妓へあるいは写真から絵画へなど、微妙に趣向を変えてなんどかおこなわれ、イベントが終わっても塔内に美人写真がそのまま展示されていたらしい。

たとえば、明治三五年（一九〇二）九月刊の浅草公園案内の本には、「毎階美人景色俳優《やくしゃ》などの写真額、油絵及び風景の窺眼《のぞき》鏡を陳列せる」(39)とあって、かつて話題になった、あるいはその時代の美人写真をふくむ大きな額が常設してあった風が見える。吉井

(37) そういう観点から面白いのは、『工談雑誌』が報じている鏡の見世物の存在である。変形した自分を見せてくれる。「佐藤喜兵衛氏ノ凸凹鏡ヲ掲グルアリ。凸鏡ニ対シ我面ヲ見レバ、顔ノ長キコト尺余ニシテ、目尻下リ鼻下ノ髯大八ヲ呈シ、化物《バケモノ》モ大化物ニシテ譬フルニ物無シ。亦位置ヲ転ジテ凹鏡ヲ見レバ、顔ノ竪ニ縮小スルコト鬼面ヲ潰シタルガ如ク、自ラ頤ヲ解テ大笑セリ。」[工々居士「凌雲閣登閣記事」『工談雑誌』第二二号、一八九〇：三五]

(38) このイベントについては、正式名称といえるものがない。「東京芸妓美人えり抜き百名」「選美写真の品評会」「選美百妓の写真」「百美人品評会」「選美投票」「美人写真品評会」等々と呼んでいる新聞記事もあり、あまり名称は定まっていなかった。

(39) 金龍山人編『浅草公園』東京出版社、一九〇二：五五

が二〇歳の青年になった頃と対応する、明治三九年（一九〇六）七月のある新刊雑誌の記者の巡検によると、

「昇つてみると、三階あたり迄は戦争画の窺き眼鏡を据へて縦覧させて置くが、早く上へ上へと急いで居るから、誰も碌に窺くものがない。これは矢張り素通りでも目に入る様な、大ざつぱな書画や、人形その他の骨董品を飾らなければ嘘である。四五階あたりからは、百美人の写真になるが、この美人、何れも相撲にして十両以上の剛の者と見えて、ズングリの太ッちょ、明治式、衛生的美人ばかり、これが浅草趣味と云ふのでもあらう。」(40)

とある。その評価の内容は手厳しいが、ともあれ「美人」を名のる写真が入場者の目についたのは事実である。明治の終わりまでは、古びた写真がなおも静かに飾られていた、という証言もある。

大正元年（一九一二）の一二月に出された十二階のチラシ（江戸東京博物館蔵）には、「百美人」と名づけた催し欄の案内文が記されていて、「過般来美人倶楽部に於いて、慎重なる審査の下に合格したる艶麗花を欺く百美人の額面を、いよいよ今回より十二階閣内に陳列し、観客各位の御高覧に供し」(41)とある。「是非とも一度御登覧の上御高評を」と誘うだけで、投票は求めていない。その点で、いささかイベントとしての性格が異なるが、あいかわらず「百美人」の名のもとで写真額が掲示されていた事実を伝えている。

(40)『趣味』第一巻第二号、彩雲閣、一九〇六：一四五―六

(41)『ザ・タワー』江戸東京博物館、二〇一二：九五

東京百美人の写真ももはやなしいまは流行らずなりしものかも（竹久夢二）

という歌が載せられているのは、大正八年（一九一九）二月刊行の歌集『山へよする』[42]である。この頃になってようやく美人写真が常設でなくなるらしい。

ともあれ実際の実態とは別に、「十二階」といえば「美人写真」という理解が、まさに掛けことばのような決まり文句として広く成り立っていた。逆にいえば、それほどに写真の美人にかつて投票した明治二四年の催しが強い印象を生みだし、直接的な連想を誘うほどの認識を形成していたのである。

(42) 竹久夢二『山へよする』新潮社、一九一九

エレベーターの操業停止

それならば、その名高き連想をつくりあげた「百美人」、すなわち日本最初の美人コンテストの実際はいかなるものだったのか。

新聞などにのこされている記録から、簡単にたどっておこう。

発端となったのは、鳴り物入りで本邦初を喧伝したエレベーター（図1-13）の不具合である。一五人から二〇人をいっぺんに乗せ、一分間で八階まで行けるという「エレベートル」[43]「イレペートル」[44]「エレペートル」[45]の事前のうわさは高く、注目の的であった。

しかし、これがすでに触れたように、なかなかうまく動いてくれない。

試運転からして、つまづいている。まだ開業の式典を広く知らせる前の明治二三年（一八九〇）一〇月二五日、一般公開に先立って新聞記者を集めて「昇降台の運転式」

(43) 時事新報、国民新聞、読売新聞など。
(44)『東京経済雑誌』第五四五号、一八九〇：六二一
(45)『工談雑誌』第二三号、一八九一：三四－五

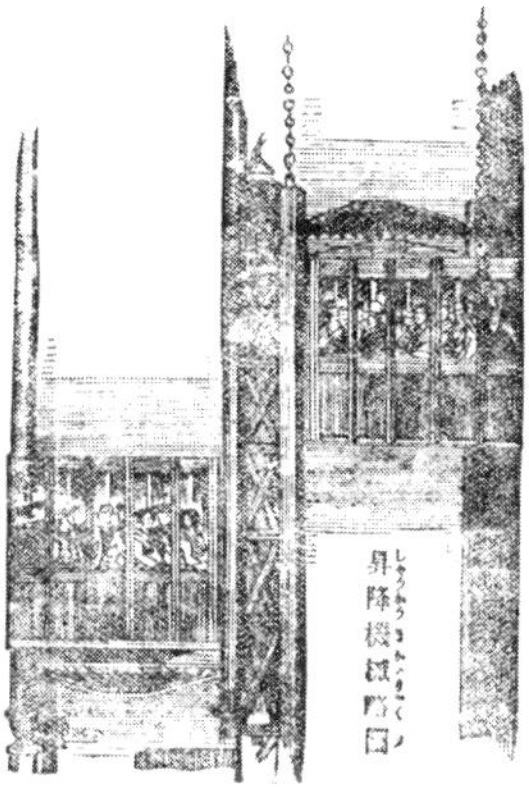

図1-13-1　昇降器械略図（チラシ）

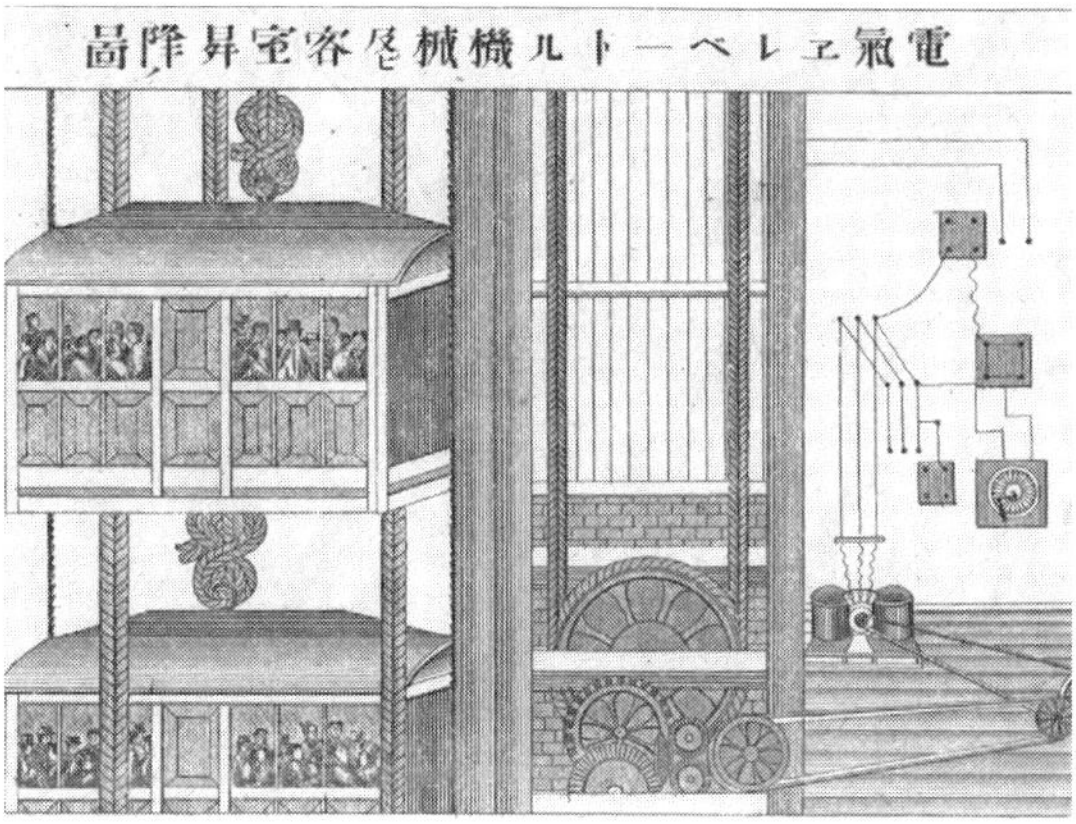

図1-13-2　島田端山のエレベートルの図解

を華々しく催したが「夜に入りたるもエレベートル機の整頓せざる」[46]との事態に陥り、職工をせき立てて対応させたが午後十一時頃にならなければ動かせる見通しがつかない。やむをえず「電気モーターの運転のみを一覧に供したり」[47]と（図1-14）、あまり上首尾の宣伝にはならなかった。さらに二八日の開業予定に間に合わせるため、警察署から係官が出張して、このエレベーターの試運転検査も済ませたというが、「検査の日余り非常に運転をなせし為か、機械据付の煉化にヒビ裂」[48]が生じたため、開業前にもかかわらず修繕が必要となった。

実際の開業式がおこなわれた一一月一一日にも、またまたうまく動かなくなる。国民新聞は次のようにいささかあきれ顔で報じている。

「サテここに覚束なきは昇降機《エレベートル》の運転

(46) 読売新聞、一八九〇年一〇月二七日

(47) 時事新報、一八九〇年一〇月二七日

(48) 読売新聞、一八九〇年一〇月二八日

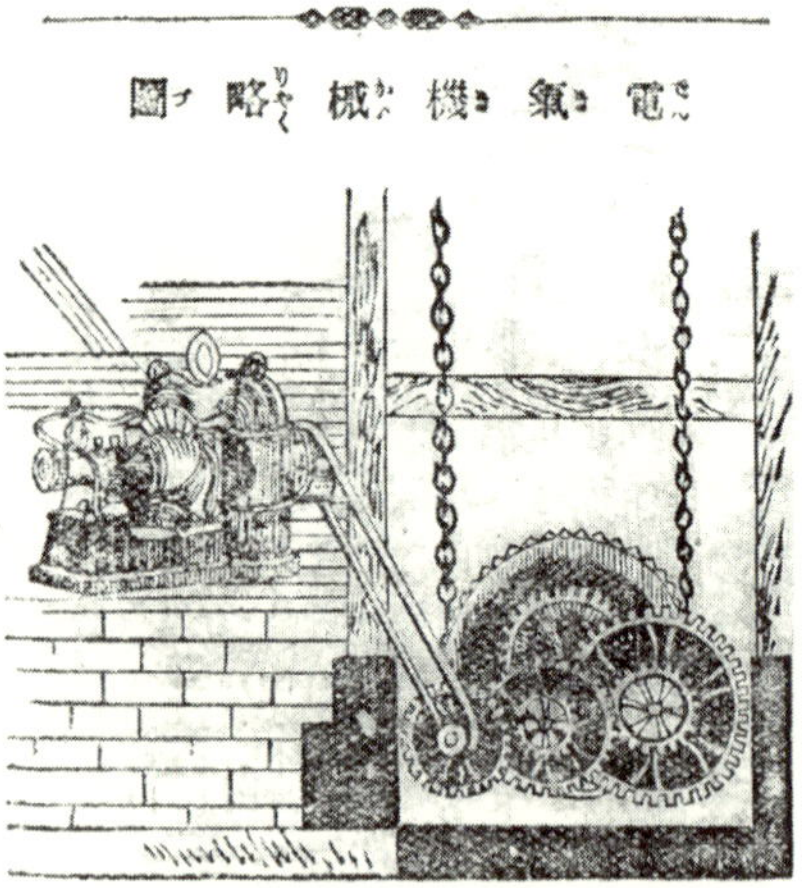

図1-14　電気機械略図（チラシ）

なり。昨日も午後三時頃にいたりては、器械に少しく損所を生じたりとかにてその運転を見合せ、三時後に登りたるものは、遂にその眼目とも謂ふべき昇降器の味ひを嘗むることを得ざりしぞ気の毒なる。」(49)

明確ではないが、このあと「電線架換工事」(50)や「昇降器に幾分の改造をなす」(51)ためにしばらく動かさなかったらしい。

二の酉の一一月二四日になって再び運転をはじめた。一二月冒頭の新聞広告は「毎日午前九時よりエレベートル運転す。但御婦人及小供衆と雖も少しも驚くことなし」（図4-8　二九七頁参照）と誘っているので、しばらくは平常に運転されたとみえる。

しかしながら、翌年の五月二八日には、その運転の中止が命ぜられる。(52)警視庁の出張検査の結果、構造上不完全だとされたとの理由で、のちには製造会社と訴訟沙汰の争いとなる。けっきょくエレベーターが動いていたのは六ヶ月あまりであった。新聞記事には、開業以来「数度修繕」したとあるから、二の酉以降の再開でも修繕運休の期間があったのかもしれない。ともあれ中止命令は運休以上の制限である。公式に使えなくなるのだから、経営のうえからも大きな問題であった。

(49) 国民新聞、一八九〇年一一月一二日
(50) 読売新聞、一八九〇年一一月二五日
(51) 読売新聞、一八九〇年一一月一七日
(52) 郵便報知新聞、一八九〇年一〇月一三日

日本最初の美人コンテスト

五月末のこのエレベーター操業停止の代替の興行として、急きょ発案されたのが、美人写真コンテストである。東京の有名な遊興地の芸妓のなかから、名だたる美人百名を選んで大きな写真額に製し、凌雲閣内にならべて掲示するという。

六月末の東京朝日新聞に発表された記事が、このイベントの最初の公表である。

「浅草公園の凌雲閣では、今度東京芸妓美人えり抜き百名だけ、写真師小川一眞に依頼して大阪写真に取らせ、同閣内へ掲列《かけつら》ねる由にて、写真の案内切符を貰つた者は、来る三十日までに写し取る筈。その写真一枚の代価三十円の見積りといへば、随分美事なものならん。[53]」

七月五日の読売新聞は、写真師の小川一眞が六月二五日から通常の写真館の営業を中止して百美人の撮影に集中していると報じ、翌々日の続報では特別の一室を新築して撮影に臨んでいることを伝える[54]。

なぜか。美人判断の公平性をたもつためである。

新聞は次のように説く。「其の撮影場の異なる時はおのずから写真面にも相違を生ずるに付き、ここに大いに意を用ひ、百妓一様に撮影なさしむるため」[55]、つまり背景やポーズなど個々の撮影状況や演出の違いで印象の差異が出ないよう、同じ特設の写場で一様に撮影したことを強調している。具体的には画面（図1−15）を見てもらえばわかる

(53) 東京朝日新聞、一八九一年六月二八日

(54) 小川一眞について、当時の東京の地誌百科事典は「名工」の「写真」のところに名を挙げ「永久不変」の「色ざしの術に巧みなり」と手彩色に秀でていることを伝える［『東京百事便』三三文房、一八九〇：五五五］。この時代に店を構えていたのは「麹町区飯田町四丁目」であるから、特設の写場もそこに作られたのであろう。料金は「小判取三枚で金一円」ほどとあっ

図1-15　凌雲閣百美人（新橋・桃太郎）

ように、芸妓から見て「右手に葭戸、左に柱掛けあり、大川に小蒸気の走る遠見を背面に写し出したる一様のもの」[56]に仕上がっている。七月一五日にはコンテストの開催にこぎつけているので、よほど急いでの撮影準備だったであろう。

審美の対象となる一〇〇名が、どう選ばれたのか。どんな事前審査で、エントリーが決まったのか。

実際、そのあたりは当時も疑問があったらしく、新聞も「その百妓の選抜は、如何様にしてなしたるか。選不選は婦人の身に取り価値《ねうち》の定まる事なれば、世間に知れ渡りたる上は大分不服を唱ふる者あらんと、或る通博士は語りぬ」[57]と懸念している。

推測だが、何人かの「老妓」の名がのちに触れる「百美人」のリストに入っていることがポイントかもしれない。世話人の位置づけもされているので、このベテラン芸妓が東京の花街所々の事情や評判を踏まえ、芸妓たちを取りまとめて選び、話をまとめるような中間管理の役割を果たしたのではないだろうか。

投票というイベント

て、その九〇倍にあたる三〇円の大型写真はことさら豪華な印象を与えただろう。明治末のいささか独断勝手な東京案内は「写真師にて妙技人を驚かすものは、斯道にて誰知らぬものもない小川一眞である。之に続くは江木、江崎、丸木と云ふ順序だ。（中略）東京の人は勿論のこと、博覧会見物に来た記念に撮影する人は、広告や客引にだまされず、是非小川辺りで撮影することにしたら宜しからう。これなら全く国への土産ともなるが、浅草公園なぞで廉いに引かされて、写して御覧あつたら好男子も、台なしにされて仕舞が定」［東京通人『東京四大通』也奈義書房、一九〇七：一八七–一八八］と説いている。

(55) 読売新聞、一八九一年七月七日

(56) 時事新報、一八九一年七月一七日。喜多川さんが所蔵していた凌雲閣の百美人の鶏卵紙焼き付け手彩色二冊組みのアルバムについては、岡塚章子「小川一眞撮影「凌雲閣百美人人工着色写真アルバム」についての考察」『東京都江戸東京博物館研究報告』第一五号、二〇〇九年三月：九五–一〇五」がくわしく論じている。

(57) 読売新聞、一八九一年七月五日。ほぼ同内容の記事が東京日日新聞の同日記事にある。

美人写真の掲示がはじまったのは、七月一五日である。
登閣料も、これまでの八銭から六銭に減じた。

当日の広告（図1-16）を見ると、「エジソン氏発明の稀代なる自動人形数個を陳列」とあるイベントのほうが先に触れられている。あるいは、美人写真コンテストも集客の三つの工夫の一つていどの位置づけだったのかもしれない。しかし結果としては、科学的発明であることを強調した自動人形のほうはほとんど何の話題をものこさなかったのに対して、当初は三〇日間の予定であった美人写真の投票は人を集め、空前の大当たりをとる。

美人写真の展示には、それなりにスペースを必要としたらしい。一人一人の写真の前には、観客が額面に触れることがないよう、青竹の手摺りが設けられ、盆栽も飾られたからである。三階は吉原・浅草・講武所、四階に葭町・下谷・日本橋、五階が赤坂と新橋、六階はすべて新橋の芸妓と、地域ごとに一階あたり二五枚ずつの写真が飾られた。

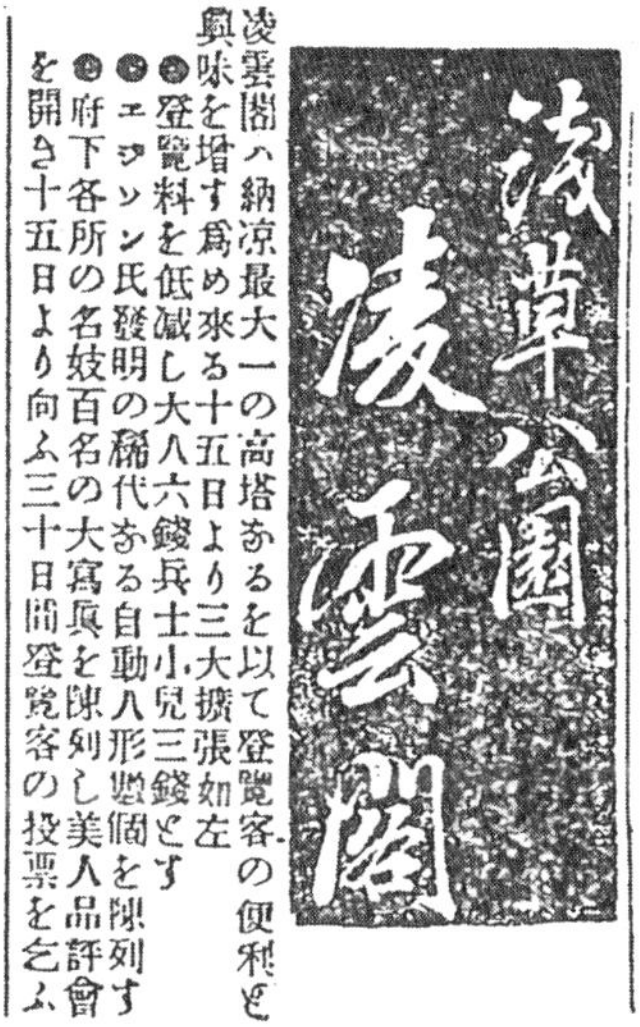
浅草公園
凌雲閣
凌雲閣ハ納涼最大一の高塔なるを以て登覧客の便利と
興味を増す爲め來る十五日より三大擴張如左
◎登覧料を低減し大人六錢兵士小兒三錢とす
◎エヂソン氏發明の稀代なる自動人形數個を陳列す
◎府下各所の名妓百名の大寫眞を陳列し美人品評會
を開き十五日より向ふ三十日間登覧客の投票を乞ふ

図1-16　時事新報 1891.7.14.

投票もまた時機をえた新趣向であった。「投票によりて、品定めを為さん」[58]、「登覧人の品評投票を求め」[59]とあるこの試みは、ほとんど「議員選挙の競争をなすがごとき熱心」[60]と描写さ

（58）読売新聞、一八九一年七月五日
（59）東京朝日新聞、一八九一年七月一四日
（60）読売新聞、一八九一年七月二六日

れるにいたる。そもそも選挙における投票という行為自体が、それまでになかった経験である。一年前の明治二三年七月一日におこなわれた第一回の帝国議会議員選挙は、時の話題であった。しかしながら議員選挙は直接国税一五円以上の納税者しか選挙権がなく、人口の約一％しか参加できない制限投票ではあったのに比して、この美人品評の投票は十二階を訪れる登閣者の誰にでも開かれていた。普段の平均が三〇〇名ていどであった登閣者がにわかに増加し、一七日までの三日間は一日あたり二五〇〇～三〇〇〇名と十倍したという。

ところが、この「投票」の仕組みはというと、議員選挙とはまったく異なる。意外にも、今日の集団アイドルのいわゆる「総選挙」[61]によく似ている。「出札所に於て登覧券購求枚数に応じて投票用紙」[62]があたえられるので、お望みならば一人で何枚もの投票用紙を入手できる。それゆえ贔屓を推すため「昼夜奔走して知己友人を説き廻り一票に付五十銭の手数料を出し投票を依頼する」[63]という旦那方の努力以外の応援形態があらわれる。そうした依頼の面倒なしに、金をただ投じて入場券を多く買うだけでよい。「選美投票用紙を五十葉購ひ、そのままたたずみながら五十葉とも悉く新橋のあずまといふに投入して直ぐ同閣を降り」[64]という紳士の行動も許容され、「一人にて切符十枚を求め、投票紙十枚を貰ひ受けたる」[65]ことも「十枚乃至十五六枚の投票を同閣に郵送する」[66]ことも可能であった。その点が購入自由の販売ＣＤに投票券が付いている現代のアイドルグループの「総選挙」に重なる。

集計公表をめぐる争い

（61）二〇一〇年代現在なら、この言葉にとりわけての説明は必要ないかもしれないが、流行語の意味は忘れられやすいので、最低限の注釈をつけておこう。公式には「選抜総選挙」というのだそうだ。「ＡＫＢ４８」などの集団アイドルグループの活動メンバーを、ファンの投票によって決めるイベントである。第一回のいわゆる「総選挙」は、二〇〇九年八月に発売予定の新曲を歌う「選抜メンバー」二一名と、シングル盤でカップリングされる曲を歌う「アンダーガールズ」一八名を、九八名の候補者（研究生を含む）集団から選ぶイベントで、六月から七月にかけての二週間が投票期間とされた。投票権をもつのは、その投票期間の冒頭で発売された最新のシングル盤の購入者や、オフィシャルファンクラブの会員などであった。投票権とはいいながら基礎となる集団のメンバーを限定して一人投票結果の発表のしかたも争点のひとつとなった。結果の扱いをめぐっては、メンツの問題もあり、会期中にも芸妓や世話人からいろいろと苦情が寄せられ、やり方が取りざたされた。とりわけ、はじめる前は「一週間毎に開札し得点者を五等に区別してその人名をつどつど報告」[67]とか「毎週その点数を調べて掲出」[68]することを考えていたが、そのようにはおこなわれなかった。

おそらく予想以上の投票数であったことと、参加者である芸妓からの苦情があった結果であろう。三週間ほどが過ぎてから、その間の得点を「単に甲乙に区別して」[69]掲出することになった。甲が五〇〇票以上、乙が二〇〇票以上の二段階表示である。実際の新聞発表をみると、世話人を除くすべての芸妓が甲か乙かの評価が付いているので、誰もが二〇〇票以上を集めたということになる。第一次集計結果の発表を検討してみると、甲が四八名で乙が五三名ということは、ほぼ半分ずつを上位と下位に振り分けてという判断があって、おそらく後から見わたして五〇〇票という区分線が決まったようにも思う。

当初のもくろみでは三〇日間の投票で、八月一三日で締め切り集計する予定が、さらに三〇日期間が延ばされた（図1–17）。前日に普段に十倍する登覧者があったためか、あるいは開票の延期を申し入れる者が多かったためか、はたまた芸者連中の圧力かはわからない[70]。いずれにせよ、延長でも

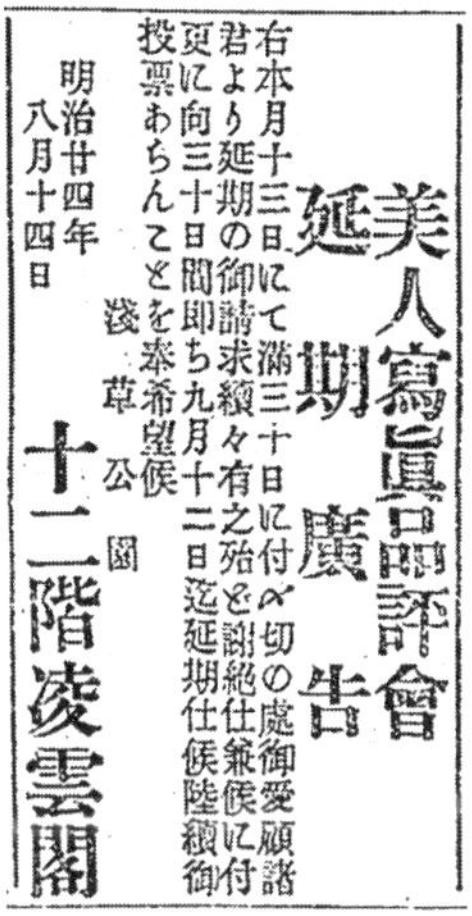
美人寫眞品評會
延期廣告
右本月十三日にて滿三十日に付〆切の處御愛顧諸君より延期の御請求續々有之殆ど謝絶仕兼候に付更に向三十日間即ち九月十二日迄延期仕候陸續御投票あらんことを奉希望候
淺草公園
明治廿四年八月十四日
十二階凌雲閣

図1–17　百美人延期広告
読売新聞 1891.8.16.

一票の権利を与えるものではなく、シングル盤に投票券が付けていたので、購買者は何票分もの権利を購入することができる。このイベント全体が宣伝活動であり、販売促進戦略でもあったことを物語る。

(62) 読売新聞、一八九一年七月一二日
(63) 読売新聞、一八九一年七月二六日
(64) 読売新聞、一八九一年八月一五日
(65) あづま新聞、一八九一年八月一一日
(66) 読売新聞、一八九一年八月四日
(67) 読売新聞、一八九一年七月一二日
(68) 東京朝日新聞、一八九一年七月一四日
(69) 読売新聞、一八九一年八月四日
(70) 東京朝日新聞、一八九一年八月一三日

うすこし入場者を稼ごうとする営業上の判断があったことは事実だろう。そこで、先の八月六日発表の甲乙の得票分類とは別に、六日から一三日までの結果を第二期の得票として掲示した。今回は二〇〇票以上を甲、それ以下を乙に分類している。第二次集計結果で、甲は五三名で乙は四八名となったのも、前回同様にほぼ半々に分けてという意識が働いたものであろう。さらに八月二六日あたりには、甲乙ではなく雪月花の三段階で得票の多寡を公表しようとするが、これも苦情が寄せられたらしく実現しなかった。

最終的には九月一二日に、六〇日間にわたった投票が締め切られる。結果集計をめぐって、物議をかもさず、抗議を刺激しないようにとのいろいろな配慮があったようだが、けっきょくは最終的な集計のあとに、高得点の「五美人」[71]を公表するという形に収まった。

この間の百美人のできごとを、新聞記事の要点の略記で一覧しておく（表1）。

『百花美人鏡』

この凌雲閣百美人のイベントに参加した芸妓たちの芸名と容姿は、小川一眞製の写真版『東京百花美人鏡』（第一号〜第九号）にのこされている。[72]「志らせ号外　一名十二階美人品評の志ほり」[68]の欄外題をもつ『東京百花美人鏡』[73]という一枚刷には写真がないが、芸名と年齢以外に、得意とする芸と本名の情報がある（図1-18）。

おそらくこの一枚刷は、有料の六〇頁の小冊子『百花美人鏡』[74]の代わりに発行されたものである。『百花美人鏡』は、美人写真投票イベント初日の七月一五日の発行から一〇日もたたずして、芸妓たちの抗議[75]で発売停止に追いこまれた。閣内で「一〇銭」

(71) この上位五人が誰だったのかは、資料によって異なる。東京朝日新聞は、第一等が新橋の玉川屋の玉菊、第二等が相模屋の桃太郎、第三等が中村屋の小豊、第四等に小松屋のおゑん、第五等に柳橋の河内屋小鶴と述べている［九月一七日］が、中央新聞のほうは、新橋のあづま（中岡せい・一七歳）、新橋の小とよ（辻とよ・一九歳）、新橋の桃太郎（谷はな・一九歳）、新橋の玉菊（川口しょう・一七歳）、柳橋の小つる（藤井りき・二八歳）の順に並べていて［一一月二〇日］、微妙に違っている。また明治大正プロジェクトのホームページ上にある「浅草公園凌雲閣 東京百美人」という特集ページ（http:// meijitaisho.net /100beauties）では、票数とともに第一位から、玉川屋玉菊、相模屋桃太郎、中村屋小豊、津の国屋吾妻、河内屋小鶴の順で挙げ、次点に新橋の小松屋おゑん、柳橋の小高を示していて、この結果も一致していない。

(72) 現物は喜多川コレクションのなかにある第8号しか私自身は見たことがないが、ニューメキシコ州にある古

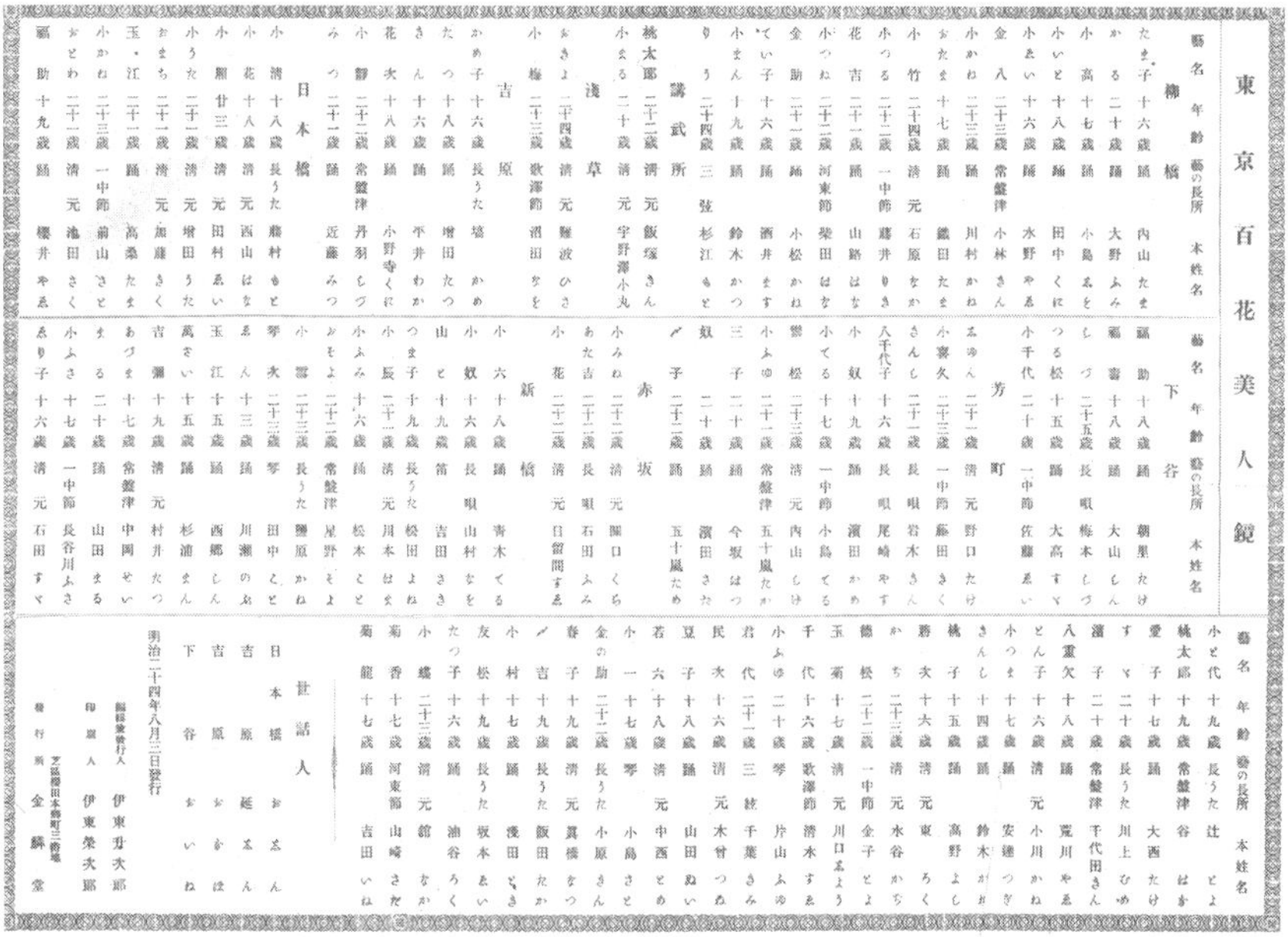

東京百花美人鏡

藝名	年齢	藝の長所	本姓名
柳橋			
たま子	十六歳	踊	内山たま
かる	二十歳	踊	大野ふみ
小高	十七歳	踊	小島ゑを
小いと	十八歳	踊	田中くに
小ゑい	十六歳	踊	水野やゑ
金八	二十三歳	常盤津	小林きん
小かね	二十三歳	踊	川村かね
おたま	十七歳	踊	織田たま
小竹	二十四歳	清元	石原なか
小つる	二十二歳	一中節	藤井りき
花吉	二十一歳	踊	山路はな
小つね	二十二歳	河東節	柴田はな
金助	二十一歳	踊	小松かね
てい子	十六歳	踊	酒井ます
小まん	十九歳	踊	鈴木かつ
りう	二十四歳	三弦	杉江もと
講武所			
桃太郎	二十二歳	清元	飯塚きん
小まる	二十歳	清元	宇野澤小丸
浅草			
おきよ	二十四歳	清元	難波ひさ
小梅	二十三歳	歌澤節	沼田なを
吉原			
かめ子	十六歳	長うた	塩かめ
たつ	十八歳	踊	増田たつ
きん	十六歳	踊	平井わか
花次	十八歳	踊	小野寺くに
小静	二十二歳	常盤津	丹羽もと
みつ	二十一歳	踊	近藤みつ
日本橋			
小清	十八歳	長うた	藤村もと
小花	十八歳	清元	西山はな
小照	廿三歳	清元	田村ゑい
小うた	二十一歳	清元	増田うた
おまち	二十一歳	清元	加藤きく
玉・江	二十一歳	踊	高桑たま
小かね	二十三歳	一中節	前山さと
おとわ	二十一歳	清元	池田さく
福助	十九歳	踊	櫻井やゑ
下谷			
福助	十八歳	踊	朝黒れけ
福寿	十八歳	踊	大山もん
しづ	二十五歳	長唄	梅木しづ
つる松	十五歳	踊	大高すゞ
小千代	二十歳	一中節	佐藤ゑい
芳町			
ゑゆん	二十一歳	清元	野口たけ
小寿久	二十三歳	一中節	藤田きく
さんし	二十一歳	長唄	岩木きん
八千代子	十六歳	長唄	尾崎やす
小奴	十九歳	踊	濱田かめ
小てる	十七歳	一中節	小島てる
藤松	二十三歳	清元	内山しけ
小ふゆ	二十一歳	常盤津	五十嵐たか
三子	二十歳	踊	今坂はつ
奴	二十歳	踊	濱田さた
〆子	二十二歳	踊	五十嵐ため
赤坂			
小みね	二十二歳	清元	關口くら
あた吉	二十二歳	長唄	石田ふみ
小花	二十二歳	清元	日留間すゑ
新橋			
小六	十八歳	踊	青木てる
小奴	十六歳	長唄	山村なを
山と	十九歳	笛	吉田さき
つま子	十九歳	長うた	松田よね
小辰	二十二歳	清元	川本はな
小ふみ	十六歳	踊	松本こと
おそよ	二十二歳	常盤津	星野そよ
小響	二十三歳	長うた	鹽原かね
琴次	二十三歳	琴	田中こと
ゑん	十三歳	踊	川瀬のぶ
玉江	十五歳	踊	西郷しん
萬さい	十五歳	踊	杉浦まん
吉彌	十九歳	清元	村井たつ
あづま	十七歳	常盤津	中岡せい
まる	二十歳	踊	山田まる
小ふさ	十七歳	一中節	長谷川ふさ
ゑり子	十六歳	清元	石田すゞ
小と代	十九歳	長うた	辻とよ
桃太郎	十九歳	常盤津	谷はな
愛子	十七歳	踊	大西たけ
すゞ	二十歳	長うた	川上ひめ
瀧子	二十歳	常盤津	千代田きん
八重次	十八歳	踊	荒川やゑ
とん子	十六歳	清元	小川かね
小つま	十七歳	踊	安達つぎ
きんし	十四歳	踊	鈴木かね
桃子	十五歳	踊	高野よし
勝次	十六歳	清元	東ろく
かち	二十三歳	清元	水谷かち
藤松	二十二歳	一中節	金子とよ
玉菊	十七歳	清元	川口ゑよう
千代	十六歳	歌澤節	清水すゑ
小ふゆ	二十歳	琴	片山ふゆ
君代	二十一歳	三絃	千葉きみ
民次	十六歳	清元	木曾つね
豆子	十八歳	踊	山田ぬい
若六	十八歳	清元	中西とめ
小一	十七歳	琴	小島さと
金の助	二十二歳	長うた	小原きん
春子	十九歳	清元	巽橋なつ
〆吉	十九歳	長うた	飯田たか
小村	十七歳	踊	淺田とき
友松	十九歳	長うた	坂本あい
たつ子	十六歳	踊	油谷ろく
小蝶	二十三歳	清元	館なか
菊香	十七歳	河東節	山崎さだ
菊龍	十七歳	踊	吉田いね

世話人
日本橋　おゑん
吉原　延ゑん
吉原　おかほ
下谷　おいね

明治二十四年八月三日發行
編輯兼發行人　伊東升次郎
印刷人　伊東榮次郎
發行所　芝區櫻田本郷町三番地　金鱗堂

図1-18　東京百花美人鏡（一枚刷）

で売られていたこの小冊子（図1―19）は、一人一人の芸妓たちの芸や人柄を何行にもわたって紹介し、時には勝手な批評に踏みこんでいる。芸妓からクレームが寄せられたのも無理からぬものがある。

ちなみに冊子版の『百花美人鏡』をもとに、一枚刷および写真版のデータを加え、読売新聞の投票結果等を集成して、一種の総括表をつくってみた（表2）。ここで得られた年齢データをもとに、世話人をのぞく投票対象の芸妓の平均年齢を計算してみると一九・三歳となり、今日のアイドルグループの平均年齢と大差

書店 George C. Baxley のホームページ（http://www.baxleystamps.com/litho/ogawa/ogawa_geysha105.shtml）に、全号が掲載されている。これは Types of Japan: Celebrated Geysha of Tokyo というタイトルで Kelly and Walsh 社から発売された冊子のようにみえる。あるいは外国人観光客向けに、製本して売り出されたものかもしれない。外国向けという意識からであろうか、日本字での表記のほか名前のローマ字表記が載っているので、表1にはその読みを取った。ホームページでの説明によれば、他に一二名だけの写真を載せた Celebrated Geysha of Tokyo という別バージョンの書冊もあるという。これ以外に、江戸東京博物館所蔵の喜多川周之コレクションのなかに、書名や刊記等をもたない二冊仕立ての布表紙のアルバムがあり、鶏卵紙に着色された美人写真が一〇〇枚収められている。資料の性格については、岡塚章子「小川一眞撮影「凌雲閣百美人人工着色写真アルバム」についての考察」『東京都江戸東京博物館研究報告』第一五号、二〇〇九：九五―一〇四を参照。

(73) 伊藤升次郎編『東京百花美人鏡』（一枚刷）金鱗堂、明治二四年（一八九一）八月三日発行

(74) 伊藤升次郎編『百花美人鏡』金鱗堂、明治二四年（一八九一）七月一五日発行

(75) 朝日新聞［一八九一年七月二五日］や読売新聞［一八九一年八月一〇日］など

8月13日	読売新聞	30日間に於ける百妓得点の優劣は13日で〆切、14日より閣内に掲出する予定。間際になって、柳橋連の一部に運動。これまで三週間の得点にかなりの変動を生じた。あるいは更に一箇月位の日延べをなすことになるか。
	東京朝日新聞	13日で〆切とのことを聞き、昨日の登覧人は日頃の10倍。また同事務所へあてて、延期を申込む者が多いというが、予告通り13日午後6時までに〆切り、14日午前6時30分より掲示するとのこと。新橋柳橋葭町の美人には、先日の掲示から意外の変動あるべしとのうわさ。
	あづま新聞	凌雲閣百美人投票が満期。昨日の登客はたいへん多く１人で通券3、4枚を購入する者も多かった。事務所に開札延期の申し込みも多いが、同閣は本日6時には必ず〆切り、明日午前6時30分から掲示する。新橋柳橋葭町は先日の掲示に比して多少の変動があるが、吉原下谷日本橋はさほど変わらずという。
8月15日	読売新聞	浅草公園凌雲閣の撰美投票は、13日が〆切りだったが、方々より延期の請求があったため更に9月12日まで向ふ30日間延期。そこで去る6日から13日までの結果を、得点200点以上を甲、以下を乙として、14日より同閣内にその人名を掲示。
	東京朝日新聞	百美人投票開函の延期
8月18日	東京朝日新聞	美人写真品評会延期広告
8月26日	読売新聞	今日にいたるおよそ45日間の得点を、月雪花に分類して明日より掲出するつもり。
8月31日	読売新聞	雪月花で同閣内に掲示するはずだったが、葭町の一部が苦情を唱え、もしその優劣を公示するなら、自分らの写真は今日限りで取り外してもらうと厳重の抗議。
9月12日	東京朝日新聞	60日間の投票は総数4万8000あまり。少なくとも開札に3日間を要する。
9月14日	読売新聞	60日間の得点数を順序づけて表示して優劣を決めるはずが、相変らずの苦情が八方より押寄せて、埒があかない。
9月15日	東京朝日新聞	百美人品評会の高点者の予想。この高点者の内5名に賞品をあたえ点数を掲示する。百美人の写真は当分のあいだ、これまで通り凌雲閣に掲げおく。
9月17日	読売新聞	投票に結果に対して苦情を申込む者ありとの風説のある凌雲閣の百美人品評会は、いよいよ12日を以て投票を〆切り、この17日に結果を閣内の二階に掲示する。
	東京朝日新聞	今朝よりそれぞれの写真の下へ票数を記して出す。この百美人中、最も大多数の投票があった五大美人、新橋が5人の内の4名を占め、他の1名は柳橋。
9月27日	東京朝日新聞	百美人のえりぬきの五美人には、ダイヤモンド入り純金50貫目の首輪と、大和錦の丸帯一筋を賞与として送り、他の参加者や世話人等には写真を美麗にこしらえ、白米一俵と梅干し一樽を、不景気の見舞い方々進呈するとのこと。百美人の写真はそのまま凌雲閣に展示。
9月28日	読売新聞	百美人のうち高点者5名の美人に賞品を渡し、残りの95名と世話人等へは、その写真を美製して贈る。百美人の写真は当分そのままに掲げ置く。

表1　百美人投票記事（概要）

明治24年

6月28日	東京朝日新聞	東京芸妓の美人百名を、写真師小川一眞の大判写真に取り、凌雲閣へ掲示。写真１枚で30円のみごとなもの。
7月5日	読売新聞	芸妓百人を選抜して「真影」を写し、凌雲閣の各層に配置。登覧者の投票によりて「品定め」をする。来月10日頃には実行する予定。
		写真師小川一眞は、6月25日より普通の営業を中止して従事している。40枚あまりが完成。
		一様に撮すため、特別に一室を新築。
7月12日	読売新聞	各室の模様替えその他が落成し、明日13日より、その真影を飾る。
		「品評」の方法は、出札所で登覧者券購求枚数に応じて、投票用紙を配る。
		一週間ごとに開札、得点者を五等に分けてその名を報告する。
		およそ40日後、最終点数を合算して最高点者を定め、賞品を贈与。
7月14日	東京朝日新聞	「縦横一尺余の大写真」に撮って額に仕立て、15日より向こう30日間掲げる。登覧人の品評投票を求め毎週その点数を掲出。最終的な高点者数名に、金の時計指環等の商品を贈る。
7月15日	『百花美人鏡』	号外。売価10銭。
7月16日	読売新聞	「縦三尺横二尺余の額面」に仕立て、昨15日より同閣三階より六階に至る四階分に陳列。登覧者の投票を求め、一週間毎に得点を掲出する。
7月17日	読売新聞	登閣者にわかに増加し、一昨日は2490余名、昨日は午前迄に1150余名。
		15日から藪入りの好景況。凌雲閣十二階の16日の登覧客9870余名、17日も正午頃までに1000余名の登閣者。
7月25日	東京朝日新聞	芝桜田本郷町の金鱗堂より『百美人鏡』と題して100名の美人を評した書冊が出版。品評に穏やかならぬ所ありと、凌雲閣事務所より文句があって発売を差止め。
7月30日	東京朝日新聞	凌雲閣の百美人中自分の写真が気にいらないので、取外しを請求。新橋の吉田屋山登、梅の屋君代、からす森の春本吉弥。
8月4日	読売新聞	およそ３週間の撰美投票の概数はほとんど万を数える。投票結果の公平を期すために、今日までの結果を予報。この3週間における得点を甲乙に分けて明後日から掲出する。
8月6日	読売新聞	凌雲閣百美人の3週間投票点数の掲示は、昨日から張り出す予定が、方々からいろいろの事を申し込まれたため1日延期し、今日はどんな苦情があっても張り出す。
8月7日	読売新聞	昨日より掲示した凌雲閣美人の投票、500点以上を甲とし、200点以上を乙とした。その芸名および年齢を新聞紙上でも掲示する。
8月10日	読売新聞	浅草公園凌雲閣百美人の経歴を芝区のある書林が編集し閣内の売店にて販売したが、吉原の老妓延しんが横槍を閣主に入れ、ついにその小冊子の販売は中止された。
		投票の得点を一週間ごとに掲示する予定だというが、葭町の〆子より納得できないと閣主に対する抗議があり、最終日まで預かりとなった。
8月12日	東京朝日新聞	百美人品評の投票は、明13日が満１ヶ月だが１日だけ繰上げて、本日迄で全く〆切る。明日からは得点数を掲示するとの報道。

ないという事実がわかる。

芸妓たちにとって、この写真コンテストははじめての経験であった。これまで人のうわさや美人の評判で比べられることはあっても、まったく知らない人に写真でじろじろと見つめられ、見比べられることなどなかったからである。さらに、投票の得票の数

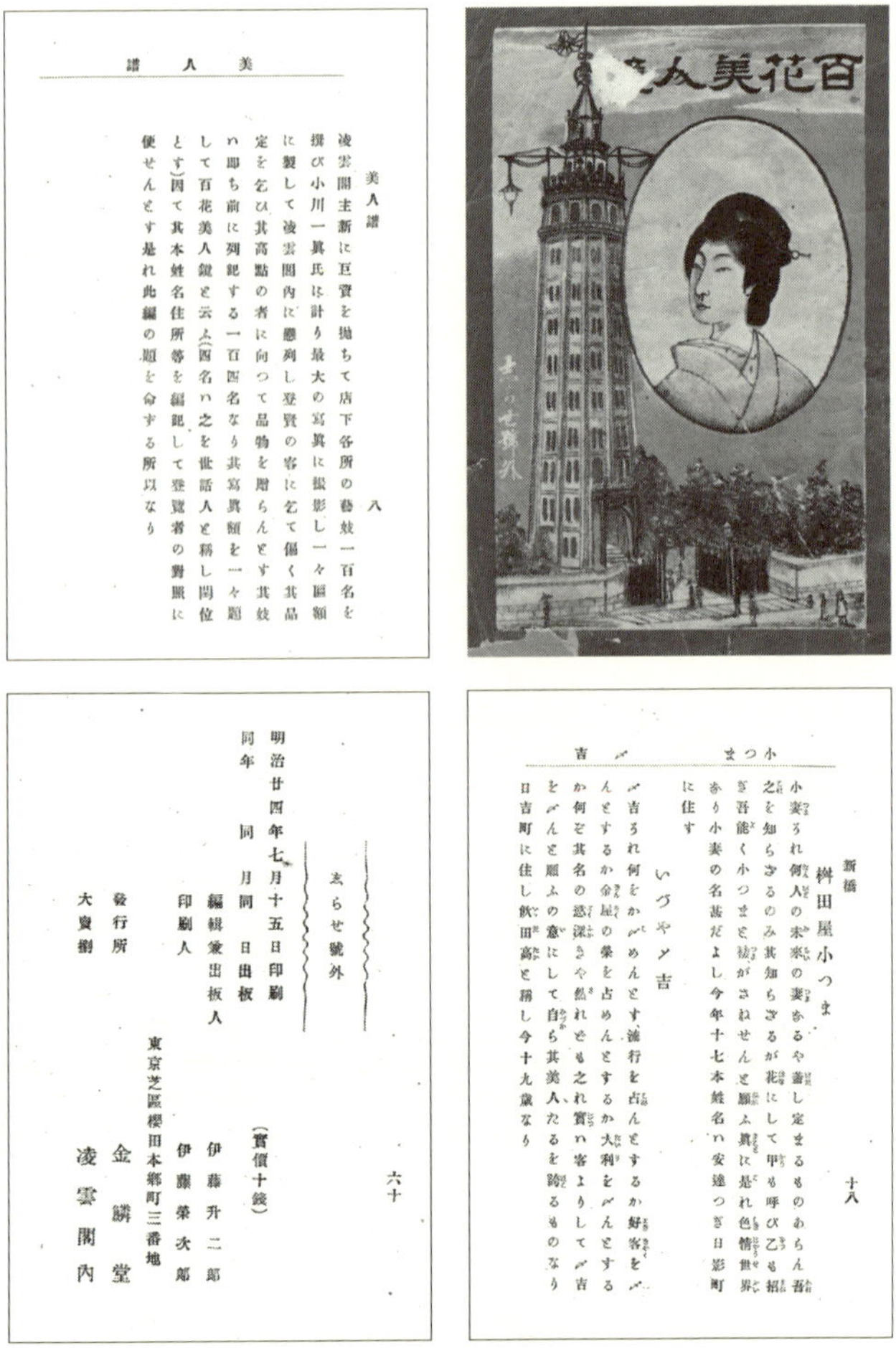

図1-19　『百花美人鏡』の表紙、本文および奥付

(76) 佐藤健二「絵はがき覚書」『風景の生産・風景の解放』講談社、一九九四

(77) 明治二四年の最初の成功のあと、「百美人」の試みは、いろいろと行われたらしいが、あまり正確には調べられていない。井上章一『美人コンテスト百年史』［新潮社、一九九二：四二—四七］は凌雲閣百美人の催しは三回すなわち三年にわたって行われたとし、「洗い髪お妻」のエピソードは二回目のものだとしているが、根拠とした資料が明確でなく確認することができなかった。第三章で紹介するように、洗い髪お妻こと新橋の「枡田屋小つま」は第一回に参加しており、その写真は髷をきちんと結っている。明治二五年の二月には画家が描いた美人の「肖像一百余種」に投票させるイベントが行われたが、これは百美人のイベントとは意識されていなかったようである。同年の一一月に始まった催しが、「第二回百美人の写真」を名乗っているからである。その内容は「花街百美人」［東京朝日新聞、一一月二日］で吉原の娼

によって競わされ、「百花」のなかで順位づけられることも、これまでに想像したことすらない見られ方であったに違いない。座敷で見せる芸の巧拙や応対・座持ちの上手が、美しさとして評価されるわけではない。ただ黙って見られているだけの外見で「美人」の度合いが得票に数値化される。しかし、音曲の技芸には習練上達の時間が必要であった。表からもその事実をうかがうことができる。表2の長所としてあげられている得意な芸ごとに平均年齢を計算してみると、三味線が二二・五歳であるのに比して、踊とあるのが一七・八歳で、五歳ばかり違う。その真ん中の二〇歳前後の平均値を示しているのが長唄・清元・常磐津の音曲である。意味のない差ではなかろう。

美人としての評価は、地域の遊興空間において優れた芸妓として評価されることとはまったく別の経験であった。マスメディア経験ともいうべき、新しいタイプの試練であった。この十数年のちの明治三〇年代の終わりに、芸妓に焦点をあてた美人絵はがき（図1-20）のブームが起こり、はじめて全国的なスターともいうべき有名人が生まれてくる(76)。凌雲閣百美人のイベント(77)は、絵はがきによって本格的に成立するマスメディア的な情報空間の萌芽と位置づけることができる。

図1-20　美人絵はがき

図1-21　江木松四郎撮影『浅草寺文化』第1号

妓の写真を掲げ「吉原百美人」とも宣伝されている。撮影は加藤正吉・鈴木千里とのことで、この二人は吉原遊郭内の写真師であったらしい。五名の特別高点者と、甲高点者一〇名、乙高点者一〇名を選んだ、その投票結果は都新聞［明治二六年二月七日］に載っている。喜多川周之が『浅草寺文化』に載せている写真（図1-21）は、おそらくこの時の「百美人」のものであろう。よく見ると右肩に「吉原」の文字が読める。これ以外にも、明治二六年一月一三日の読売新聞に、「第三回の百美人」写真陳列の試みを、吉原に対抗した州崎遊郭が企画しているとの記事がある。また明治三三年四月一日から「人民新聞」主催の「東京百美人大写真」という投票イベントが五月末まで、浅草公園凌雲閣で行われるという記事が都新聞［明治三三年四月一一日］に掲載されている。

『東京百花美人鏡』		『東京百花美人鏡』		読売新聞記事投票結果				五美人
年齢	芸の長所	写真	ローマ字表記	8月7日		8月15日		11月
19	笛	6-2	Yamato	01	甲	01	甲	
18	踊	4-1	Koroku	17	乙	21	乙	
20	踊	3-2	Omaru	26	乙	29	乙	
21	清元	1-3	Kotatsu	20	乙	24	乙	
19	常磐津	1-1	Momotaro	07	甲	08	甲	◎
16	踊	3-3	Kofumi	02	甲	02	甲	
15	踊	3-3	Manszai	24	乙	27	乙	
17	一中節	5-1	Kofusa	27	乙	30	乙	
16	清元	2-2	Tonko	09	甲	09	甲	
19	清元	1-2	Haruko	42	乙	42	乙	
16	長唄	6-1	Koyakko	18	乙	22	乙	
23	琴	1-1	Kotoji	22	乙	04	△甲	
19	清元	8-1	Kichiya	25	乙	28	乙	
17	踊	1-3	Aiko	08	甲	32	×乙	
17	踊	2-1	Kotsuma	32	乙	10	△甲	1)
19	長うた	1-2	Shimekichi	15	甲	19	甲	
17	常磐津	1-1	Azuma	05	甲	06	甲	◎
20	長うた	4-1	Osuzu	29	乙	33	乙	
14	踊	1-2	Kinshi	33	乙	36	乙	
17	琴	1-3	Koichi	40	乙	40	乙	
17	清元	2-2	Tamakiku	12	甲	13	甲	◎
17	踊	4-3	Komura	43	乙	43	乙	
19	長うた	6-1	Tsumako	19	乙	23	乙	
16	清元	6-3	Ariko［E?］	28	乙	31	乙	
15	踊	2-1	Momoko	10	甲	11	甲	
23	清元	2-2	Okaji	34	乙	37	乙	
16	歌澤節	6-3	Ochiyo	13	甲	14	甲	
19	長うた	2-3	Tomomatsu	44	乙	44	乙	
19	長うた	2-1	Kotoyo	06	甲	07	甲	◎
22	一中節	6-2	Tokumatsu	35	乙	38	乙	
16	清元	6-1	Katsuji	11	甲	12	甲	
20	琴	1-2	Kofuyu	36	乙	15	△甲	
21	三絃	8-2	Kimiyo	37	乙	39	乙	
22	常磐津	6-3	Osoyo	21	乙	25	乙	
22	長うた	6-3	Kinnosuke	41	乙	41	乙	
13	踊	6-1	Oyen	04	甲	05	甲	
20	常磐津	3-1	Hamako	30	乙	34	乙	
16	清元	2-1	Tamiji	38	乙	16	△甲	
23	長うた	9-1	Koyuki	03	甲	03	甲	
15	踊	6-2	Tamaye	23	乙	26	乙	
18	踊	8-1	Yayeji	31	乙	35	乙	
18	踊	1-3	Mameko	39	乙	17	△甲	
16	踊	2-3	Tatsuko	16	甲	20	甲	
23	清元	2-3	Kochō	45	乙	45	乙	
17	河東節	4-3	Kikuka［菊花］	46	乙	46	乙	
17	踊	3-2	Kikurio	47	乙	47	乙	
18	清元	1-1	Wakaroku	14	甲	18	甲	
23	踊	8-3	Kokane	11	乙	11	乙	
24	三弦	7-2	Oriu	16	乙	16	乙	
20	踊	7-3	Okaru	08	乙	10	乙	
24	清元	7-2	Kotake	13	乙	13	乙	
16	踊	5-1	Tamako	07	乙	01	△甲	
17	踊	8-3	Otama	12	乙	12	乙	

表2　百美人データ集計表

『百花美人鏡』

掲載	地域	源氏名	年齢	本名
001	新橋	吉田屋やまと	19	吉田さき
002	新橋	中村屋小六	18	青木てる
003	新橋	田中屋まる	20	山田まる
004	新橋	新松屋小辰	19	川元［川本］濱
005	新橋	相模屋桃太郎	19	谷花
006	新橋	伊東屋小ふみ	16	松本こと
007	新橋	春本萬歳	15	杉浦まん
008	新橋	喜久屋小ふさ	17	長谷川ふさ
009	新橋	近江屋とん子	16	小川かね
010	新橋	翁屋春子［はる子］	19	眞橋夏
011	新橋	中村屋小奴	16	山村なか
012	新橋	岩田屋琴次［琴治］	23	田中琴
013	新橋	春本吉彌	19	村井達
014	新橋	新柏屋あい子［愛子］	17	大西たけ
015	新橋	枡田屋小つま	17	安達つぎ
016	新橋	いづや〆吉	19	飲田高
017	新橋	津の國屋あづま	17	中岡せい
018	新橋	壽々喜屋すず［すで］	21	川上むめ
019	新橋	三升屋きんし	14	鈴木かね
020	新橋	三河屋小一	17	小島さと
021	新橋	玉川屋玉菊	17	川口しょう
022	新橋	蔦江戸屋小むら	17	浅田時
023	新橋	福枡田つまこ［子］	19	松田よね
024	新橋	枡田屋ゑり子	16	石田すず
025	新橋	三升屋桃子	15	高野よし
026	新橋	福小川かぢ	23	水谷かじ
027	新橋	新中むら千代	16	清水すゑ
028	新橋	村田屋友松	19	坂本ゑい
029	新橋	中村屋小豊［小と代］	19	辻とよ
030	新橋	新村田徳松	22	金子とよ
031	新橋	三河屋勝次	16	東ろく
032	新橋	尾張屋小ふゆ	20	片山冬
033	新橋	梅の家君代	22	千葉きみ
034	新橋	金小川そよ［おそよ］	22	星野かよ［そよ］
035	新橋	金鈴木金之介［助］	23	小川きん
036	新橋	小松屋ゑん	13	川瀬のぶ
037	新橋	千代田屋濱子	20	千代田きん
038	新橋	梅の家民次	16	木曾つね
039	新橋	新川村小雪	23	塩原かね
040	新橋	龜鶴屋玉栄［玉江］	15	西郷志ん
041	新橋	山形屋八重次	18	あら［荒］川八重
042	新橋	小倉屋豆子	18	山田ぬい
043	新橋	井毛田屋辰子	16	油谷ろく
044	新橋	新川村小蝶	23	舘なか
045	新橋	平井菊香	17	山崎さだ
046	新橋	平井菊龍	17	吉田いね
047	新橋	新中村屋若六	18	中西とめ
048	柳橋	三河屋小兼	23	川村かね
049	柳橋	駒屋りう	24	杉江もと
050	柳橋	かる［おかる］	20	大野ふみ
051	柳橋	三河屋小竹	24	石原仲
052	柳橋	たま子［玉子］	16	内山たま
053	柳橋	たま［おたま］	17	織田玉

『東京百花美人鏡』		『東京百花美人鏡』		読売新聞記事投票結果				五美人
年齢	芸の長所	写真	ローマ字表記	8月7日		8月15日		11月
19	踊	7-3	Koman	06	甲	09	甲	
23	常磐津	8-1	Kinpachi	10	乙	05	△甲	
17	踊	2-3	Kotaka	01	甲	02	甲	
22	一中節	4-1	Kotsuru	03	甲	06	甲	◎
22	河東節	8-3	Kotsune	14	乙	14	乙	
18	踊	7-3	Koito	09	乙	03	△甲	
21	踊	3-1	Hanakichi	04	甲	07	甲	
21	踊	7-1	Kinsuke	15	乙	15	乙	
16	踊	8-2	Teiko	05	甲	08	甲	
16	踊	3-3	Koyei	02	甲	04	甲	
(世話人)		9-2	Nobushin	-				2)
(世話人)		9-3	Onao	-				
18	踊	5-2	Hanaji	04	甲	03	甲	
16	長うた	5-2	Kameko	01	甲	01	甲	
18	踊	5-2	Otatsu	02	甲	02	甲	
16	踊	5-1	Okin	03	甲	05	×乙	
21	踊	5-2	Omintsu	06	甲	06	×乙	
22	常磐津	9-1	Koshizu	05	甲	04	甲	
18	長うた	6-2	Kosei	01	甲	01	甲	
18	清元	4-1	Kohana	02	甲	02	甲	
21	清元	3-1	Omachi	07	乙	07	乙	
21	踊	3-3	Tamaye	08	乙	08	乙	
23	一中節	4-2	Kokane	05	甲	03	甲	
21	清元	3-2	Otowa	09	乙	09	乙	
19	踊	7-1	Fukusuke	06	甲	04	甲	
23	清元	4-2	Koteru	03	甲	05	×乙	
21	清元	8-1	Kouta	04	甲	06	×乙	
23	清元	4-3	Shigematsu	11	乙	07	△甲	
16	長唄	2-2	Yachiyoko	01	甲	04	甲	
20	踊	3-2	Yakko	06	甲	10	甲	
19	踊	8-1	Koyakko	02	甲	05	甲	
17	一中節	5-1	Koteru	03	甲	06	甲	
20	踊	4-2	Sanko	05	甲	09	甲	
21	清元	4-3	Oshun	08	乙	01	△甲	
21	長唄	4-2	Kinshi	10	乙	03	△甲	
23	一中節	8-3	Kokiku	09	乙	02	△甲	
22	踊	8-2	Shimeko	07	甲	11	甲	3)
21	常磐津	3-1	Kofuyu	04	甲	08	甲	
23	歌澤節	7-1	Komume	02	甲	02	×乙	
24	清元	7-1	Okiyo	01	甲	01	甲	
20	清元	5-3	Komaru	02	甲	02	×乙	
22	清元	5-3	Momotarō	01	甲	01	甲	
25	長唄	5-3	Oshiju	04	乙	04	乙	
18	踊	7-2	Fukusuke	01	甲	01	甲	
(世話人)		9-2	Oine	-				
15	踊	5-3	Tsurumatsu	02	甲	02	甲	
20	一中節	7-2	Kochiyo	05	乙	05	乙	
18	踊	7-3	Fukuju	03	乙	03	乙	
22	清元	9-3	Omine	02	乙	02	乙	
22	長唄	9-1	Adakichi	03	乙	03	乙	
22	清元	9-3	Kohana	01	甲	01	甲	
(世話人)		9-2	Oshin					

『東京百花美人鏡』の「写真」の番号は、号数掲載段である。

「読売新聞記事投票結果」の番号はそれぞれの地域内での掲載順番。8/7 は甲＞500, 乙＞200。8/15 は甲＞200＞乙。

「五美人」の欄の注として、
1）洗い髪おつま、2）品評の書籍販売差し止め（読売 8/10）、3）週毎の得点掲示はダメと文句をいう（読売 8/10）

『百花美人鏡』

掲載	地域	源氏名	年齢	本名
054	柳橋	小萬［小まん］	19	鈴木かつ
055	柳橋	金八	23	小林きん
056	柳橋	伊勢屋小高	17	小島しを
057	柳橋	河内屋小鶴	22	藤井りき
058	柳橋	相模屋小常	22	柴田花
059	柳橋	若松屋小絲	18	田中くに
060	柳橋	守竹屋花吉	21	山路花
061	柳橋	小松屋金助	21	小松かね
062	柳橋	栄屋貞子［てい子］	16	酒井ます
063	柳橋	橘屋小ゑい	19	水野八重
064	吉原	延志ん	40	小林きく
065	吉原	なを	40	近藤みつ
066	吉原	花次	18	小野寺くに
067	吉原	亀子［かめ子］	16	塙かね
068	吉原	たつ	18	增たつ
069	吉原	きん	16	平井わか
070	吉原	みつ	21	近藤みつ
071	吉原	小静	22	丹羽しづ
072	日本橋	小清	18	藤村もと
073	日本橋	小花	17	西山あぐり[はな]
074	日本橋	まち［おまち］	21	加藤きく
075	日本橋	玉枝［玉江］	21	高桑たま
076	日本橋	小兼	23	前山さと
077	日本橋	登和［おとわ］	21	池田さく
078	日本橋	福助	19	櫻井八重
079	日本橋	小照	23	田村えい
080	日本橋	小歌	19	增田うた
081	葭町	繁松	23	内野しげ
082	葭町	八千代子［八千代］	16	尾崎やす
083	葭町	奴	20	濱田さだ
084	葭町	小奴	19	濱田かめ
085	葭町	小てる	17	小島照
086	葭町	三子	20	今坂はつ
087	葭町	志ゆん	21	野口たけ
088	葭町	錦糸	21	岩木きん
089	葭町	小菊［小喜久］	24	藤田菊
090	葭町	〆子	23	五十嵐たか［ため］
091	葭町	小冬	21	［五十嵐たか］
092	浅草	小梅	24	沼田なを
093	浅草	きよ［おきよ］	25	難波ひさ
094	講武所	小丸	19	[宇野澤]とみ
095	講武所	桃太郎	21	飯塚きん
096	下谷	しづ	25	三好ます［梅本しづ］
097	下谷	福助	18	朝里たけ
098	下谷	いコ［おいね］	28	鈴木つね
099	下谷	つる松	15	大高すず
100	下谷	小千代	20	佐藤ゑい
101	下谷	福壽	18	大山しん
102	赤坂	小峯	22	關口倉
103	赤坂	あだ吉	22	石田ふみ
104	赤坂	小花	22	日留間すゑ
105	（日本橋 おਸ਼ん／よしの屋）		28	

四　垂直に立ち上がった煉瓦街――勧工場という商品空間

凌雲閣はまた売店の集合であり、商業施設でもあった。ここで再び、事物を見つめる空間、すなわち字義通りの「見物」の空間であった博覧会との呼応が浮かび上がることになる。空間としての凌雲閣はいかなる内部を有していたのか。記録を整理して見渡してみよう（表3）。

凌雲閣の内部空間

開業間近の紹介でくりかえされているのは、「各国の風俗」をそのまま反映した四六の売店が二階から七階まであるという記述である。「支那店に至れば売り人は支那服をつけ、一切清国品のみを商ふ筈」(78)とまでいって、その国際性を強調している。総店舗数を一階あたりに割ると、七店舗から八店舗であるから、屋台に近い小さな出店の集合であろう。

凌雲閣は、すなわち垂直に積み上げられた「勧工場」であった。

勧工場とは、独自のテナントを集めたショッピングセンターのような商業施設で、ある意味で百貨店やデパートの前身である。第一回内国勧業博覧会で売れのこった出品物を、終わったあとさらに安く販売するための公設の施設として誕生し、やがて民間に払い下げられ、それぞれの地域でも独自に生みだされていったという歴史はよく知られて

(78) 時事新報、一八九〇年一〇月二七日

(79) 前田愛「塔の思想」加藤秀俊・前田愛『明治メディア考』中央公論社、一九八〇：二六三

(80) ただし、開業間際の一〇月になっても、七階以下の売店を希望の方は「至急御来談あれ」という新聞広告を出しているので、出店者が殺到していたというわけでもなさそうである。他方で、開業式の日の様子を伝えるある新聞の

いる。

「各国の風俗」の強調は、第三回の内国博覧会にあわせて国際性の風味を多少ながら加えたことを意味しようが、実際の商品は、読売新聞が各階ごとに見ている通り、浅草近辺の名産品であり、東京みやげの工芸品であった。その意味で凌雲閣は、前田愛が論ずるように(79)「垂直にたちあがった仲見世」であり、折り曲げられて高く積み上げられた「銀座の煉瓦街」であった(80)。

しかしながら、さきほど引用した雑誌『趣味』の記者が感じている通り、客はなによりも頂上へと急いだ。上に高く登って見るという関心が先行している観客には、覗き眼鏡などのアトラクションへ足を止める余裕はない。それは高さを第一の売り物にした施設が持たざるをえない空虚さの宿命であり、興行施設としての難しさであった。

凌雲閣の内部空間は、先に述べた明治二四年の百美人の写真イベントでかなり変化したように思う。勧工場の空間の全体をほぼ占拠するかのように、芸妓の写真が飾られたからである。それが可能だったのも、表に挙げられているような鼈甲や扇や小間物などの販売が、あまり振るわなかったからではないかとも思われる。美人投票イベントの意外な成功は、この塔の見つめる空間としての性格をさらに強めていったのである。

開業から8年後の明治三一年（一八九八）五月刊の『最新東京案内記』(81)は、凌雲閣の内部が戦争を主題とした「ジオラマ」や「油絵」などを各階に配置し、名勝と美人や各国の「写真」展示を中心とした視覚的な見世物の空間となっていて、わずかに土産物として東京名所図絵やおもちゃ絵などを販売しているにすぎない(82)ことを告げている。

勧工場がモノに満たされ、特産品を中心にその地域の特質を浮かびあがらせる空間で

記事［国民新聞、一一月一二日」に、三遊亭円朝の門人である金朝が、田中警視総監から「金朝、君は此処に店を始めたソーダナァー」と話しかけられて「へー此下にへゝゝ」と応じているので、多様な出店者がいたらしいことがうかがえる。

（81）東都沿革調査会編、教育舎、一八九八：一六―一七

（82）『最新東京案内記』の記述で面白いのは、まず切符を買い求めたあと、履物を「傍の下足番にあづけ、下足札を貰ひ」と書いていることである。凌雲閣全体が靴や下駄・草履を脱いで入る「室内」となっている。初田亨が先駆的に論じたように、下足のあるなしは、空間の連続性に深く関わる。越後屋呉服店と三越百貨店の都市空間としての大きな違いは、下足なしに外と内とがつながり、街路の延長に店内があって、ブラブラと散策しながら展示品を見ることができる点にある。その点で、凌雲閣は垂直化した銀座であり仲見世であるという前田愛のたいへんに鋭い洞察は、その比喩のあざやかな妥当性をすこし割り引かざるをえない。不燃化の理念を軸に構想された煉瓦造りの銀座や仲見世は、通行者に特別な境界を意識させず気まぐれな散策を許す都市空間であった。それに対し、十二階凌雲閣は履物のまま自由に歩き回れる街路とつながってはおらず、その意味で内外の境界を有し、都市空間としての開放性と連続性は十全とはいえなかったからである。

読売新聞 1890.11.15	風俗画報 1890.12	読売新聞 1891.7.12	『最新東京案内記』 1898.5	金龍山人 『浅草公園』 1902.9
12階の頂上より八方に夥多の球灯を吊し、且周囲に無数の国旗を翻し、装飾万瑞、能く行届きて、間然する所なし	10階より12階までは皆眺望室となし、室の周囲に椅子を設け30倍の望遠鏡を備へ之を以て望めば、関八州の山水を一望に収め、近くは都下の15区皆目睫に集まる		螺旋状の階段を上れば、11階に出づ。ここにて双眼鏡を2銭にて借り、いよいよ12階に上るべし	頂点12階目には1基の損料2銭にて望遠鏡を貸附けるものが控えている
				11階目には如何なる訳か写真撮影厳禁の制札
第10階室を以て当日の式場に充てたり			10階は今迄のつかれを休むる所とて、腰掛など据付けあり	10階目の休憩所には5、6の縁台を置きて洋酒、ラムネ、缶詰などを売り
9階は扇面及び席上書画揮毫等にて、	9階は古今の美術品を陳列したり。其重器たるものは、銅器漆器象牙蝋石細工等にして何れも精巧なり。且擬古の漆器の如きは数百の星霜を経過せし観あらしめ、説明を聞かざれば、今人の新作とは認難き上出来なり。其他絵画なども見受けたり又オールコールは(春雨の曲) 四曲及び (一ッとせ) (トコトンヤレ) (山寺の) (洋楽) 等八曲を一度に発声し観客の耳を悦ばしむ		9階は休憩室にして、音楽をきかんには、聴聞料2銭を要す。ここには「ビール」葡萄酒、茶菓をうり捌く。又三大幅の裸体美人あり。一はちらし髪、他は皆束髪にして、春道画とあり。常に白色の「カーペット」にてこれを掩へり	9階には席料2銭の休憩所ありて楽を奏し
8階は休憩室、美術品、	8階は即ステーション		8階に上るも略同じ。唯異るは、新聞縦覧所を設けて、専ら縦覧を許せることなり	8階目には体量器械、ヂオラマ、新聞縦覧所
7階は鼈甲器具、金石	2階より7階までは室毎に英米仏独魯支等各国の風俗を移したる、46ヶ所の商店を置き各其国の産物を販売して、登客を慰さましむ		7階には東京名所図絵、おもちゃ絵などをひさげり	7階目には錦絵、書画、玩具、写真その他の雑貨を販ぐ店あり。
6階は唐物小間物、小笠原島産物		3階より6階に至る4階に美人写真を陳列して、登覧者の投票を求め、一週間ごとにその得点を掲出する	4階より6階迄は、日清戦争の油絵「ジョウラマ」各国風景の写真を、縦覧に供すること前に同じ	毎階美人景色俳優などの写真額、油絵及び風景の窺眼鏡を陳列せる
5階は嚢物、生糸織物類				
4階はパン菓子類				
3階は宝石、筆墨、月琴			日清戦争の「ジョウラマ」及び吉原百美人の写真を掲げ、尚ほ蓄音器を据付けて、浮れ節かッぽれ (公園芸者米八の声色など) 役者の声色、相撲ヂンク、大津絵節、義太夫より、謡曲には羽衣、高砂、道成寺等に至るまで、無料聴聞を許せり	3階目には蓄音機無料聴音の休憩所
2階は玩弄、絵草子類			混成旅団上陸、並に海戦等の「ジョウラマ」数双と、日本の名勝写真数十枚を掲げたり	
			時事新報より贈れる、大なる姿見あり	

表３　十二階内部記述

	時事新報 1890.1.26	国民新聞 1890.7.23 (読売新聞にも同様記述)	凌雲閣チラシ 1890.10頃	読売新聞 1890.10.27	時事新報 1890.10.28	東京経済雑誌 1890.11
12階		望遠鏡を供へて来場人の眺望の求めに応ず	10階より12階までは眺望室にて、善良至美の望遠鏡を備へる	10階より12階迄はみな眺望室となし、室の周囲に椅子を設け、30倍の望遠鏡を備へ	30倍の望遠鏡を具へあれば、肉眼にて及ばざる所八州の野を俯視すべし	12階には30倍の望遠鏡を置くの準備あり
11階		10階11階は来場人の運動場に供する			閣の表裏に５千燭のアーク灯２個を吊るし且つ毎閣３個づゝの電燈あり	11階には前後に５千燭光の「アーク」電灯２個を据へ附け
10階	楼上に望遠鏡				眺望室に充て閣の周囲に椅子を排列して観客の便に供し	第10階以上は中央に螺旋形の階段あり。周囲は椅子などを置くの地として唯だの眺望室に定め、別に売店等なし
9階	西洋風の間取り	上等室で、絨毯を敷き詰めて優待席となし楽器等を飾る	古今の美術にかかる珍品奇物を陳列する	古今の美術品を陳列	上等休憩室と為し新古の美術品を陳列し、かねて楽器電話機等の飾り付けもあり	新古の美術品を陳列し、楽器を据る筈にて、事務所及び西洋料理店との間だは電話器を据へ附けあり
8階	８階以下の階には多少の器物をも陳列する見込	８階以下は勧工場のように玩弄品その他の売店を出させ、来客の求めに応ず	8階はステーション	8階はステーション	二階より八階迄に四十六個の売店を設け各国の品物を売り捌くに、縦覧人を慰めんがため支那店に至れば売り人は支那服をつけ、一切清国品のみを商ふ筈なり。十階は眺望室に充て閣の周囲に椅子を排列して観客の便に供し	昇降台の「ステーション」にて、此に日本風の一室を設け、中に書画等を陳列し、観客の休憩に充て
7階			２階より７階までは一室毎に各国風の売店を設け、甲室は英国に遊ぶ如く、乙室は仏国に遊ぶ如く、丙室丁室各々米独支那等の風俗をそままに移して、観工場の如き売店となし、皆その国々の品を売りて登覧客の慰みとす	２階より７階までは一室毎に英、米、佛、独、魯、支等各国の風俗を移したる46ヶ所の賣店を置き、各各その国産物を販賣して登客を慰め		
6階						
5階						
4階						
3階						
2階						
1階						

あったとしたら、十二階凌雲閣はその商業施設としての実質を失いつつも、なお高さにおいて立ちつづける。つまり空洞化しつつもなお、やがて消費者と名指される主体がなにかを見るための塔として、名高さを維持しつづけていく。

五　十二階は始末におえなくて――高塔の黄昏

しかし、それは困難な生き延び方であった。

映画全盛の前夜とはいえ、席数の多い大空間の劇場施設などが興行の主流を形成しつつある時節に、高さだけの土産物販売の施設では流行についていけない。そして見るべきなにかを見せる興行として、いろいろと試みられたものの、美人写真の成功以上の内実を持ちえなかった。明治四五年の組織の改革では、高塔とは別に塔下に余興演芸の常設館を備えていくことになる。大正になると「十二階劇場」として、大衆演劇の一座や音曲の催し、少女歌劇などを興行していくのも時代の流れであった。高くそびえる塔は、どちらかといえば、甘酒をふるまう付属物のように見られていく。

すでに明治三〇年代になると、その高さは危険であり、取り除いて処分するほうが経済的だという構想が語られるようになっていた。

その懸念には、実際の地震被害の記憶もかかわっていた。

開業から三年半ほどが過ぎた明治二七年（一八九四）六月二〇日、東京湾北部を震源とする明治東京地震が起こった。六月二一日の万朝報は「凌雲閣は無事なり」とまず報じたが、翌日の諸新聞（万朝報、都新聞）は「六、七階より上部に亀裂を生ず」と説明している。細かく報じたのは同日の東京朝日新聞で、「一昨日の大地震には人々の最も危ぶみしは浅草の凌雲閣」で、四階以上が揺れ倒されて数名の死傷者が出たとの町のうわさもあったが、幸い一人の怪我人もなかった。しかし「閣内にありし人々は、不意の震動に逢ふて一人の生きたる心地もなく、また逃出さんとする勇気もなく、いづれも腰をぬかして坐りたるまま」巡査たちに助け出された、という。建物の被害は「五六七階の三ケ所壁に少しづつの亀裂ありしのみ」(83)だと報じた。

凌雲閣の五階から七階にかけての壁の一部に生じた亀裂については、工学士瀧大吉の指導を得て対処した。内側においては「対辺を鉄の太ボートを以て十字に組み付け」、外側から塔全体を四寸幅の帯状の鉄で包むように締め付けて「大修繕」(84)「大改良」(85)の補強工事を施した。このあと東京の人びとは地震を感じるたびに、凌雲閣の倒潰や無事を話題にしたのは、たんに不安だったからだけではない。

たとえば翌二八年（一八九五）一月一八日にも、霞ヶ浦付近を震源とする大きな地震があり、浅草区では煙突やガス灯や土塀・石灯籠の多くが倒れたが、新聞は「公園十二階は地震毎に人の目を惹く所なるが、今度は修繕後の事とて亀裂一つ生ぜず、泰然として雲を凌げり」(86)と、その無事を伝えた。高塔凌雲閣の存在には、そのどっしりとした煉瓦建築の堅牢さへの基本的な信頼と、崩壊するかもしれないという拭いがたい不安とが、まさに両義性をたもって相互依存的に結びついていた。

ある目撃者の関東大震災二年後の告白からも、その微妙な両義性の融合が読み取れる。

(83) 東京朝日新聞、一八九四年六月二三日
(84) 東京朝日新聞、一八九四年八月二四日
(85) 東京朝日新聞、一八九四年一〇月二三日
(86) 東京朝日新聞、一八九五年一月二〇日

「あの大震災の時、はだしで外へ飛び出して、公園の方を眺ると、十二階が、昨日まで、いや一分間前まで厳然として赤レンガの集積をほこつてゐた十二階が、六七階の辺から上が無くなつてしまつたでは無いか。私は何だか、うその出来事、一瞬間は誰かのいたづらだと云ふ観念がふと浮んだ位だつた。十二階が折れたのを知つて私は、こりや大変な大地震だ、と初めて思つた。恐らく十二階を一目見た者は、必ず此う云ふ非常の際を想像するであらう。だから、私も今目の前に十二階のへし折れた様を見て、大地震だ！と云ふ恐怖の思が初めて心に爆発したのだ。」(87)

堅牢な凌雲閣が折れたことを目にしたこと自体が、地震の信じられないほどの強さの証であった。そして、この目撃者は、公園に逃げる途上でいくつもの死骸をみるが、その近くで人びとが実際に見ていたわけでもないのに「十二階にやられた」「十二階の下敷きになった」と呟き、断定しあうのを聞く。それに触れて、どのひとも平素から自分と同じように、十二階が崩れてきたら大変だと漠然と考えていたに違いない(88)と想像している。

凌雲閣を倒す

関東大震災の二〇年も前の明治三六年（一九〇三）六月刊の通俗実業本に、「凌雲閣の処分」と題した一章が設けられたのも、そうした危険性をめぐる一般化した懸念に呼応している。

（87）望月恒一「浅草漫歩」『聖潮』第二巻第一〇号、浅草寺出版部、一九二五：一三七―一三八

（88）地震だけでなく、暴風雨でもその安全が話題となった。開業から一年ほどの明治二四年九月三〇日に、東京に大きな台風が襲い、赤坂溜池では建築中の小劇場が潰れるという騒ぎになった。その翌日の新聞に「凌雲閣ハ無事」という題名で、同敷地内の樹木や塀はかなり破損したが、「凌雲閣は硝子二三枚破損せしまでなり」［読売新聞、一〇月一日］と、暴風に動じなかったことを伝えている。大正一〇年（一九二一）に刊行された『漫画展覧会』で岡本一

その内容は、「確かなる筋から聞き込んだ一種の金儲談」とどうにも怪しげである。皆も知っている凌雲閣が予想に反して利益を出さず、修繕費用がかかって維持費も覚束ない、という現実から話がはじまる。そして出資者もこの建物を取り壊し、会社を解散するという意見に傾いているが、解体にも費用がかかるのでなかなか一筋縄ではいかない。そこで、幾ばくかの報償金（二千円といううわさがある）を付けて、取り毀しを請け負うものがあれば、使われている煉瓦その他の材料一切をその人に与えようという案が出され、出資者のなかにも同意する人が出てきていると紹介している。続けて、次のようにいう。

「あれだけの大建築を、無事に取り壊さうといふのは実にて至難な事であると同時に、足場、人足、其他に要する費用は、煉瓦を売下げて得た位の価額と引き合わぬかも測り難からう。然しここが一考を求むべき点で、遣り方如何に因つては、却つて金迄付けて貰はぬとて、差引大に利得を見られるかも分からないのだ。」(89)

煉瓦の転売では利益が釣り合わないかもしれないが、やり方次第では儲かる、という。そう提案しながら、肝心の利得が見こめる「遣り方」については、なにも具体的には述べないまま、記事はこの話題を終えている。

ただ、この報償金を付けての売却という方式は、明治四〇年代にも現実に検討されたらしい。私自身は現物未見の資料だが、港や書店が古書目録『Construction』五七号に掲載している新発見の『岸源三郎・源四郎父子写真帖』は、面白い証言を付け加えてい

平は「与太君の東京見物」に十二階の話題を取り上げ、凌雲閣が風の強さに倒れないよう「つっかい棒」をする田舎者を描いている（図1−22）。

図1-22　岡本一平

(89) 岩崎徂堂『新事業発見法』大学館、一九〇三：七三

図1-23　吉岡鳥平『甘い世の中』1921：91

る。岸源三郎は明治三〇年代に京都で外国貿易用の扇子生産で財を成し(90)、浅草に移って明治の末年に十二階凌雲閣を買った人物とされている。その写真帖に書きこまれた回想に、凌雲閣の「三人の持主も厭気がさし明治四十三年取壊す事を決したが、三千円附けてやると云うにも誰も引請人がないので三人は大いに弱っていた」(91)とある。

一七年後の大正九年（一九二〇）三月の『都新聞』は、さらに進んだ解体処分の方法を提示した。建築学者の塚本靖による凌雲閣打ち倒しの「奇抜な考案」である。あるいは、建築学や工事請負の実業の世界において、こうした近代都市に生みだされた巨大建造物をどう処置するかが一般的に話題になりはじめていたのかもしれない。

塚本は、アメリカでの巨大煙突の打ち倒しがひとつの見世物になっている例を挙げて、「界隈の人達に迷惑がられている十二階を倒す」方法を説く。簡単に言えば、木材で補強しつつ横壁に穴を開けて、その木材を燃やして塔をその方向に倒すという、ダイナマイトのような火薬による破壊の代用である。しかも入場券を売ってそれを見物させれば一〇銭取ったにせよ何千円となり、(92)さらにその様子を活動写真に撮って全国に巡回興行すれば「大した金儲け」になるだろうと語っている。

(90)「京都の扇子街」東京朝日新聞、一九〇一年一二月九日

(91) 港や書店古書目録『Construction』五七号、二〇一五年一月：三。この「三人」とは、喜多川周之のノートから類推するに、江崎岩吉・大滝福三郎・今井秀吉という人物か。大滝福三郎は、あるいは福之助か徳三郎かもしれない。

岸源三郎については、世に知れるところが少ないのだが、米山蟻兄「浅草公園観せ物総捲り」『新演芸』第一巻第三号、一九一六：一一八–一二〇が、明治四三年に十二階を買い受けた「一人の成金」と説明している。それによると、岸は「西京焼」という焼芋屋で成功し、一杯飲み屋の飲食店で財をなしたことになっている。買い受けたあと、夜間に十二階に登らせるという企画で当てて、階下に「お神楽堂に似た家台」の演芸場をつくり「かっぽれ」で一世を風靡した梅坊主一座の余興を

飛び降りた自殺者たち

塔からの飛び降り自殺も、迷惑な施設という思いを強めただろう。飛び降り自殺という暗い話題で不幸にも注目されはじめたのは明治末年である。その対応策として落下防止の金網が展望台に張られ（図1―23）、人びとの視線にもまた、鳥かごのような不自由がかぶせられた。

明治四二年（一九〇九）一月に、凌雲閣の高みからの自殺者がはじめて出た。新聞の報道によれば二六歳の職人で、九階の人目のない所で書いたと思しき「将来何の見込みも楽しみもなく」という鉛筆書きの遺書とともに、吉原の娼妓に「知らせてくれろ」というメモをのこし、普段から人がいない一一階の西南の窓から飛び降りた。同じ年の三月にも七階から一六歳の女が飛び降りて死に、七月には二十代後半の女が九階から飛び降りた。凌雲閣は自殺の名所のようにも言われたが、偶然のめぐりあわせではない。この高塔はすでに人に見咎められ制止されることがないほどに、もの淋しくうらぶれた場所になっていたのである。

民衆娯楽の研究者でもあった権田保之助は、映画という新興のメディアが大衆を引きつけ、浅草六区の娯楽を大きく変えつつあった大正末期の十二階を次のように描写している。

「十二階は始末にをへなくて、時の方があきらめを付けて、唯だ一つぽつねんとして取り残されてゐます。それでも年に二度の藪入の小僧さん達に、小将門位の野心を起

提供するなど、手品や踊りや太神楽の興行で儲けた。しかし、向島に宝塚温泉を真似た「太陽閣温泉」という「料理店女夫風呂」の施設を開発する事業で失敗し、十二階の「全部の株を売却し裸一貫で今は巣鴨に退却して了つた」と説く。太陽閣については、大正元年一一月三〇日の読売新聞が岸源三郎の事業として、その竣工と一二月からの開業を告げるが、翌二年一二月二五日の同新聞に「休業中の向島太陽閣」だが、島田十太郎という人物が経営を一切引き受けて、大改良のうえ開業するとある。岸の事業としては一年と保たなかったようである。

(92) 奇妙な偶然ではあるが、先に触れた震災後の工兵隊による爆破は、動画として撮影されて残された。しかしこれに興行的な関心があったかどうかは断言できない。

させる効能はありませうが、浪花節の定席も、萬盛館の落語大会も、『浅草』の空気には少々住み悪いものゝ様に思はれます。」（傍点原文）[93]

これが崩れ去る二年前である。ここで権田が感じている変容は、現象的には寄席的な小空間から活動写真館の大空間への、浅草の構成要素の変化である。

それを「町人」の通人たちから「プロレタリアート」の大向こうへの担い手の移行ととらえているのは、社会問題研究者の視点であろう。しかし時代に取りのこされたとの印象は、権田ひとりのものではない。『文芸倶楽部』の演芸記者であった森暁紅は、かつて浅草公園を代表していた十二階は、蔵前の煙突との背比べに負けて、階下の余興舞台のほうが中心となり、塔のほうは「角力上りのボケた爺さんと云つた体で唯ノッソリと立つてゐる」[94]と表現している。

六　どこの魔法使いが建てましたものか――俯瞰と仰望と望遠鏡

現実の凌雲閣がたそがれて、取りのこされたかのように立っていたとして、しかしその姿もまた、時代のレンズに映った虚像かもしれない。もういちど、凌雲閣が現実に人びとに提供した「高さ」の特質を考えてみたい。

いうまでもなくわれわれは、すでに戦後の高度成長期に建てられた東京タワー（一九五八年竣工）の三三三メートル、平成の東京スカイツリー（二〇一二年竣工）の

（93）権田保之助「ポスターの衢」『大観』第四巻第四号、実業之日本社、一九二一：二三一

（94）森暁紅「十一月菊見（浅草公園）」『気軽な旅：日帰り一二泊』一九二四：三九四。刊行は震災の後だが、記事それ自体は震災前に公表されたものである。

六三四メートルの高さを経験している。だから、数字でだけ比較すれば凌雲閣の六七メートルは物理的にはそれほど高いとはいえない。しかし、ここで論ずるべきは、建築物の客観的な高さではない。それを見るもの感じるものの精神や想像力に作用する高さである。その意味で凌雲閣の高さはいかなる意味をもったのか、そこを探ってみたい。

興味深い手がかりは、屋上に備えつけられた「三〇倍の望遠鏡」である。それは屋上からの眺望を強調する設備にとどまるものではない。賃貸の「双眼鏡」を含め屋外の都市空間に対する、凌雲閣の「覗き眼鏡」の機能の拡大を暗示している。

高いは十二階

明治・大正・昭和の子どもたちの遊び歌（尻取り歌）である「いろはに金平糖」(95)のなかに、「高いは十二階／十二階はこわい」という一句が混じって歌い継がれた事実はおもしろい。

しかし歌い継ぐ誰もが、塔に登っての高さやこわさを経験したわけではない。むしろ、高いものとして仰ぎ見られたということそれ自体が意味をもった。実際に、東京のさまざまなところから、高く美しく目立って見えた。たとえば、文人たちの次のような回想は、その証言たりうるものであろう。

「むかしの浅草には「十二階」といふ頓驚なものが突ッ立ってゐた。

赤煉瓦を積んだ、その、高い無器用な塔のすがたは、どこからも容易に発見出来た。どこの家の火の見からも、どこの家の物干からも、どこの家の、どんなせゝッこまし

(95)「いろはに金平糖」は、子どもたちのお手玉遊びや縄跳びなどでも歌われた。尻取り歌の文句はそれぞれの遊びのなかで変わっていく要素もあって、さまざまなバージョンがあるが、標準的なものは次のような文句で構成されている。「いろはにこんぺいとう／こんぺいとうは甘い／甘いは砂糖／砂糖は白い／白いは兎／兎は跳ねる／跳ねるは蚤／蚤は赤い／赤いはほおずき／ほおずきは鳴る／鳴るはおなら／おならは臭い／臭いはうんこ／うんこは黄色い／黄色いはバナナ／バナナは高い／高いは十二階／十二階は恐い／恐いはおばけ／おばけは消える／消えるは電気／電気は光る／光るは親父のはげあたま」。こうしたものの創作年代の推定は難しいが、バナナがかつて大変に高価な輸入食品であった時代に工夫され

い二階のまどからもたやすく発見できた。同時にまた広い東京での、向島の土手からでも、上野の見晴しからでも、愛宕山の高い石段の上からでも、好きに、たやすくそれを発見することが出来た。（中略）その歓びは、それはとりもなおさず「浅草」を発見した歓びだつた。」（久保田万太郎）[96]

「べらぼうな高さで、八角型の頂上が唐人の帽子みたいにとんがっていて、ちょっと高台に登りさえすれば、東京中どこからでも、その赤いお化けが見られたものです。」（江戸川乱歩）[97]

「わたしは十二階のてっぺんには、一度か二度しか昇っていないので、上からの眺望にはたいして魅力を感じなかった。けれど遠くから見たあの姿は、たしかに美しかったと思う。」（渋沢青花）[98]

渋沢青花が遠くからあおぎみて「美しかった」と思い出し、久保田万太郎や江戸川乱歩が「どこからでも」見えたと語る驚きに、昼だけでなく夜にもその姿が見えたと付け加えるべきかもしれない。

この塔はまた「夜間は十一階の室に五千燭のアーク電灯弐箇、其他毎階三箇の電灯を点じ、一百七十六箇の窓より光輝を放ち、公園をして常に月夜たらしむる」[90]施設であったからである。芥川龍之介は、「窓ごとに火かげのさした十二階」のそびえ立つ姿に、ほとんど荘厳さを感じたと述べている。[99]大正も九年になって読売新聞が「『十二階』物語」という、いささか三面記事的な連載をした時に選んだタイトルの背景画は、まさにその十二階の夜景である（図1－24）。その光は、明治のランプによるものではなく、す

たバージョンであることは間違いないだろう。宮尾しげをは、浅草で活動写真が今のように勢力をもたなかった昔に登ってみたことがあるが、その時はやけに高いと思ったことを記憶しているのに、最近登ってみたら「案外低いので驚いた」と一八歳だった大正九年に書いている〔『日本一』第六巻第四号、南北社、一九二〇：二〇三〕。おそらく、子どもとしての思い出のほうが、はるかに高く見渡せ、また遠く見下ろすことができた実感を保っていたのである。

（96）久保田万太郎「絵空事」（一九三二）『久保田万太郎全集』第一〇巻、中央公論社、一九六七：一二三

（97）江戸川乱歩「押絵と旅する男」（一九二九）『江戸川乱歩全集』第六巻、講談社、一九七九：一六

（98）渋沢青花『浅草っ子』造形社、一九八〇：一二三

（99）芥川龍之介「本所両国」東京日日新聞社編『大東京繁昌記 下町篇』春秋社、一九二八：三一

でに次の時代を開いてきた電力のかがやきであった。

凌雲閣の高さは「エレベーター」の話題と同じく、ようやく開かれつつある電気の時代の新しさを感じさせるものでもあった。

図に題す

さらに凌雲閣の新しい高さは、印刷物を通じてもつくられ、伝えられた。

石版画や錦絵に描かれた十二階（図1―25）は、現実の凌雲閣に登ったことのない人びとの想像力にも、インパクトを与えた。小学生たちの作文投稿雑誌でもあった『小国民』の号外特集に、日本橋兜町に住む児童からの「凌雲閣ノ図ニ題ス」という文章が掲載されている。

図1-25　浅草公園凌雲閣之図

「漠々タル雲中、一塔ノ高ク聳ユルハ、此レ浅草公園凌雲閣ノ図ナリ。其建築ノ宏大ナル、近古其此ヲ見ズ。高ク空中ニ昇リ、諸地ノ絶景ヲ一目ノ下ニ瞰メバ、高鳥モ其高ヲ失シ、飛仙モ其術ヲ蔵ムベシ。今ヤ此建築アリ、

図 1-24-1（右）
十二階の夜景 読売新聞
1920.3.12.

図 1-24-2（左）
十二階の夜景 今村恒美のカット『浅草の会おぼえ帖』1968：4

何ゾ知ラン。万古ノ末、天ニ昇リ月ニ遊ビ星ニ戯ル術ナキヲ工業ノ進歩亦甚シト云フベシ。聊カ感激ノ余リ、図上ニ題ス。」(100)

翼をもつ鳥や空飛ぶ仙人と高さを比べ、見上げる天や月や星の連ねで支えるレトリックは少し定石通りの月並みだが、登閣の記ではなく「図」を見ただけなのに、経験していない絶景に思いを馳せて感激するという、この作者の経験の想像の仕方のほうがおもしろい。明治二九年の『時事新報』は、凌雲閣の階数を見上げて数えた田舎者の見物人が、上を向きすぎてバランスを崩し、池に落ちてしまうという笑い話を漫画にして載せている(図1-26)。(101)

小学生たちが見た「図」は、凌雲閣の竣工の前後から盛んに発行されたらしい石版画か錦絵の一つであろう。その煉瓦色のそびえ立つ姿は、当初より石版画や錦絵で、のちには写真帖や絵はがきにしきりに映され広く伝えられた。新聞が伝えるところによれば、開業二ヶ月足らずの間に、無断の出版も含めて一二軒もの絵草紙屋が競って出し、総計にして「凡そ十万枚余り」(102)の図画が売りさばかれた、という。その迫力ある外貌を画面一杯にとらえた図に、急激なる「工業ノ進歩」を思い、感激した鑑賞者たちは多かったのではないか。

浅草の十二階より見渡せば御代は聖代文明開化　(竹久夢二)(103)

塔の展望階の高さから見えるように思えたのは、「聖代」としての明治の都市であり、

(100)『紅顔子　第一』(小国民第三年七号号外)学齢館、一八九一:二九三-四

(101)この見上げたがために後ろに倒れるという身体感覚が、『画図百鬼夜行』等の近世の妖怪本が流布させた「見越し入道」という巨大化する妖怪と対応しているのは、偶然ながらおもしろい。もちろん怪異性はなにも引き継いでいない。

(102)読売新聞、一八九一年一月一三日

(103)竹久夢二『山へよする』前掲

日本の「文明開化」としか表現しようのない変容であった。冒頭に挙げた啄木の歌でも論じたように、塔上からの見晴らしは新しい身体経験であったが、そこで見えると感じられたものは、現実の風景だけではなかった。その高さの語りかたそのものに、時代の人びとの想像力が深く織りこまれている。(104)

望遠鏡という覗き眼鏡

凌雲閣から街を見おろして、見えるかのように思えた、その影の部分もまた印象深い新しいエピソードである。

たとえば、一群のうわさ話や一瞥の経験譚があった。誰が言い出したものかはわからない。しかしそれはたぶん、凌雲閣の高さが与えてくれる視覚や想像力の意味の問題を考える、重要な手がかりとなる。明治末の石川啄木が耳にし、木下杢太郎が目撃した、次のような風景は、凌雲閣の高さならではの意外な一瞬ではなかったか。

(104) 都市全体の拡がりを、想像を交えつつも鳥瞰して描く、その試みは中世末から近世初期の「洛中洛外図」の視覚にすでに始まっている。しかしそれが常人の経験の領域に入ってくるようになるのは一九世紀で、鍬形蕙齊の一目図や五雲亭貞秀の鳥瞰一覧図などは新鮮に受け止められたであろう。やがて観光と結びついて商品化された吉田初三郎らの鳥瞰図は、大正から昭和にかけて、街の拡がりを見渡す目をさらに身近なものへと普及させていく。いずれも現実には不可能な視点から描かれている点が面白い。

図1-26　時事新報 1896.3.1

「浅草の十二階から望遠鏡で見おろすと、蜘蛛の網の如くなつた細い小路で、男が淫売婦に捉まるところが見えると、金田一君から聞いた。」（石川啄木）[105]

「忽ち直下の玉乗興行館の後ろに、家と家との狭い間に肉色襦袢を着た女の姿が現はれた。その形は、忽ち杓子から水を飲み初めた。するとまた忽然と大きな男が現はれて、今の水飲む女子をなぐり飛ばして連れていつた。…………

飛鳥瞰望は、かくて予等に、赤裸々に人生活動の数理と、種と、因果律とを開陳した。予等はこの時始めて現代と、自然、社会律とのすべてから超越したかの如く感じた。」（木下杢太郎）[106]

それは田山花袋が嘆賞したような、見晴るかす遠景の眺望とは異なる。身近でありながら、どこか近よりがたい距離をはらんだ近景である。知っているようでいて思いがけない、ありえないようでいて見えてしまう、新しい風景である。

適度の高さゆえに都市の生活の裏側が見えてしまう。生活の裏側というと、いささかスキャンダラスに受け止められてしまうかもしれない。だから、生活の奥行きといったほうが正確だ。浅草という都市空間のまっただなかで与えられた高さゆえに可能になった、微妙な距離感をもつ想像力である。木下はそれを「中空浮在の不安」[107]と呼んでいる（図1―27）。

見られている方も、見下ろされていること、覗かれていることを意識していない。見る方にしても、意識的に見るべきものとして探し求めたわけではない。偶然に、しかし

（105）（七月五日の項）「明治四一年日誌」『石川啄木日記』世界評論社、一九四八：二一九

（106）木下杢太郎「浅草公園」『方寸』第三巻第八号、方寸社、一九〇九：六

（107）同前「浅草公園」：六

垂直方向から斜めに見かけてしまう。その意味で「覗く」という、意図を有する動詞自体がそれほど適切な表現ではない。一定の距離があるために、状況全体が見渡せてしまう。しかし離れているために音は聞こえない。無声映画のように乾いた動きだけが、そこで繰り広げられ、そこに見える。届きそうに見えて、かかわることができない。あるいは、見えたからといってあえてかかわらずともよい。傍観者でいられる安心が手渡されているがゆえに、結果的に覗き見る位置にとどまることができる。
それは都市を生きる主体の新しい位相であった。

十二階の眺望室に備え付けられた「三〇倍の望遠鏡」は、その倍率から考えて観光地によくあるタイプの棒状で固定型のスコープだと思われる。この望遠鏡は、性能的には三〇〇メートル離れた先の人間が一〇メートルのところにいるように見える。これに対して、二銭で貸していたという「双眼鏡」は、三倍から七倍ていどのものではなかったかと思う。どちらも頂上からの視覚を補強するものではある。

図1-27　本間国雄「十二階の上より」画文集『東京の印象』1914：14

けれども、決して肉眼の状況認識をそのままに拡大するものではない。クローズアップは、対象の拡大という以上に視野の限局である。バードウォッチングなどで経験する通り、望遠鏡を片目で覗きこむことは、現実から切断された風景と出あうことである。枠取られ、限られた視野の不自由さが、方向感覚を混乱させ距離感を喪失させる。そして、見えてしまったものの意外性と偶然性をむしろ強調する。覗きこんだひとが驚くのも、またその意外を楽しむことができるのも、それゆえである。

「覗きからくり」と「遠めがね（双眼鏡）」

江戸川乱歩の名作「押絵と旅する男」(108)では、十二階と「双眼鏡」とがその不思議かつ不気味な物語でたいへん重要な役割を果たす。外国船の船長が使っていた双眼鏡だというから、当時の海軍と同じく七倍ていどの高い拡大率のものであろう。

「あなたは、十二階へお登りなすったことがおありですか。ああ、おありなさらない。それは残念ですね。あれは、一体、どこの魔法使いが建てましたものか、実に途方もない変てこれんな代物でございましたよ。表面はイタリーの技師(109)のバルトンと申すものが設計したことになっていましたがね。」(110)

主人公は、「魚津に蜃気楼を見に出掛けた帰り道」に、この「西洋の魔術師のような風采の」年齢不詳の男と乗り合わせる。「蜃気楼」も「魔術師」もたまたま持ちだした無関係な形容ではない。話はその男が持ち歩く、美人写真の額ほどの「二尺に三尺ほど(111)の扁平な荷物」をめぐって、まるで「着色映画の夢」のように、あるいは「一時的狂気の幻」のように、奇妙な昔語りが展開していく（図1-28）。この物語の全体を構成する巧妙な仕掛けと、そこに埋めこまれている事物それぞれの豊かな陰翳は、江戸川乱

(108)『新青年』第一〇巻第七号、昭和四年六月

(109)「イタリー人」は間違いだが、その誤解はすでに世に流布していたらしい。管見の範囲での早い事例は、注91でも触れた『新演芸』の大正五年（一九一六）五月号の「浅草公園観せ物総捲り」で、「東京帝国大学教授伊太利人故バルトンの設計により」とある。この記事には誤りも多く、建築主も「福原庄太郎」、目的は「国会開設の記念建築物」、建った年も「明治二十一年六月」とかなりいい加減である。乱歩がなにを根拠にこう書いたかは不明だが、たとえば大正期の新聞［読売新聞、一九二〇年三月一二日記事］などに拠ったものか。大正一〇年（一九二一）

図1-28　押絵と旅する男『新青年』10巻7号,1929：34-35挿絵

歩自身の原文をゆっくりとたどっていただく以外にはない。とはいうものの、この論考の主題から注目すべきは遠めがねの経験、すなわち双眼鏡の視覚である。

　この魔術師のような風体の男の兄は、十二階の上から持参の双眼鏡を覗いて、偶然にその視野に入ってきた娘に一目惚れをしてしまう。

「十二階へ登りまして、この遠目がねで観音様の境内をながめておりました時、人ごみのあいだに、チラッと、ひとりの娘の顔を見たのだそうでございます。その娘が、それはもうなんともいえない、この世のものとは思えない美しい人で、日頃女にはいっこう冷淡であった兄も、その遠目がねの中の娘だけには、ゾッと寒気がしたほども、すっかり心を乱されてしまったと申します。」[112]

七月に初版が刊行された矢田挿雲『江戸から東京へ』第二巻の浅草区の説明でも「最初越後長岡の生糸商福原庄三郎が仏国エッフェル塔を見て来て伊太利人に設計させ十三万七千円の工費でこれを建て」[東光閣書店、一九二一：一三六]と述べている。

(110) 江戸川乱歩「押絵と旅する男」『江戸川乱歩全集』第六巻、講談社、一九七九：一六

(111) この「二尺に三尺」は、細部への几帳面なこだわりをもつ乱歩らしい仕掛けのようにも思う。百美人の写真額もまた、このサイズであったという記録があるからである。

(112) 江戸川乱歩「押絵と旅する男」同前：一九

すでに述べたように、双眼鏡が与えてくれる視覚は、日常の縮尺での双眼の空間認識と異なる。視野が丸く切り取られて限定されるだけではない。距離感も混乱してあいまいな方向性だけしかしめさない。近くに見えても実際は遠く、また都市の人混みのなかの一瞬ならば、再びその人が見えたであろう場所を探し出せるかどうかはおぼつかない。しかも念入りなことに、乱歩のこの作品では、その娘が現実の人間ではない。覗きからくり屋に設置された、覗き眼鏡の向こうの場面の「押し絵」なのである。つまりつくり物の女性であった。そこから、現実とは切断された幻想という想像の、異次元の扉が開かれる。

そして、押し絵細工の娘と一緒にいたいと願った兄は、双眼鏡を逆に覗く。普通にはありえない覗き方を意図的にすることで、自ら「押し絵」の中へと入っていってしまう。この二次元の平面に封じこめられたカップルの人生の幸不幸や、呪術めいた逆覗きの手続きの非現実性はさておいて、乱歩はこの双眼鏡を通じた視覚の偶然がありうる理由を、次のように説明している。

「考えてみますと、その覗きからくりの絵は、光線をとるために上の方があけてあるので、それがななめに十二階の頂上からも見えたものに違いありません。」(113)

塔の上から、このからくり仕掛けの内部が覗けてしまったからだ、という。だから凌雲閣が存在した浅草では、この人間でないものの美しい姿を見かける偶然の不思議が起こりえたのだと説く。

(113) 江戸川乱歩「押絵と旅する男」同前:二一

現実の人間だけでなく、つくり物の「押し絵」も、限定され切り取られた視覚においてならば、生きているかのように見えることがある。それは、等身大のポスターの写真の女性がまるでそこにいて笑いかけているかのように近くに感じる感覚と、そう思われているほどには違わない。現実空間であれば、等身大であるか2Lの手元の写真であるかでリアリティが大きく違うと言えようが、双眼鏡に媒介され距離感覚が混乱した視覚のなかでは、その複製の大きさは意味をもたない。逆にいえば、メディアによる視野の拡大や限定のなかで、見る者の想像力が補完してしまうがゆえに、リアルだと思え、現実だと信じることのできる空間が生みだされている。フラットな「美人写真」も、それを見るものの想像力がリアルさをつくり出している。「押し絵」もまた、同じように双眼鏡のなかで活かされて不思議ではない。

けっして意図的でも意識的でもなかったと思うが、凌雲閣の適度の高さが立ち上げたのは、そうした種類の視覚的で、どこかバーチャルなリアリティであり、その現実世界へのあふれ出しではなかったか。凌雲閣登閣体験の文章が繰り返した「寸人豆馬」や「魚鱗」のように小さく重なって拡がる屋根の集合は、リアルな現実の風景でありつつ、これまで見たことのない視覚経験の身体的な構築でもあったのである。

七　空間の想像／都市の表象——虚焦点としての十二階

そのようにたどってくると、凌雲閣の高さ自体がひとつの媒体《メディア》であった。人びとに視覚を中心とする知覚の新しい「様式」を生みだしたと言える。

十二階の「高さ」

スカイツリーが話題になっている二〇一〇年代の現在からは、ひどく逆説的に思われるかもしれないが、十二階がせいぜい五〇メートルていどの、人の視覚としてそれほどには高くなかったことこそが重要なのである。

塔の上から、あるいは窓から、都市に暮らすひとたちを覗きこむことができた。しかもそれは相互的であり、どこか互酬的でもある。つまり、下の世界からも見られている。そのことを登って眺めている人間たちもまた、意識することになる。見下ろすと同時に、見上げられている。見上げると同時に、向こうから見られている。この想像の相互性を立ちあげる適度の「高さ」こそ、十二階凌雲閣が与えてくれたものの本質であったからだ。その経験の新しさを、もっと深く考えなおすべきではないだろうか。

相互に見交わせるような適度の高さを有した凌雲閣は、いわば日本近代の首都の虚焦点であった。頂上から見下ろしてときに見渡せたことと、街なかから見上げていつも見つけられたこととが微妙につりあって、首都東京にひとつの想像上の空間性を与えるものであったからだ。

その空間性の新しさは、乱暴にいえば中心を有する平面としての「拡がり」と立体的な「奥行き」との二つの特質をもつものであったろう。

一つは、地図の平面に写されるような空間としての「拡がり」である。東京を明治近代の首都として見渡す経験を、この高さは与えてくれた。都市を歩くという地上の経験においては、この都市はひとつの空間としての全体を立ち上げない。江戸の町は木戸に分断され、行き止まりの路地に閉ざされて、小さな範囲の無数の生活空間の集合でしかなかった。近代の都市計画と、人びとに与えられた身分の自由によって、そこに新たな横断や結合の実践が無数に生じたが、東京というひとつの都市空間の想像が創出されたわけではなかった。経験される空間としての東京は、住民にとっては居所と近所と他所の町との集合で方角ていどにしか分節化されていない。旅の上京者にとっては名のみで知る名所や見どころの抽象的な集合ではあっても、方角すら確かでない巨大な混沌であった。維新後約二〇年、ようやく国会が開かれる年に、当時としては頭抜けた高さに、登れば見渡せる特異点が現出したことの意味は大きかった（図1―29）。

　すでに引用した岸田吟香の日記をもういちど参照してみたい（二四頁）。建設された翌年の正月に再び凌雲閣上に登った吟香は、家族と一緒に築地本願寺の大屋根を確認している。たぶん自分の子ども相手だからであろう。(114)当時は千束村の田圃の向こうに見えた遊郭吉原の立派な建物を、指さして確かめる大人の男たちも多かった。仲間たちと遊びに繰り出

図1-29　島田端山（頂上展望）『大日本凌雲閣之図』

(114) 明治二四年の陸地測量部の地図をもとに、創建当時の市街を描いた喜多川周之の図は、田圃の多さによって、その眺望をうかがわせるものがある（図1―30）。

して、道順もよく知っている吉原が、たいして必要とせず見たことも少なかったであろう地図とまったく同じ位置にあることを、じつは十二階の上から見てはじめて実感したのではなかったか（図1―30）。

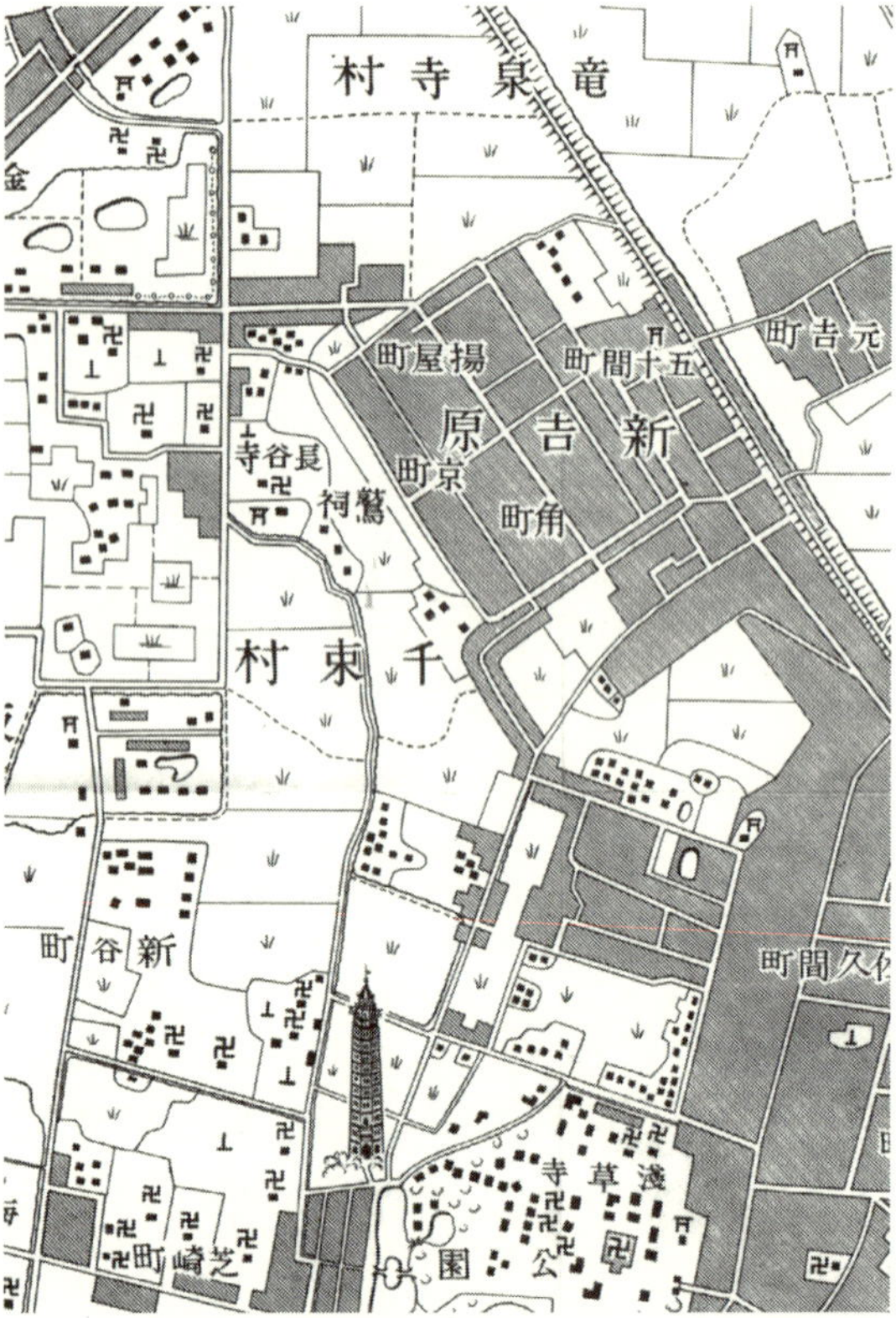

図1-30　竣工当時の市街（喜多川周之作成・部分）
『浅草寺文化』第１号

パノラマの奥行き

新しく開かれた空間の特質のもうひとつが、風景の「奥行き」であり、都市生活の立体性である。

冒頭の啄木の歌の解釈で言及した細馬宏通の労作[115]でたいへん興味深いのが、「パノラマ」という視覚経験の説明である。

私なりに要約すると、パノラマ的世界のリアリティ生成のポイントは、視覚的想像力における「奥行き」の構築である。

パノラマを、ただとりまくように広がる壮大な風景ととらえてはならない。むしろキーになるのは「奥行き」である。見る側が、その空間の奥行きを想像力で補填してはじめて、それが広大なものとして現れてくる。だから、前景の実物と後景の風景とが、溶けあうていどには薄暗くないと、パノラマ全体がリアルなものとしては感じられない。視覚的な広大さよりも、いわば奥行きの方が、パノラマの魅力としては非常に重要だということを細馬は論じている。たいへん鋭い直感であると同時に、重要な問題提起だと思う。

不可欠なのは、空間の「深さ」とも言うべき「奥行き」を生みだす想像力である。つまり奥行きは、それを見る人間がつくり出すものだ。これも乱暴な要約だが、十二階が与えてくれた視覚は、奇妙なことにパノラマ館のなかのバーチャルな経験と呼応する質をもつものであった。啄木や木下杢太郎が垣間見、乱歩が魔術師めいた男に語らせたように、都市の生活の「奥行き」が一瞬の、あるいは偶然の出あいとして見えたからである。

浅草で育った渋沢青花は、戦争で復活したパノラマ興行と凌雲閣の空間との意外な共通性を証言している。

(115)『浅草十二階：塔の眺めと〈近代〉のまなざし』青土社、二〇〇一年

「ついでだが、パノラマは凌雲閣（十二階）と並んで、明治時代の見世物――といっていいかどうか――の双璧だった。……中略……　木戸を入ると、しばらく人のいないような寂しい廊下を回って、階段を昇り、円形劇場の中心階に出る。そこから遥かに下を見おろして、ぐるぐる回りながら、周囲の場面を見物するのだがたいてい戦争などの陰惨な場面が造られていて、子供心に薄気味わるく感じた。そのころ宮戸座で演じていた芝居に、パノラマのなかで母親と娘の二人が悪者にかどわかされる場面があったが、木戸を入ってから階上へ出る途中の寂しかったことは、これでよくわかる。」(116)

(116) 渋沢青花『浅草っ子』造形社、一九八〇：一八七―一八八

薄気味悪いほどに人のいない寂しさと薄暗さのなかを、ぐるぐると回って階段を昇り、周囲を見通せる階上に出る。煉瓦を積みかさねてつくった十二階が、鉄でつくられたエッフェル塔と異なるのは、この閉じられた薄暗さである。この空間構成は、明治末から大正にかけて、「十二階下」の悪所を足もとの影として抱え、さみしく孤立していた凌雲閣に重ねあわせることもできる。その高さは、やがて暗い空間のまま繰り広げられる映写光のシネマのなかへと移されて、双眼鏡がとらえた「押し絵」のように、現実の他者の物語を見つめているかのように思いこめる人びとの経験に接続したのである。

十二階凌雲閣を追い続けたひと

最後にひとつ、次章につながる論点に触れておきたい。

ここで述べてきた失われた高塔・凌雲閣のことを、私に間接的に教えてくれたのは喜

多川周之さんである。この人のことや「間接的」という意味については、次に続く章でゆっくりと論ずる。おそらく細馬宏通の労作『浅草十二階』[117]も、喜多川さんが書きのこしたさまざまに導かれ、迷わされての冒険であっただろう。細馬さんとは、二〇〇九年に江戸東京博物館所蔵の「喜多川周之コレクション」の資料研究をめぐるシンポジウムではじめてご一緒した。細馬さんは、生前の喜多川さんに会ったことがないが、のこされたコレクションや論考には、ずいぶんとお世話になったという感想をまじえて報告された。

私は司会役として、喜多川さんがコレクションとしてのこされた「資料」それ自体が、ここで論じてきた十二階のような、適度の高さと意外な相互関連性という特質をもつようなものではなかったかと思うとシンポジウムをまとめた。本章は、そこで言おうとしていたことの敷衍である。

喜多川さんは十二階の資料を、まさしく「紙っくず」から焼けのこりの煉瓦にいたるまで集めた。しかしながら、そうした資料そのものに価値があるといういいかたは、いささか限定的で平板だろう。資料がそのまま、意味の分厚さや価値を有するわけではない。その資料を利用する主体が、その資料が生きていた場を想像力で復元し、その生活のなかでの位置をさぐるとともに、その拡がりや奥行きを生みだす。そのことによって、はじめて、その資料が生きてくる。「パノラマ」と呼ばれた広大な風景の奥行きは、ただそこに拡がっている現実ではない。むしろ「幻」であり、まさしくそうした資料の活用を産みだす主体の想像力に依存しているのである。

そのことを、次章以降においてもうすこし人物のほうから論じたい。

(117) 細馬宏通氏は、著書刊行の後の何年かの間、インターネット上で喜多川さんの時代とまったく異なる速さと広さとを備えながら、どこか本質的に等しいのではないかと思えるような熱中の交流を、多くの研究者たちと生みだした。その交流のなかから発見され、共有された新事実も多い。

第二章

民間学者としての喜多川周之

一　ある郷土史家の死

昭和六一年（一九八六）一一月一三日、ある郷土研究者が亡くなった。

いくつかの新聞が、通例の肩書と葬儀予定だけでなく、このひとの業績にふれた訃報記事をのせた。たぶん新聞社のなかに、なんどかの取材をつうじて[1]、そのしごとや資料の蓄積を知る記者がいたのだと思う。

朝日新聞は、明治二三年（一八九〇）に浅草に建った高塔「凌雲閣」をめぐる、この時代考証家の新しい発見のひとつを紹介していた。パリのエッフェル塔は十二階凌雲閣の竣工の前年に完成したこともあって、その構想のモデルであり建設動機である、と長いあいだ説明されてきた。喜多川周之さんはその定説をくつがえし、「浅草の五重塔」に観覧者を登らせたイベントの重要性に光をあてた。すなわち、明治一九年（一八八六）の塔の修理のさいに組まれた工事用の足場に、下足料をとって上がらせ周囲を観覧させたのである。そのおもいがけない繁昌ぶりは話題になり、錦絵の画面にも記録された。ほとんどだれも見たことがない外つ国の高塔の模倣ではなく、工事の足場の偶然の評判から、この興行施設が思いつかれたのではないか、という説を新たに発見した資料とともに提示した。[2]

多くの訃報記事がそろってふれていたのは、朝のＮＨＫ連続テレビ小説「おていちゃん」の時代考証である。一九七〇年代なかばの喜多川さんのしごとのひとつである。し

（1）喜多川周之さんの研究は、いくどか新聞が発見として記事にするような成果を生んだ。たとえば、昭和三九年（一九六四）三月二五日の産経新聞は、「神田の郷土史家」が浅草六区のひょうたん池跡の工事現場から、数千年前のものと推定される貝殻を大量に見つけ出したことを伝えている。たまたま訪れていた「スカラ座」の工事現場でこの貝殻を発見し、隣の「新世界」の建設のときにも大量のカキ殻が

図2-1　発掘された貝

かしなににでも興味をもつ私の母が、テレビ画面をつうじてその名前を覚えていたのは、教養番組のリポーターとしてであった。地域の文化や歴史を親しみやすく知らせるテレビ番組の取材報告者としての登場も[3]、その名と風貌と独特の話しぶりでの解説とを、人びとの印象にきざみこんだ。

読売新聞の夕刊は、喜多川さんがつくりあげた資料コレクションの特色までをくわしく紹介した。それを引用することで、郷土の歴史家として世に知られた活躍の輪郭を押さえておこう。

> 「テレビドラマや時代小説の考証にたずさわり、東京・下町の郷土史家として知られた喜多川周之（きたがわ・ちかし）さんが、十三日午後十一時二十五分、食道ガンのため、千葉県市川市二俣の市川東病院で亡くなった。七十五歳。「浅草の生き字引」ともいわれ、個人的に収集した江戸末期から明治、大正、昭和にかけての浅草を中心とした下町に関する文献、資料類は約一万点。これらは故人の遺志により、台東区など関係自治体に寄贈されるという[4]。
>
> 喜多川さんは、東京・小石川の生まれ。十六歳で地図の版下を描く画工に。そのころから浅草に入りびたるようになったが、いつの間にか資料の収集家に。
>
> 喜多川さんのコレクションの特色は、庶民の生活に密着したものが多いことで知られる。浅草・六区の映画館の半券、食堂の品書き、宣伝ビラ、折り込み広告、メンコ、古い写真……。高価なにしき絵、古文献も数多く、なかでも、大正十二年九月の関東大地震で崩れ落ちた当時の高層ビル・凌雲閣（通称十二階）に関する資料は、質・

出たことをつなげて解説した郷土史家が、喜多川さんである（図2−1）。また昭和四一年（一九六六）一月二五日の『東京新聞』は、外務省の資料室にも韓国にもない、開設当初の「朝鮮公使館」の写真を、「町の歴史研究家」が「十二階」研究の資料に買い求めた写真帳」である『東京景色写真版』（江木商店、明治二六年刊）のなかから発見したことを報じている。紙面には、当時の金東祚大使に写真を手渡し、並んで座って公使館の屋敷について説明している喜多川さんの姿が映し出されている（図2−2）。

図2-2　韓国大使（左）と喜多川さん（右）

（2）朝日新聞、一九八六年一一月一五日

（3）NHKが昭和四一年（一九六六）から昭和五一年（一九七六）までのあいだ放送していた、関東地方向けの番量とも日本一。作家の安藤鶴夫さんの絶筆で、読売新聞夕刊に連載（四十三年十一月―四十四年九月）された落語家桂三木助の半生記「三木助歳時記」も、喜多川さんの知識なしに下町情緒の描写はあり得なかった。

時代考証家としての喜多川さんの名は口コミで広がり、剣豪作家の柴田錬三郎さんが頼りにしていたほか、テレビドラマの「おていちゃん」、「マー姉ちゃん」をはじめ、浅草を舞台にしたドラマのほとんどを考証した。ここ三、四年は体調を崩し、千代田区郷土資料調査委員、台東区文化財専門委員として助言をしていた。

告別式は十五日午後二時から東京都豊島区駒込七の四の一四の勝林寺で。自宅は、千代田区猿楽町一の六の九。喪主は長男、周史（ひろふみ）氏。」[5]

図2-3 大正元年頃の凌雲閣『増補新訂 浅草細見』1976：136

それからすでに四半世紀の時間が過ぎようとしている。

浅草の近くの押上の地に、雲を凌ぐ平成の世の「スカイツリー」が建てられ、そのブームのなかで、ふたたび明治の十二階の姿（図2-3）もまた絵はがきや写真でしばしば紹介され、先

組「カメラリポート」や、その後続番組で昭和五五年（一九八〇）まで関東甲信越に放送された「テレビロータリー」などに、喜多川さんはリポーターとして出演している。その他、NET（現在のテレビ朝日）の「こんにちは東京」「東京のこだま」などの地域文化情報番組にも登場している。

（4）最終的には台東区にではなく、当時東京都が計画中で一九九三年三月に開館した江戸東京博物館に収められた。

（5）読売新聞、東京夕刊、一九八六年一一月一四日訃報記事

行する忘れられた事例としてときどき話題にされている。しかしながら、喜多川さんの活躍や功績を知る人びとは、いつのまにかすくなくなった。友人・知人であった多くのひとが世を去って、ふと気がつくと「十二階の喜多川」のしごともまた、時の流れのなかにしずかに埋もれている。

この章では、あるひとりの人間が凌雲閣十二階の資料を徹底的にあつめ、研究をつづけたことをたどってみたい。私の関心はある個人のライフヒストリーというより、そうした研究の実践をささえる興味やたのしみにかかわるものだ。もうすこし大がかりにいうなら、学問とか研究とかいうものを積みあげ、とだえずにつづけていく方法とその実践は、なにによってささえられるものなのか。

そのばくぜんとした問いかけと、喜多川さんにかんする私の思い出はどこかでつながっている。

この民間学者の「学問」とその生き方について、私なりに感じた手ざわりのようなものがある。それをことばにしてあらためて考え、受けつぐべきものはなにかについて論じてみたい。

二　十二階崩壊以前——大震災までの少年の日に

こまったことに、このひとの履歴も生活史もくわしくは書きのこされていない。伝記が書かれるほどに有名でも有力でもない、ふつうに生きてきたほとんどのひとにとっては、あたりまえの現実なのかもしれない。そこにも、民間学の継承がむかいあわざるをえない困難がある。

石版刷の印刷職人であったたたきあげの徒弟が、どのようにして

「神田の郷土史家」〔産経新聞、一九六四年三月二五日記事〕

「十二階研究家」〔東京タイムズ、一九六五年八月二五日記事〕

「町の歴史研究家」〔東京新聞、一九六六年一月二五日記事〕

「浅草研究家」〔「美人コンクールの始め」『週刊アサヒ芸能』一九六八年二月一一日特大号〕

「江戸・東京資料収集家」〔「絵はがきにみる記録」『ボナンザ』一九七一年四月号〕

「古地図研究家」〔「私のコレクション古地図」『出版ニュース』一九七二年一二月号〕

「郷土史家で地図屋」〔三遊亭円生『寄席切絵図』青蛙房、一九七七年一一月発行：オビ〕

「時代考証家」〔読売新聞、一九八一年六月六日記事〕

と呼ばれるようになったのか。「十二階の喜多川」という通り名で知られた蒐集者・研究者は、どのように誕生したのか。もうひとつわからず、たどりにくい。

もちろん、対話や取材記事などで言及されている経歴や回想などの伝記的な事実は、大切な手がかりである。それらのなかには、自らの幼少期や徒弟時代の経験やできごとにふれているものも、断片的ながらある。

人生の時間軸にそって

それゆえまずはバラバラの点景を、ライフヒストリーの時間軸にそって、できるかぎりつなぎあわせてみよう。あるいは、このひとが経験してきた人生の時間や空間が浮か

びあがり、その特質を考えることができるかもしれない。

「私は、明治四十四年小石川の林町で生まれているんです。そいで、親父が勤め人でしたから、転々としているんですけれど、学校にあがったのは、神田の猿楽町錦華小学校。そこで大震災にあい、千住のほうにいったんです。」(6)

ご遺族に見せていただいた戸籍謄本によると、生まれたのは明治四四年六月九日である。「明治の末っ子」だと、ときどき自称することもあったのは、この翌年の七月に明治がおわって、時代は大正へと変わったからだ。「東京市小石川区林町四〇番地」という出生届の住所は、現在の表示でいうと文京区千石になる。

小学校が錦華小学校ということは、大正七年頃にはすでに神田にうつっていたのであろう。震災の時の住まいは、神田区猿楽町二丁目であった。父の周蔵は神田駅近くの鎌倉町にあった出版社につとめ、母のはんは箏曲を教えていたという。住んでいたのは商店がならぶ表の通りではなくて、横町から露地にはいったところにある長屋であったと、おなじ対談で次のようにのべている。

「大正の一けた時代、江戸の名残りの通い番頭さんがいたんです。それが現在の勤め人ですよ。丁稚から小僧とだんだんあがって、番頭さんになったお方が、経営形態が変わって、一軒もたないで、のれんわけしないでお店《たな》に勤めて、一家の生活を与える。そういう番頭さんが、私ンとこの長屋にもいたんですよ。ほんとの仕舞屋《しもたや》だよ。これ

(6) 喜多川周之・小森隆吉対談「江戸・下町のこころ」『都政人』四三七号、一九七八：三八

は関東大震災まであったね。横丁から路地にはいると。いわゆる仕舞屋があるところが下町じゃねえかなって感じなんだよ。仕舞屋にお妾さんがいたっていいのさ。それから大工がいたっていいし、左官屋さんがいたっていいし、それから門附の芸人衆がいたっていいと思うんだよ。ウン。だけど、そこには看板も何もないわけよ。ひっそりとしているんだよ。何の商売をしているか、そのご町内に住んでいる人でないと分らない。」(7)

「仕舞屋」は格子戸がいつも閉まっているひっそりとした住まいで、もともとは店商いをしていて止めてしまった家屋を指した。長屋の一角にも、そうした給料生活者や職人の住まいが入り交じっていたのだろう。

東京の長屋での子ども時代の暮らしは、いったいどんなふうであったのか。

子どもの遊びと観察力

喜多川さんが書いた本のなかに、子どものさまざまな遊びに焦点をあてた一冊がある。『母と子が遊ぶ本』(8)で、あやとり・折り紙の技巧だけでなく、草花をつかう遊び、ベーゴマから栓の王冠や割り箸をもちいた遊びまで、図解しながらその遊びかたを説明している。大正はじめのころの自分の家族の茶の間での光景が、その説明の文章に混じってのこされている。ひろい上げて見てみよう。

「安政二年(一八五五)の江戸の大地震を体験したと話す祖母は、「これは異人さん

(7)同前「江戸・下町のこころ」:四一-二

(8)喜多川周之『母と子が遊ぶ本』KKベストセラーズ、一九七四年

のあやとりだよ」といいながら、小学校の一年生になったばかりの姉に、根気よく教えていた。枯れ竹のようになってしまった祖母の左手の五指に、白い細い丸紐が、からんだりとけたりするさまは、電線にからみつく凧糸のようだったが、祖母の手先の紐のゆくえを追う姉は瞬きもしない。「これを中指にかけたらね、こっちの小指のを外すんだよ、落着いてね」、ときどきこんな説明も入るが、できあがりの言葉はいつでもきまっていた。「ほうーら、ごらんよ、できただろう」。[9] そういって、二人は瞳を見つめあい微笑むのである。大正三、四年のころだった。」

一本の糸から「川」や「富士山」をつくり、「箒」や「鼓」の形を浮かびあがらせていく。ときには囃しことばで調子をつけながら「分福茶釜」を動かして遊ぶ。そんなおばあさんと孫との遊びを、少年の日の喜多川さんは横からじっと見ていたにちがいない。「大正三、四年」というと、喜多川さんは五歳前後である。つながった記憶というより、スナップ写真のような思い出の断片だ。

どこかおだやかで、なんのへんてつもない団らんの風景である。

しかし家族の追憶として以上に興味ぶかいのは、そのまさになにも特別なことのないふれあいのなかで、人間は文化を伝承していく、そうした普遍性を喜多川さんが感じている点である。その伝承という経験の土台となるところに、「瞬きもしない」集中力をもつ子どもたちの観察力を置いている。

「〝あやとり〟は、ひとときの母と子の睦まじいふれあいをくり返しながら、いくつ

(9) 喜多川周之『母と子が遊ぶ本』同前：一六―一七

もいくつも時代を越えて、今日に伝えられてきた。それは日本だけではなく、世界の国々でもおなじことであったろう。（中略）あやとりが創りだすさまざまな形は、きわめて省略された抽象的なものなので、いたずら坊主たちが、「へえー、これが箒なの」とでもいおうものなら、「そう、これが箒に見えないの、よおーく箒を見ることね」と、母のことばが返ってくる。その物に見ることができないのは、平常の観察力が欠けているというわけなのである。」[10]

よくモノを見なさい、という。この母のことばは、すなわち子どもでも「平常の観察力」を養えとの教えであった。

子どもではあったが喜多川さんは、そう受けとめたのだろう。その教えの含意は、こまかいことにまで注意をはらう蒐集者としての「研究」の職人性を思うと、いささか暗示的である。よく見ることは、ただ観察するだけにとどまるものではない。想像することとも不可分である。あやとりの糸が浮かびあがらせる形を、現実にある事物のすがたと重ねあわせる。そのためには、子どもたち自身が事物をきちんと「見る」という観察経験の蓄積と、そこにおいて育まれる「見なし」の抽象力が必要であった。

そうした子どもたちの「見なし」の能力は、新しい事物への関心をもとりいれて、つねに更新されていく。ちなみに『母と子が遊ぶ本』は、本を開いて最初のほうに「はしごから東京タワーへ」（図2－4）という節をかかげ、新しいあやとりの技を記録している。おそらく昭和三三年以降に生まれたであろう、伝統的な「はしご」のあやとりの応

（10）喜多川周之『母と子が遊ぶ本』同前：一一七

図2-4　東京タワー（あやとり）
『母と子が遊ぶ本』1974：27

用である。

それはまた、あの大都市の空高くにそびえるようになった鉄塔、つまり昭和三三年生まれの東京タワーが、その時代の子どもたちの注目と観察とをあつめる場所だったことを証言している。

ベーゴマとメンコの加工

喜多川さん自身はおとこの子として、自分たちの遊びにも熱中したにちがいない。私のヒアリングでも、子ども時代の遊びが話題になった。ちょっと長いが、語られたままをノートから引用しておこう。子ども時代の体験にもとづく情景が、子どもたち自身の小さなこだわりや感覚の動きをふくめて、いきいきと回顧されている。

「ベーゴマでも加工する時にどういう方法があるか。ボクらが最初にやった時は、人造コンクリートがやすりがわりだよ。いまテレビでケットンをつくる時など、竹の竿でつくった支えにベーゴマを入れて、金剛砂で削ってたりするんだけれど、あんなに機械化してないんだ。つばきをプッと吹きかけてあとはこする。

人造コンクリートの塀などで、ケットンをつくる場所はみんな決まっている。他人のところでやると、下手すりゃ殴られるよ。自分のベーゴマをやっている塀のあるうちの親父に怒られてどかされる時は、涙がでるくらいにくやしい。そこはとても調子のいい塀になっているんだ。それを追い立てられると、あの親父め、と無性に腹が立ったね。ときどきベーゴマの尻をみて、これだけ尖ったなと確かめながらやっていく。あの時間がなんともいえないんだ。たあいがないといえばそれまでだけどね。

メンコだってそうだ。ロウを塗るわけだけど、子どもがやるロウだからね。ロウソクでこすっても、確かにロウはつくよ。だけど今のビニール張りのように、子ども心にもロウを張りたい。だから苦労する。ロウソクのできるだけ太いやつを弁当箱の蓋かなんかに溶かして温めて、ロウがそのままつくようになったらメンコの表面をそこへのっける。それを箸で上げる。その切り方がむずかしいんだけど、五枚に一枚あるかないかくらいでうまくいく時もある。

ロウがあまり厚くなっちゃうと、仲間へ入れてもらえない。反則になるわけ。ロウメンとしての限度がある。どこで子どもがそう決めたか、わかんない。だけど、みんなの目は肥えてるよな。こっちが厚ぼったいなと感じた時は必ずそのメンコをはずすからね。言いあわしたわけじゃないけれど、子ども同士の一つの目安があったのじゃないかな。薄くロウメンができた時はなんともいえないんだよ。それがちっとも稼がねえうちにとられちゃうんだ。その時はほんとうに情けない。夢にも見たかもしれないよ。

町場の長屋のなかだと家庭内にある器物で、子どもはそれぞれの時代のおもちゃをつくって、それで勝負ごとをしたりした。おなじ勝負ごとでもホンコとウソンコがある。ホンコだよといった時には、本当に勝ったら取りあげちゃうんだけど、それはウソンコだと言った場合には勝ってもとれない。親からはたしかに勝負ごとだけはやっちゃいけないといわれたよ。でも、勝負ってやつはおもしろいからね。やっぱりウソンコだと気がのらないよ。ホンコでないとおもしろくない。

ところが自分の材料でつくった勝負ごとには飽きがくるの。勝負の材料は駄菓子屋なら駄菓子屋へいって、一定の値段で買ってきたものでないと、勝負にならないんだね。あそこいらあたりの子どもの気持ちというものを、調べるお方がどうとらえるかねえ。自然の草花と遊ぶのとは違うんだ。そこにあるものでいくらでも無限に補充がきくようなものじゃ興味がわかない。けっきょく相手の持っているものを種切れにさせちゃうところに、おもしろみもあって、真剣味が出てくるんじゃないかな。

子どものメンコに「おすいこテンテンテン」という言葉があるんだよ。これは吸い上げてなくなっちゃうという意味。テンテンで、その時代の子どもには通じるのよ。猿楽町のあたりでは、そう使っていた。じゃあこれが普遍的かというとそうはいかないわけで、おなじ長屋でも、三河町のいまの神田司町あたりへ行くと、これは言わねえらしい。わずかでも町場がはなれると変わっちゃうんだ。

変わるということは、それだけ長屋の住人たちが、全国からきて集まっているということでもあるんだ。そこの親が使う言葉、それから子どもが使う言葉がちがう。だから子どもの言葉のなかには親の方言の要素がいくらかはいっている。いちがいに下町ではこう言うといえない。ホントにちがうんだから。

ベーゴマで、そこへのこっているベーゴマだけで勝負するやり方があるよね。それを猿楽町じゃ「デタガケ」というんだ。ところが三河町あたりでは「アクマ」という。今「アクマ」というとサタンのアクマと誤解されちゃうけど、そうではなく、「あくまで」の「アクマ」だ。だからそういうことはうっかり言えねえんだよ。「デタガケ」は出たものを脇に置いて、賞品になるんだからかけておくんだ。それで「デタガケ」。「あくまで」は徹底的にぜんぶで「アクマ」になる。

そこまで書いとかないと、おそらくわかんなくなっちゃうね。ベーゴマのケットンも発音しちゃえばそれまでだけど、字で書けば「ケツをトンがらせる」、尻を尖らせるだ。そこをペタンコにしたのは「ジャラ」とか「ジャランベイ」と言った。尻をとがらした加工ベーゴマに勝つために、ペタンコにして尻を安定させる。そのために平たくするどあいが微妙なんだ。

それから床の上のほうからベーゴマを回してグーッとおりてくるのは「山おろし」。「ツッケン」という回し方があった。これはグッと相手のコマを突き上げるような一触即発だね。だから「ツッケン」はむずかしい。相手の手先にパッとはいって、これはホントに呼吸だと思う。こっちのコマが相手の腰下へグッとはいった瞬間、相手がパッと出るからね。ああいうのを書いておくときには、図解と説明がいるよ。「ヒッカケ」というのは「ツッケン」の逆の手で、これもむずかしいね。あと棘があると回っていてピッとはじく。これは「オワカ」と言う。「オワカ」は分かれることだ。「オ」はおそらく「ワカ」と言うより「オ」をつけた方が言いやすいからつけたんじゃないかと思う。これは大人がつけたものか、子どもがつけたものか。遊んでいる子どもが自然にそういう用語をつくったのかね。

ボク自身が「禁戯考」というのを書いたことがある。ベーゴマは学校では禁じられているから、ベーゴマを主体にして書いた。書いたんだけど、さあ今度はこまっちゃった。おなじ「オワカ」でも深川へいったらまるでちがうし、「デタガケ」、「アクマ」といってもまるでちがう。それだから収拾がつかなくなっちゃった。」[11]

もちろん、この語りは子ども時代の証言ではない。だいぶ老境にはいってからの再構成であることも考慮されるべきだろう。それゆえに、研究家として積みかさねた知識や分析が、地域のことばの比較などに自覚的に作用しているかもしれない。

そうだとしても、塀を使ったベーゴマの削りの工夫や、美しくうすく加工できたロウ塗りの自慢など、手しごとへの熱中には幼少の日の実感をうかがわせるものがある。しかも同時に、のちの職人としての人生を思わせるのだからおもしろい。「反則」を見抜き、ルールを再確認する、子どもながらの目の存在は、なかなかに示唆的である。ベー

(11) ヒアリング記録から

図2-5-1　明治のベーゴマ『母と子が遊ぶ本』1974：169

ゴマ遊びを解説したという「禁戯考」は、さてどこに書いたものか、私はまだ残念ながら目にしていない。

買ったものと作ったもの

勝負の素材になるのはかぎられていて、子どもなりに稀少で限定的な価値を有するモノ、すなわち金を出して買ったなにかであったという観察はするどい。そうでなければ「賭け」がなりたたないという分析もおもしろいと思う。このさまざまなベーゴマ（図2―5）やメンコの購入先は、回想にも出てくる駄菓子屋である。

「子供たちにとって、子供相手の駄菓子屋があるということは、楽しいことであった。一文菓子ともいわれる駄菓子のなかには、それこそ親たちが眉をひそめるものもあったろうが、そこでは子供たちが自由に、だれからの指図もなく、その目で気に入ったものを選び、当て物に夢をふくらませながら、買い物をするということを身につけていた。（中略）駄菓子屋といっても、大きな店ではおもちゃ屋のように、おもちゃ類も揃えていた。めんこにしても、丸めん、しおりめん、カードめん、などの種類が並べられていた。べいごまも鉄製の大正がんやかぎんべいが並べられていた。明治がんは質がよく、おおとりともなれば子供仲間での珍品であった。大正九年の頃である。」(12)

ビールやサイダーなどの瓶の蓋にいまも使われている「王冠」を、メンコに加工した

図2-5-2　大正・昭和のベーゴマ『母と子が遊ぶ本』1974：170

（12）喜多川周之『母と子が遊ぶ本』前掲：一五〇―一

という記憶が、この駄菓子屋という子どもたちの空間の記述につづく。
王冠は立体である。この山になっている肩のところのギザギザをひらたく延ばせば、丈夫なメンコへと早変わりした。肩山をトンカチでたたきながら四方に拡げのばし、仕上げを美しくするためにブリキの破片をあてて、力を加減しながらつくる。不体裁なものは仲間から敬遠され、ときに「ブキ（ぶきっちょ）だなぁ」と言われてしまったときの不面目は子どもにとってたいそうなものだった、という。その頃のことを、喜多川さんは次のように回想している。

「王冠めんの製作には、名刀を鍛える正宗のように真剣さが加わっていた。ちんちん電車をおもちゃの製造機にしてしまったのは、いったいだれの思いつきだったのだろう。子供たちには、この重量をもつ、すばらしい圧延力が魅力だった。王冠をレールの上に置きさえすれば、圧延機の通過することで簡単にめんことなり、しかも、五個でも十個でもいちどに引き受けてくれるので、大量生産が可能である。しかし、そのうち子供たちはこの機械が融通性に欠けることに気づく。ただ進行方向に押しつぶすだけでは、めんこの容姿がいびつになり、満足するできばえとはいえない。そこで王冠の肩山をとんかちで四方に平均化する下工作を行ない、これをレールの上に並らべ、胸をときめかせて電車の進行してくるのを待った」[13]

ベーゴマの加工で発揮された職人性が、メンコでもおなじくうかがえる。圧延機としての電車の大量生産の能力に胸をときめかせつつ、できばえの美しさや完璧さを評価する。

（13）喜多川周之『母と子が遊ぶ本』同前：一五五　傍点原文

ここで遊んでいる腕自慢の子どもたちの目は、どこか自主的で自律的な生産者、つまりは職人のものだ。喜多川少年も、そのひとりだったのであろう。

十二階の記憶

『図書新聞』の次のような回想からも、子ども時代の風景が浮かびあがる。大正半ばの東京の景色には、遠く神田の台地からもくっきりと見える、十二階凌雲閣の遠景があった。

「大正七、八年ごろの神田明神の台地からは、黒ぐろと続く下町の屋根の向うに、浅草の十二階と、蔵前発電所の大煙突が、遮るものもなく眺められた。あすこが浅草公園とわかっても、人さらいのうわさを信じ、迷子になる不安を考えると、到底一人で出掛けられるものではなかったが、小学生の頃には、親に隠れて、歩いて往復できる距離であることを知った。小遣銭を持たない小さな仲間たちは、雑踏の渦中から、活動写真の絵看板を見上げるのがやっとのことであった。ここが、台地から遠望するあの超然とした、高塔の脚下であるとは思えなかった。」(14)

ここでいう「蔵前発電所の大煙突」(15)は、東京電灯会社の浅草発電所の鋼鉄製の煙突のことだろう。『東京の表裏八百八街』という一冊の表紙に、おおきく赤い太陽が半円でかかる家並みの地平線に、十二階凌雲閣と四本の大煙突のシルエットが浮かびあがる図案（図2－6）が載っている。大正三年の刊行だから、その頃の東京の風景であろう。

(14) 喜多川周之「浅草文化史と幻の塔」『図書新聞』八月一九日号、一九六七：一
(15) 杉韻居士著『東京の裏表八百八街』鈴木書店、一九一四

図2-6　『東京の裏表八百八街』1914：表紙（上の半円の太陽のみ赤。のこりはシルエット）

喜多川さんが少年の日に眺めた地平線も、おなじような屋並みだったのではないだろうか。

『読売新聞』のインタビュー記事[16]によると、浅草に通いはじめたのは「六、七歳から」ということから、小学生になってすぐの頃である。しかしながら、いつ十二階凌雲閣に登ったのかということになると、回想は必ずしも正確とはいえない。

一方で「喜多川さんが凌雲閣に初めていったのは、小学六年生のころだった」[17]と、断定的に聞き取っている記事もある。しかし、もしも小学校の六年生だとするとそれは大正一二年となり、十二階が震災で倒壊するのが九月なので、あまりに時間がなく、そうなんども行けそうにない。そうかと思うと、「それがアヤフヤなんです」という『東京タイムズ』の記者への回答もある。そこでは、

「幼い日に父に連れられていったことはいったんですが、手すりが夕日に映えていた

(16)「ぬくもりの〝庶民史〟喜多川周之」読売新聞、一九八一年六月六日記事

(17)「『十二階』に新説」東京新聞、一九六八年五月二五日

のを覚えているだけで、日本最初というエレベーターに乗ったことさえ思い出せないんです」(18)

と、はじめての登覧の時日は、本当のところあまり明確ではないらしい。取材だから不正確だというわけでもない。自分で『東京新聞』に書いた文章でも、その記憶の不確かさに大きな差はない。たぶん自分なりに確証できる記録がないのであろう。

（18）「浅草の風物追う十二階研究家〝初恋の思い〟寄せて三〇年」東京タイムズ、一九六五年八月二六日

「私が初めて浅草・十二階に連れていかれたのは、九つか十のころだったろうか。遠い昔の日のことで、はっきりしないが、父親に手を引かれてのぼっていった塔内の暗さや、手すりのにぶい光りが、ぼんやりと思い出されてくる。それから五、六度、連れていかれたのを覚えているが、行くたびにばく然とした興味がわき、同時に十二階が私にとってだんだん美しく見えてきた。」(19)

（19）「浅草十二階：抱いて帰ったレンガ」東京新聞、一九六五年三月一九日

ここで言われている「九つか十」という年齢なら、数え年だと大正八年か九年で、こちらのほうが、数回連れていかれたのだとすると余裕がある。

いつの頃かすら確かではないのだから、その印象がどうであったかをたずねるのは酷だ。現実はというと、大正の後半期の「十二階」は、相当にたそがれていた。つまり、すでに明治二三年の竣工当時の華やかな凌雲閣ではなかった。田舎からの上京者が東京見物で訪れるためだけの施設であると皮肉られていた。浅草の民衆娯楽を論じた権田保之助の大正一〇年の表現を借りれば、もう時勢からあきらめられて、「ただ一つぽつね

んと」[20]盛り場の空に取りのこされていた。にもかかわらず明治大正昭和の子どもたちが口で伝えていった尻取り歌[21]では、いまだに「高さ」と「怖さ」の代名詞でもあった。空高くに伸びた煉瓦色の塔はとくに印象につよく、子どもにとって、やはり見上げて仰ぐべき格別の存在ではなかったか。

毒キノコもキノコである

雑誌『向上』[22]の取材記者は、小学生時代の喜多川さんの気質を浮かびあがらせる、おもしろいエピソードを聞き出している。これも舞台はさきほどの回想とおなじ御茶の水の台地であり、猿楽町からほど近い神田川の土手である。

小学校は三年生の頃だという。「キノコ」の勉強をする授業があったのだそうだ。

先生の言いつけで、喜多川さんは自分の遊び場でもあった神田川の土手から、色あざやかなキノコを教室に持っていった。得意満面でそれを見せたところ、先生からは「マア、なんですか！　早く捨てて、手を洗いなさい」といわれてしまう。自慢のキノコは、「毒キノコかもしれない」の一言で捨てられて、キノコの勉強はけっきょくのところ、八百屋の店先にならんでいるものだけに終始した。喜多川さんとしては、なんとも不満である。「毒キノコだって、キノコだと思うな。マツタケもキノコなら、毒キノコもキノコじゃないか」と思った、という。

やりとりの顚末から推測するに、たぶんそもそもの意味づけがすれちがっていた。この小学校教師が「勉強」のなかで使おうとイメージしていたキノコは、いつも見なれた八百屋の店先を一歩も出ないものであった。たとえば教室での食べ物学習から、話がキ

（20）権田保之助「ポスターの衢」『大観』第四巻第四号、実業之日本社、一九二一：二二一　傍点原文

（21）「いろはに金平糖」については、第1章の注95（六一頁）参照。

（22）「人間ドキュメンタリー　下町の暮らしをTVに　時代考証家喜多川周之さん」『向上』一九八二年三月号

ノコの一群へと拡がったのだろう。「キノコなら、先生、神田川の土手にも生えているよ」とか言って、張り切ったにちがいない喜多川少年に「それなら取ってらっしゃい」と先生自身がもちかけたのかもしれない。口調から考えて、女の先生だったのだろう。その先生の採集の言いつけが、すでに根本的なイメージのすれちがいのうえに成り立っていた。

結果としては、毎日の遊び場所の身近な実感のなかで事物をとらえていた少年の「キノコ」がどこか拒否された。学ぶべき素材としての正当な資格を失い、見方によれば存在そのものが否定されたように思えただろう。その無念と違和感とはよく理解できるし、どこかで喜多川周之の民間学者としての矜恃とも呼応しているように、私には思える。ただ、それを『向上』の取材記者が読みこむように、学校や学問のもつ権威への「反骨」と解釈すべきかどうかは疑問である。もうすこし特定の方向性をもたない、等身大のこだわりではないか。すなわち、たぶん「わからないこと」「納得できないこと」をうやむやにはできず、わかったと思えるまで知りたいという執着である。

非嫡出子としての十二階

つまり喜多川さんが熱中した十二階凌雲閣（図2－7）も、どこかこの神田川の土手の「毒キノコ」に似ている。正史からは外れて立つ、傍流の不運な建築物だったからである。『内外タイムズ』の記者は、喜多川さんの次のような思いを聞き取っている。

「明治の代表建築といえば、鹿鳴館やニコライ堂。それらは政治や宗教にもつながっ

図2-7　『明治事物起原』第２版 ,1926：640

て建築史の一頁を飾っている。しかし〝わが十二階〟は遊び場、バートンまた建築家にあらず（衛生工学）……なんて、十二階はママ子扱いされてきた」[23]

「ママ子」扱いへの不満は、示唆的である。喜多川さんの十二階への取り組みが、ただ少年の日に登ったことがある失われた高塔へのノスタルジーだけではないことを暗示している。

たしかになつかしさも、この郷土史家の凌雲閣への熱中に深く織りこまれているだろう。しかしながら、それはほんとうの中核部分ではない。なつかしさをはみ出す部分が、ここでは重要である。それは、追憶でも郷愁でもない。すなわち、すでに忘れてはいるがたしかに信じていたことを思い出そうとするものでもなく、かつて確固として存在した価値が失われてしまったことを悼んで寄せるなつかしさでもない。むしろ当時は明確にはわからなかった、未知の存在への思いであり、それをもっと知りたいという意欲である。

おそらく、あの少年の日に「毒キノコ」として捨てられてしまったキノコについても、おなじであった。たぶん喜多川さんは、「毒キノコ」としての価値を確信していたわけではなかった。だから「反骨」といってしまうのは過剰だ。捨ててしまうまえに、純粋

（23）「資料集めて四四年　浅草十二階の研究家」内外タイムズ、一九六七年一〇月二六日

に知りたかったのである。名前や生態や、食べられるのかどうか、それを確実に知るひとに教えてほしかったのである。

震災に逃げまどう

さて喜多川さんが、大正一二年（一九二三）の関東大震災に遭遇するのは、小学校六年生の夏である。「逃げまどいの記」と題された、その日の回想がある。帝都東京を揺すぶる大地震の最初の大きなゆれが起こったのは、九月一日午前一一時五八分三二秒だった。

「その日の正午にちかく、驟雨が去って照りつける太陽に、人影のない露地は広さを増したかのようだった。胸を患う母は、台所を姉に手伝わせ、七輪で魚を焼いていた。小学六年生の私は、怠けた夏休みの宿題を片付けなければならず、三年生の弟と、まだ学校にあがらない末の弟と、食卓の前に坐ったものの、気分は重い。父は鎌倉町の出版社に出勤していて、祖母はたしかに厠に入っていた――はずであった。不意に大きく揺れると、魚の焼ける匂いが跡絶えた。」[24]

二階をささえていた細い柱は、縦に裂けて天井を落とした。喜多川さんは祖母・母・姉・弟とともに、くずれ落ちた家のなかに閉じこめられた。身動きができない暗闇から、ひとりひとりはい出して、共同水道の洗い場のところで、一家は抱きあって泣く。どのくらい時間がたってからかはわからないが、近くの勤め先から駆けつけてきた父親と合

（24）喜多川周之「逃げまどいの記」鈴木勤編『大震災の波紋』世界文化社、一九七二：二六－二九

流して、住みなれた家を捨てての避難の道行きがはじまった。

ふりむいた我が家のくずおれた屋根からは、細い煙が立ちのぼっていたという。猿楽町の横町から神保町にむかう大通りにでて、避難民でいっぱいの錦華小学校の校庭をとおりぬけて、駿河台から小川町、神田橋の手前を鎌倉河岸のほうに曲がり、呉服橋の知り合いをたよりつつ、その日はけっきょく東京駅前の広場で一家身を寄せあって一夜を明かす。〔図2―8〕

この震災の翌月に、すでに胸をわずらっていた喜多川さんの母は亡くなる。

「あの日、足許の不安に家族が抱き合うように手を取り、周囲の潰された家屋を乗り越え往来に逃げるとき、「ああ、自家火を出して……」と母が云つた。ふりむくと階上も階下もなく屋根だけの平たくなつた台所のあたりか、土埃が覆つた瓦のあいだから白い煙が四五条静かにのぼつていた。」(25)

自分の家から火を出してしまったとつぶやいた母親は、病める胸をさらに痛めつけていたのではないか、と喜多川さんは振りかえっている。

十二階凌雲閣の研究資料のひとつとしてあつめた『震災予防調査会報告』の第一〇〇号「(戊)」、中村清二がまとめた報告の火災篇の一覧表に、

「三十　猿楽町二丁目六　〔職業欄空欄〕　北川周蔵　七輪」(26)

(25) 喜多川周之「火元」『あの日あの時関東大震災を語る座談会』浅草を語る会、一九六四：頁なし

(26)『震災予防調査会報告』第一〇〇号(戊)、震災予防調査会、一九二五：九〇

という火元の記載を見つけるのは、父親も亡くなったあとの第二次大戦後のことであった。「北川」は「喜多川」のまちがいである。その書きまちがいも、職業が明記されていないのも、聞き取りが父親本人からではなく、近所に住まう別な人たちからの情報収集であったことを暗示している。

自分が住んでいた家が火元のひとつであったという、公式の記録との思いもよらない

図2-8a　避難する群衆

図2-8b　震災時の浅草仲見世

であいに、「どうにも心が重くなる」と、喜多川さんは書いた。あの大震災での焼失面積はあまりにも広大で、被害者の数もまた途方もなく大きかった。そのことが頭をかすめたからだろう。

意味の立体性

しかしその一方で、同じ震災予防調査会の公式記録に記された、調査委員の次のような苦労の報告にも喜多川さんは目をとめる。火元の調査そのものが、あるいは収集される証言そのものが、初期から復旧期にかけて性格が変わってきたという。

「調査ノ初期ニハ割合ニ楽デアツタガ、時日ガ経過シ焼跡ノ整理ガ進ムニ従ツテ、困難ガ増シ確答ヲ得ラレ無カツタ。之ハ蓋シ最初ニハ自分ノ家ノ焼失シタノヲ彼火元ノ御陰デアルトデモ思フ反感カラ、之ヲ公言シタノダガ、心ガ落付キ秩序ガ恢復スルニ従ツテ、近所付合ヒトカ何トカ六ツカシイ事情ガ出テ来テ、寧ロ沈黙ヲ守ルガ得策トデモ思ハレルノカ、言ヲ左右ニシテ話シテ呉レ無クナツタ。遠方デハ火元ノ見当ハツクガ、近ヅクニ従ツテ正体ヲ捉ヘルコトガ出来無イ。」[27]

この一文を読み返して、喜多川さんはすこし「心が安らいできた」[28]とも書いている。なぜだろうか。たぶん一行の「火元」の記録に集約することができない、そこにあった「事実」の奥行きのようなものを感じることができたからであろう。

ひとつの「事実」とされるものをめぐって、その背後に複雑にゆれ動く人びとの思い

(27)『震災予防調査会報告』同前、一九二五：八五

(28) 喜多川周之「逃げまどいの記」前掲、一九七二：三七

がある。つまり、父の名のもとで住んでいた家が火元とされた。その事実をめぐる乾いた記録の向こう側には、いくつもの思いがある。ご近所にすまないと気にしていた母の誠実で率直な気遣いと同時に、みんなあんなに大変な状況だったのだから、火元といったって責められないよというふうになっていったご近所の思いの、双方が潜んでいる。離れて見るならば単純明快で冷徹に見える「火元」という事実も、そのできごとの場に近づいてみると、複雑に入り組んでいる。通常の意味での失火とは異なる大地震の状況がからんで、事実の記録それ自体の意味がゆらいでいく。それは必ずしも不正確という意味ではない。できごとそのものがもつ、意味の立体性のようなものである。この事実のとらえ方は、喜多川さんの社会や歴史のできごとのとらえ方につながっている。

この大震災で十二階は途中から折れてしまう。そして避難民でまだ騒然としていた九月二三日に、上部が崩れて危険だと思われた十二階凌雲閣という建物は、工兵隊の手で爆破され、その現実界での姿を永遠に失うこととなった（図2–9a～e）。

喜多川さんの十二階研究は、しかしまだはじまっていない。

三　十二階崩壊以後――石版画工としての修業から

お会いしはじめた頃だっただろうか、画工見習いの修業をはじめたのはいつですかと聞いた。そのときの答えは、きっぱり「一七歳だな。昭和二年の二月だった」であった。この年齢は、昔風の「数え年」である。そして喜多川さんの研究者・蒐集者としての基礎が本格的にかたちづくられたのは、石版画工の徒弟修業の時代であろう。それがどのような修業とともにかたちづくられたか。

生活史の時間軸を意識しつつ、あらためて論じてみていい課題だと思う。

私は四つほどの論点が指摘できると思う。この時期の生活史からかたちづくられた研究の方法にかかわる特質として、である。

第一は、蒐集という身ぶりの習慣化である。趣味としての蒐集のはじまりが、徒弟職人の修業時代とかさなっているのは、偶然ではない。第二は、自らの目と腕とに厳しい職人の熟練である。この職人の理念としごととの実践とは、思いのほか研究者の姿勢と似ている。第三は、文学運動への参加と出版への意欲である。江戸東京博物館での企画展示のための共同研究で、あらたに確認されたもので、私にもひとつの発見であった。そして第四に、民間の同好の研究者とのネットワークで、ここにかんしてはまだ測量のおよばない拡がりもある。

以下、この四つの論点について、節を分けて論じていこう。

（一）蒐集趣味の形成と徒弟修業

川村画版所の徒弟として

『読売新聞』のインタビュー記事によると、徒弟としての入門前後の事情は、

「小卒後、進学はしたが、〝浅草の方が楽しいもん〟で行かずじまい。出版社員の父

図2-9b	図2-9a
図2-9d	図2-9c

図2-9e

は、〝腕一本で行きてえと生意気言う〟長男に、石版画工の道を選ばせた」[29]

というものであった。この「進学」について、親交の厚かった小木曽淑子は、岩倉鉄道学校に上がったことは上がったが「浅草学校」に転校したのでという喜多川さんの説明を聞いている。[30]鉄道学校の在籍名簿など、入学を書類として裏づける記録はいまのところ見つけだせていないらしい。あるいは「行かずじまい」という表現が正確なのかもしれない。

石版画工という進路は、父親が出版の世界で働いていたこととつながっていたのかどうか。可能性はあるが、そのあたりの裏づけとなる証言も見つけられていない。しかし「選ばせた」のニュアンスは外在的である。喜多川さんの希望と覚悟だけで選んだのではないことを暗示している。父親の知識や意向が、その選択になんらかのかたちで関与している。たとえば、挿絵や本の表紙づくりといった後年のしごとからの類推だが、喜多川さんが子どもの頃から絵が好きであったり、手先が器用で丁寧に上手に描けたりということを、父親が考慮したというような事情があったとしても不思議ではない。

じっさい石版画工としての修行は、いやではなかったものの、自分から進んで喜んでというほどではなかったようである。徒弟修業のはじまった頃について、雑誌『向上』の取材は、父親とのおもしろい光景を思い出させている。

「逃げだしたいと思ったもんです。一度などは、弟子入り先に父親に連れていかれる途中で駆けだしたんです。そしたら、父親が〝ドロボウ、ドロボウ〟と大声を上げる。

(29)「ぬくもりの〝庶民史〟喜多川周之」前掲、一九八一年六月六日

(30) 小木曽淑子「浅草学校の同窓生 喜多川周之氏について」『喜多川コレクション第2集』江戸東京博物館、二〇一二：一八

両脇の家からひとが、ソレッてんでとびだしてくる。これは観念するほかはないと逃げなかった。しかし、ドロボウと叫ぶところは、父親ながらうまいな、と思いましたよ」(31)

弟子入り先というのは「浅草橋にほど近い新道」の奥の「馬喰町四丁目十七番地」にあった「川村画版所」である。なかなかに厳しい見習いの生活であった、という。雑誌『太陽』に載せた「石版画工」には、小僧としての毎日の生活の描写がでてくる。

「仕事始めは朝八時で、終業は夜九時であったが、その前後にまだ仕事があった。これは徒弟の必須課程で、三人の先輩と一人の新米には序列に従う役割があり、それぞれの役目を勤めなければならない。仕事部屋から階段や玄関の拭き掃除、自転車を磨き、箒目をきれいに戸前を掃いて水を打つ、通いの職人や兄弟子たちの机に筆洗を配り、仕事の進行に応じた器具を取り揃えるのが朝の修行であった。職人の帰っていった夜の掃除は、一分でも自由の時間が余計に欲しいので、兄弟子たちも協力を惜しまない。」(32)

新米の内弟子は、家の中や玄関まわりの掃除、筆洗いや道具の準備のような下働きと、使いばしりが主なしごとであった、という。しかし時間のあるかぎり、筆に馴れるために「透き写しの練習」をしていたとも書いている。あたえられた小さな机を前に正座して、もくもくと腕をみがくことに励んでいたのであろう。

(31)「人間ドキュメンタリー　下町の暮らしをＴＶに　時代考証家喜多川周之さん」前掲、一九八二：六二

(32) 喜多川周之「石版画工」『太陽』八月号、一九七一：七二。この一篇は、「ボクのミニ自叙伝だから」というコメントとともに載いた。

後年、江戸凧職人の橋本禎造との対話（図2-10）において、筆の手入れを話題にしているのは、この時代の体験にもとづくものだと思う。

「**橋本**　あたしのおやじがやかましくいったのは、使ったら面相は必ず洗っとけって。
喜多川　そうね。洗うってことは大事ですね。だけど根元まで洗っちゃっちゃいけねえのね。腰くだけになっちゃう。
橋本　洗って、ピンセットでこうこいてしまっておく。絵の具や墨をつけたままにしておくと、なぎなたみたいになっちゃって、もうそれがくせになって、使いづらい。
喜多川　それはもう絶対だめ。だから洗って、必ず水気を切っちゃうんですよね。
橋本　そういうことはやかましくて、面相だけは洗っとけっていわれましたけどね。ほかのことは別になにもいわなかったけど、面相だけはどんなに忙しくてもちゃんと最後に洗って、すっかりくせを直して、差して置けっていわれましたよ。
喜多川　昔の職人は、道具を自分でつくっただけでなくって、その道具を本当に大切に愛着をもって扱いましたからね。」[33]

そうした部屋住み奉公の職人見習い生活と、震災後に新たな発展をみせるようになった盛り場浅草という場所と、絵はがきや石版画一枚刷の蒐集という身ぶりが、いつのまにか喜多川さんのなかでつながっていったように見える。『図書新聞』の回想は、そのあたりの重なりあいを次のように証言している。

（33）橋本禎造・きよ、喜多川周之『江戸凧三代』徳間書店、一九七八：一八〇―一

図2-10　『江戸凧三代』1978

「厳しさと不自由な徒弟制度の仕組みであっても、好きな道である石版画工の修行に不平不満は云えなかった。たとえ辛いことがあっても、ただ何とはなしに集めはじめた、木版とか銅版や石版の一枚摺が心を慰めてくれた。それも一枚五銭、十銭といった、蒐集家なら振り向きもしない、汚れたり虫喰いの多いものである。月に二回の休日には必ずというほど、足が浅草公園に向くのも、幼い頃からの習性かも知れなかった。」[34]

職人としての稼ぎがそれなりにあった。そのことが、幼い頃から持ちつづけてきた蒐集趣味をうけとめる余裕であったにちがいない。自分の金の自由は、少年の日の駄菓子屋にあった価値のあるなにかと同じように、欲しいと思うものを手に入れる愉しみをささえてくれていたのである。

浅草の休日と絵はがき蒐集者の誕生

浅草にいくときは、横網河岸から吾妻橋にポンポン蒸気でいった、という。[35]月に二回の休日というのは、職人たちの休みである月の一日と一五日のことである。

自分たちの頃にはもうそんなふうに月に二回も休めるようになっていたと喜多川さんはいうが、昔は盆と正月の「藪入り」の一六日だけだった。しかも呉服屋のように江戸時代からずっとつづいている店の奉公人と、明治になってから新しくできた職の徒弟とでは、おのずと休み日のありようが違っていたらしい。だから「丁稚」や「小僧」の生活を、業種を超えて一律にイメージするのはまちがいだろう。職業は固有の生活様式で

(34) 喜多川周之「浅草文化史と幻の塔」前掲、一九六七：一

(35) 喜多川周之「藪入りその他」『下谷・浅草年中行事』台東区教育委員会、一九八四：七

あり、文化でもあった。喜多川さんが徒弟として修業しはじめた石版は、昔の木版の浮世絵の刷師や彫師と同じようなしごとながら、明治になって新たにおこった版種であったために、職人にもだいぶ新しい空気があった、という。

喜多川さんは、なぜ絵はがきをあつめはじめたのか。

そのことを私も直接にたずねたことがある。その答えは、書きのこされたいくつかの回想でも繰り返されているのと同じだった。すなわち石版や錦絵に比べて安くて大衆的な大量生産品であり、奉公人の小僧にも手がとどくものだったからだ。錦絵は、その精巧なカラー多色刷の大画面の印象によって、たとえば絵草紙屋の店頭を華やかに飾るよびものでもあった。そして喜多川さんが錦絵の凌雲閣の美しさとであうのは、まだ健在であった実物と見比べることもできた小学生の時代ではなく、震災で十二階が失われてしまったあとである。

「御徒町の古書店の飾り窓で、四代国政の「浅草公園凌雲閣登覧寿語六」と題した、横四枚続きの錦絵を見た驚きは、今日でも忘れられない。二円四十銭という価格も、小僧の身の上には高嶺の花であった。次の日、せめて一目と廻り道して店先に行ったのだが、すでに店から消え失せていた。身分相応に絵はがきの十二階を買い出したのはそれからである。」[36]

国政の登覧寿語六の錦絵（図2-11）は、「大判」というサイズの奉書紙を四枚つなげて、縦長の巨大な画面を構成した組物である。古書店の飾り窓のなかでも目立つ、まこ

(36) 喜多川周之「浅草文化史と幻の塔」前掲、一九六七：一

とに華やかで迫力に満ちたものだったろう。多色刷の錦絵のそんな一揃えは、たしかに身分ちがいの贅沢品だとしても、町にはまだ焼けのこった絵はがきのストックを、袋だけ新しくして売っている店があった。かつてのセット売りの「東京名所」の絵はがきのなかにも必ず浅草公園があり、十二階を見つけることができたという。

「部屋住みで奉公しているんだし、お小遣いがホントに足りなくて、安い錦絵だって一〇銭で一枚じゃ高いなっていう観念だった。その頃は円がひとつの単位になってた時代で、円本、円タクとかあったけど、円の下の銭、銭の値段で買うもんでなきゃだめだった。それで一〇銭で四枚とか五枚はほしいな。そうすると絵葉書以外にないんだ。絵葉書でどうして十二階があるかっていうと、震災直後でしょ、焼けないところ

図2-11　一寿斎国政（三代国貞）
「浅草公園凌雲閣登覧寿語録」

に昔の絵葉書のストックがあった。そのストックを絵葉書屋がなんといってそれを消化していったか。商人は知恵があるよ。「殷賑を極めたる震災以前の東京」って袋をつくって、そのなかに入れれば、一組いくらの定価で売れる。いまも袋入りの絵葉書をとってあるよ。ホントに生活史のなかでの証拠なんだから、そういうものは大事だね。そういうなかで浅草の六区がうつされれば、必ず十二階が出てくるわけ。そういうのでも満足したね、あの頃は。それが絵葉書の初対面なんだよ。すると絵葉書の発生までさかのぼって見たくなっちゃう。それでいまだに絵葉書はつづいているわけなんだ。」(37)

「ある休日、三河島の街かどで古い絵葉書だけを売っている店を発見した。古本屋より薄い棚板には、はだかの絵葉書が隙間ないまでに置かれてあった。」(38)

「三河島には古絵はがきだけを売る店があり、埃に汚れた二枚続き、三枚続き、四枚続きの十二階の絵はがきがあることを発見した。コロタイプ刷で着彩したのは独自の落ち着いた美しさがあって、全部買っても十銭でお釣がきたのである。篠田発行不許複製の四枚組は、十二階の売店に置かれたらしく、十二階の展望所から東西南北を写したもので、投身予防の金網の目もなく、各葉に凌雲閣登覧記念の紫のスタンプが捺されてあった。」(39)

なぜこの店が「三河島」なのか。小さなことだが、立ちどまって確認しておいてよい論点である。

そこは、休日の楽しみの「浅草」からも、勤め先の「両国」からも、ずいぶんと離れ

(37) ヒアリング記録から

(38) 喜多川周之「絵はがきコレクションの話(1)」『ボナンザ』一一月号、一九七一：五五

(39) 喜多川周之「浅草文化史と幻の塔」前掲、一九六七：一

ている。あとでふれるが、どうも昭和五年頃、あるいはその前後からしばらくのあいだ、喜多川さんは「日暮里町金杉六三一」に住んでいたらしい。もしかしたら、震災のあと「千住のほうに行った」(40)とのべていることが、このあたりへの一家の移住を意味していたのかもしれない。金杉は今の荒川区東日暮里のあたりで、三河島のすぐ近くである。ということを重ねてみると、父や弟たちが住む移住先の実家か、通いになってからの住まいかはわからないが、三河島の絵葉書屋はそのご近所でもあったのだろう。

(40) 喜多川周之・小森隆吉対談「江戸・下町のこころ」前掲、一九七八：三八

図2-12　絵葉書店店先『独立自営営業開始案内』第二編 ,1913

絵はがきと古書の収集

絵葉書屋というのが、どんな営業形態であったのか、震災前の店先ではあるが石井研堂の『独立自営営業開始案内』の口絵写真が紹介している（図2―12）。喜多川さんは震災後に、三河島の古絵葉書屋とであったあたりから、絵はがきの蒐集に目覚める。

しかも、ただひたすら絵はがきに写しとられた「十二階」の姿や表情をあつめ、追いかけただけではない。店に並んでいるおびただしい量の絵はがきが「観光・記念・記録・宣伝・紹介・年賀・細工・肉筆」などのさまざまな分野に大別でき、さらに多くのテーマに

細分類できることに気づいていく。そして「私の絵葉書開眼はこのときにはじまる」[41]と書く。

蒐集の興味は、雑誌などにも拡がっていたように思う。

そのことは、昭和七年に「喜多川周之」の名前が、当代の有名な愛書家たちがあつまるサロン雑誌ともいうべき『書物展望』にあらわれることからもうかがえる。主宰者でもあった斎藤昌三の連載「日本雑誌興亡史考」の記載を補足するような投書を、喜多川さんは送る。それが次号の連載の末尾に関連情報として載せられた。

この投書の内容は、美術雑誌の『美術園』にかんするものである。斎藤が「帝大明治文庫には第十四号までの保存があるといふ、果して何号まで出たものであるか」と書いたのに対する応答であった。喜多川さんは「小生手許の第十五号」をあげ、表紙に次号以降の増頁の予告があることや図案挿絵が「木版色刷一葉と石版二葉」であることなどの情報を添えて、この『美術園』という雑誌がその後も発展したものと思われる、と報告している。[42]この時点ですでに蒐集は、雑誌などにも拡がっていたことがわかる。

私に話してくれたなかにも、『島』という雑誌を調べてみたという回想があった。

遊び仲間の子どものひとりが「すかんぽ」（酸葉・虎杖の別称）に塩を振って食べていた。その食べ方が、どこの地方から東京にもたらされたのかを知りたくて読んだのだという。『島』は、昭和八年から九年にかけて出されていた、島嶼部の民俗研究の雑誌である。喜多川さんが「三〇歳くらいになってから」というから、刊行時に読んだものではなく、もうすこし後になってから手にしたのかとも思うが、その関心の幅広さは書物漁りの幅とも呼応している。徒弟時代の休日を回想した文章でも、月末に給金の五円を

（41）喜多川周之「絵はがきコレクションの話(1)」前掲、一九七一：五五

（42）『書物展望』一九三二年一〇月号：三五

もらうと衣食住の心配がないだけに無駄使いをしてしまいがちなのだが、「私は変なもので、本が好きだったので全部本を買っちゃいました」[43]とあるのも、修業時代の蒐集趣味の証言となるだろう。

古書展通いも喜多川さんの戦前からつづく趣味であり、生活習慣であったように思う。浅草寺の網野宥俊師の三回忌にまとめられた『浅草寺史談抄 拾遺』に、喜多川さんは戦後にお会いして私淑することになる網野師の名前をはじめて知ったのは、浅草寺が出していた『聖潮』の浅草特集号（図2–13）を入手したときであったと回想している。この雑誌について、次のように書いたなかに、戦前の古書即売会として有名な「青展」に行っていたことがふれられている。

「この雑誌を手に入れたのは、もう五十年も昔のことで、古書の展覧即売会が山の手の青山会館でひらかれ、青展といっていた時代で、その会場で求めたのであった。ちょうどそのころ、上野の山では万国婦人子供博覧会が催されていて、ハーゲンベックのサーカスが海を越え、はるばるドイツからやって来ていた。浅草では浅草寺本堂の関東大震災の大修繕が前後四ヶ年を費して竣工した時であり、東京日日新聞社は浅草まつりを企画し、各商店は腕を組んでこれを賛助していた。雷門の跡地には仮設の雷門も出来上って、松屋デパートは浅草寺今昔展で賑わいをみせていた。浅草に活気が漲っていたのである。」[44]

その「五十年も昔」をもうすこし正確に特定するのであれば、昭和八年（一九三三）と

（43）喜多川周之「藪入りその他」前掲、一九八六：七

図2–13　『聖潮』（浅草号）1925

（44）喜多川周之「網野宥俊先生を偲ぶ」網野宥俊『浅草寺史談抄拾遺』金蔵院、一九八五：二七一

なろう。万国婦人子供博覧会も、ハーゲンベックのサーカスも、浅草寺本堂の大修理も、その年のできごとであることから確かめられる。すでにそのころから、古書展での雑誌あさりははじまっていた。

十二階の記録をあつめる

徒弟としてはじまった石版画工の生活がすこし落ちついて、さきほどふれたような一枚刷や絵はがき、風俗資料や十二階関係の記録の蒐集と探索とに、さらに熱中するようになるのは、回想によれば昭和九年あたりからである。

「徒弟制度の中で仕込まれて苦労した後、ようやく腕もできたころには、昭和も九年になっていた。とろとろと燃え続ける火のように、十二階への関心はまだ消えていなかった。いや少しからだが暇になったので、その火はますます大きく燃え上がろうとしていた。私は猛烈に十二階の資料を集め出した」(45)

しかし、「猛烈に」あつめはじめたのが昭和九年すぎであったとは回顧してはいるものの、その時から十二階への関心を持ちはじめたわけではない。種となる関心の「火」はそれ以前に「とろとろと」燃え続けていたことも証言している。ここで昭和九年と明言しているのは、あるいは別のところで回想しているように、「十二階雑記」と題する(46)「とりとめもない」文章を、その年の四月あたりに「同人雑誌」に書いたという記憶と対応するものであろうか。

(45)「浅草十二階　抱いて帰ったレンガ」東京新聞、一九六五年三月一九日

(46)「浅草の風物追う　十二階研究家〝初恋の思い〞寄せて三〇年」前掲、一九六五年八月二六日および喜多川周之「浅草文化史と幻の塔」前掲、一九六七など。

残念ながら、この「十二階雑記」という文章は未発見である。江戸東京博の喜多川コレクションのなかにものこっていなかった。振りかえって思えば「とりとめもない」と評さざるをえないものではあれ、こうした文章の執筆は、ただひたすらの蒐集とは異なる研究や創作のはじまりを感じさせる。しかしながら、この職人としての自立時代の「同人雑誌」については確認できていない。

気にかかるのがその前後の『十二階図譜』という名の企画である。どうやら未刊行のものであったらしいが、「雑記」として書いた内容と関係するものなのかどうか。どんな位置関係になるのか。手がかりは、次の一文にしかない。

「画工としての練習を兼ね、砂目に限らず、創作的な様式の版画で十二階図譜を仕立ようと、余暇を利用して熱中したが、どうやら世帯を持つこともでき、長女が生れると、事は思う通りには運ばなくなった。」(47)

長女は昭和一二年の生まれなので、その前後であろう。喜多川さんは昭和一一年に結婚して世帯をもった。砂目石版だけでない創作版画は、画工としての練習とも無関係ではなかったと思われるが、熱中は「余暇を利用して」とある。だから、正式のしごととは別にという意味だろう。これはおそらく斎藤夜居『本の虫いろいろ』がのべている、次のような証言と対応するのではないだろうか。

「石版画工・喜多川周之さんが、昭和十三年頃に浅草十二階をテーマとした御自身の

(47) 喜多川周之「浅草文化史と幻の塔」前掲、一九六七：一

詩画集を発行するつもりで制作された図譜のうちの二図（一五九枚）だけが現存。特に本書のためにご提供くださった絶品。大正十二年九月二日撮影の写真に依り構成作画されたもので、手刷りである。(48)」

『十二階図譜』は、研究というよりは「詩画集」であったのかもしれない。昭和一三年ころというと、このあとふれる「大東京風俗資料研究会」を主宰する活動とも重なる。図は斎藤の本の口絵に掲げられた砂目二度摺の石版で、凌雲閣の震災直後の姿である（図2－14）。

(48) 斎藤夜居『本の虫のいろいろ』（謄写版）此見亭書屋、一九六四：口絵の説明

画工としての興味

以上のようにたどってみると、十二階凌雲閣への関心は、昭和二年からはじまる石版画工としての生活とじつは深く関係する形で育ってきたことがわかる。趣味としてではあったが、職業生活とも相反するものではなく、どこかしっかりとした接点をもっていたようにも思える。

たぶん石版画工としてのしごとをつうじて、浅草の随筆や文学にふれる機会もあっただろう。たとえば「久保田万太郎先生の「十二階」」と題したエッセーのなかで、久保田も参加した「仲見世今昔」という座談会が載せられた『春泥』という昭和五年発行の俳句・随筆雑誌にふれて、喜多川さんが次のように言っているのに気づいた。

「この雑誌の表紙を描かれていた小村雪岱画伯が、どの号だったかに、おなじ絵筆

で、隅田川両岸の風物を、天額のカットにされた待乳山の部分に、小さく十二階を添えられていることだの、そして、この表紙の製版が兄弟子の指導のもとに、はじめて手懸けた自分の描版であることなどを、話のつまとして考えてもみた。」（傍点原文）[49]

「話のつま」とあるのは、ある特別な対話の機会が予想されていたからである。

この追悼の文章を書くすこし前に、浅草寺の網野宥俊師が久保田万太郎と会って話せる機会をととのえてくれていた。喜多川さんの「十二階ひろい書」の連載を晩年の久保田が読み、会って話してみたいと言ってきたのだそうだ。明治二二年生まれで浅草育ちの作家に会って、十二階のことを話しあえるのは、またとないチャンスであった。その機会を喜多川さんは、緊張しながらも心待ちにしていた。

図2-14　『本の虫のいろいろ』1964：口絵

残念ながら、会えないままに久保田は逝去してしまう。しかし、この用意した話題としての「はじめて手懸けた自分の描版」という記憶の呼びもどしは、喜

(49) 喜多川周之「久保田万太郎先生の「十二階」」『浅草寺文化』第九号、浅草寺史料編纂所、一九六八：一四

多川さんの石版画工としてのしごとと、浅草や十二階への関心さらには資料蒐集とが、意外にも隣接していた事実を裏づけるものでもあろう。[50]

(二) 職人としての目と腕の熟練

もうひとつ、おなじく石版画工の時代の、たいへん示唆に富むエピソードがある。「職人」としての話なのだが、喜多川さんの「研究」の方法の、なにかとても重要な部分を象徴しているように私には思える。茶道雑誌の『淡交』に寄せた「明治の町職人さん」[51]でふれられた「腕だめし」である。前後の文脈から判断すると、徒弟修業をはじめて二年目くらいだから、昭和四年あたりのことらしい。

職人気質と本当の職人性

世の中ではしばしば、職人は粗野で頑固で、と思われている。律儀だが融通は利かず、なぜかぶっきらぼうで、口調は「ベランメエ」、という固定化されたイメージがすでにつくられている。

どうも喜多川さんは、そうした「職人気質」の使われ方には納得できなかったようである。それは自分もまた職人である、と思えばゆえの違和感であろう。人に対する「ぶっきらぼう」な態度や、かざらない「乱暴」なことば使いがあらわす、どこか手荒だが率直な気性というのは、たしかに広く流布した紋切り型である。しかし、粗野でしかない「ベランメエ」調では、円熟したしごとはできない、と喜多川さんは感じていた。温

(50) 昭和一三年六月に日本古書通信社が発行した『日本蒐書家名簿』に、喜多川周之の名前を確認することができる。もちろん「蒐書家」とはいうものの、これは機関誌の『日本古書通信』や同社の販売目録の読者カードに基づいて編集されたものに過ぎない。しかしながら、喜多川さんがこの時期に「江戸川区小岩町三ノ一九三一」に住み、「東京市に関する絵画、写真、地誌、風俗書」を「蒐書種目・研究事項」に挙げていることがわかる。

(51) 喜多川周之「明治の町職人さん」『淡交』第三三巻第六号、淡交社、一九七九

厚なご本人の人柄の好みもあったろうけれど、それ以上に、よい職人だとまわりから評価されている人物の観察にもとづく確信ではなかったか。

事物とていねいに向かいあい、仕あげの善し悪しにこだわる。その丹念さにこそ、喜多川さんは職人の真髄を見ている。それゆえ、次のようにいう。

「その仕事を通じて、何十年も生きてきた人達は、皆、会ったとたんに威圧される様な熟成された人格を持っていると思われて仕方がない。無理に昔ぶろうとすると、それはキザの見本になっていく」(52)

そう書く前提には、おそらくたいへんの技量の高い職人さんたちと、多く話した自分の経験がある。

そもそも「ベランメエ」とはなにか。強い印象の「ののしり」ことばである。声高に言い立てる場面だから無理もないのだろうけれど、そこにはひととの関係などどうでもいいという勢いといなおりがある。どこかひとりよがりで、他者をあえて無視する威勢のよさが前面にでる。対立の場面ならば、当然かもしれない。

しかしながら、職人のしごとに必要な手間や段取りの時間のすべてが、そんなけんか腰に終始するものでもあるまい。むしろ、相手がモノであれ人間であれ、じっくりと向かいあう、ある種のねばり強いていねいさや気くばりが不可欠である場面も多い。その丹精にこそ、本当の職人性があり、「ベランメエ」に画一化された職人気質のイメージは、むしろあとからの色あげ、あるいは外からの「レッテル」ではないか。すなわち、

(52) 喜多川周之「明治の町職人さん」前掲、一九七九：四二

図2–15　職人尽絵詞

なにか重要な要件が見失われ、ともに感じることができなくなった、そのあとに偏って再構成された幻影なのではないか。喜多川さんが知識として踏まえていたとはとうてい思えないけれども、このとらえかたはホブスボームという歴史家が論じた「伝統の発明（invented tradition）」[53]という視点そのものである。

　同様の考えは、鍬形蕙斉『近世職人尽絵詞』（図2–15）を解説しながら、いわゆる「通」についてのべたこととも対応している。

「おでん、烏賊《げそ》焼、天麩羅、みんな屋台店である。これは職人たちの憩いの場でもあった。ありのままの食べ方で食べるところには、いわゆる通というものがなかった。それぞれの職人は、誰もが自由に振る舞うことを本分としていたようだ。」[54]

おそらく「通」という概念にも、おなじように固定化された幻影があって、時代の実態から離れるほどに、その「きざ」な気どりや「半可通」ぶりが強くなる。そもそも裕福

（53）Hobsbawm, E.J. & T. O. Ranger, ed. The Invention of Tradition, Cambridge University Press, 1982 ＝ 前川啓治・梶原景昭他訳『創られた伝統』紀伊國屋書店、一九九二

（54）「近世職人尽絵詞」一九八〇：一五八

な町人の豪勢な遊びぶりを評してつくられた微妙な美意識を、基本的にはその日暮らしの、職人たちのふるまいにあてはめるようになったこと自体が、後世の拡張であろう。だから、屋台店で食う必要を有し、しかしそれを卑下するわけでもなく楽しみ、その場を生きているひとたちの間で生まれてきたものではない、という喜多川さんの理解は正当である。「職人気質」とは「べランメエ」なり、という通俗的理解への疑いが、じっさいに活躍してきた高い技術とたしかな目をもつ職人たちとのであいから生みだされているところに、喜多川さんの等身大の実証主義がある。

けんか腰の「べランメエ」(55)口調のステロタイプの代わりに、喜多川さんが職人気質の基準として持ち出しているのが、自分が持っている腕前への評価である。すなわち、自分なりの「腕だめし」と取りくむ精気と、その自分の力量を自分で審査し納得する目のきびしさである。

そこで思い起こしている郵便切手の「模写」、すなわち「偽造」によって、自分の腕の善し悪しを実験してみる話は、たいへんに具体的で興味ぶかい。

ニセモノをつくる腕と技がわかる目

修業の道を進む者は、程度の差こそあれ、一度や二度は腕だめしをおこなうものだ、という。喜多川さんの「胸をときめかす腕だめし」は、見習いの頃から励んでいた「透き写し」(図2-16)の実験であった。すなわち「細かい筆づかいの原画の上に薄紙をのせ、下の筆致をそのままに写していく」基本技術を応用して、国が発行した「三銭の郵便切手」の写しを作成する、いささか危険な冒険であった。

(55) 喜多川さんは遙か年下で駆けだしの私などに対しても、たいへんにていねいで親切な方だった。「べランメエ」の粗野とは対称的で、しかも蒐集家にありがちな狷介な印象のないひとだったが、その印象は最晩年になってから接していたからだけでもなさそうである。たとえば、『にほんばし人形町』の編集責任者は「下町の郷土史資料研究家として名高い喜多川氏の名前を貴重資料の所有者として見い出した時には、収集家によくある気難かしい存在と想像したが、一度は当たって砕けろと資料拝見を願い出たところ、じつは〝町の親父〟と自称される下町気質の代表者で、ご自宅に呼ばれて、天下に二つとない資料を深夜に至るまで複写させていただいた。以来、意気投合という気易さに甘え、電話で応答願ったこと無慮数十回に及ぶ」［『にほんばし人形町』人形町商店街協同組合、一九七六：二一七」と書いている。

もちろん、これは金券の偽造になるから違法である。見破られて見つかればたぶん、まちがいなく罰せられる。喜多川さんは「細い線を、毛筆でムラのないように仕上げてゆくのは根のいることであるが、目当ての冒険があるので励みがつく。出来上がった模写の切手を自分宛の封筒に貼り、祈るような気持ちで投函」したのだそうだ。出来がよかったのであろう。「郵便は自分の手元にもどってきた。消印の墨色もくろぐろと、これは逓信省公認ともいうべき御墨付なのである」[56]と書いている。

この職人の目と腕の話と関連するものとして、私のテープ起こしから戦後の偽札事件に巻きこまれた話を紹介しておく。

対象となった「ニセ札」事件の時期や詳細についての具体的な言及がテープ起こしにないが、たしか「チ三七号事件」と名づけられていたものではないかと思う。一九六一年に秋田県で発覚し一九六三年まで、偽物の特徴を指摘するとそれを訂正した札が出るなどの特異な展開をしめし、迷宮入りした千円札の偽造事件である。

△ああ、それは小木曽さんに聞いたことがあります。犯人と間違えられたという。

喜多川　本当にそのニセ札には参っちゃったよ。新しい千円札になる時だ。警視庁にも科学捜査班があって、それぞれの科学っていう目で見ているんだけど、職人には職人の別のやり方があるんだよ。どんなコンピューターにいれてもできないものだと思うんだけれど、それは印刷のつなぎ目なんですよ。向こうがその札を持ってくる時には、必ずプラスチックのケースのなかに入っていた。ゴズ［どう書くか不明］さんという捜査三課の人が来た時に、開けてくれと頼んだら、向こうは断るんだよ。こん

(56) 喜多川周之「明治の町職人さん」前掲、一九七九：四五

なガラス越しに見たってしょうがない。本当に見たいと言っても、それはできないと言われた。それで、上から見て、つなぎ目はこのあたりですって言ったんだ。それは職人の定法があるから。その定法は、一定のレベルに達した人が使うもので、一般的

図2-16　透き写し（喜多川周之）『淡交』第33巻第6号,1979

につなぐ時はここでつなぐという結論が出てるもんなの。何の気なしに、このあたりでつなぐって言ったら、それが電子顕微鏡と一致しちゃったんだ。困るんだよ、本当に。電子顕微鏡は最近になってできたものだけど、僕の目はその時点で五〇何年目なんだから、キャリアのうえで違うんだよね。だけど一緒だったから、今度は刑事の態度が「あやしい」っていうんで変わっちゃったんだ。本当だよ、情けないよ。それからこっちも怒ってね。よし、そんならば、ちゃらんぽこな返事をしてやれっていう気持ちがでてきたから、いい加減な、何ともいえない味のある返

事をしたんだよね。だから向こうじゃ焦ってきて…、おもしろかったよ、その間の一週間。それでもだんだん話をしていって、はじめて職人の目がわかったのかな。それともこの親父じゃニセ札はつくれねえなと思ったのか、それはわからないよ。だけどだんだんなごやかになって、しまいには仲良くなっちゃったけどね。

△その事件は、犯人が見つかったんですか。

喜多川　いや、その時、ボクはもう明言したの。この犯人は本物より腕がいいんだから、これは挙がらない。金ほしさの犯罪じゃないって。金がほしいのならこんな丁寧な版は書かない。これは残念だけど政府の負けだ、本物より腕がいい人なんだから。本物を彫った人は印刷局の技官で公職に就いているが、この彫った人の腕はそれ以上なんだけど、長屋で侘び住まいをしている人でしょう。こういう人を犯人だから挙げようという、さもしい根性じゃ挙がらないって言ったんだよ。特に裏面なぞ、実に見事な彫りなんだ。だって本物より立派な札が出たらば、本物は本物と言えないんだから、ここいらが肝心なところだって言ってたら、お札が変わったよね。それから何年か経って、西武デパートで、あれは患った年だったかな、ニセ札と本物の写真を大きく出して当てっこをしていたけど、ボクはそういうものには出たくないね。だって職人の目で見ればわかるんだから。そこなんだよ。その道を行っている人は、素人さんとの競争、大人の遊びに出しゃばっちゃいけないなって、ひとつの教えを生んだけどね。(57)

優れた「ニセモノ」をつくる。そのためには、「本物」の細部にわたる観察が必要で

(57) ヒアリング記録から

ある。つまりニセモノづくりでは、徹底して見比べなければならない。本物との差異を見わける。そして、そのちがいを乗りこえて、近づけていく。そうした眼と腕の技量が要請される。

部分部分を組みあわせて、全体に再構成するだけの技量と想像力ももとめられる。その意味で、ニセモノづくりは、本物を無自覚につくれてしまう技倆以上の実践が要求される。本物を見つめるまなざしにおいて分析的で、同一のものを生みだす実践において自覚的であることが求められるからだ。

それはいわゆる職人としての「円熟」とも近く、意外なことに、じつは同じ質をもつプロセスなのではないか。口調の表面にはとどまらない、そうした意味での「職人性」あるいは「職人気質」が、喜多川さんの蒐集や研究の土台にもある。

（三）文学運動への参加と出版

先にふれた切手の透き写しの冒険が、昭和四年前後のことだとすると、その頃から昭和一〇年代までのあいだの喜多川さんの活動のなかで、見落とすことができないのは「文学運動」とのかかわりである。

童謡と詩の文学運動

文学運動への関与は、二〇一〇年の江戸東京博物館での共同資料調査で、あらためて浮かびあがってきた論点である。江戸東京博物館受け入れの未整理の資料のなかか

図2-17 『新進芸術』創刊号,1931,表紙

ら『編物新聞』という業界紙が見つかった。そこに、中溝豊というひとが、「春日抄」というエッセーを載せていた。それによると、NHKの「スタジオ102」をこの中溝氏が見ていたら、東京は浅草の松屋デパートで開かれた「浅草の今昔展」(58)の報道があって、その会場で展示物の説明をする「ひとりの老紳士」に驚く。それが「かつての我が友喜多川周之さん」だったからだ、という。

「あれは、昭和十年頃のことだった。私は、喜多川周之さんたちと〝武蔵野〟とか〝新進芸術〟とかの文芸雑誌を発行して、文学運動に情熱をかたむけていた」(59)

喜多川さんは昭和六年前後から、童謡と詩の文学運動にくわわっていたと思われる。ここでふれられている『新進芸術』は、河野毅という詩人が主宰する雑誌で、その創刊号が新進作家聯盟という集団から発行されたのは昭和六年一二月であった。その表紙のモダンな女性(図2-17)を描いたのは喜多川さんで、「編輯後記」にも同人として感想を寄せ、「別」と題した詩を寄稿している。

(58) 一九七三年二月九日から二一日にかけて開催された。

(59) 中溝豊「春日抄」『編物新聞』編物新聞社、一九七三年三月二五日号

昭和七年三月に発行された第二巻第三号と、四月の第二巻第四号であるが、両方ともやはり表紙を喜多川さんが描き、「Chi」という署名をのこした。また少し離れて昭和九年一月発行の第四巻第一号が「復活報告号」を名乗っているのは、あるいはこの間に休刊のような断絶がはいるのかもしれない。この号の編集兼発行人は前掲のエッセーを書いた中溝豊(60)で、「表紙・カット」を喜多川さんが担当している。あるいは先の「十二階雑記」を掲載したという「同人雑誌」は、このグループが出していたものを指すのかもしれない。残念ながら江戸東京博物館の喜多川コレクションのなかに『新進芸術』はごく断片的にしかなく、その確認作業は、今後の当該雑誌の発掘探索としてのこされている。

　ちょっと驚いたのは、第二巻第四号の裏表紙に載せられた喜多川さんの詩集の広告（図2−18）である。計算してみると、二一歳の頃である。ここでは喜多川さんは実作の詩人だった。後年の文章にどこか詩的で、空想にあそぶ表現がまじる、その理由のひとつにふれたような気がした。それは、若き日の文学への志とどこか呼応す

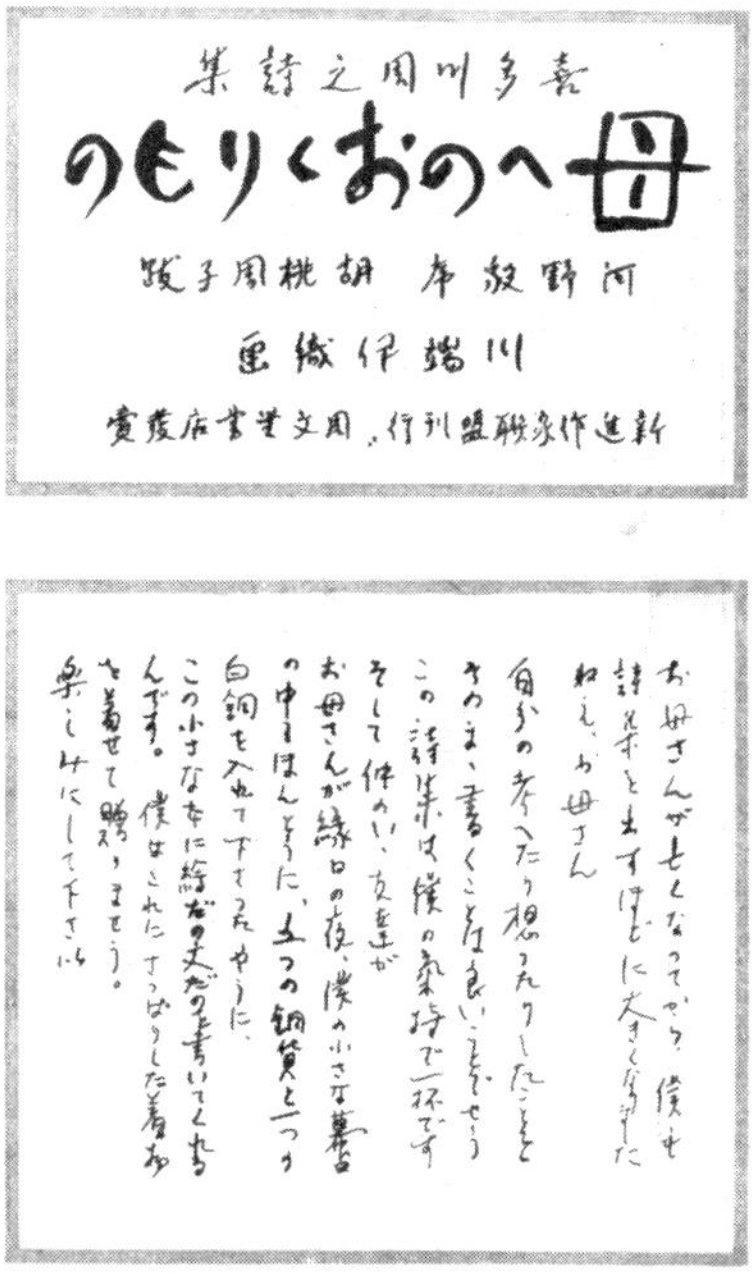

図2-18　『新進芸術』第２巻第４号 ,1932

(60) この中溝豊という人物は、後に編み物手芸の作家・教育家として活躍したという。そのことは、じつは喜多川さんへのヒアリングでも一瞬だけ言及されていたが、今回読み返すまでは気づかなかった。ということは、この『編物新聞』の現物をそのときに見て話題にしていたはずなのだが、資料調査で再発見するまで、まったく意識に登らなかった。当時は「文学運動」とのかかわりについて関心がなかったためだろう。問題意識がなければ、記憶にのこらないだけでなく、自分のヒアリング記録もうまく読みこめない。

るものだったのである。この詩のような広告のような文章自体が、文字の特徴から考えて喜多川さんの自筆だろうと思われる。

その形式は、すでに大震災の翌月に亡くなった母に向けた呼びかけになっている。「楽しみにして下さい」ということばで結ばれている。その未来形での呼びかけから、ひょっとすると出版予告の段階であったのではないかという疑いも頭をよぎる。すなわち広告だけで、まだ詩集の現物は発行されていなかった可能性がある。この段階で著作リストに載せるのは早いのかもしれない。現物未見として登録だけしておこう。

その一方で、この広告は、喜多川さんのもっていた職人としての別な活動を、私に思い起こさせる。「僕はこれにさっぱりした着物を着せて贈りましょう」というフレーズの含意である。これが装幀や製本といった活動を暗示しているからである。実際、河野毅という人の詩集や童謡集をふくめ、いくつかの本の装幀やカットを、当時の喜多川さんは担当している。

中溝豊は、喜多川さんとの文学運動を「昭和十年頃」というが、実際の『新進芸術』の創刊号は昭和六年一二月の発行なので、いささか前にずれている。とすると、喜多川さん自身の文学運動への関与はいつ頃からなのか。

最近目にした河野毅著『忘勿草』という詩集が、その関与が少なくとも昭和五年の暮れにははじまっていることを教えてくれた。この本の奥付（図2–19）は、興味深い二つの事実を物語っている。

ひとつは喜多川さんが発行者であり、発売元の「周文堂書店」の所在地が喜多川さんの住所とおなじであるという事実である。「周」の字の名前にのこるかすかなつながり

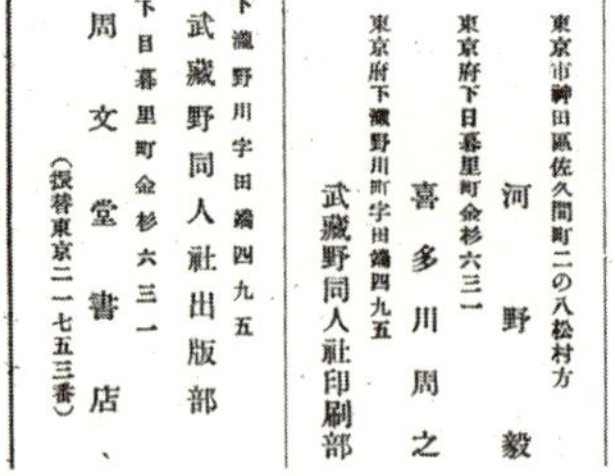
著者　東京市神田區佐久間町二の八松村方　河野毅
發行者　東京府下日暮里町金杉六三一　喜多川周之
印刷所　東京府下瀧野川町字田端四九五　武藏野同人社印刷部
東京府下瀧野川字田端四九五　武藏野同人社出版部
東京府下日暮里町金杉六三一　周文堂書店
（振替東京二一七五三番）、

図2-19　歌集勿忘草

だけではわからなかったが、喜多川さん個人での出版社の活動を考えてよい。もうひとつは、「武蔵野同人社」という発行所であり、印刷所の名前である。中溝豊が言及している『武蔵野』という同人雑誌は、[61]これを出版主体として発行されていた可能性がある。これもほとんど個人的な活動で、おそらく街の印刷屋さんたちをまきこんだ文学運動であることを予想させる。

製本屋のおやじ

こうした実際の出版すなわち書物づくりの延長上に、平井壺中庵の真珠社での製本が[62]ある。それは戦後の活動であるが、そう位置づけてみると、本づくりへの関心[63]は戦前の職人時代から連続している。

平井通（壺中庵）を題材とした小説である富岡多恵子『壺中庵異聞』に、じつは喜多川さんが登場する。『壺中庵異聞』に、まちがって「製本屋のおやじ」として描かれていることを、いつだったか愉快そうに話してくれた。どこかにあらためてそのことをお書きなのかどうか、まだ見かけたことがない。もういちど富岡の作品を読んでみると、なるほど小説では「横川蒼太」となっている平井を追悼する「一周忌の会」の場面で、ゆかりの人びとが故人の思い出を次々と語る。そのなかのひとりとして、徒弟職人からたたき上げた製本屋の主人が登場する。その場面だけ、そのまま引用しておこう。

「〈ぼくはやっぱり明治っ子で、特に町の職人で徒弟奉公で育ってきてますから、ケジメのようなものははっきりつけておきたかったんですね。横川さんは、自分はこう

（61）探索の当初、未見の「十二階雑記」は、この『武蔵野』という雑誌に載せられていたかもしれないと考えたが、『新進芸術』創刊号の「創刊の辞」を読むと、どうも『武蔵野』はその前誌であったらしい。「こゝに潔く武蔵野を放棄し」と書いてあるところから、発展的な解消であろう。それゆえ記憶の通り「十二階雑記」が昭和九年であるとすると、『武蔵野』に載せられている可能性は低い。

（62）「壺中庵」というのは、江戸川乱歩（本名・平井太郎）の弟の平井通（他にも「平井蒼太」などいくつものペンネームがある）の雅号で、若き日の無名時代の池田万寿夫とか、そういった人たちがかかわった本づくりが、その経営になる「真珠社」でおこなわれていた。そこから出す豆本は「雛絵本」と称して、装丁に宝石のガーネットを貼りつけたり、クリスタルを埋めこんだりしたので、非常に苦労したというようなことを、喜多川さんに聞いたことがある（図2-20）。富岡の記述をみると、しかしその仕上がりに、平井は不満であったらしいこともわかる。

図2-20　雛絵本「警官のたぼう」

だときめつけて接してこないんですね。むしろ、こっちが職業的にもっている技術というものをとても理解してくださっているわけです。ぼくは、横川さんの豆本の製本だの、箱張りはみんな自分なんですよ。うちの若い職人じゃやらないですから。水晶なんかも頼まれて、はじめてだけど、工夫して表紙に張りこんだりしたんですけどね。ストリップにはお供したことがあるんですよ。で、女の子が、横川さんのところにきてパッと股を開くんですよね。そうすると、横川さんはおもむろに、姿勢を崩さずにそのままで拍手するんですよ。ご開帳だから拝むんですけど、それはもう毅然たる態度です。するとわきにいる若いアンちゃんがくやしがるのよ。女の子がみんな横川さんのところへきてからだをクッと曲げるのよ。ああ、ストリップってのは、こうして見るんだって、横川さんから学ばせてもらった。とても学ぶ点があったんですよ。

あの方はお金に関してはキチッとした方でしたね。収支はほんとにキチッとされている方で、いちいち、お金を渡す時は封筒に差引いくらいくらという風にゼロにして下さるんです。本を買ったりなんかして、代金を払おうとすると、お金よりなんかくれよ、なんていわれて、それじゃってんで品物を渡したりしたことがありますがね。それこそ、先ほどいわれたゴミみたいなものですけど。今日は家を出ると、一天にわかにかき曇っちゃって、篠突く雨になっちゃったの。いやに水っぽくなるんじゃないかと思ったら、途中で晴れましたがね〉

喋っているのは、横川雛絵本をすべて製本してきた製本屋の主人である。わたしが昔、横川蒼太から、製本や箱つくりの文句や愚痴をよくきかされた当人が喋っている。あの五ミリの本も、三角の箱に入った銅版のはりつけた本も、みんなこのひとが自分

(63) 喜多川さんは購入した貴重な著書の多くに、ひとつひとつ自分で厚紙を加工して函を作っていた。おそらく、壊れかけた製本を保護する意味もあり、またタイトルなどを小口に書ける便利もあったのだと思うが、それ以上に「さっぱりした着物を着せる」という感覚があったのかもしれない。

で製本したといっている。わたしは、このひとのように徒弟奉公からたたき上げた本職ではないが、箱をつくったり、小さな本の表紙に色をぬったり、色紙を切ったりしたのだから、なにかこのひとと同じようなことをやってきたという親近感を覚えた。そのひとが、いかにも昔風の江戸弁で喋るので、わたしはその調子に聴きほれてしまった。このひとは縞模様の、ダブルの背広を着て、小金のある中小企業の社長という感じであるが、喋り出すと、手仕事で生きてきた職人の頑固さと自信があらわれてくる。」(64)

たしかに口調はどことなく喜多川さんで、よくその特徴をつかまえている。それが「昔風の江戸弁」なのかの判断は、北関東の地方都市に育った私にはむずかしい。郷土史家として親交のあった鈴木理生氏は「丁寧な《東京下町弁》」(65)と説明している。いずれにせよ一種独特のスタイルがあり、話しっぷりに固有の調子があったことはたしかである。

そしてその口調の向こうがわに、「手仕事で生きてきた職人」の自負を感じている富岡のまなざしは、鋭いと思う。

(64) 富岡多恵子『壺中庵異聞』中公文庫、一九七八：一一八–一一九

(65) 鈴木理生「ある収集家の一面」『喜多川周之コレクション』二〇一〇：一五一

(四) 研究・蒐集仲間たちとのネットワーク

考現学のフィールドワーク

昭和一〇年一月刊行の『いかもの趣味』という謄写版の雑誌に「考現学浮世統計」(図2–21a)という報告をたまたま見つけたのは、いつだったか。すこし名前が違って

いて「喜多川周行」という筆者名である。まだ喜多川さんはお元気だったので、次にお会いした時、お聞きしてみると、じつは自分だという。

ここで若き日の喜多川さんは、

○「浅草二天門附近大道易者の分布図（八月廿八日午後四時）」
○「ピーチパラソルの色彩採集（逗子海岸 養神亭下より海の家にかけて。八年八月十二日午後四時半。温度二十九度。淡曇。波高し）」
○「不忍ボート浮游採集（八、八、二〇午後四時）」
○「ある病院の下駄箱」
○「荒川区日暮里銀座夜店の分布採集（八月二十五日〜二十六日　午後九時十五分より五十五分。二十六日は八時頃。右肩の男何人 女何人は素見客。○印は二夜共出）」(66)

という五つの、ごくごく断片的な採集記録を載せている。

他にこの号で考現学を名乗っているのは、磯部鎮雄「考現学 街の筆記」（図2–21b）だけである。これは、昭和九年二月あたりから八月までに採集した街の風俗の記録で、たばこの吸い殻の採集は、明らかに今和次郎・吉田謙吉の『考現学採集』での試みを意識したものだろう。二つの寄稿だけの特集で、ほかの十数人はまったく別な趣味の蒐集の記事を寄せているにもかかわらず、なぜか全体を「考現学の巻」としている。採集の時期と、この雑誌の刊行時期との一年近くのズレを考えると、考現学をやってみようという意図は共有されたものの、実際の採集にまでむすびついたものが少なかったという

(66)『いかもの趣味』第三輯、いかもの会、一九三五

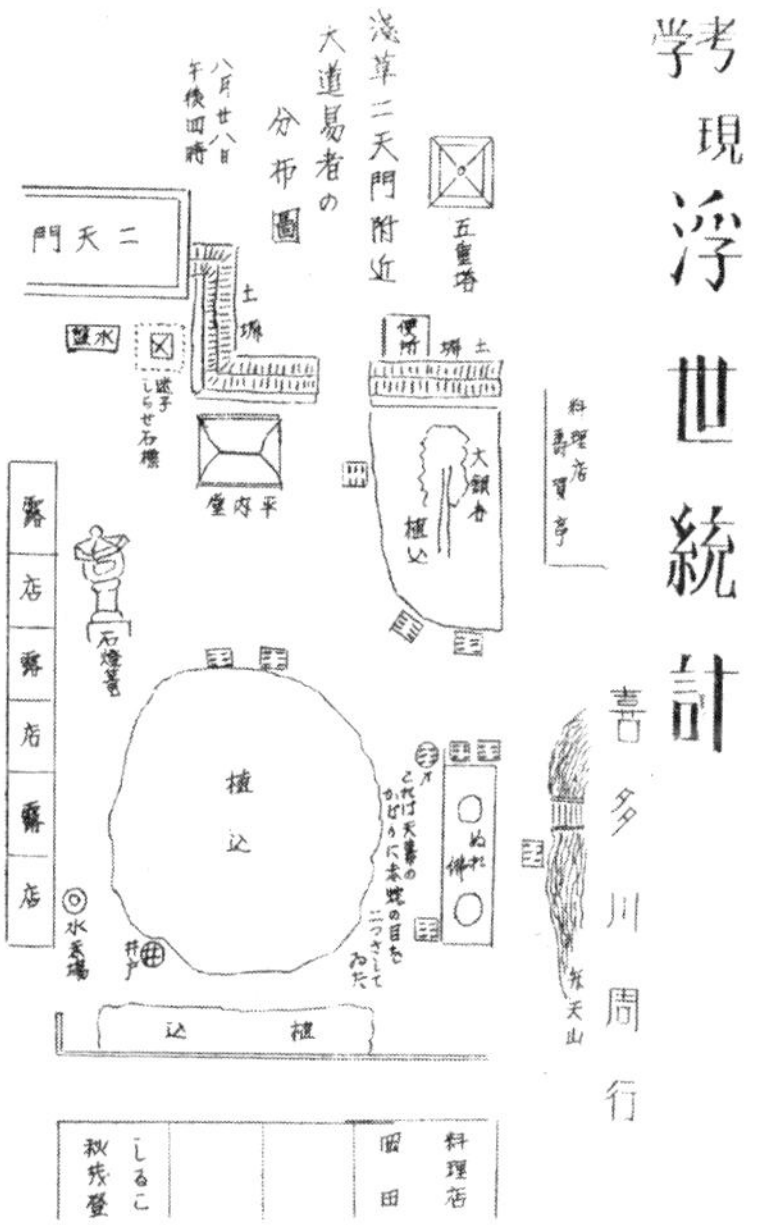

図2-21a　考現学の試み（喜多川周之）

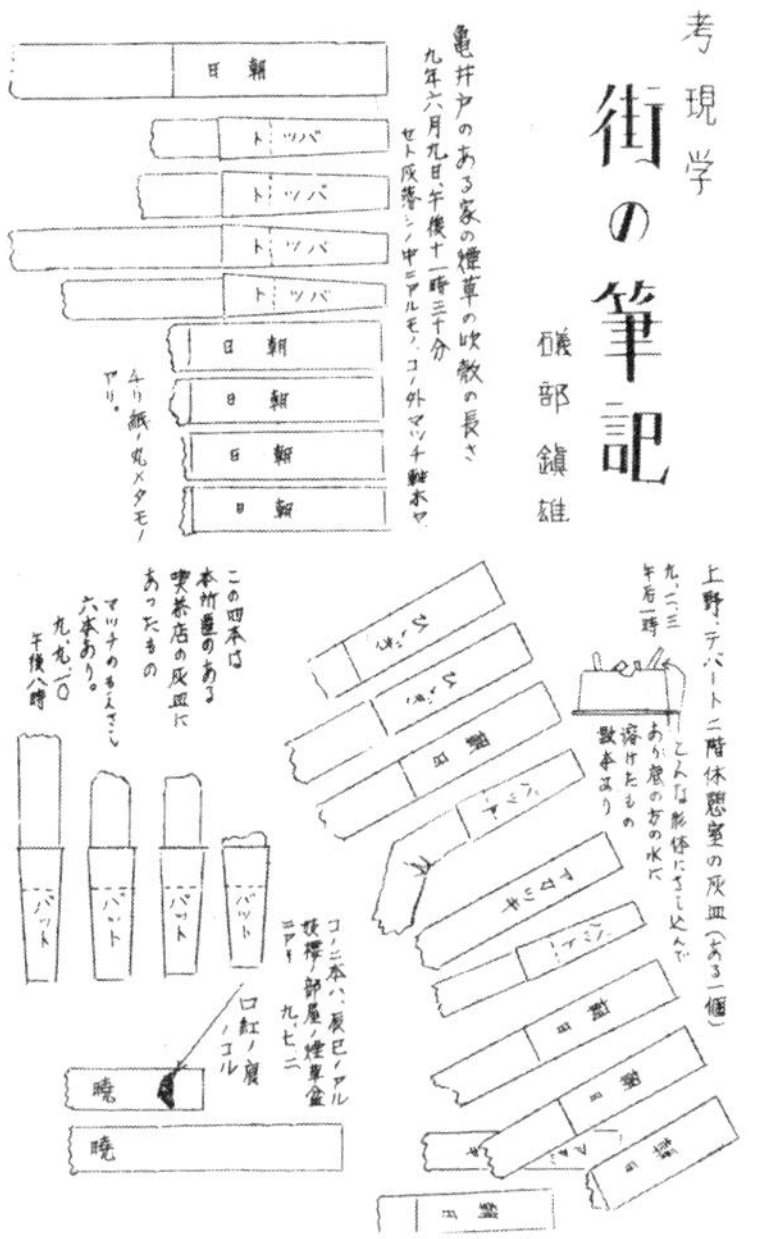

図2-21b　考現学の試み（磯部鎮雄）

事情もありそうに思う。

　喜多川さんのこうした活動は、もちろん今和次郎たちの著作を意識したものである。じっさいにヒアリングでは影響という以上に、共鳴というべきか対抗というべきかの言及があった。考現学との関係を問う私の質問に対して、たとえば

「こんなことをいうと失礼なんだが、若かったんだな、〝モデルノロジオ〟とか〝考現学〟といったって、私たちがやっていることじゃないかと思ったくらいなんだ」(67)

と応えている。

(67) ヒアリング記録から

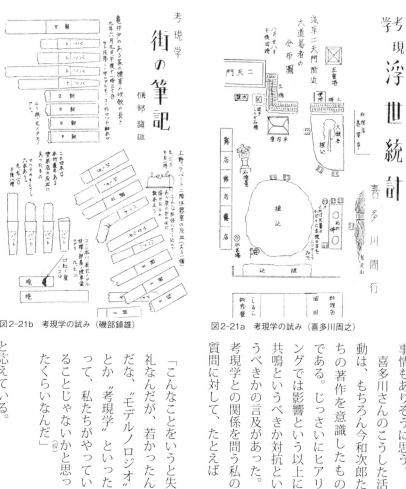

『モデルノロヂオ』（図2−22a）が春陽堂から刊行されたのが昭和五年、続編の『考現学採集』（図2−22b）が建設社から出たのが昭和六年だから、(68) 喜多川さんの職人としての自立や風俗資料への関心の展開と、ほぼ時期がかさなっている。

次のページに掲げたのは、猿楽町のアパートでもらった未記入の調査用紙（図2−23a）で、あきらかに考現学の最初の共同調査であった銀座街頭風俗採集を意識している。ただし具体的なやり方を喜多川さんはあまり説明されなかったし、記号の意味も正確には思い出せないようだった。これが女性を調査したものなのか、それとも女性を見る男性の視線を調査するものなのか。おそらく後者ではあろうとは思うものの、それが現実にどのようにして可能だったのかについてはお聞きできなかった。それゆえ、この調査票に盛られた分類や記号の意味をいまからさぐるのはむずかしい。しかし、視線を調査しようという発想それ自体はおもしろく、おそらく考現学の銀座調査などに学んだものであろう。

おなじく「大東京風俗資料」と題していて、似たような関心の調査だったのではないだろうかと思われるのが、「市内飲食店における各種行商人調査」である（図2−23b）。小木曽淑子さんに託されていたもののコピーを戴いた。これはじっさいにおこなわれたものらしく、昭和一〇年四月一日から五月三一日までの二ケ月間の毎日、記入されている。ここに記されている時間は、おそらく午後6時からという意味ではないかと思う。そうでないと、しごとを抱えた身で二ケ月にわたって毎日しらべるのはむずかしい。行商人のなにを調べようとしたのかは、この調査票だけからは正確には把握できないが、「備考」に書きこまれた記述は、服装やはきものや帽子・傘などの持ちものに注目して

図2-22a
『モデルノロヂオ』1930

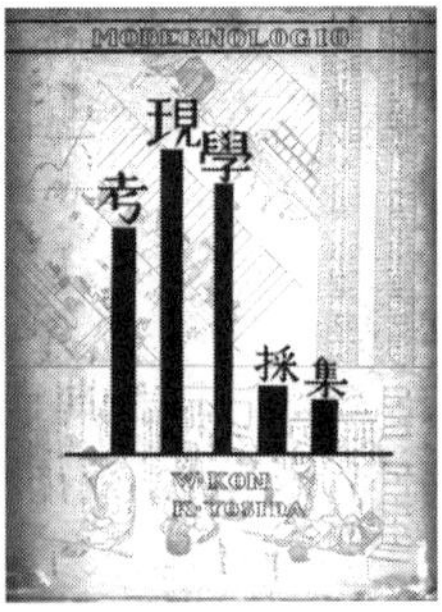

図2-22b
『考現学採集』1931

(68) 考現学の採集活動それ自体が世の中に知られはじめるのは、震災後の大正一四年の『婦人公論』での採集の発表以降であって、おそらく昭和二年の新宿は紀伊國屋での展覧会あたりからである。しかしながら、喜多川さんたち風俗資料研究者が「考現学」という新しい試みにふれたのは、流通時期がかぎられた『婦人公論』のような雑誌でも紀伊國屋書店での会期限定のイベントでもなく、書物になってからではないだろうか。

いて、考現学の影響はあきらかである。

大東京風俗資料研究会

昭和一二年に結成されたという「大東京風俗資料研究会」も、こうした関心の延長である。喜多川さんは「自分の宣伝になっちゃうけど」と、創設のときのビラを見せてくれた（図2-24）。このような研究の仲間がいて、その交流にささえられていることは、

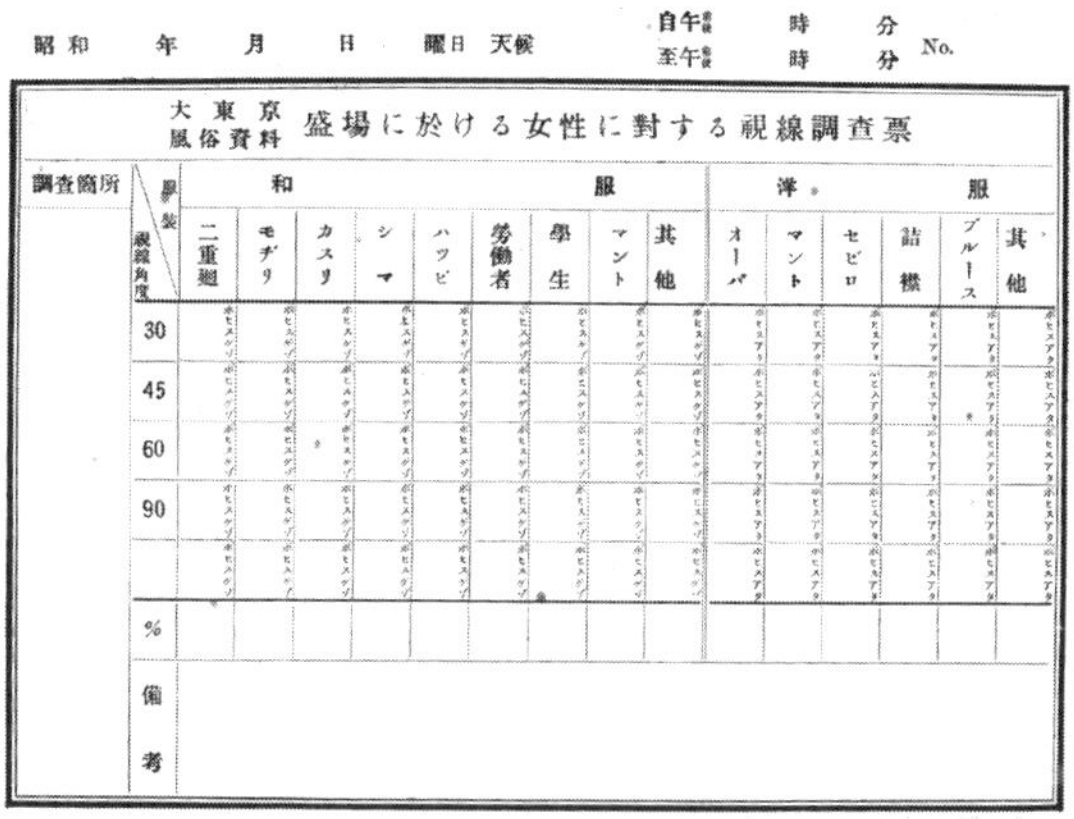

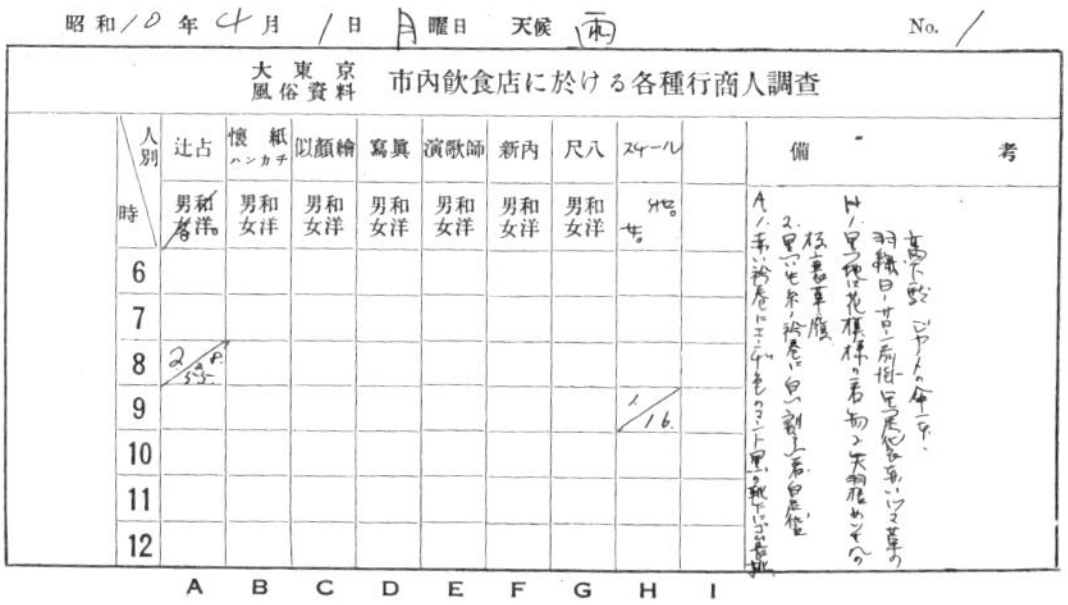

大東京風俗資料研究會創設の詞

今日までの東京の街のありさま、人々の風俗などを文字に、繪畫に、寫眞に記録し、小さな引札の一枚に至るまで保存して置かれた先輩の努力に私達は敬服し、どれほど感謝して居ることでせう。

微力ではありますが、私達も「大東京風俗資料研究會」の名のもとに移る東京の風俗を研究し、過去の記録をさらに保存いたしたいと存じます。

一、參考資料の複製。
一、風物の撮影、印畫の頒布。
一、研究誌「大東京風俗資料」の發行（年二回）
一、會報の發行（毎月一回）
一、資料に就ての談話會の開催（毎月第二日曜午後六時—九時 詳細は會報に記載）
一、會費、通信費として一ケ年參拾錢（三錢郵券にて）

從つてこれに必要な寫眞の撮影、製版印刷等皆私達の手で仕上げる用意を致しましたのも、この仕事に對する良心と永續を希ふに外はありません。

東京を愛し、そのすがたを次の時代へ心から贈ることに御贊同を賜りたいと存じます。

昭和十二年一月

東京市江戸川區小岩町三丁目一九三一番地
大東京風俗資料研究會
喜多川周之
藤塚崖花

図2-23a

図2-23b

図2-24

図2-23a　盛り場における女性の視線調査
図2-23b　市内飲食店における行商人調査
図2-24　大東京風俗資料研究会創設の詞

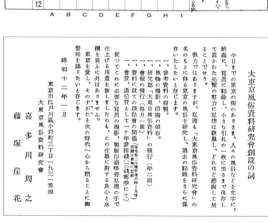

ひとり喜多川さんの事例だけでなく、いわば「民間学」に共通する特徴ととらえるべきであろう。この「創設の詞」の日付はたしかに「昭和十二年一月」だが、その時期に活動をしはじめたと理解するのは、これまた実際とは異なる。むしろ昭和五年くらいから、まさしく「とろとろと燃え続ける火のように」風俗資料への関心はつづいていたと考えるのが、実態に近い。

たとえば喜多川さん自身は「絵はがき」の形式をもって「大東京風俗資料」を頒布するという活動を、すでに昭和九年四月にははじめている。その「第一輯」として出されたのが、『私娼街外景』(図2-25a〜e)である。その住所記載から、昭和九年の段階では川村画版所に住みこんでいることがうかがわれ、昭和一二年には小岩からの通いの職人となっていたことがわかる。ライフヒストリーとしては、そのあいだに結婚がはさまるので、不自然ではない。つまり、住みこみ職人の時代から大東京の風俗資料を撮影し、頒布共有するという活動をはじめていたということになる。

同封されている説明書きをこまかく見ると、撮影は昭和七年五月とある。では、そのあたりからはじまった活動かというと、じつはさらに時期的にはさかのぼると考えたほうがよい。以前にコピーさせてもらっていた『第四回風俗談話会資料抄』という文献に寄せた文章で、

「私が最初に玉の井の特殊街の撮影いたしましたのは昭和五年六月で、この時はほとんど技術の点で失敗致しました」(69)

(69)『第四回風俗談話会抄』(謄写版)喜多川周之刊、一九三九・九

と書いているからである。とすると、先にふれた腕だめしの冒険がやれるていどには職人としての余裕ができ、自分の力を信頼できるようになった前後の昭和五年の段階から、風俗を記録するということへの関心を持続させていたことになる。(70)

この『私娼街外景』は、意外なことに「発禁」の憂き目に会う。そのことを「絵葉書コレクションの話」の連載最後に「絵はがき発行の思い出」で回想して、次のように書く。

図2-25
大東京風俗資料

a	b
c	d

e

aは四枚組の絵はがきを入れる袋。cおよびeは「ぬけられます」の看板を写していて、bで誘うように近道で行きどまらずに通り抜けられることをしめす。

(70) 写真で記録しようという喜多川さんの意識は、昭和一一（一九三六）年の二・二六事件の時にも発揮された。私のヒアリング記録に、以下の一節がある。「あの晩、小川町ビルの隣のうち

「『墨東綺譚』が生まれる玉の井は、すでに「天国の記録」や「或る私娼との体験」の舞台であり、また「汚れた王座」の詩情を漂わせていた。この私娼街の絵はがきを作ろう――とは若気の至りであるが、気負って作った四枚一組は見事に発売禁止になってしまった。納本制度であったから内務省に二部納本したわけだが、所轄署の特高係がとんで来て、写真原板と残部の提出を求めた。ところが、係官のN氏は差し出した写真を眺め、当惑した態のようであったが、「これ、ドコがいけないのかなァ」と呟いたものだ。どこがいけないかは、四十年後の今日でもわからない」(71)

たしかに、どの一枚に裸体が写っているわけでもない。建物と看板だけの風景はなにか猥褻を感じさせる要素も希薄で、発売禁止の根拠は不明確である。「これやって怒られちゃったものだから、しょげちゃって、あと止めちゃった」と喜多川さんは話していた。(72)

気勢をそがれて止めたという説明はおそらく正しいのだが、実際の資料はすぐに中止したわけでもないらしいことを暗示している。予告していた第二輯の『回向院の花まつり』が、ともあれおなじ年の五月には発行されているからである。あるいは、すでに印刷されていたのかもしれない。そこに入れられたビラには、「これからに就て」で当局よりの禁止を受けたというお断りとともに「あくまで真面目に東京の風俗を記録してゆく」という目的を強調し、次輯にて「深川富川町」というスラム街をとりあげるつもりだとのべている(図2-26)。

にいってたから、怖かったよ。夜中にみな来て武装していく音が聞こえるんだ。そいで前の晩、雪が降っていたから、あくる朝には積もっていた。両国駅へいったら鎧戸が下りていて、今日列車が出ないということが出ているんだよ。その時にはこっちの軍隊が守っていたね。それを内緒で写真を写したのがある。焼きつけもベスト版だよ。二・二六の時は、ホントによく写したね。九段のお堀端から飯田橋の方へいくところに置いてあった鉄条網を巻いたやつも写したし、要所要所で撮った。ひとつの風俗資料としてね。軍旗に手向かうなというアドバルーンも写したね。あの頃、首相官邸に義理の兄貴が勤めていたんだよ。それで出られなくなっちゃってね。赤坂の幸楽まではいけなかった。官邸へもいけなかった。その手前のところまでで、一般の人はどうにもいかれなかったんだよね。その義理の兄貴の書きのこしたやつも、どっかに入っているよ。それもおもしろいんだ。なんということもないんだけど、首相官邸の松のところへ、合図の仕方があるんだね。そういうのも、兄貴から聞いていなけりゃ、わかんなかった。あのときの新聞や雑誌にはそういうのが出ていない。あれは印象にのこることだったね。大雪が降ったしね。佐倉の連隊が小川町ビルで武装した時は怖かったね。これは本当に反乱軍と戦争みたいのがはじまるのかなという気持ちだった。」[ヒアリング記録から]

(71)「絵はがきコレクションの話

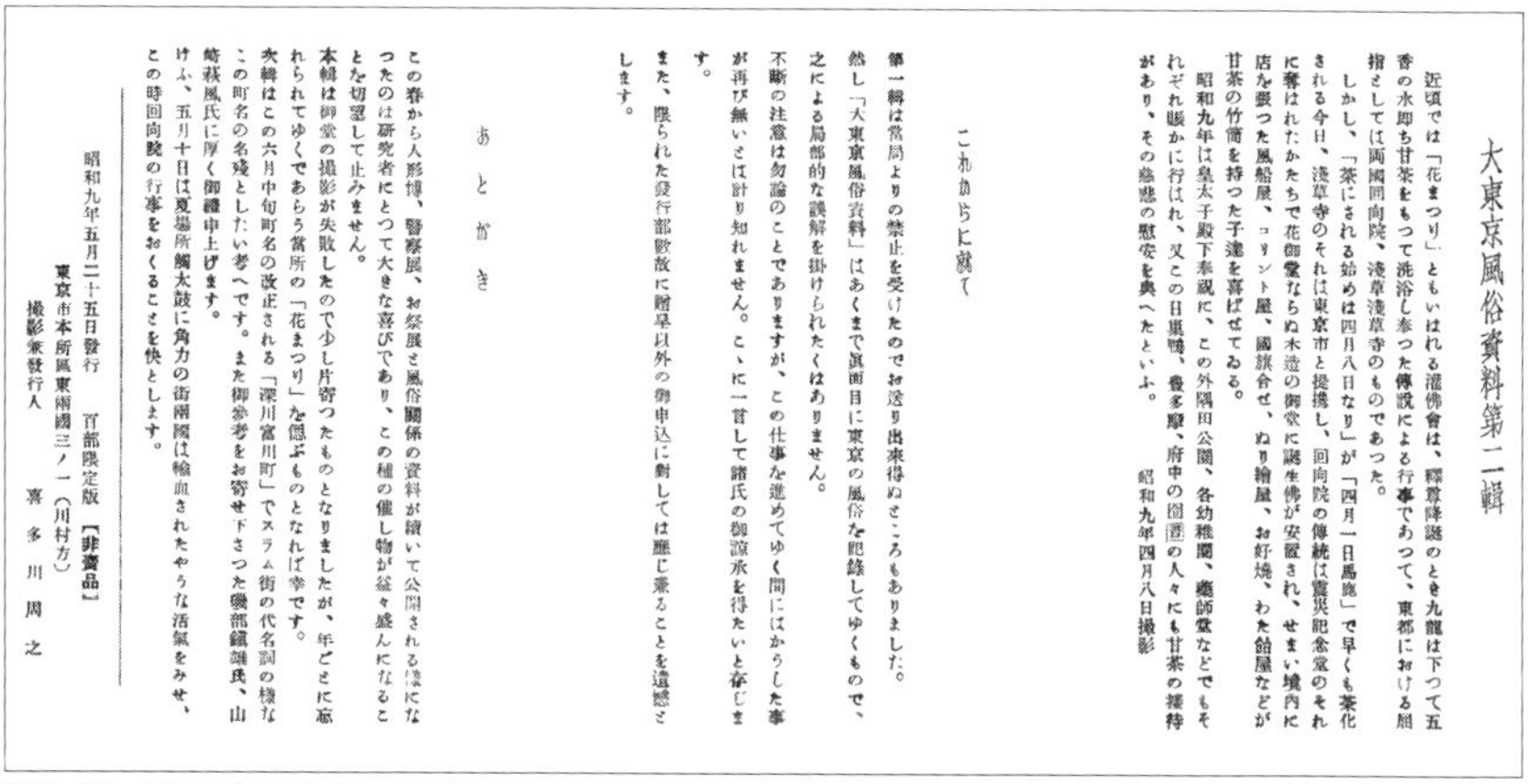
大東京風俗資料第二輯

近頃では「花まつり」ともいはれる灌佛會は、釋尊降誕のとき九龍は下つて五香の水即ち甘茶をもつて洗浴し奉つた傳說による行事であつて、東都における屈指としては両國回向院、淺草淺草寺のものであつた。

しかし、「茶にされる始めは四月八日なり」が「四月一日馬鹿」で早くも茶化される今日、淺草寺のそれは東京市と提携し、回向院の傳統は震災記念堂のそれに奪はれたかたちで花御堂ならぬ木造の御堂に誕生佛が安置され、せまい境内に店を張つた風船屋、コリント屋、國旗合せ、ぬり繪屋、お好燒、わた飴屋などが甘茶の竹筒を持つた子達を喜ばせてゐる。

昭和九年は皇太子殿下奉祝に、この外隅田公園、各幼稚園、藥師堂などでもそれぞれ賑かに行はれ、又この日巣鴨、喜多摩、府中の囹圄の人々にも甘茶の接待があり、その慈悲の慰安を與へたといふ。

昭和九年四月八日撮影

これからに就て

第一輯は當局よりの禁止を受けたのでお送り出來得ぬところもありました。

然し「大東京風俗資料」はあくまで眞面目に東京の風俗を記錄してゆくもので、之による局部的な誤解を掛けられたくはありません。

不斷の注意は勿論のことでありますが、この仕事を進めてゆく間にはかうした事が再び無いとは計り知れません。こゝに一言して諸氏の御諒承を得たいと存じます。

また、限られた發行部數故に贈呈以外の御申込に對しては應じ兼ることを遺憾とします。

あとがき

この春から人形博、警察展、お祭展と風俗關係の資料が續いて公開される様になつたのは研究者にとつて大きな喜びであり、この種の催し物が益々盛んになることを切望して止みません。

本輯は御堂の撮影が失敗したので少し片寄つたものとなりましたが、年ごとに忘れられてゆくであらう當所の「花まつり」を偲ぶものとなれば幸です。

次輯はこの六月中旬町名の改正される「深川富川町」でスラム街の代名詞の様なこの町名の名殘としたい考へです。また御參考をお寄せ下さつた磯部鎭雄氏、山崎萩風氏に厚く御禮申上げます。

けふ、五月十日は夏場所觸太鼓に角力の街兩國は輸血されたやうな活氣をみせ、この時回向院の行事をおくることを快とします。

昭和九年五月二十五日發行　百部限定版【非賣品】
東京市本所區東兩國三ノ一（川村方）
撮影兼發行人　喜多川周之

図2-26　第二輯に同封されたビラ

しかし、その次輯は発行されずに、七月一日の日付で休刊の「お知らせ」が、これもハガキの形式で出されている（図2―27）。ここに載せられている「ルンペンの食器」は、深川富川町のスラムを取り上げたならば、そこで活かされたであろう写真の一枚にちがいない。

昭和一二年の「大東京風俗資料研究会」は、昭和五年以来のこうした活動の延長に成立したものだと位置づけるのがよい。

風俗談話会の開催

さて、この大東京風俗資料研究会としての昭和一〇年代前半の活動のひとつに、風俗談話会の開催がある。

喜多川さんに見せてもらった記録のコピーによれば、第一回の「風俗談話会」は、昭和一二年二月一四日に「フーキヤ茶房階上」[73]で「児童の遊戯唄」すなわち童謡を主題に開かれ、第二回を「茶房 金鶏階

（最終回）」『ボナンザ』一一月号、一九七二：四六

（72）この発禁になった「私娼街外景」を、相対会の小倉清三郎に送った時にもらったアドバイスについて、喜多川さんはヒアリングで次のように語った。「小倉さんの手紙が僕のところにあるんだよ。それは大東京風俗資料研究会をやった時に、玉ノ井の私娼街外景を送ったんだ、私が。（中略）小倉さんから返事が来てね。小倉さんが相対会の報告書を出していた頃で、玉ノ井についてのアドバイスをしてくれた。それは細かく便箋2枚くらいなんだが、いいことが書いてあったんだよ。玉ノ井に行ったら、便所へ入った時に、その消毒器を資料として写せというの。これは凄いアドバイスだった。というのは、遊郭もそうだろうけど、ああいう私娼窟には、洗浄器具が便所の中に置いてある家もある。そこを写しとけっていう指示なんだよ。他の人から、ああいう指示は絶対にないよね。銘酒屋ってものは、風俗史の領分なの。男女がからみ合うこととはまた別個なんだよ。便所の中に洗浄器があるということは、あの時僕はハッとしたんだもの。なるほど、こういうところから写しておかなきゃいけないのかなって。」［ヒアリング記録から］

（73）案内説明によれば、「本所区緑町一ノ十九緑町交叉点より震災記念堂に向つて東側半丁電車道」にあったらしい。喫茶店であろう。

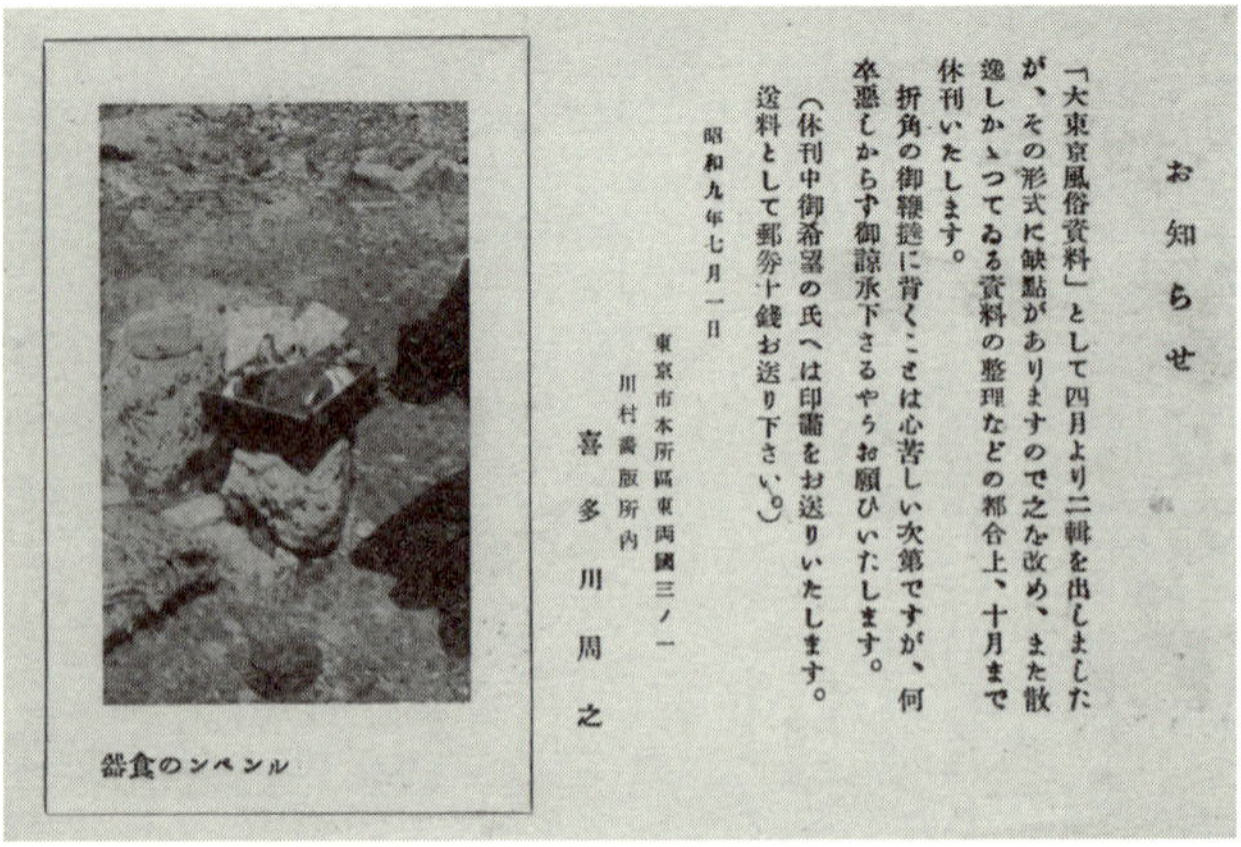
お知らせ

「大東京風俗資料」として四月より二輯を出しましたが、その形式に缺點がありますので之を改め、また散逸しかゝつてゐる資料の整理などの都合上、十月まで休刊いたします。

折角の御鞭撻に背くことは心苦しい次第ですが、何卒悪しからず御諒承下さるやうお願ひいたします。

（休刊中御希望の氏へは印畫をお送りいたします。送料として郵券十錢お送り下さい。）

昭和九年七月一日

東京市本所區東両國三ノ一
川村畫版所内
喜多川周之

図2-27　大東京風俗資料休刊お知らせの絵葉書

上」(74)で「話題を見世物にもとめ軽業や電気人形、また今日失われつつある因果物の種々について語り、これに関する御所蔵の文献、絵画、写真等をお持ち寄り願ひたい」と呼びかけている。いずれも喜多川さんの仕事場の近くであつまっている。『第四回風俗談話会資料抄』を、わずか四〇部限定ながら喜多川さん自身が昭和一四年に発行しているのだから、四回までは活動をつづけたと思われるけれども、それぞれにしごとをもつ身でなかなか維持がむずかしかったものでもあろうと想像される。

「大東京風俗資料研究会 第一回談話会報告」は、会の様子が写真で紹介された絵はがきである。

参加者として「井東憲・山崎萩風・磯ヶ谷紫紅・久慈正夫・田村栄之助・秋山夏樹・柴伊穂利・藤塚崖花・喜多川周之・伊藤喜久男」の姿を映しだし、多忙のため来られなかったという宮尾しげを、宮川曼魚、儀部鎮雄、横関英一、高野洋一らの名前をあげている。幾人かは別な著作等をつうじて出版物の世界に名をのこしてはいるが、ひとりひとりがいかなる職業をもち、どんな関心の

(74) これもハガキに記載された案内によれば、「本所区東両国二ノ二国技館裏通り」にあった茶房である。

もとであつまったのか、それを探るのは今となってはむずかしい。しかしながら研究会をささえる人的なネットワークがあったのだと考えてよいだろう。読売新聞の取材もあったことがふれられているが、喜多川さんに見せてもらった資料には「昭十二年二月十四日」の書きこみのある新聞記事切り抜きが貼付してあった。

また『第四回風俗談話会資料抄』には、第三回の出席者の氏名と研究領域をリストにしたものが載せられており(75)、マッチや人形や新聞などの蒐集家や趣味家の拡がりのなかに、この研究会があったことがうかがえる。映画の関係者がとりわけ多いのは、ややこの第三回の特殊な事情にあるらしい。喜多川さんの編輯後記には「風俗関係者と映画関係者との初めての顔合わせ」であったことがふれられている。また執筆者紹介において「河野毅　自由律の歌人であり、カメラに依り史跡の蒐録をされてゐます」とあるのは、すでにふれたように喜多川さんが装幀した本の著者であり、『新進芸術』誌の主宰者である。喜多川さんもまた、すでにふれた「私娼街外景」の撮影等から考えて、カメラとは無縁ではなかった。カメラによる風俗記録への興味が、映画という新しい記録手段への関心ともつながりえたということであろうか。

民間学者の重なりあうネットワーク

このようにひとや雑誌の重なりあいをたどってみると、愛書家たちの集合が喜多川さんの周辺に浮かびあがる。

同人雑誌としての発信や私家版での本づくりに熱中する人びとである。風俗の直接採集すなわちフィールドワークだけでなく、文献調査を重視する。その姿勢は書物情報誌

(75) 具体的には、次のような人びとが氏名と研究種目とが挙げられている。広瀬淳（小型映画）、永井叔（楽人）、古屋蘭渓（燐票）、若葉馨（小型映画）、磯ヶ谷紫江（墓蹟）、土師長七郎（祭礼）、田原三郎（東京市の町の沿革）、山口タケヲ（漫画映画）、谷川清（映画教育集団）、諏訪廂（絵画）、山崎荻風（東京に関する諸資料）、秋山夏樹（新聞）、萩原素石（火災）、高野洋一（郷土映画）、大澤銀風（映画）、高橋鉳熊（映画）、乙部呑海（小型映画）、三上時造（小型映画）、祖父江信一（江戸衣服）、柴伊穂利（古典文学）、田中守三（江戸趣味）、田村宗吉（人形）、泉潤三（詩文学）、松澤藤雄（東京郵便物新聞社）、喜多川周之（東京風俗）。

の読者でもあったことからも読みとることができる。と同時に、ここで挙げたような趣味家や蒐集家の交差やつながりが、民間での風俗研究をささえていたこともわかる。喜多川さんもまた、そのネットワークのなかにいたのである。

『いかもの趣味』の編輯兼印刷発行人は「大東京風俗資料研究会」でも名前が出た礒部鎮雄で、発行所は本郷区丸山福山町の粋古堂内「いかもの会」。粋古堂は、伊藤竹酔（敬次郎）の古書店で、喜多川さんは戦後も長くつきあいがあったという。第一輯は「蒐集狂の巻」(76)、第二輯は「信仰と俗習の巻」(77)、第三輯が「考現学の巻」(78)で、いずれも多色の謄写版刷を大和綴じにした、かなり趣味的な造本（図2−28）である。表紙を経木のような素材にしたり、本文に道中安全祈願の紙織りや辻占の実物を貼り付けたりと凝っている。

あるいは装幀に喜多川さんも協力しているのかもしれないが、むしろ工芸的で手仕事的な本の造りを楽しむ趣味が、趣味人のあいだに一定の拡がりを有していたととらえるべきであろう。この『いかもの趣味』という雑誌、第四輯にあたる『明治大正昭和文芸筆禍索引』(79)を出したあたりで終わったように思う。(80)

『ほうずき』という雑誌について、喜多川さんが語っていたのを思い出す。

「新派の伊志井寛、漫画家の宮尾しげを、あと西島〇丸や坊野寿山といった人たちがやっていた『ほうずき』という雑誌があったのを、佐藤さん、ご存知かな。こっちは横町の住人だけど、向こうはお大名のグループだったね。」(81)

(76) 一九三三年八月発行

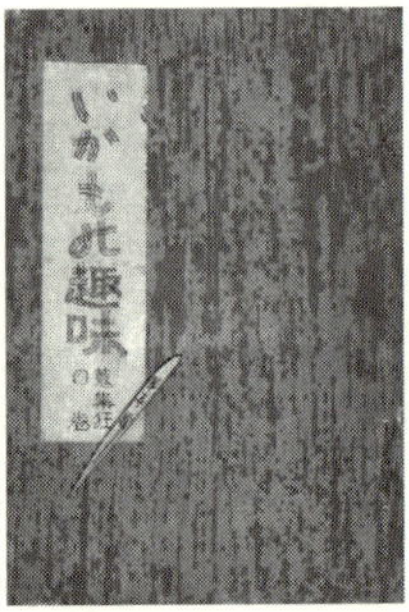

図2-28a 『いかもの趣味』第一輯

(77) 一九三三年一〇月発行
(78) 一九三五年一月発行

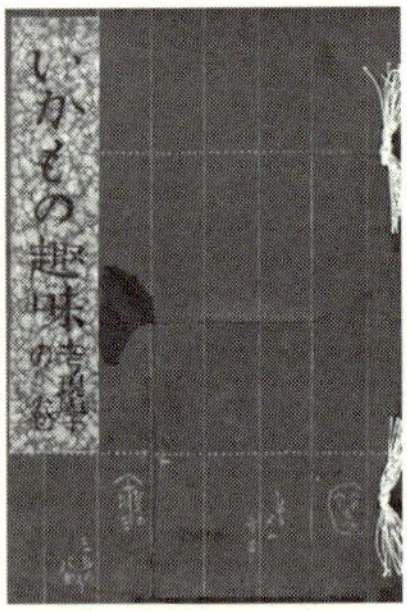

図2-28b 『いかもの趣味』第三輯

(79) 一九三五年三月発行
(80) この『いかもの趣味』を継いで、いつまでも謄写版でもあるまいという意識から、活版にして四〇〇部ていど発行されたのが『蒐集時代』（図2−29）である。創刊号をみると、編集人は伊藤喜久男、発行所は同じく粋古堂で、昭和一一年二月二五日の発行である。

この話題が拡がるなかで、「天紅」の「逢《あい》状」（図2－30ａ）という風俗語と、それが使われる場面について私は喜多川さんに教えてもらった。

「テンベニというのは、こういう紙の上部にひと筆、紅が染めてある。逢状は関西のものだけれども、お座敷に出ている芸者に届けられる旦那衆の呼び出し状なんだ。天紅の逢状なんてのは、粋なもんなんだね。その現物が雑誌に貼ってある。いや、複製じゃないよ。じっさいに使われたもので、お茶屋から集めた。一つ一つ違う実物の貼り込みなのが、連中のご自慢なんだよ。」(82)

じっさいに、逢状が貼ってあるのは号数が「二ノ一」(83)の一冊だった。あとから私も確かめてみたが驚いたことに、「一つ一つ違う」というこだわりは、貼り込みの逢状の実物だけでなく、それぞれの表紙にまでおよんでいた（図2－30ｂ～ｄ）。すなわち、さまざまな印刷物の「貼り混ぜ」でつくられた表紙は、その装幀がおなじ号なのに一冊ごとに異なっている。活版もずいぶん上等で、ところどころに混じる宋朝体の印字が美しい。喜多川さんが、お大尽の雑誌だよとうらやむはずである。こうした変わった造本の趣味は、斎藤昌三の書物展望社の『梵雲庵雑話』(84)における草双紙の袋の貼り混ぜ趣味（図2－31ａ・ｂ）などと響きあう。淡島寒月のこの本を教えてくれたのも、喜多川さんだった。

戦後についてはこまかく追いかける余裕がないが、浅草寺の網野宥俊を中心とした『浅草寺文化』も、斎藤夜居の『愛書家くらぶ』も、中山栄之輔らとの『狂蒐倶楽部

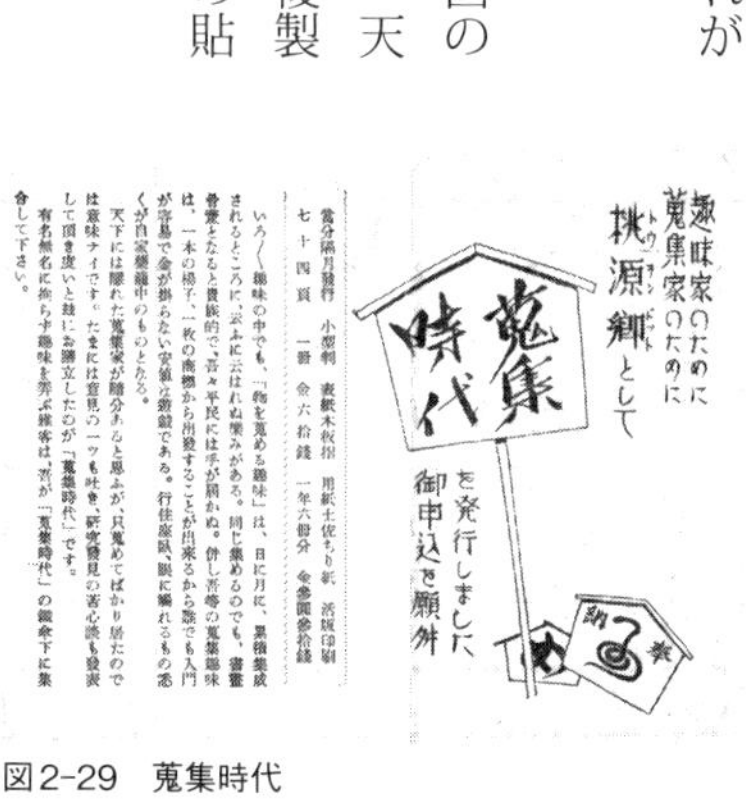

図2-29　蒐集時代

(81) ヒアリング記録から
(82) ヒアリング記録から
(83) 『ほうずき』は一九三四年八月に第一号を出し、「この三号にて廃刊」を宣言するその三［一九三八年一月］で終わるらしいのだが、その間に第二号［一九三四年一〇月］、第三号［一九三五年一月］、二ノ一［同年四月］、二ノ二［同年八月］、二ノ三［一九三六年一月］、その一［同年八月］、その二［一九三七年一月］の各号を出している。誌名も『ホウヅキ』『ほほづき』『ほゝづき』『ホゝヅキ』など、いささか気ままに表記している。
(84) 淡島寒月『梵雲庵雑話』書物展望社、一九三三年一一月発行

』(85)も、飯田痩人の「よもやま会」(86)も、さらには添田知道や小池夢坊が復活させた「浅草の会」(87)も、町の歴史家としての喜多川さんに足場を提供してくれる、民間学のネットワークであったと思う。

四　方法としての地図――資料の空間の見取り図

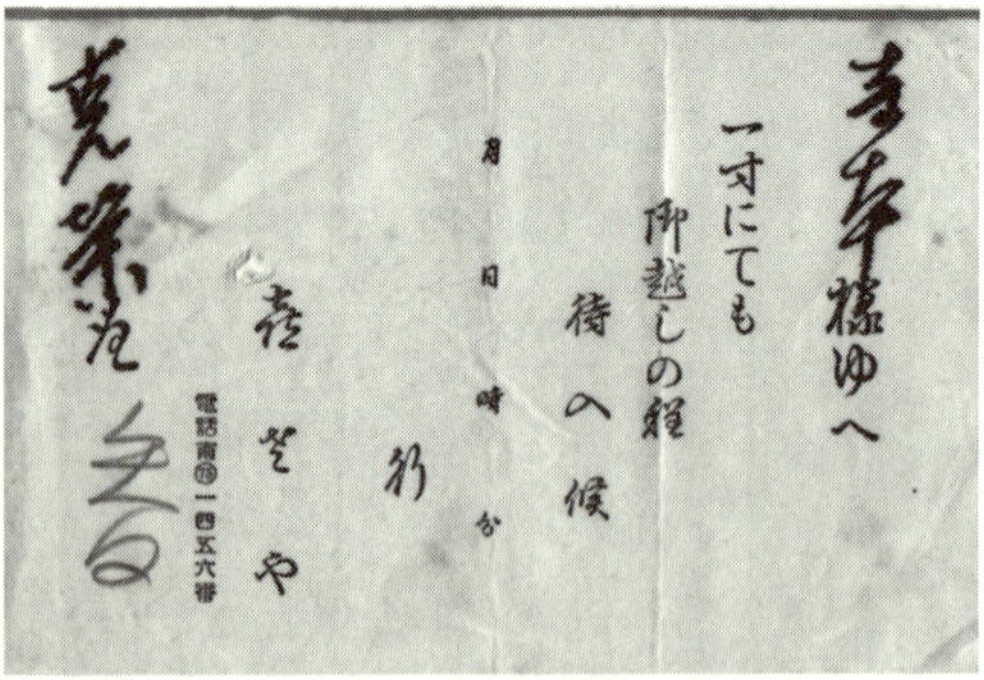

図2-30a　逢状

図2-30c　『ほほづき』二ノ一

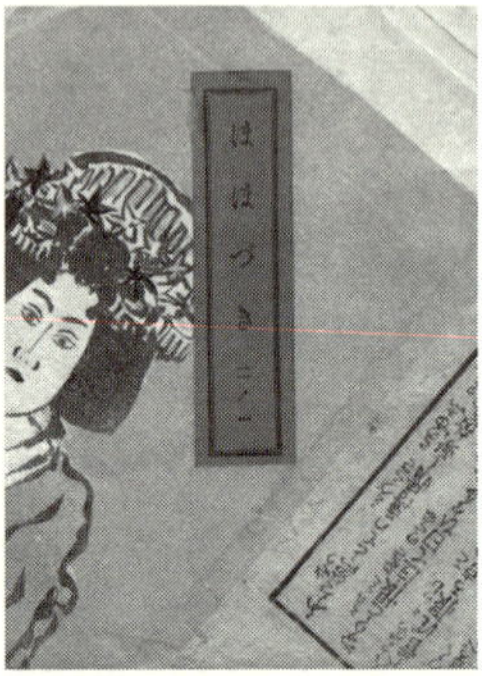

図2-30b　『ほほづき』二ノ一

図2-30d　『ほほづき』二ノ一

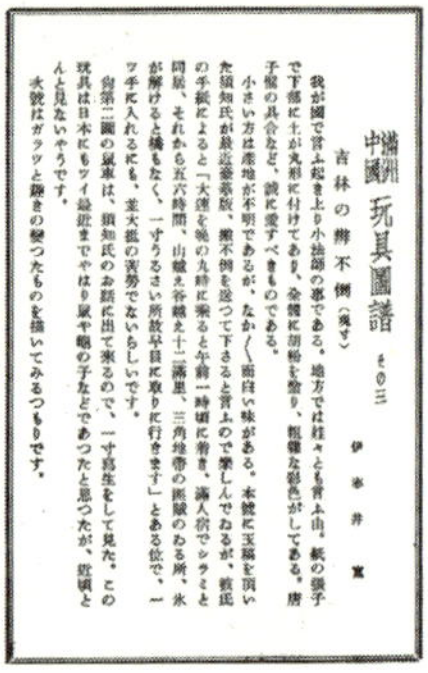

満洲中國 玩具圖譜 その三

伊[illegible]井　寛

吉林の扳不倒

我が國で言ふ起き上り小法師の事である。地方では往々とも言ふ由。紙の張子で下部に土が丸形に付けてあり、余程に胡粉を塗り、粗雑な彩色がしてある。唐子髷の具合など、誠に愛すべきものである。

小さい方は産地が不明であるが、なかなか面白い味がある。本號に玉版を頂いた須知氏が最近奉天旅、搬不倒を送つて下さると言ふので楽しんでゐるが、須氏の手紙によると「大連を晩の九時に乗ると翌朝一時頃に着き、満人宿でシラミと同居、それから五六時間、山越え谷越え十二満里、三角地帯の匪賊のゐる所、氷が解けると橋もなく、一すうるさい所故早目に取りに行きます」とある位で、一寸手に入れるにも、並大抵の苦労でないらしいです。

向第二圖の鼠車は、須知氏のお話に出て來るので、一寸寫生をして見た。この玩具は日本にもツイ最近までやはり鼠や鳩の子などであつたと思つたが、近頃とんと見ないやうです。

大號はガラツと趣きの變つたものを描いてみるつもりです。

四十四

図2-30e　本文頁

図2-30ｂ～ｄの三冊は、いわば「異装本」ともいうべきものである。中味の本文は奥付まですべて同じ印刷で「二ノ一」号だが、表紙のみひとつひとつ違った装丁を施し、タイトルは貼り題簽で統一している。

(85)『狂蒐倶楽部』は、雑誌とは言っても、普通紙コピーを綴じただけの同人誌（図2-32）で、各号三〇部未満しか印刷されなかった。普通紙コピーがようやく一般に普及し始めた時期に、その謄写版とは別な便利さを利用してつくられたように思う。喜多川さんの友人でもあった中山栄之輔さんは、かわら版研究の第一人者で、この同人誌の事務局的な役割を果たしておられた。蒐集の趣味活動とは別に生業としては水道屋などの事業を営んでいて、最新以上の徒弟修業とその後の職人としての生活史が育んだ四つの特質にくわえて、もうひとつ喜多川さんが、地図の方法をもち、その視角と技術とをもっていたことにも注目しておきたい。

すなわち印刷される地図の版下を描く職人でもあったということが、蒐集家だけではなく研究家としての展開をささえたのではないかと思うからである。さらにいえば、それが喜多川さんの研究が、ある意味で他の人たちとも共有できる、言いかえれば他の人たちが自分でもたどれるような、ある種の客観性をもった理由のひとつだと思う。

図2-31a 『梵雲庵雑話』(異装本)

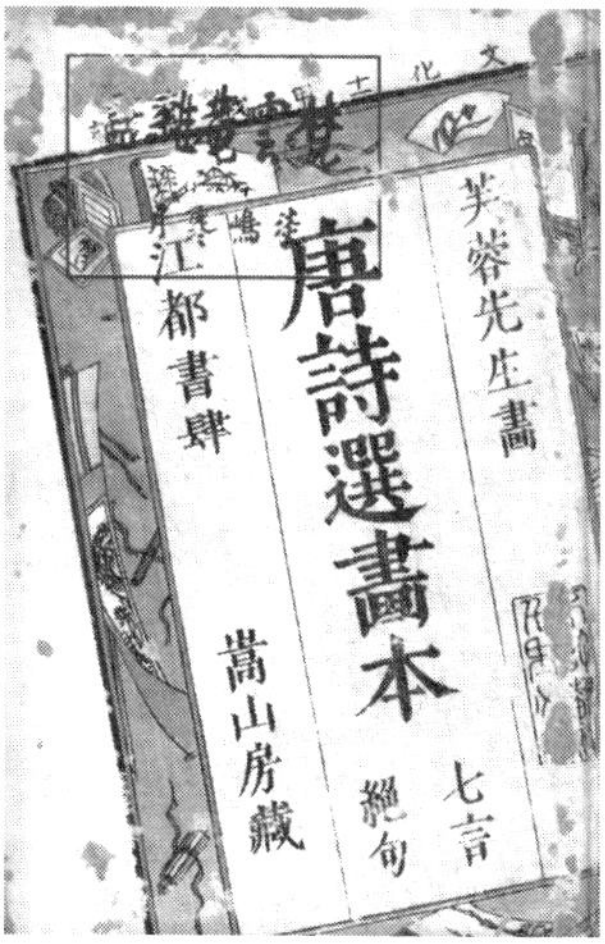

図2-31b 『梵雲庵雑話』(異装本)

「地図」という空間図示のメディア

ここでいう地図とは、抽象化していうならば、関係を空間として図示する技術である。共存するさまざまなものを、ひとつの平面上の位置関係において一覧するまなざしをつくり出す。

あえて言えば、地図は思考を生みだす空間の構築である。関係を考えたり、比較したり、位置を確定していったり

のコピー機が事務所に世間よりも早く導入されていたのではないか。ほとんど仲間内だけの出版物だったようで、私は第二巻第二号から第四巻第一号までの六冊しか見ていないが、一九七三(昭和四八)年五月あたりに、第一号を出しているらしい。初期の頃の会長は、地図研究の岩田豊樹だと奥付に記されている。

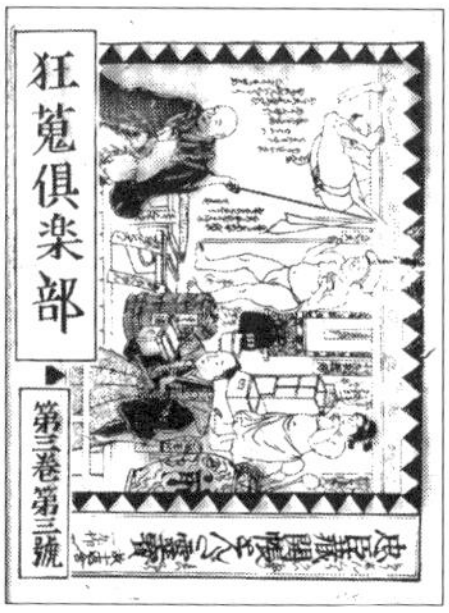

図2-32 『狂蒐倶楽部』表紙

(86)「よもやま会」は、一九六三(昭和三八)年に飯田痩人を中心に「喜多川周之や「〝雅楽多〟と趣味の収集」が職業という萩原素石さんらが集まってつくった」(読売新聞一九七二年九月六日)ものだという。飯田痩人は、浅草は田原町の生まれで、「昭和十五年、上野桜木に移るまで同地で喫茶店や電気店を経営しながら、浅草を訪れる文人や六区の芸人たちと親交を重ね、浅草の町をすみずみまで知りつくした。戦後は〝浅草復活〟を夢みて、ゆうゆう自適の文筆活動。「浅草道楽絵図」の執筆を進めていた。いわば〝さびれゆく〟浅草の灯を守ろうという根っからの下

する「台紙」である。だから、書物から得た情報も、写真も、錦絵も、新聞も、さらには聞き書きも、いろんな情報を貼りつけて一覧してみる「場」として機能する。一覧してみることができるから、そこに矛盾や、おたがいにささえ合っている事実に、気づくことができる。喜多川さんは蒐集のための蒐集家ではなかった。生活を証拠づける記録や資料としての蒐集という基軸をしっかりとおさえ、さまざまな記録の「比較」を忘れなかった。そのような作法を身体化するうえで、「地図」という媒体の果たした役割は大きいと思う。

　三遊亭円生の『寄席切絵図』には、山本進の「あとがき」がふれているように「喜多川周之さんご苦心の三十三枚の地図」が入っている。その作成の苦労について、山本進は次のようにのべている。

「この作業の過程で、改めて、師匠［円生］の記憶の確かさに舌を巻いたが、ときには、文献上の記録とくいちがうことがある。そうなると、ことはめんどうで、喜多川さんも、不確かな図面は、決して引こうとしないかただし、あいだへはいる私自身も、自分で納得できなければ気がすまないほうだから、三ツどもえと相なって、締め切りに間に合うかどうか、版元の青蛙房ご主人は、ただ、はらはらするばかり……。とにもかくにも、今回売りものの地図三十三葉は、そういう汗とあぶらの結晶であります。」(88)

　この『寄席切絵図』の地図の版下（図2−33）のほとんどを、喜多川さんは「あげるよ」と私にくれた。そこには、ホワイトで消して位置を移動された寄席などがあった。

町っ子」（同上）と紹介されている。失われていく伝統的な家庭雑器の蒐集家としても名高かったという。萩原素石の名は、すでに大東京風俗資料研究会の名簿に出ている。

(87) 浅草の会は、「伝統の浅草を愛し、愉しく、気持のいい、美しい浅草でありたいとねがう人々の集り」で、その起源は小池夢坊らの大正時代の活動に遡るらしいが、一九五一（昭和二六）年七月に網野宥俊・添田知道らが復活させて「何のかんのとテーマをでっちあげ、肩のこらない会員同志の息抜きの緑地帯とする集り」を毎月のようにもってきた。その旺盛な活動は、一五〇回記念に出版された『浅草おぼえ帖』［浅草の会、一九六八］や二〇〇回記念の『浅草双紙』［浅草の会、一九七八］などに「歩み」として記録されている。三〇周年を記念した『写真にみる昭和浅草伝』［浅草の会、一九八二］にも、喜多川さんは編集の「頭」として参加している。

(88) 三遊亭円生『寄席切絵図』青蛙房、一九七七：三〇二

そうした修正の背後に、そんな頑固もの同士の議論があったとは想像できなかった。

地図への関心と東京の大都市性

喜多川さんは地図にいつ頃から興味をもちはじめたのだろうか。

「私のコレクション 古地図」(89)で地誌の蒐集について、関東大震災で東京は一瞬のうちに崩壊し、それまでの江戸の面影を失ったのにくわえて「瓦礫の後に行われた大規模な区画整理のために街の様相は一変してしまった。このことが古地図蒐集の動機であったように思う」と書いている。

きわめて早いスピードで変化してしまう大都市「東京」が、喜多川さんの生活の場であったことと、この地図や風俗への関心は呼応している。道や建物や商売が、少しずつしかし目まぐるしく変わって、いつのまにか空間そのものがまったく新しくなってしまう。さて以前ここにはなにがあったのか、ずいぶんひんぱんにその前を通っていたのに、もともとあった建物の位置もその

図2-33 『寄席切絵図』1977のための版下（部分）

(89) 喜多川周之「私のコレクション 古地図」『出版ニュース』前掲、一九七二

業態も思い出せない。それは都市での人生において、珍しい経験ではない。自覚的に見つめて記憶にきざみこむより前に、影も形もなくなって忘れられてしまう。

それを思い出すためには、記録を調べ、他の人びとの証言や記憶を探らなければならない。その点で喜多川さんの調べものは、私がかつて論じた石井研堂の『明治事物起原』のフィールドノート的性格ともつながる要素がある。[(90)]『明治事物起原』の労作もまた、近い過去であるにもかかわらず忘れられてしまった風俗や事物のはじまりを、ひとつひとつたんねんに確認していった備忘録であった。

地図を利用するという以上に、有効に読みこむ、そのためには別な情報も必要である。たとえば百科地誌ともいうべき同時代の情報のデータベースがあれば、地図に情報の奥行きをあたえることができる。前述の『寄席切絵図』の考証地図の作成でも、各時代の地図にくわえて、地誌である永井良知編『東京百事便』[(91)]、織田純一郎編『東京明覧 全』[(92)]、東京市編『東京案内』[(93)]、津田利八郎編『最近東京明覧』[(94)]、東京に住む芸人を網羅した文芸協会編『芸人名簿』[(95)]などの所蔵文献を、喜多川さんは参照している。

地図と聞き書き

さらに、「里俗」すなわち巷間で言いならわされている地名や俗称などをも、地図に書きこもうとした。このあたりは大東京風俗資料研究会の頃からの知り合いであった礒部鎮雄などのしごとや関心ともかぶる。民俗学のまなざしや方法とも重なりあうものだ。

斎藤夜居の『愛書家くらぶ』第二号（図2-34a）に載せた「喜多川周之作図 浅草十二階下新道横町一覧図」（図2-34b）などは、そうしたさまざまな知識を地図にまと

(90) 佐藤健二『歴史社会学の作法』岩波書店、二〇〇一

(91) 永井良知編『東京百事便』三三文房、一八九〇

(92) 織田純一郎編『東京明覧 全』集英社、一九〇七

(93) 東京市編『東京案内』裳華房、一九〇七

(94) 津田利八郎編『最近東京明覧』博信館、一九〇七

(95) 文芸協会編『芸人名簿』文芸協会、一九一五

めた労作である。一見地味な地図ではあるが、これをつくるのが簡単であったとは思えない。

十二階下とは、凌雲閣の足もとの北側一帯に形成された「銘酒屋」があつまる迷路で、つまりは私娼窟地域である。日露戦争の後の明治末に、浅草公園の銘酒店と吉原遊郭とに挟まれた隙間の地で急速に拡大し、東京の夜の裏の名所として全国に名を馳せたが、大震災で壊滅し震災後の土地区画整理で大きく変容していく。

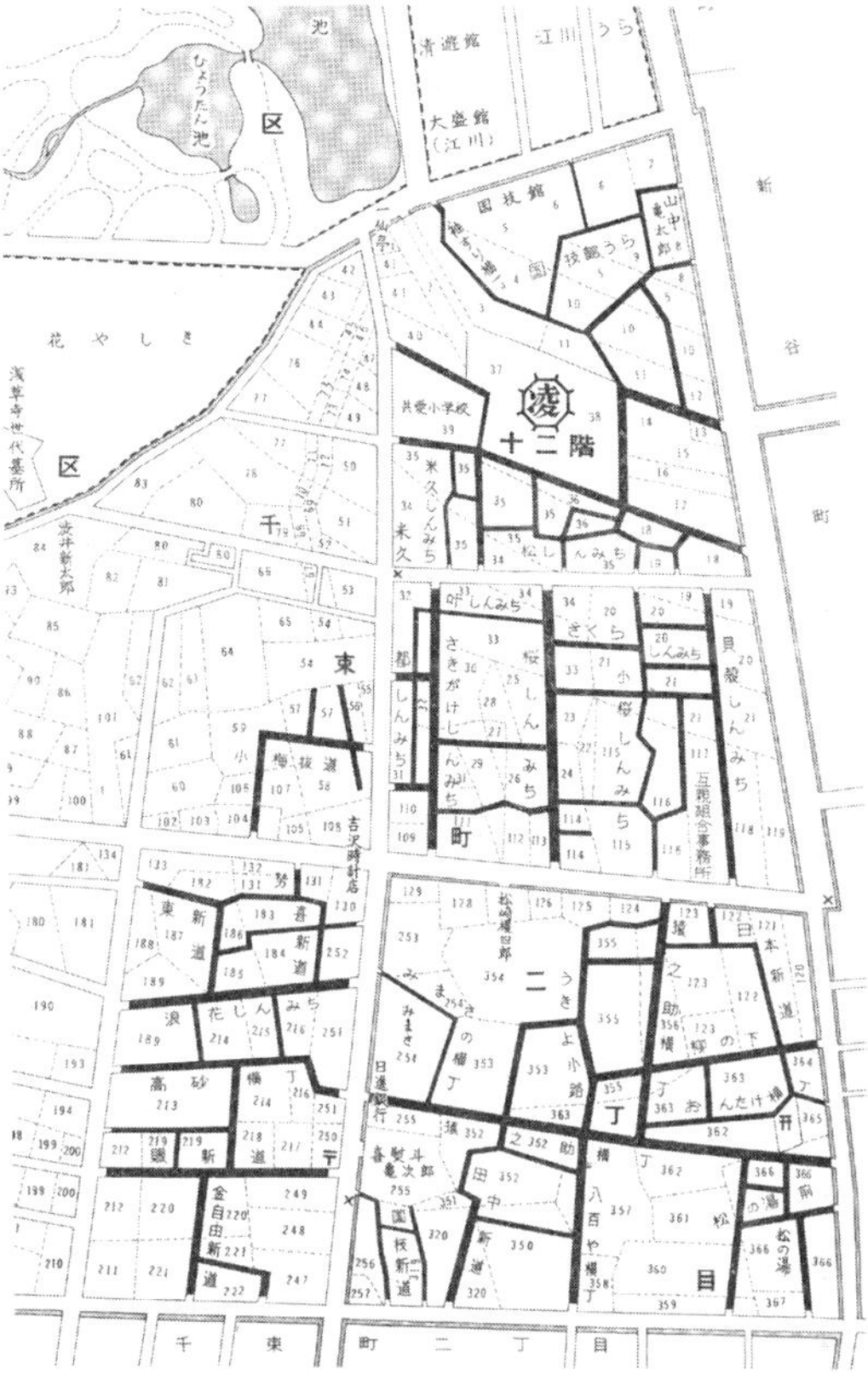

図2-34b
浅草十二階下一覧図（部分）

図2-34a 『愛書家くらぶ』第二号

「そこは「十二階下」ともよばれていた。千束町の一角がこうした街に形造られていくまでには、長い時間がかけられたのでもなく、そのいのちも短い。ちょうどそこに働いた女の若さにも似て、明治と昭和の日陰に咲き散った徒花なのである。」[96]

つかの間に栄えた裏町ゆえに、きちんとした地図もない。引用されるものといえば、『文芸倶楽部』が略図として描いた鳥瞰図（図2−35）だけである。喜多川さんは、たった一枚の地図だが、後日調べるひとの参考になればと、いまわかるだけの明細図の作成を試みている。

「一覧図の記入にあたって、さまざまなお方に接したが」[97]とあるように、多くの人びとを地道に訪ねていく聞き書きの手法もまた、人びとの声につく喜多川さんの実証主義をささえている。「その記憶をよびもどすため当時の「文芸倶楽部」「無名通信」「浅草新聞」とか写真、地図の類を覚醒剤に用意して」いったという。

この『文芸倶楽部』はおそらく、先に言及した桟雲峡雨生「千束町探訪記」が掲載された第一九巻第五号[98]であり、『無名通信』はあるいは第二巻第七号の「秘密」[99]特集ではないか、と思う。その特集号には、楊弓店や銘酒屋や待合の営業形態をのべた無署名の「浅草公園の暗黒面」という記事がある。その以外にも、小冊子の『浅草の魔窟』や雑誌の『方寸』[100]などを参照しているのだろう。文献にのこされた資料を十分に携えてなお経験をもつ者の声に耳をかたむける態度は、ある意味において民俗学の姿勢であり、フィールド科学の原則である。地図は、そうした蒐集情報を配置し整理し、ときに矛盾

（96）喜多川周之「浅草十二階下」『愛書家くらぶ』第二号、一九六六：二七

（97）喜多川周之「浅草十二階下」同前、一九六六：二〇

（98）『文芸倶楽部』第一九巻第五号、一九一三年四月発行

（99）『無名通信』第二巻第七号、一九一〇年三月発行

（100）『浅草の魔窟』小崎忠右衛門（やまと新聞社）刊、一九一三。この七二頁の小冊子は、明治四五年の春から『やまと新聞』に六〇回にわたって連載された記事を集めたもので、喜多川さん

をもあきらかにする台紙として機能する。

命名者の神話

里俗にもとづいて考えようとする姿勢はまた、メディアで活躍して有名人となった、ある特定の個人の主張を特権化するような理解から距離をたもつことでもあった。「十二階下」という通称は自分が名付け親である、と書物のなかで吹聴した松崎天民について、喜多川さんの評価は慎重である。大正期の「私娼」を論じた松崎の文章が、その生活者としての人間性に光をあてた功績を正当に評価しつつも、命名者とは認定しない。

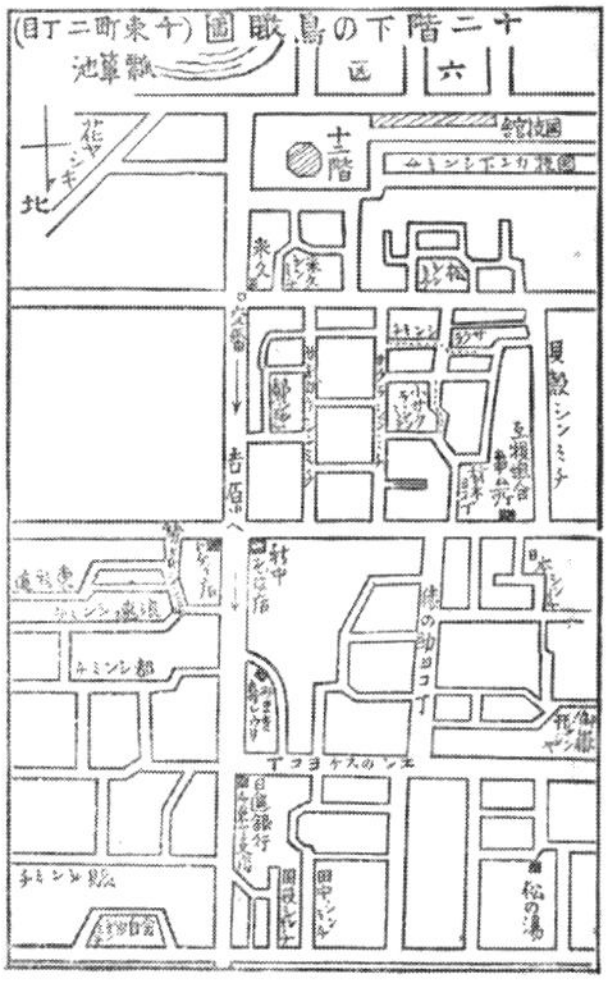

図2-35 『文芸倶楽部』1913

「ものの下に位置すれば、それが東照宮下であろうと、九段下でも、吉原の土手下でも同じことで、これらの称えは誰云うとなく発生するものなのである。命名者と書き残しては色気がない」(101)

と、「里俗」の集合性を指摘して、この売れっ子の人生探訪者のジャーナリストとしての自己神話化をやんわりと退けている。(102) もちろん、そうした里俗の一般論だけでなく、凌雲閣開業当時に千束通り（現在の

は内容について「浅草銘酒屋を調べる場合の資料として貴重。取り締まり側の警察と業者側のなれ合いは、六区興行街の茶番もおよぶところではない。丸山鶴吉の銘酒屋征伐の裏面史として興味ぶかく、当時の新聞の勇気ある態度に現今の新聞人は襟を正すべきであろう」（『狂莬倶楽部』第三巻第二号、一九七五：一五）と述べている。『方寸』の第三巻第八号は「浅草号」という特集の一冊で、倉田白羊が「十二階下」という文章を寄せている。

(101) 喜多川周之「浅草十二階下」前掲、一九六六：三〇

(102) もちろん、これは個人による命名という現象を一般的に否定するということを意味しない。たとえば、いわゆる「十二階下」について、石川啄木が「塔下苑」と個人的に名づけ、おそらく

ひさご通り）に料理屋が出した出店が、すでに「浅草十二階下　一仙亭」という看板をかかげていた例や、番付を印刷していた光英堂がその余白に「十二かい下　米久前」と刷りこんでいる事実、さらには床屋が出した「浅草公園十二階下自由器械刈元祖」という文例など、松崎天民の『人生探訪』に先行する用例を押さえての判断である。

紙くずの重要性

『にほんばし人形町』(103)の附録としてつくられ、出版記念に開かれた写真展示会の受付でも頒布された『明治・大正・昭和 人形町々並細見図』（図2－36ａ）は、明治一〇年の日本橋東北部の地図に「里俗」を書き入れた考証図と、明治三三年、大正一五年、昭和五年、昭和五一年の四つの時点の通りの店のならびの一覧をかかげる。所蔵の『東京営業便覧』（博報堂）や『人形町気分』（広告文化研究会）といった稀覯資料から、空間としての町の変遷をまとめあげる作業は、喜多川さんの真骨頂だろう。

この前提に、円城寺清臣が主宰していた雑誌『季刊江戸から東京へ』のために、「玄冶店」「竈《へっつい》河岸」に「三光新道」「かごや新道」などの里俗を入れて作成した「人形町かいわい」(104)の地図がある。また二〇周年記念事業としての商店街史のために「当時の愛好者を主に八十余人にあたって」考証して作った昭和初年頃からの「人形町カフェー街考証図」（図2－36ｂ）の努力がある。代替わりで店の名が変わっただけでなく「オリンピック→日輪」「ノール→神風」「コーナーハウス→角屋」など、戦時中の横文字使用禁止の国策で変えられた名前も書き入れている。

「紙っくずが大事だ」(105)というような表現は、私がお会いしている時にもなんどかお聞

友人たちとその名称を共有しつつ、日記に何度も記していることはよく知られている。喜多川さんはその命名の事実は率直に認めていて、啄木が言うところの「塔下苑」として言及している。

(103) 人形町商店街協同組合二〇周年記念出版事業部編『にほんばし人形町』人形町商店街協同組合、一九七六

(104) 喜多川周之「人形町かいわい」『季刊江戸から東京へ』一九六六

(105) たとえば「人間ドキュメンタリー　下町の暮らしをTVに　時代考証家喜多川周之さん」〔『向上』前掲、一九八二年三月号〕など。

きした。しかし、喜多川さんの言う「紙くず」は、なにか稀少であるがゆえに価値をもつようになった珍品ではなく、ましてやたんなる所有を自慢するための蒐集物ではなかった。

そのことあげは、紙くずとなってしまったモノそれ自体が、生活の記録であるという認識に根ざしている。「紙くず」として、普通ならば気にせずにだれもが処分し、みん

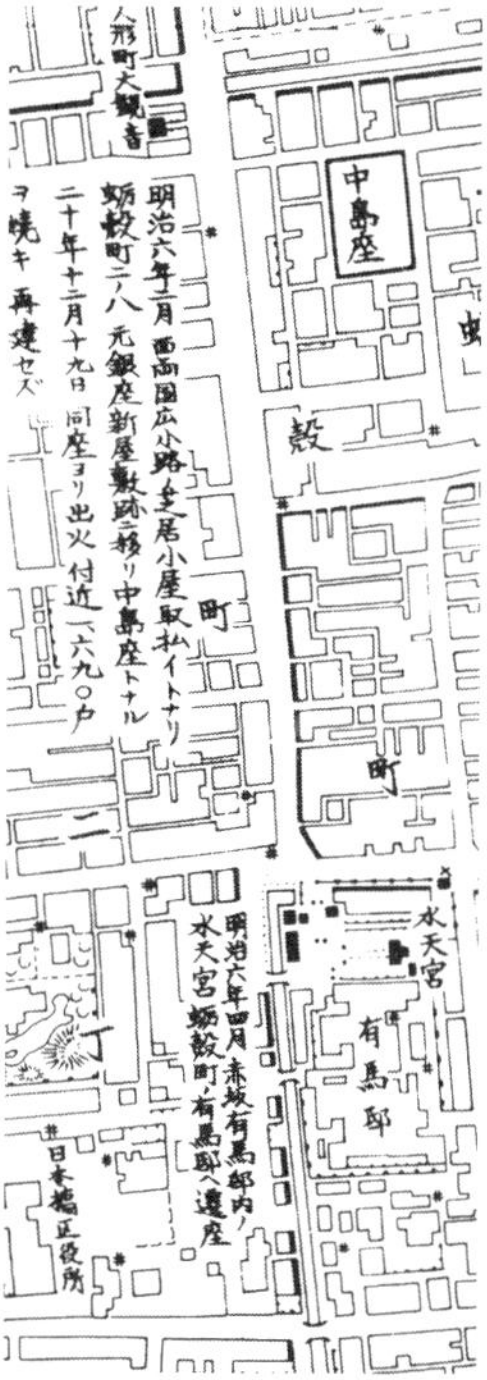

図2-36a　人形町町並細見図

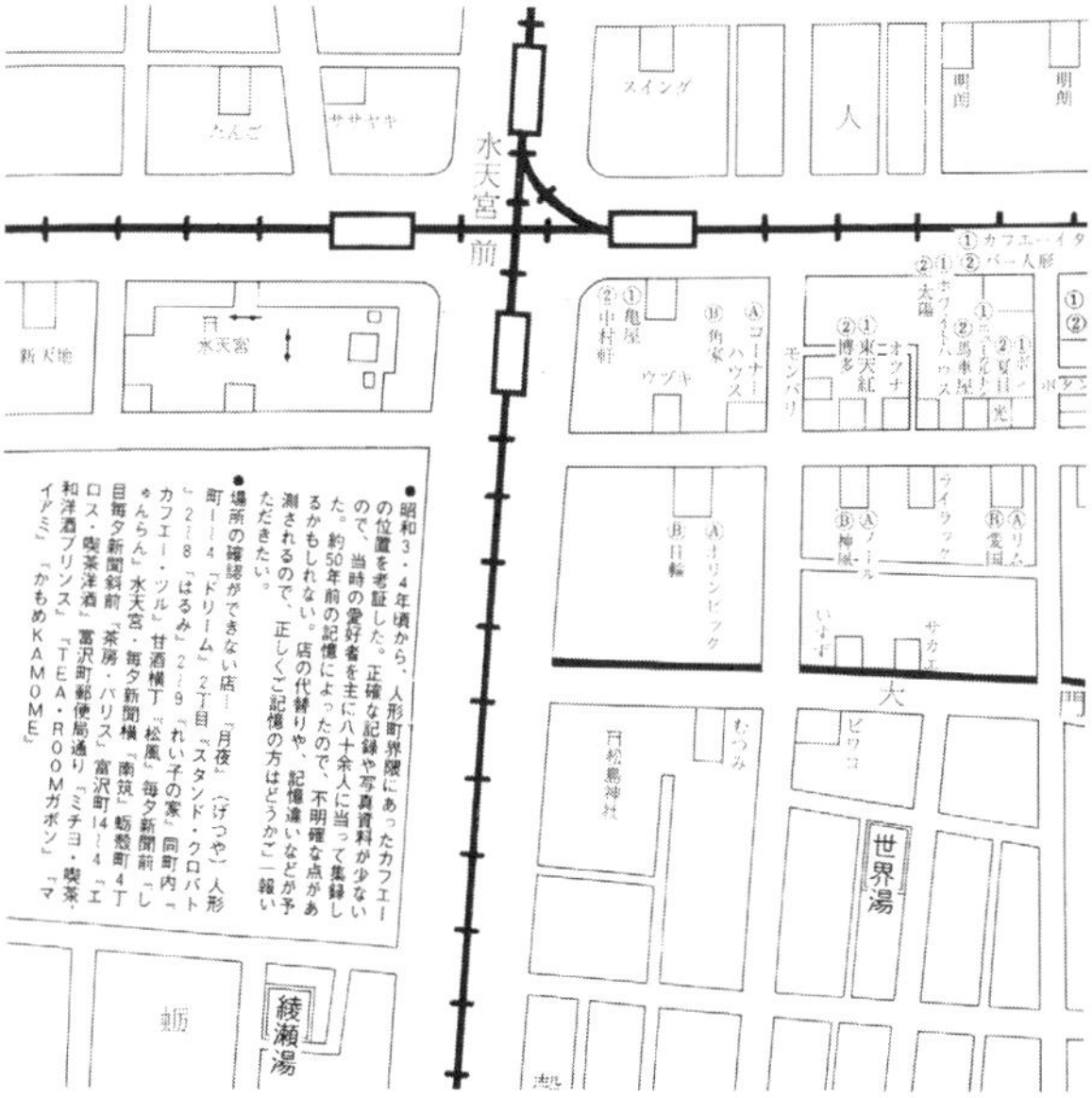

図2-36b　人形町カフェー

図2-37a　浅草細見・初版

図2-37b　浅草細見・増補新訂

なから処分されてしまう。その扱いそれ自体が、一面ではありふれていて価値がない、あたりまえの存在であることと対応している。しかしながら、生活のなかのそのあたりまえが、気づかれないままに変化し、いつのまにか失われてしまった後になると、棄てられがちな紙くずが文化や生活のリアリティを証言する、重要な素材となってくる。そして、いかなる時代においても、普通なら失われてしまう資料の幅は広く、量もまた多く、生活のなかで占める割合がじっさいにはたいへんに高い。だからこそ池袋の東武百貨店の「浅草今昔祭」のためにまとめた『浅草細見』（図2-37a・b）の増補新訂版の制作にあたって「できるだけ庶民生活に密着したものを集めるようにしました。浮世絵も大事ですが、商店のチラシ、活動写真のプログラムのようなもの、いわば紙くず文化が、時代の生き証人なんですよ」(106)という理解が生きてくる。

「紙くず」の重要性は別なことばでいうならば、史書に書かれ図書館にのこされていく資料が生活の「部分」でしかないことの発見である。そのように理解してみると、喜多川さんのいう「紙くず」の大切さは、近代日本の民間学の代表的な存在であった民俗学の方法の「可能性の中心」ともいうべきものではなかったか。

(106)『読売新聞』一九七六年九月二九日

二代目新門辰五郎夫人の苦労

「紙くず」の重要性は、モノそれ自体の価値ではなく、研究者の想像力が描きだす生活空間の地図のなかで、はじめて立ち上がる類の価値である。

そのことを印象深くしめしているのが、喜多川さんの「新門家ふたつの流れ：新門辰五郎の知られざる系譜」(107)という論考にあらわれる『占筮簿』である。

この資料の使われかたは、喜多川さんの毎日の実践の積みかさねのなかにある「方法」を暗示している。『占筮簿』は、浅草寺境内に店を出していた大道易者の明治二三年と明治二五年の営業日誌のようなもので、店に相談に訪れた客のことが記録されている。「もう十年以前にもなるであろうか、物珍しいままに買い求めた」と喜多川さんは記していて、とりわけてなにかの役に立てようという意識が明確にあったわけではないらしい。凌雲閣が建てられたとおなじ明治二三年あたりの記録をふくんでいて、浅草に出店していた占い師の手になることが、購入の主たる動機であったかもしれない。そのなかにちらちらと浅草公園の顔役でもあった「新門」の姓があらわれることも、たぶん

(107) 喜多川周之「新門家ふたつの流れ：新門辰五郎の知られざる系譜」『歴史読本』第一九巻第二号、一九七四

ばくぜんとながら興味を引いた。

しかし、この「紙くず」でしかなかった資料が、いわば補助線のようになって意外なことをいきいきと証言しはじめる。

すこしばかりこみ入った話なので、刈りこんで整理しながら説明するとしよう。系譜にかかわって、具体的な人名が多く出てくる煩雑はお許しいただきたい。

喜多川さんは第三部でものべるように、浅草の奥山時代の興行をとりしきっていた新門辰五郎のことをきちんと調べてみたいと思っていた。それが二代目、三代目へとどう受け継がれ、現在も浅草寺の出入り業者である鳶の「株式会社新門」にむすびついていくのか。そのあたりの追究は「やがての楽しみ」だと思っていたが、昭和四九年(一九七四)になって、研究の仲間である中山栄之輔氏から、新門三代目の夫人が八四歳で縁家に健在だという話を聞く。どうも、仕事師としての鳶すなわち建築土木の系譜と、浅草奥山ゆかりの興行元締めの系譜という、二つの流れがあるらしい。それを夫人の聞き取りから簡単に整理したのが、表(図2-38)である。

この図の最初の新門辰五郎が初代である。大きな喧嘩の仲裁で男をあげて、火消や侠客をたばねた浅草の元締め的な存在で、草双紙『新門辰五郎遊侠譚』(108)をはじめ、芝居や講談でも取り上げられた。

この初代の実子はあまり力がなくて二代目を継げず、鳶のほうは町田姓のものが相続し、興行のほうを内藤丑太郎が二代目となった。興行系二代目の内藤丑太郎には、「れん」というひとり娘がいた。この「れん」の婿に取った高橋万蔵は、もともと床屋職人で興行界にはなじめず、けっきょくは飛び出したとされている。二代目の丑太郎の没後

(108) 梅干爺(萩原)乙彦綴、一梅斎芳春画『新門辰五郎遊侠譚』文永堂・聚栄堂、一八七九

は、そのつれあいであった夫人の「さく」が女親分として取りしきり、若い衆の面倒をみていたのだそうで、もともとの図に兄弟分とある各地の興行師はそうした連中である(図2−38では省略)。そして、三代目の新門をれんの息子の岩太郎が継ぐ。

さて、さきほどの『占筮簿』という紙くずのほうにもどる。

喜多川さんは、生存の夫人から「内藤丑太郎」「内藤さく」「内藤れん」という当時の二代目の新門一家の中心にいる家族の名前を知って、あらためて手元の占い師の業務メモを見てみると、その明治二五年の記録に「新門」だけでなく「内藤」の名があらわれる。しかも、興行系の新門を継いだ「丑太郎」や「さく」や「れん」にかかわる、具体的な占いごとの内容が記されていることに驚く。その内容を喜多川さんが簡単にまとめ

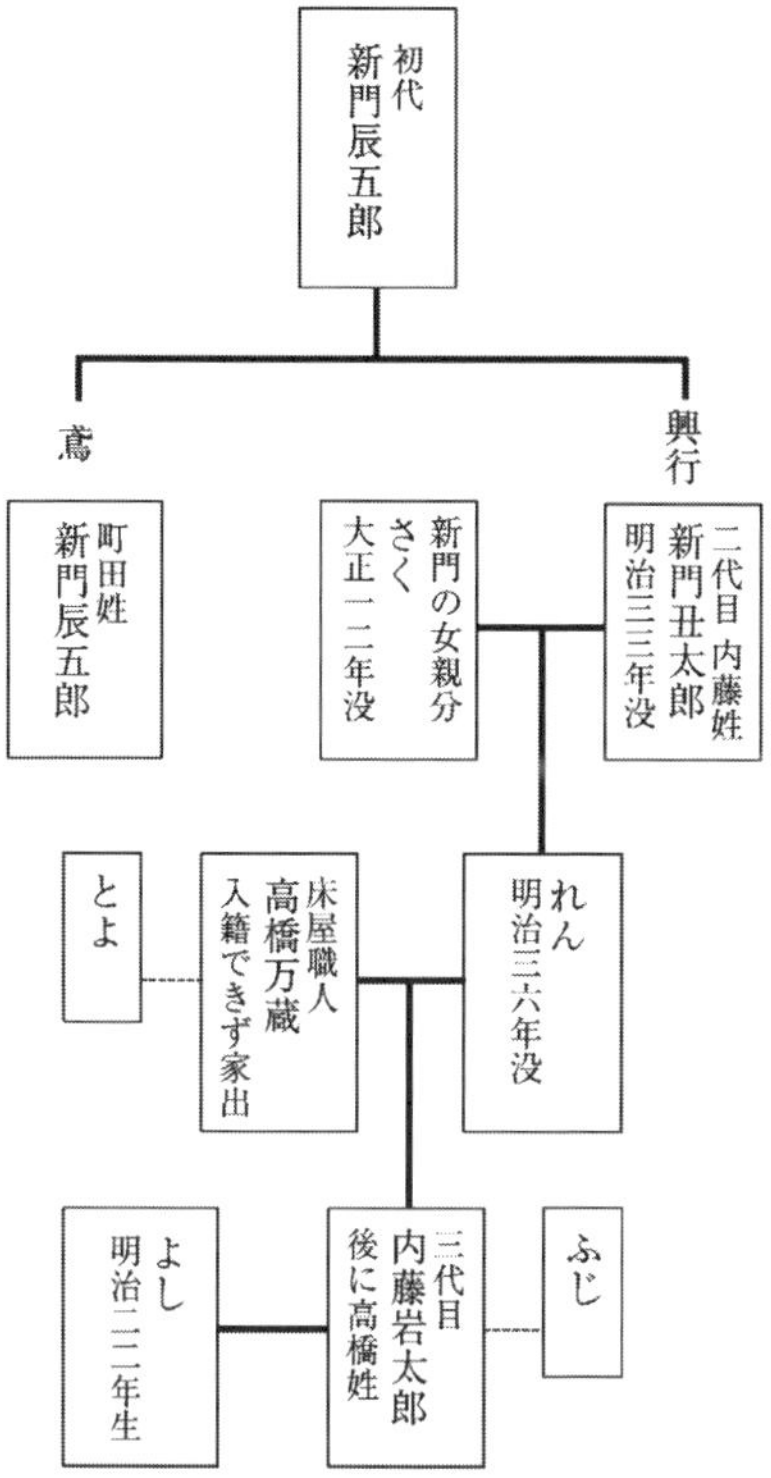

図2−38
喜多川周之「新門家ふたつの流れ」
論文の図をもとに構成

たのが、次のリストである。それぞれに記入されていたであろう占いの結果は、たぶん省略されているが、占い師に相談している行動の流れは浮かびあがる。

九月一四日　新門友吉営業の通□如何を占す
一七日　内藤丑太郎氏の疾病を占す
二〇日　新門友次郎営業の結果を占す
二九日　新門丑太郎の仲介に拠り新門友次郎へ寄払せし物件は遂に取戻しの運に至るべきやを占す
右極端の談判をなすの吉凶
寄払物ニ関ハル新門友次郎の□思を占す
三〇日　新門友次郎或物品を明日中に返弁すべきやを占す
右に付検事局へ告訴を為すの吉凶
一〇月一〇日　新門丑太郎八王子興業の損益如何を占す
新門友次郎より物品を返戻するやを占す
新友事件告訴の吉凶
一四日　内藤れん二五才女子の身上吉凶
一五日　同人の行末を占す
同行先の吉凶
一六日　内藤れん出奔先へ同人母出張するの吉凶
内藤れんの出行先を占す

一八日　内藤さく疾病医師石井の治療を乞の吉凶
岩田先生に治療を乞うの吉凶
富士横町の医師に乞うの吉凶
石井の配剤の効験如何（朱書で初メ吐シテ収ラス、と注がある）
医を改むるの吉凶
一九日　内藤さくの疾病を占す
同人本日の容態
二〇日　内藤丑太郎娘れん義に付木崎町へ出張機会の結果
二一日　新門友次郎□物品同丑太郎と協議の上□カ自から□戻スノ吉凶
右物品を□合せるや如何を占す
二四日　内藤丑太郎四二才の身上吉凶
二六日　内藤さく掛□中の濵の営業成立べきや否を占す(109)

ここから喜多川さんは、系図にまとめられた登場人物たちの、次のようなドラマを読み取っていく。

「興行二代目新門のひとり娘れん女は、明治二十五年十月の十四日ちかく突然その姿を隠したようだ。その身上と行末や行先を案じる親心は、翌日にかけての短い行間に滲み出る。

十六日には傷心の母親が、心当たる出奔先へ出向くことが、その結果に良いか悪い

(109)　喜多川周之「新門家二つの流れ」前掲、一九七四：二〇一―三。文中の□は、喜多川さん自身が解読不明の箇所である。原資料は未見。

かを賭けた。（中略）母親は気病みからついに寝こんでしまう。

十八日、医者の選定に二代目新門の焦燥が浮彫りにされてくる。外には一門の友次郎と訴訟沙汰に発展するような問題をかかえ、内では娘の家出と妻の病臥が重なるのである。

石井医師は掛かりつけであろう、その施薬は「初メ吐シテ収マラス」、これが効くやら効かぬものやら疑わしい。ちかまの医者が頭にうかぶ、さて、何処にしたらとまた迷う。十九日には病状が気掛りでならない。翌二十日には娘の出奔先へ出向く時期を窺い、その結果を案じている。

そして二十一日、友次郎との間で何か問題の進展が起きているようだが、二日を置いて身上を占い、また一日おいて、妻女に係わる営業の将来に気を配っているのである。[110]」


喜多川さんは、ここでさまざまな気がかりや迷いを占い師に相談する、明治の下町のある日常文化に近づいている。そのなかから図らずも浮かびあがってきた「新門丑太郎」の相談案件から、一家の娘の「出奔」という事件をめぐって、後に女親分とまで言われる妻「さく」が、母親として具合が悪くなるほどに心配していることに「平凡な女性」性を垣間見る。と同時に、出奔先がすでにわかっていることから推測して、興行界になじめずに家を飛び出した夫高橋万蔵のもとに走ったのではないかという想像をしている。

もちろん、仮説である。しかし、その仮の説明がたんに当たっているかどうか以上に、これまでは見えていなかったできごとが浮かびあがり、それに対する解釈が生まれる素

（110）喜多川周之「新門家二つの流れ」同前：二〇三―二〇四

材となったことに注目したい。すなわち、それだけでは意味をもたない「紙くず」でしかなかった『占笠簿』の記述が、具体的で現実的な意味を持ちはじめる。そのことに喜多川さん自身も驚いたのだろう。ただばらばらの人名が連なっているだけでどこか鳥瞰的でリアリティがうすく感じられる系図と、この古書として売られていた「紙くず」とがであうことによって、記録にのこされにくい生活の一断面を証言する資料になりえた。そうした想像力の方法としての機能を果たしえた「紙くず」資料の魅力が、ここにある。

五　民間学の視点から

十二階に登るどころか、入り口をもくぐらない内に、すでに多くの枚数を費やしてしまった。喜多川さん自身の「十二階凌雲閣」研究の中味については、私が再構成した第三章の「問わず語り」を読んでいただくことにしよう。

とりあえず、喜多川さんの方法について、さしあたりの中間総括をしておこう。

民間学者としての喜多川周之

研究者としての喜多川周之を「郷土史家」に分類することはまちがいではない。しかしながら、あえていうならば「郷土史」よりは「郷土研究」のほうがふさわしい。おそらく今日であれば「民間学」(11)と位置づけることで、さらに広い拡がりを確保することができると私は思う。

(11) 一九八六年に刊行されはじめたリブロポートの「民間日本学者」のシリーズは、民間学者の銘々伝ともいうべきプロジェクトで、そこで取りあげられている人物の多様さは、「民間学」という概念がふくんでいる意外な拡がりや多層性を感じさせる。

「民間学」ということばは、歴史家の鹿野政直が一九七五年頃から使いはじめ、おそらく一九八三年の岩波新書『近代日本の民間学』あたりで明確なメッセージ性をもつにいたった。

「民間学」というと、「民間」の文字ゆえ、どうしても最初に「官」と「民」の大きな区分が強調される。すなわち、「官学」というカテゴリーとの対立が引き寄せられてしまう。官学という語は、近世には朱子学を意味したが、近代に入って官立すなわち国立の大学など高等教育機関を指すものとして使用された。日本近代のアカデミズムは、「欧米の諸科学の成果の摂取」をいそぎ、「富国強兵」の国家目的をうちに抱えこんでいたから、国立大学での高等教育には「御用学問」「輸入学問」「政策応用」「特権性」のイメージがつきまとうこととなった。

「ことに草創期をすぎてアカデミズムが一つのギルドとして成立すると、そのようなイメージをもたらす内実が自己増殖さえしはじめる。と同時に、日本の文化の様態からいえば、アカデミズムの成立に典型的にみられる日本の近代の移植的性格は、在来文化のサブカルチュア化を招いた。研究費も社会的地位も保証され、有能な人材をにない手とするアカデミズムは、国家を光背としつつ、一個の権威として学問成果のほぼ独占的な供給源となった。民間学は有形無形に、それへの異議申し立てとして起きている。」(112)

たしかに制度としての大学は、近代日本の輸入移植文化システムのひとつであった。

(112) 鹿野政直『近代日本の民間学』岩波新書、一九八三：八–九

いわゆる「アカデミズム」に、こうした在来文化抑圧の構造的な特質があったことは否定できない。しかしながら鹿野政直自身が、にもかかわらず「民間学」と「アカデミズム」というふうに、学問をいわば出自や所属によってわけることに「ためらい」を表明し、この一見わかりやすそうな対比に疑問を提出していることは大切な留保である。私もまた、「官」の「学者」に対して、「民」の「アマチュア」「好事家」「趣味家」を対置する枠組みは強引で窮屈だと思うし、そうした二項対立の視角から「民間学」の野の学問としての可能性を論じようとするのはまちがいだと思う。

そうした枠組みは、喜多川さんの職人性の位置づけを不明確にし、ゆがめてしまうだろう。たとえば喜多川さんが自戒をふくめつつ嘆いていた、素人同士での対抗や競争でしかないアマチュアリズムを避け、「その道」をきわめたひとに就くという、ある意味でのプロフェッショナリズムは、素朴な疑問やわからなさの意義をたもちつづける率直さとともに、学問の土台である。そうした職人としての倫理は尊重されるべき態度である。ともすれば「好事家」「趣味家」と位置づけられてしまう民間学においても、専門の壁に分断され孤立しがちな大学のアカデミズムにおいても、そこに共通する職人性は重要である。

鹿野政直は、具体的には多様に展開した民間学の特色を、「主題としての生活」「にない手としての生活者の研究共同体」「方法としての帰納法」「日常語を使いこなす文体」という四つの視点から整理して論じているが、(113) その論点は民間学者としての喜多川周之を位置づけるさいにも役立つ。

それぞれの論点に踏みこんで、喜多川さんのしごとを挙げながらこまかく論じてみて

(113)『近代日本の民間学』前掲、一九八三：一九六―二一四

もおもしろいとは思うが、ここでは、たとえば「方法としての帰納法」という大きな方向づけのなかに、「紙くず」資料の重要性や、「経験者」の証言を尊重する経験主義、「ニセモノ」をつくってみる実験、地図のような空間把握の技術を下敷きにした「場」への接近、写真や挿絵のような「視覚」的記録への注目、そして「里俗」のような日常的生活的な会話への接近などをくわえて考えることができるという指摘にとどめたい。おそらく喜多川さんの等身大の実証主義の方法の固有の特質にも光をあてられるはずである。

十二階の夢

昭和一二年か一三年の頃に取り組んでいたという『十二階図譜』の詩画集がもし発行されたとしても、おそらくそれは一九七〇年代に構想された十二階凌雲閣研究の一冊とは異なるものであったと思う。もちろん、それを論ずるためには、今回の整理では著作目録作成において組織的な欠落となってしまった、一九四〇年代から六〇年代初めまでの職人としての、また研究家としての活動に踏みこむ必要がある。[114] いまのところこの間の活動についてはほとんど手がかりがつかめていないが、しかしこの間に「十二階の喜多川」として知られるようになることも事実なのである。

「明治百年」をひとつのキーワードにした年号の区切りにおいて、その前後に起きた近代史回顧の社会的なブームは、民間の収集家や在野の歴史研究者に活動の機会を供給した。喜多川さんの「十二階」を中心とした蒐集資料にも、外からの光があたり、その価値を再評価させることになった。巻末の目録にみられるこの時期の新聞記事は、そう

(114) 戦争期の活動も含めて、語られておらず、また調べることができなかった時期も長い。ヒアリング記録のなかに、朝鮮半島に軍隊で行ったのだろうかと思わせるような話もあるが、明確ではない。

した風向きを証言しているように思う。

そうしたなかで活性化した、歴史の掘り起こしや資料の活用は、喜多川さんに「このへんで、調査したものをまとめておこう」[115]という気分にさせ、「ライフ・ワーク『十二階の夢――凌雲閣』(仮題)の執筆を開始した」[116]と語らせることになる。「最近になってやっと十二階のイメージがはっきりしてきたような気がするんです」[117]と語っていた、その中味をすでに聞くことはできない。江戸東京博の資料庫にのこされた、『浅草十二階 凌雲閣雑誌』という未刊の雑誌の表紙と、たぶんそこに入れるつもりだった「金竜山浅草寺境内並近傍市街測図」の試し刷りは、『浅草寺文化』誌無きあとの仕切りなおしをはかるものであったのかもしれない。

最終段階で喜多川さんが選んだ単行本の書名『十二階の夢』は、暗示的である。

喜多川さんが考えていた十二階凌雲閣の「再建」とは、建築家が考えるような復元ではあるまい。バルトンの人生や、啄木や子規の詩情、美人コンクールの顛末、投身自殺者の記事にまでおよぶ詮索は、多くの人びとのそれぞれの目にうつった十二階の幻を、見られた幻のままにたどろうとする企てであった。

題名の中心にすえられた「夢」は、いわばそのような多数の、有名無名の人びとが見た「幻」の瞬間の積分である。と同時に、喜多川周之さん自身の「夢」が像をむすぶ虚焦点であった。

(115)「『十二階』に新説」『東京新聞』一九六八年五月二五日
(116)「十二階 研究四〇年の成果駆使、歴史をものす郷土史家」『読売新聞』一九七二年九月一八日
(117)「十二階 研究四〇年の成果駆使、歴史をものす郷土史家」同前

第三章

「十二階凌雲閣」問わず語り

この章の「問わず語り」は、私が編集・再構成した「聞き書き」である。ヒアリングのテープ起こしそのままではなく、関連した話題について喜多川さんが書きのこしているることを補っている。「虚構」や「創作」というと言い過ぎだが、編集や補足をふくみ、語られたそのままではないということも見落とさずに受け止めてほしい。

なぜ、そうしたやや特殊なスタイルを選んだのか。その理由をひとことでいえば、このひとの十二階にかんする未完成のしごとを、できるかぎり幅ひろく紹介したかったからである。私が部分的に聞いたことだけでなく、著作から学んだことをふくめ、喜多川周之の「十二階凌雲閣」研究を一定のまとまりにおいて提示したかった。だからこそ、テープ起こしのたんなる校正補訂ではなく、論考や取材や対談での喜多川さん自身の解説を参照して再構成した。

その意味について、章のはじめにすこし触れておきたい。

都市の故老

喜多川さんと会ったのは、社会学を学んで大学院進学をえらび、修士課程を終えて博士課程へとすすみ、自分なりに単独の論文めいたものを書きはじめた頃であった。一九八三年（昭和五八）の冬ではなかっただろうか。

『権田保之助研究』（図３−１）という雑誌を何冊か出した「日本人と娯楽研究会」というあつまりがあった。余暇を日本の社会科学がテーマ化していく、その先駆的な研究者として大林宗嗣や権田保之助に注目をしていた。当時成城大学におられた社会心理学の石川弘義氏が中心で、一九七七年（昭和五二）年あたりから活動をはじめ、『余暇の

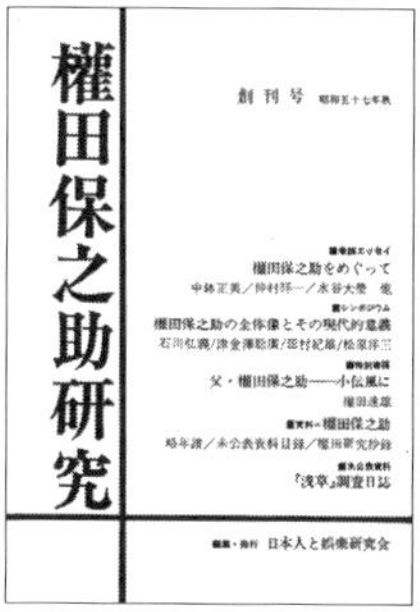

図3-1
『権田保之助研究』創刊号

図3-2　小学生の娯楽調査（わら半紙）

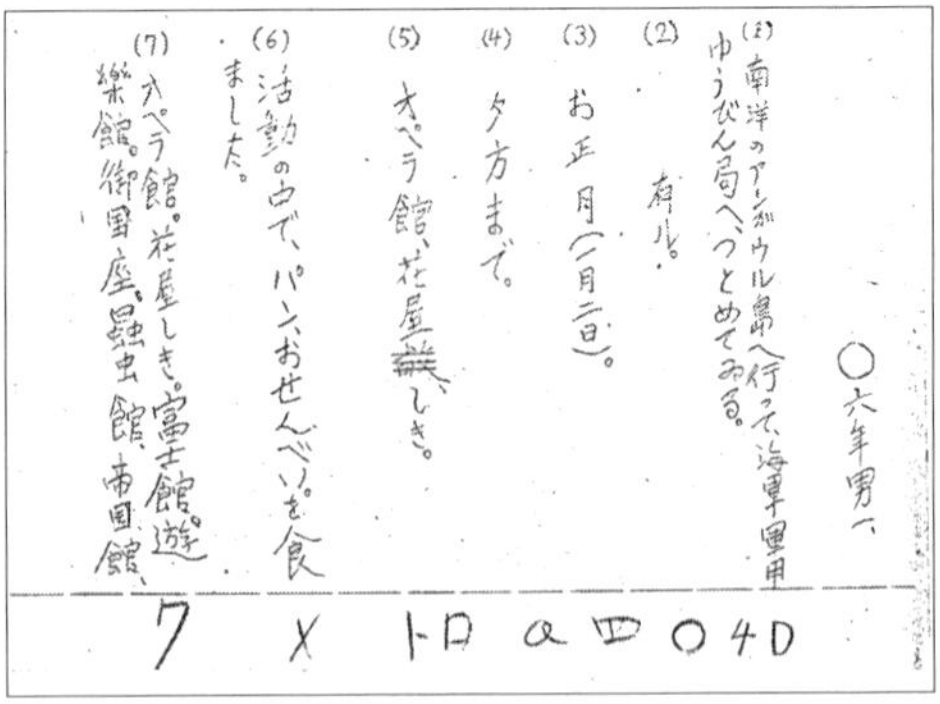

これは別紙の質問に対する小学生たちの回答が記入されたわら半紙で、(1)は親の職業、(2)は浅草に行ったことがあるか、(3)はいつか、(4)はいつまでいたか、(5)はどこにいったか、(6)はなにを食べたか、(7)は知っている浅草の興行施設をすべて挙げよという質問であった。下の記号は、原調査票に記されていたもので、回答をコーディングするために使用した分類であろう。

戦後史』『娯楽の戦前史』(1)という研究書をまとめている。私はかなりあとになってから、日本生活学会で知りあった寺田浩司氏（実践女子大学）に誘われて顔をだした。余暇・娯楽の文献を読んだり、浅草の民衆娯楽に注目し先駆的な研究をした権田保之助のご子息である権田速雄氏の鎌倉のご自宅にのこされた資料を調査したり、なかなか意欲的であった。私も権田が実施した一九二一年（大正一〇）の子どもたちの浅草での娯楽経験の調査票（図3－2）を再集計してみたりした。民衆娯楽の現在に興味をもった会員たちが連れだって、日暮里近くにお住まいだった紙芝居屋さんを訪ねたこともある。(2)

この研究会に、会員であった小木曽淑子氏が浅草研究家として喜多川さんを連れていらして、はじめてお会いした。心筋梗塞の手術をしてリハビリ中だが、と自己紹介された。あとで知ったことだが、手術での入院中に小木曽さんが『権田保之助研究』(3)の創刊号を持参したらしい。「生きていてよかったよ」と、ずいぶんと喜ばれたと聞く。権田保之助には「娯楽地「浅草」の研究」(4)という大原社会問題研究

（1）石川弘義編『余暇の戦後史』東京書籍、一九七九。石川弘義編『娯楽の戦前史』東京書籍、一九八一。

（2）いま思い出してみると、おたずねしたのは、紙芝居文化の数少ない継承者であった森下家であった。森下貞三氏にお会いすることはできなかったが、ご長男と三男（森下正雄氏）が、家具職人だった父がつくったという上演用の枠（舞台）を前に話をしてくれた。貸元といういわば親方の存在、木製かと見まごうばかりにニスを分厚く塗った絵、描き手としての水木しげるや加太こうじの名前など、断片的にその日のことを覚えている。辞去したのは、もうかなり暗くなってからであった。

（3）日本人と娯楽研究会編『権田保之助研究』第一号～第三号、日本人と娯

所時代のユニークな調査があり、また文部省社会教育局関係の映画の調査にもかかわっていたので、映画をふくむ興行街としての浅草六区への関心も強かった。喜多川さんは、権田保之助の研究をされている方たちにぜひお会いしたいと思った、いま現役引退の準備をしていて自分の仕事や収集物の始末の付け方を考えている、浅草の研究でもお役に立てたらうれしい、と挨拶されたように記憶している。

猿楽町のお宅にはじめてうかがったのは、おそらく一九八四年（昭和五九）の一〇月頃である。確かかといわれると、自信がない。当時、私はあまり出来のよくない修士論文を書きおえて、三年ほどたっていた。幸運にも比較的早くに助手の職を得たこともあって、自由に研究ができるような気分でもあった。

修士課程の時代に探しきれなかった流言資料の探索にとりくみ、「社会史」の方法を活かすことについて考えていた。歴史性の厚みのなかで、近代日本社会を研究する必要があると思っていたからだ。しかし方法論をめぐる社会学の議論については、その「量」と「質」とを対立させ、「科学」と「職人芸」とをあい容れないものであるかのように論じる、平板な抽象性に倦んでいた。その一方で、個人の思いつきや事物のおもしろさだけをたのむ、当時のことばでいう「ポストモダン」のこれ見よがしの知に身をゆだねることも、いさぎよいとは思えなかった。柳田国男の「民俗学」におけることばや生活の探究を、方法の問題として理論枠組みにとりいれようとし(5)、今和次郎らの「考現学」の採集を都市社会学の調査実践として再評価し(6)、石井研堂の百科全書的な「起原」の探索の力に注目したのも(7)、そうした問題意識と無関係ではない。

偶然にも知ることになった「喜多川周之」という故老の話は、とても魅力的であった。

楽研究会、一九八二―一九八四

（4）権田保之助「娯楽地「浅草」の研究」『大原社会問題研究所雑誌』第七巻第一号、一九三〇年三月。調査それ自体は、震災前の一九二二年（大正一〇）の春から初夏にかけておこなわれたものである。

（5）最初の成果は、佐藤健二『読書空間の近代：方法としての柳田国男』［弘文堂、一九八七］での読書空間論であるが、この視点はさらに新語論の新たな可能性の指摘や、ケータイ空間分析へとつながっていく。

（6）考現学を再評価したいくつかの論文は、佐藤健二『社会調査史のリテラシー：〈方法〉を読む社会学的想像力』［新曜社、二〇一一］に収録されている。

（7）佐藤健二「もうひとつの『明治事物起原』」『歴史社会学の作法：戦後社会科学批判』［岩波書店、一九九五］など。

積み上げられた知識には、「無方法の方法」といっていいほどの不思議な迫力があった。なんどかご自宅にお話を聞きにでかけ、あまり大学の図書館ではお目にかかることのない、さまざまな書物や資料とであうことになった。「考現学」にしても、たしかまだ今和次郎らの『モデルノロヂオ』(図3－3)の実物を私は手に入れておらず、そのことを話題にした記憶がある[8]。

これも一九八四年だったか一九八五年だったかがわからないのだけれど、初夏だったと思う。たまたま別の法政大学の建築史の方々のグループで、橋の研究をされている研究会が主催した船で東京の川をめぐるイベントに参加したら、そこで解説のマイクをにぎっていた講師が喜多川さんだった。佃神社にあつまって隅田川に出て、柳橋から神田川を御茶の水にさかのぼり、小石川橋のすこし下流から日本橋川をくだった。むかしの河岸の石垣の積み方としての野積みや、石づくりの日本橋の下にのこる震災の時の船の焼け焦げなど、おもしろい話を船のなかでお聞きした。

喜多川さんの話は、いつも細部から細部へと意外な飛びかたをしたけれども、ひとつひとつの話題にひそむ、具体性の手ざわりともいうべきものが魅力的だった。

仲見世の絵本売りと買鼠券

たとえば、である。訪ねたある日の雑談を思い出す。

机の上に写真が一枚あった(図3－4)。石畳の道に、女の子が絵本をもって立っている。どうも絵本を売っているらしい。喜多川さんは「浅草の仲見世の絵本売りの女の子だよ」という。

図3-3 『モデルノロヂオ』表紙

(8) 今和次郎に師事した川添登先生といっしょに私がこれを復刻したのは、一九八六年の暮れだから、喜多川さんにはその成果をお目にかけることはできなかった。

図3-4

「これは関東大震災のあとの時代にボクが撮ったんだ。こういう写真を見るときむずかしいのは、この子は足袋をはいている。夏足袋をはいて街をあるくのは、その家庭がね、まず中以上なんですよ。裕福な家庭で育っていないかぎり、まず長屋の子が浴衣を着て夏足袋をはくなんてことは考えられない。あとをつけて家を確かめたよ。本所の業平かどこかだった。ほこりになるところだから、おそらく母親のしつけでこういう足袋をはくんでしょう。これも撮影しておかないと、時代の背景になる現象がわからないんだよね。だから地震のために家が落ちぶれて、子どもが手助けしているんじゃないのかな。子どもだから売上げがいいと、夏だから横丁にはいって、アイスクリームを買う。子どもの余録なんだよ。そんなふうに買い食いを覚えてゆく。これも大事な経験だよ。絵本は安かった。春江堂なんて赤本屋があったけれども、ホントに定価販売より安い値段で、ゾッキ本で売る。しまいには子どもの判断でおまけしたりするんですよ。仕入れは親も手伝うんじゃないかと思いますね。で、売れゆきがどうだというのは、この子自身が一週間もすれば、仲見世の人通りで、売れる時刻と人の波がわかっちゃう。こっちの敷石の何枚目あたりが売れるとか、ナワバリができちゃうわ

けです。そんなかにボスみたいなものが出てくるんじゃないですか。親分みたいなのが、今度はそこにくいついてくるんです。はじめは純粋な営業人が、こんどはひも付きにならざるを得なくなっちゃう。それでややこしくなる……。」[9]

話はいつのまにか、街頭のなわばりをめぐる権力のかかわりにずれていったが、きっかけは夏足袋からの連想である。

この絵本売りの写真の近くに、なにか小さな券（図3－5）のようなものがあった。以前に『風景の生産・風景の解放』[10]という著書で取り上げて論じた資料だが、最初はなんだか見当がつかなかった。「これはなんですか?」と私はたずねた。

「これは『買鼠券』といって、ねずみを買ったときにもらえるんだ」と説明してくれる。

「ねずみを買う?」、これがまず理解できない。

すると、券をしめしながら解説してくれる。「この券は大正のものだけれども、明治の頃から交番でねずみを買った時期があった。ペストの予防のためだ。子どもも大人もねずみを捕まえて、交番にもっていく。だけどお金をそこでくれるわけじゃない。こういう券をくれて、それを役所にもっていくと換金してくれるんだ」という。

そういえば落語の「藪入り」に、そんなねずみがらみの金の話題がある。家にひさしぶりに帰ってきた丁稚奉公の息子が不相応のお金をもっている。その金について、親は奉公先の御店から盗んだのではないかとあやしんで、あれやこれやと心配する。なにやかやのゴタゴタのあと、真相が明らかになって、じつはねずみを捕まえてもらったお金

(9) ヒアリング記録から

(10) 佐藤健二『風景の生産・風景の解放』講談社、一九九四

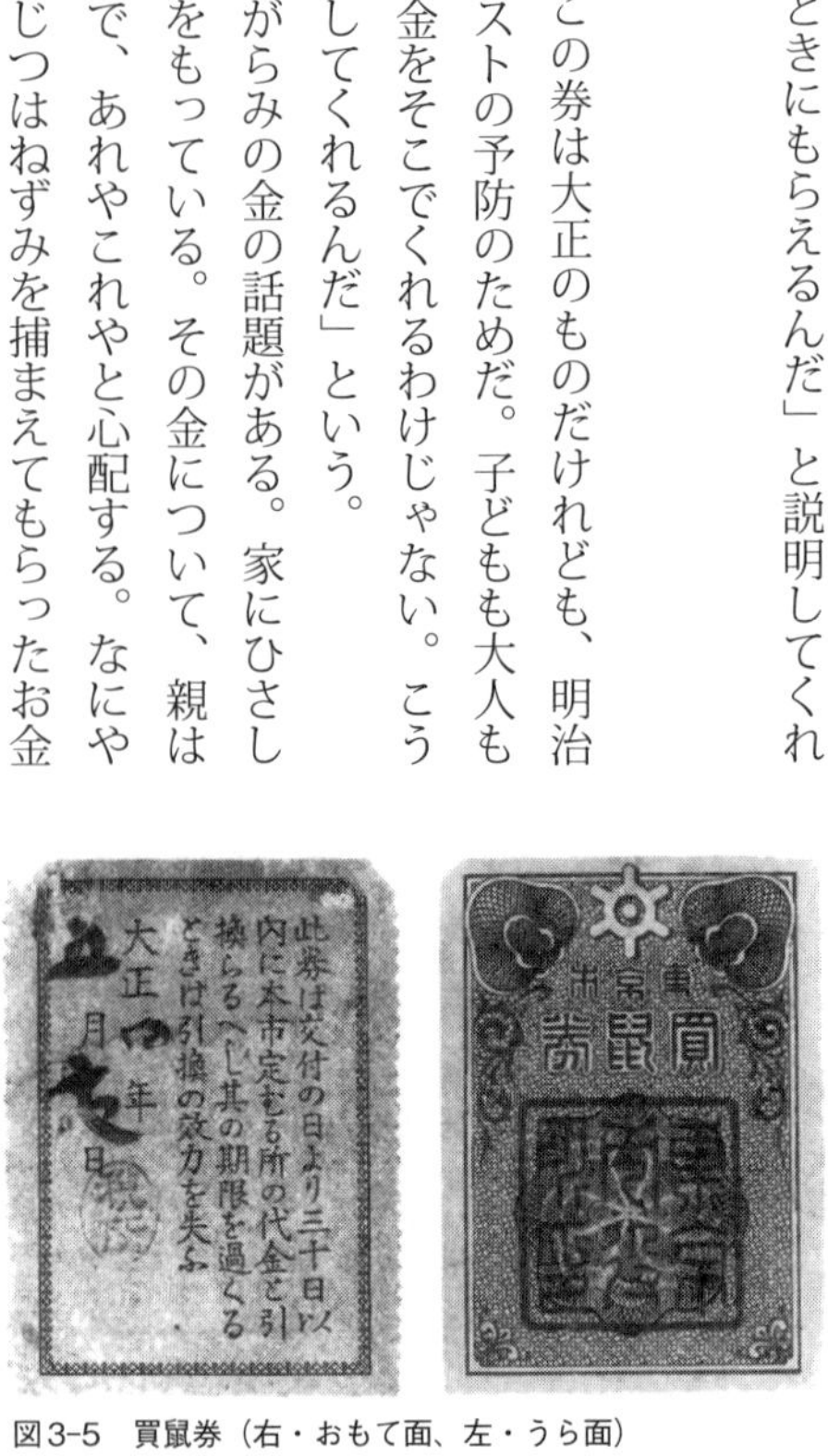

図3-5　買鼠券（右・おもて面、左・うら面）

を、思いやりのある主人が貯めておいてくれたんだ、と説明するくだりがあった。思い出して、それですか?というと、そうそう、たしか『風俗画報』にも、ねずみを交番にもっていく場面が描かれているよ(図3－6)、という。のちに「買鼠券の周辺」という原稿を書くときの資料としたけれども、喜多川さんの説明自体は自分の体験をまじえたものだった。

図3-6 『風俗画報』204号、1900年

「お金をいきなりくれるんじゃない。こういう券をくれる。ねずみをつかまえて持ってゆくと、その手か足に札をつける。お巡りさんが、どこで取れたかというのを書き込んで、交番のうしろの方にブリキ缶があって、そこにねずみを入れるんだ。そすっと嫌なおまわりさんだと、オイお前がやれっていうんだよ、紐をゆわくのを。子どもだけど気持ち悪いんだ。いいおまわりさんだと、書いてすぐやってくれるけどね。だけど、そういう札をくれて、今度それを今でいう、まあそのころは町会がありませんからね、衛生組合にもってゆくの。そうすると、そこで一銭なり二銭なりくれる。だから、交番でねずみを買うってい

っても、いきなり現金払いはしないんだよ。」[11]

いつもそんなふうに、次から次に話題がひろがった。

なんの解説からだったか、喜多川さんがまだ子どもだった頃の靖国神社の見世物の話になって、「そういえば日露戦争のときの三八銃の銃身がまだ靖国神社のところで柵になっているから、佐藤さん、暇があったら一本くらい取っておいたほうがいいよ、どう?」といわれた。残念ながら勇気がなく、しかも銃には興味がなかったので取りにはいかなかった。

職人の知・民間の知

疑問を出していくと、できるかぎり証拠をあげて、それに答えてくれる。意見や理念からではなく具体的なモノから説き、そのモノをつうじて考える。その手つきの確かさはなにか不思議にも思ったし、魅力的でもあった。

もっとお聞きしておけばという、悔いもある。ずいぶんいろいろなことを教えてもらったようにも思うが、客観的にはほんのつかの間の出会いに過ぎず、のこされたヒアリングのテープもあまり多くなかった。

嘉治隆一が聞き手となってまとめた『故郷七十年』[12](図3−7)という柳田国男のライフヒストリーがある。あの一冊のように、その生い立ちからの生活史と民間学者の誕生を、できることならばじっくりと聞いてみたかった。しかし私自身が不手際と怠慢とをもてあましているあいだに、喜多川さんはふたたび別な病名で入院し、その機会を逸

(11) ヒアリング記録から

(12) 柳田国男『故郷七十年』のじぎく文庫、一九五九↓「故郷七十年」『柳田国男全集』第二一巻、筑摩書房、一九九七

図3-7　神戸新聞　1958.1.8.

してしまった。けっきょくのところ、ほんの手はじめの覚え書きのような絵はがき論(13)を、最後の秋の病室でお目にかけることができただけだった。

喜多川さんが亡くなられたのは、その冬の一一月だった。

亡くなられてからあまり経っていない時期に、たまたま郷里の新聞にエッセーを頼まれた。一九八七年の正月である。喜多川さんと、当時はまだ耳新しかった「民間学」の可能性とをむすびつけて、その「等身大の実証主義」を論じてみた。私なりの追悼のつもりもあった。(14)

遺贈した資料との出あい

それから何年がたってか、まったく別な経緯から、(15)小木新造先生と知り合い、江戸東京の新しい歴史博物館の立ち上げにかかわることになった。

そこでもういちど、喜多川さんがのこした書物や資料群とめぐりあった。

私が訪ねたころには、猿楽町の公営住宅の部屋にあったものだ。「人間が入る空間があろうか」というほどに積み上げられ、区役所のひとから「ここは倉庫じゃないよ」と皮肉られるほどにぎっしりとつまっていた。(16)そのコレクションの全体が、江戸東京博物館の準備室に収蔵されていた。このように多様な資料の整理となると、学芸員たちがその枠組みをつくるのはたいへんだろうけれど、ひとまずは散逸せずによかったなと思った。喜多川さんも生前、他の人たちがこれは台東区、これは千代田区というふうに勝手に仕分けて、そのつながりがバラバラになってしまうことをいちばん懸念し、「こっちの意見を言うべきことがらではないから、おまかせする以外にはどうしようもないん

(13) 佐藤健二「明治の〝Ｆｏｃｕｓ〟」『法政』一九八六年六月。のちに大幅に増補して「絵はがき覚書」のタイトルで、『風景の生産・風景の解放』[前掲、一九九四]に収録した。

(14) そこに私は次のような思い出を書いた。「ぼくのような若輩を前にしても、謙虚な姿勢をくずさない、話し好きな老翁だった。「本屋さんの息子さんか、どうりで本のことをよぉく知ってる。ドコの？…あ、そぉ、高崎なの。ボクは沼田に疎開してたんだよ。…不思議なんだね。こっちが群馬県利根郡沼田町と書いても、郵便局じゃあカウヅケヌマタで打ってた。終戦直後もそうだったねエ。だけど旧い国の名って大事なんだよ、だって…」。ついこの間まで元気にたくさんの話をしてくれたという記憶があざやかなだけに、聞き書きに手を入れようと、もういちどテープを回しはじめて、また寂しくなった」[上毛新聞、一九八七年一月二七日]。沼田が一九三六年（昭和一一）に結婚し一九五二年（昭和二七）に亡くなられた奥さんの郷里であったことは、ずっと後になってから知った。

(15) 清水建設が住宅問題の研究のために設立した住宅総合研究財団（現・一般財団法人住総研）が主催していた江戸東京フォーラムである。たしか都市社会学の奥田道大先生からの推薦だったとのことで、事務局役をつとめていた内田雄造氏（東洋大学教授）から電

だろうけれども……」と悩んでいた。

目黒の庭園美術館の一角に保管されていた段ボール箱を、おなじく専門委員であった槌田満文先生[17]といっしょに見に行った。なんでこんな本がと思ってページを開くと、小さな挿絵に十二階とおぼしき塔のすがたが描かれていたりした。ところどころにはさまれている付箋の紙切れには、暗号のような文字があった。たぶん、喜多川さんの記憶のなかでだけ機能するインデックスだったのだと思う。

槌田先生が、ふと「資料をあつめすぎ、関連が拡がりすぎて、一冊に「十二階」をまとめてしまうのがむずかしくなったのかもしれないね」とつぶやいたのを覚えている。

未完成の十二階論

『歴史読本』[18]や『月刊ボナンザ』[19]での連載を、たとえば「絵はがき近代史」としてまとめ、ビジュアルな一冊を世に出すことができそうにも思った。『浅草寺文化』[20]や『愛書家くらぶ』[21]や浅草関係の記念誌に[22]、喜多川さん自身が書き積んできた「十二階凌雲閣」の研究をあつめて、あとから学ぼうとこころざす者が読める、そんなかたちで公刊してみたらおもしろいし、ためになるのではないか、と考えたこともある。

この本は、ある意味では、その思いを別なかたちで実現したものである。

私自身は、師事というほどの指南の持続性を持つことはできなかったし、私淑というほどに深く喜多川さんのしごとを追いかけてきたわけではない。しかし、この民間学者の学問が埋もれてしまうのは惜しいと思った。たとえ本人が納得できないがゆえに未完成にとどめたものだとしても、その調査の丹精と探索がおよんだところをたどれる一冊

話があり、参加することになったと記憶している。その縁で、江戸東京博物館のしごとにもかかわることとなった。

(16) 喜多川さんは、大きな坐り机でしごとをされていた。NHKが取材した時代考証家としての日常の紹介（NHKの「テレビロータリー」という枠で放送された「「おていちゃん」を考証する」という番組で、録画テープの前後のお知らせ等の情報から一九七八年四月二二日放送と推定される）でも、この大机がうつっている。どうもこのうえにふとんを敷いて、寝ているようだった。

(17) 槌田満文先生は、近代の東京の風俗をえがいた文学に光をあて、そのテクストを社会史の研究にむすびつける丹念な仕事を、黙々と積み上げておられた。たぶんはじめてお会いしたのは一九八五年前後で、たしか表参道ヒルズにあった南博先生の研究室だったと記憶する。三一書房から南先生の監修で出されていた近代庶民生活誌というシリーズで、私が『流言』の巻の解説を担当し、槌田先生は『世相語・風俗語』の巻を担当されていた。

(18)『歴史読本』は、新人物往来社から発行されていた月刊誌である。喜多川さんは、一九七〇年（昭和四五）前後からいろいろな論考を寄稿している。一九七二年一月号から六〇回にわたって図版を中心とした「絵はがき近代史」を連載し、さまざまな主題を写しだしている絵はがきを紹介した。

(19)『月刊ボナンザ』は、頌文社発行

をのこすのは、意味があると考えたからだ。それが、めぐりあわせにせよ江戸東京博物館に遺贈された資料（喜多川コレクション）にまでかかわることになった、私の宿題のようにも感じた。じっさい喜多川さん自身が「いろいろこうやって引用しておけばね、あとからのひとが探すときのこころおぼえにもなる。もとになる資料としてこんなものがあるというのが、伝わっていけばまあまあだと思うんだよね。だから冗漫になるんだけれど、なるたけ正確に写しておきたいんだよ」と言っていた。

奇縁はかさなる。喜多川さんのごく親しい友人でもあった斎藤正一（夜居）さんは、当時、板橋で街書房という古書店を営んでいた。(23) いつだったか、まだ喜多川さんが健在だったころだと思うのだが、注文のはがきに喜多川さんのことに触れつつ申し込んだら売り切れだったものの、「なつかしい名前をお聞きしました」と返事をくれて、店にお寄りなさいと誘われて逢いにいった。蛇皮で私刊本を装丁してみたときの逸話や、愛書雑誌編集の裏ばなしなど、興味深い話をいろいろとしてくれた。駒込勝林寺での喜多川さんの葬儀のあと、「喜多川周之氏に関する小生所持のくさぐさのもの、こまかいもの色々あり、貴君にバトンタッチします。拝眉の折に詳しくお話しします。とにかく雑音にまどわされず、純粋にお仕事をやってください」というはがきをくれた。(24) 斎藤さんが亡くなられたのは二年後の一九八八年（昭和六三）三月だったから、いま思うと、もの好きな後進への形見分けのつもりだったのかもしれない。バラバラの新聞記事などで、知らないものばかりだった。ありがたくいただいてきたが、日常の忙しさにとりまぎれてずいぶんと眠らせてしまった。

おくればせながら二〇一〇年になって、あらたに動きだすきっかけをあたえられた。

の古銭やコインの専門誌で、一九六五年（昭和四〇）から一九八九年（昭和五四）まで刊行されていた。喜多川さんは、この雑誌に「絵葉書を集めて…〝絵葉書コレクション〟の話」という連載を一四回にわたって連載し、また「絵はがきに見る記録」というコレクション随想を載せている。

(20)『浅草寺文化』は、網野宥俊が主幹となって執筆・編集した「浅草に関する未発表の資料」の刊行などを目的とする浅草寺文化の研究雑誌で、発行所は浅草寺内に設けられた浅草寺文化研究所（のち浅草寺資料編纂所）となっている。一九六三年（昭和三八）から一九六八年（昭和四三）年までの間に、九号が発行された。喜多川さんは、「十二階ひろい書」を創刊号から連載している。

図3-8『浅草寺文化』創刊号表紙

(21)『愛書家くらぶ』は、斎藤夜居が編集自刊していた書物誌で、愛書家くらぶ発行所は自宅であった。一九六六年（昭和四一）から一九六九年（昭和四四）までに一〇号発行された。喜多川さんは、この雑誌の二号に「浅草江戸東京博物館の開設準備の当初に喜多川コレクションにかかわっていた学芸員の行吉正一氏が、あらためて資料基礎研究を進めたいので、協力して欲しいという連絡をくれた。(25)

著作目録とヒアリング資料

もうすこし早く着手し、ひとまずでいいからまとめて、なんらかのかたちにして公表すべきだったと、私も思う。すでに生前の喜多川さんを知るひとが少なくなったいま、疑問に応じて情報をもどしてくれるような拡がりや深まりは期待できそうにない。研究者・蒐集家として喜多川さんが蓄積してきた知識とその方法を探ろうとした場合、手がかりはご自身が書かれたものや残されたもののなかにしか、今となってはもとめることができない。

こうした市井の知識人の著作や論考をあつめて読むこと自体、かならずしも容易ではない。それが民間学(26)の特質なのかもしれない。大学等の研究教育機関に属さず、そして学会などのさだまった発表機会をもたないために、論考著作の手がかりもまたのこりにくい。私自身は生前にお会いできるたびに、ご自分の論考や寄稿について断片的に言及される情報を書きとめておいた。穴だらけのメモだったが、それをもとにまずは著作リストをまとめてみた。たしか喜多川さんの二度目の入院の話を聞く二ヶ月ほど前だっただろうか。あらためてワープロの控えを探し出してみると、一九八六年三月作成の日付がある。

前年の一九八五年暮れにお会いしたとき、正月は箕面で過ごすから、帰ってきた頃に

十二階下」を書き、「浅草十二階下新道横町一覧図」を折り込み地図として載せている。

(22) たとえば、杉原残華編『浅草の会おぼえ帳』〔浅草の会、一九六八年一一月〕、小木曽淑子・喜多川周之・正木健吉編『浅草細見』〔浅草観光連盟、一九七三年一二月〕、『増補新訂 浅草細見』〔浅草観光連盟、一九七六年一二月〕、浅草の会編『浅草双紙』〔未央社、一九七八年一一月〕など。

(23) 斎藤夜居のペンネームで活躍した愛書家で、『カストリ考』〔此見亭書屋、一九六四〕『続・カストリ雑誌考』〔此見亭書屋、一九六五〕という謄写版限定二〇〇部の私刊本や、『大正昭和艶本資料の探究』〔芳賀書店、一九六九〕など、性風俗文献の研究者として知られていた。「此見亭」は「これみてい」と読めとのルビがふってあり、この本が見たいという意味で、蒐集にかける愛書家の自負がにじむ。

斎藤には喜多川さんを紹介した二つの文章がある。ひとつは同じく謄写版限定一五〇部の『本の虫のいろいろ』

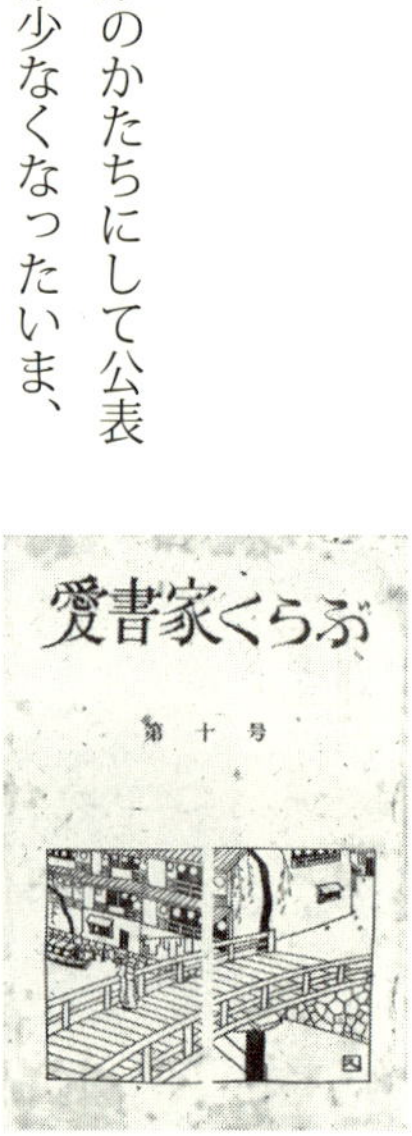

図3-9
『愛書家くらぶ』終刊号表紙

また訪ねていらっしゃいよと言われた。そこに間に合わせるつもりもあったのだ、と思う。当時勤めていた大学の入試やらなにやらが一段落したころ、ともかくも急いで形にして打ち出してみた。さてお会いしたときに手渡したものか郵送したものか、あまり記憶がさだかではなく、喜多川さんからの反応があったかどうかも覚えていない。ひょっとすると、あの断片的な文献リストを目にした頃には、すでに二度目の体調不良の、検査やら入院やらのあわただしい対応がはじまっていたのかもしれないとも思う。

江戸東京博物館の報告書に載せた著作目録[27]には、行吉正一学芸員の協力で新たに多少の増補を加えることができたが、なお充分なものではないだろう[28]。しかし、喜多川さんが追求しようとした世界に迫ろうとするとき、一つの素材となるリストである。いまわかるかぎりの著作目録は、本書の付録に収録する。

手がかりとして使える第二の素材は、私のヒアリング記録である。これもごく断片的で、調査記録とはいえない世間話の連続でしかない。しかしながら、あるいは気楽に話されたままであるがゆえに、これまで文章にしなかったような情報をふくんでいる。亡くなられたあと、手元にのこっていたテープを他のひとにも手つだってもらって、ざっと書き起こしてみた。いつものようにきわめて多方面に話が飛んでいくおもしろい記録ではあったけれど、固有名詞の不明や言いまちがいなどの不確かさも多くのこっていた。この機会に可能なかぎり整理校訂して、不十分ながら本書での論考に活かしている。

第三章の基本としたのも、その聞き書きのなかで、浅草と凌雲閣十二階にかかわる一部分である。

[此見亭書屋、一九六四]の「十二階と喜多川周之」であり、もうひとつが『愛書家の散歩』[出版ニュース社、一九八二]におさめられた「喜多川周之浅草十二階ひろい書」である。後者の「あとがき」には「喜多川周之さんのことは旧文に誤りがあり改稿した」とあって、この二つは「旧文」と「改稿」の関係にあるらしい。たしかに、私も喜多川さん自身から、「最初のは、こんなデタラメがよく書けるなあってくらい、勝手なことが書いてあって、ボクは怒ったんだよ」という話を聞いたことがある。ただ旧文の「感想的事柄や哀愁を捨て、信憑性のある第一資料を求めて、まめに歩いて書いている」とか「蒐集家だけではあきたらず〈学問〉の領域に入りつつあるという、おそろしい熱心さである」という評価はデタラメではないと思う。

(24)『斎藤夜居さん忍ぶ草』[太平書屋、一九八九年八月]

この本の八〇頁に載っている喜多川さんの昭和四〇年年賀状用の主版の墨版も、色分解の版とともに斎藤さんがゆずりうけていた。この職人技の一セットは、のちに太平書屋をつうじて、江戸東京博物館に寄贈されたと聞いた。

(25) その成果は『調査報告書第二二集 喜多川周之コレクション』[東京都江戸東京博物館、二〇一〇]と『調査報告書第二六集 喜多川周之コレクション 第2集』[東京都江戸東京博物館、二〇一二]の二冊にまとめられている。

(26) 鹿野政直『近代日本の民間学』[岩

語られたことと書かれたこと

聞き書きに手を入れはじめて気づいたのは、これは一面で喜多川さん自身がこれまで書いてきたことを、縦横に踏まえた「説きがたり」だったのだという事実である。ことばを変えれば、かつて自分で調べて書いたものを、声で引用している。

であればこそ、私のヒアリングテープではときどき不正確に言いまちがえていたりすることも、これまでに書いたものを参照することをつうじて、あるていど修正できる。さらにもっとくわしく著作・論考では説明しているところもあって、一面で書かれたものは、そこで話したかったことを補ってくれている。くちはばったいようだが、喜多川さんも私を研究者として認めてくれていたようで、佐藤さんならあとでたしかめて直してくれるだろうからと言って、思いつくままを気楽に話してくれた。ご期待にそえたかどうかは、おぼつかない。しかし、たしかめるためにいろいろと見て、ああ喜多川さんはこの資料や記事の記載をもとに、こう言っているんだと思ったことも多い。

他方で、「十二階ひろい書」をはじめとする論考では、資料として正確であろうと引用を重ねたために、やや全体が見通しにくくなっている部分などもあって、それだけを機械的に集めてならべても、喜多川さんの十二階の研究の本領は浮かびあがりにくいとも感じた。私自身の「聞き書き」を土台に、のこされていたノートや著作等からの増補をくわえて、架空の「問わず語り」を再構成するという方針がよいのではないかと思うにいたった。

聞き書きの当時にはよくわかっていなかったことを、今ならば私自身がもうすこし編集をくわえて、つながりをみせることもできる。もちろん、ここで「問わず語り」と

波新書、一九八三年一一月」

(27) 普通の著作目録であれば入れないであろう、装幀の仕事や考証図の作成、さらには郷土史家としての発見に触れた新聞記事などを、不十分ながら入れたのは、活動の全体を考えるための意識的な拡大である。職人でもあった喜多川さんの仕事そのものが、この人の学問の特質ともつながっていたからである。少なくとも私はそう考えている。

(28)「池袋のほうのタウン誌」とか「平凡社を辞めた方が出していた雑誌に」などと言われた部分は見当がつかず、ごくごく仲間うちの同人誌に近いものなど、たまたま出合う以外には発見しようがなかったからである。だから、まだまだ欠落が多い。

して再構成して提示することは、喜多川さんが書きのこした一部を私の目と耳とで感じなおしたものにすぎない。喜多川さん自身がまとめきれなかった、広い視野での「十二階」論がどのようなものであったのかはもはやだれにもわからない。この一章が、そのごく限定的な一部分でしかないことはたしかだろう。

だから、これはあくまでも私による語りなおしであり、再話である。

以上、やや冗長になってしまったけれども、以下の「問わず語り」がテープ起こしそのままではなく、ある意味で架空の、再構成された「聞き書き」となった所以である。

＊

喜多川周之「十二階凌雲閣」問わず語り

――喜多川さん（図3－10）は「十二階の喜多川」と呼ばれるほど、資料を集め、研究を進められたわけですけど、ご自身でも子どもの頃に凌雲閣に登られた記憶があるんですよね。それは、いくつくらいの頃の話ですか。

いつだったかは、はっきりしないんですよ。親父に連れられて行ったのは確かで、これが十二階だよってね。九つか十のころだったようにも思うんだ。十二階というものは高いんだなって思ったのは、世の中でも「高いもの」の代名詞だったんだな。たしかにもう飛行機は飛んでいて、高いといえばそっちのほうが高いんだけど、見上げる子ども

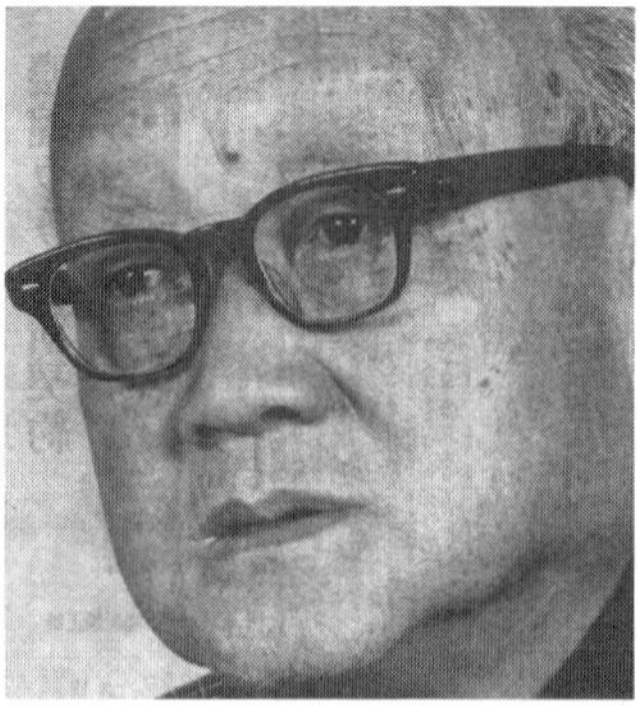

図3-10　喜多川周之さん
［読売新聞、1981.6.6.］

の側の身体感覚の問題もあるんじゃないかな。

　十二階も、女親が浅草に連れて行ったときは登らないんだ。ところが親父に連れられて浅草に行ったときは、気持ちよく登らせてくれるわけ。あとになって文献に教わったんだけど、十二階へ昇る女の人はお転婆だと言われたうわさがあったんだね。

　父親に手を引かれて自分で登った。そのときの十二階の建物のなかの明かりをうっすらおぼえている。光線が窓からすーっと差し込んでくる、その光がわかるんだ。そいつが手すりのところを照らす。その手すりが金属であったか木であったか、自分の手ざわりの記憶はないんだよ。金属の光なのか、木の手すりが人の油で光っていたのか、それもわからない。[29] だけど光があったのはおぼえている。それから五度か六度ばかり、父親に連れていかれたけれど、エレベーターに乗ったことさえ、思い出せないんだな。[30] でも浅草に行くたびになんともいえない楽しみがあって、そういう一つひとつが混じりあって、なんだか十二階凌雲閣とずうっとつきあっちゃったんだなあ。

　神田の丘のうえからみるとね、十二階は道しるべのように建っていたんだ。

（29）「あの街この人 喜多川周之さん」『東京タイムズ』［一九六五年八月二六日］のインタビュー。斎藤夜居「喜多川周之 浅草十二階ひろい書」（前掲）は「父親の手にひかれながら塔内の暗さに慣れた目に、手すりのにぶい光りに、ばくぜんとした興味をおぼえたと語ったから、これは詩人の感覚である」［：六九］と述べている。
（30）ここでいう「エレベーター」は、開業半年あまりで使用停止となった最初の呼びものではなく、一九一四年（大正三）になってふたたび設置されたものであろう。同年五月三日の東京朝日新聞の広告に「時代の要求に応じて出来た」の文句がある。

図3-11　東京朝日新聞
1914.5.3.

一　浅草寺奥山における「公園」の誕生

――凌雲閣「十二階」が、なぜ浅草の地に建てられることになったのか。喜多川さんは、ひとつには浅草寺のいわゆる「奥山」が変化していく。つまり明治に入って、欧米を横目で見ながら、近代の公共性を意識した「公園」として整備されていくあたりを、重視されていると思うのですが。

「公園」は、まちがいなく新しい空間だったんですよ。明治六年（一八七三）一月一五日に、明治の新政府が各府県に公園制定の布告を出した。おもしろいのは、そのなかの浅草寺の位置づけだ。東京のほうの筆頭に上げられている。公園の第一の候補地だったというわけで、当時の太政官のお達しのなかに、ちゃんと書いてあるんだ。有名な条文だよ。

「三府ヲ始、人民輻輳ノ地ニシテ、古来ノ勝区名人ノ致跡地等是迄群集遊観ノ場所（東京ニ於テハ金竜山浅草寺、東叡山寛永寺境内ノ類、京都ニ於テハ八坂神社境内嵐山ノ類、総テ社寺境内除地或ハ公有地ノ類）従前高外除地ニ属セル分ハ永ク万人偕楽ノ地トシ、公園ト可被相定ニ付、府県ニ於テ右地所ヲ撰シ其景況巨細取調、図面相添大蔵省ヘ可伺出事」（正院達第一六号）

明治も本当にはじまったばかりだ。まだ上野の戦争の記憶もなまなましい。騒然としていたと思うんだよね。そんななかで「万人偕楽ノ地」、すなわち公共のための空間を選定しようとした。それは、まあ欧米の都市に学んだ新知識だったんだ。新政府にとっても東京府にとってもはじめての試みであり、首都建設計画の一環でもあったわけよ。

しかしながら、あきらかに上意下達の「お達し」ですよ。だから、公園づくりにはいささか安易な文化政策という側面もある。(31)

たとえば、この布告にある「高外除地」というのは、かつての免税地なんです。徳川幕府の時代には、社寺は朱印状やら黒印状で年貢とか賦役の免除を保証されていた。明治新政府は、その特権が受け継がれることを認めなかった。明治四年の社寺上地令によって国有にしてしまう。その取り上げた土地のなかから、新たな「公園」にさだめるということをやった。

公園の設置と営繕会議所の運営案

公園を造り出すということそれ自体は、たしかに試みとして新しい。

だけどその場所は、すでに行楽の地としてさかえてきた名勝の地だったんだ。つまり庶民遊覧の既成の場所を、上から「公園」ですよと認定することでしかなかった。そこが、ボクは気になるんだ。もともとそこで暮らしを立てていた人びとがいたわけで、こういうお達しをどう受け止めたかね。

この布告は国から出されているんだけど、その時の東京府知事は大久保一翁というひ

(31) 喜多川周之「十二階ひろい書(2) 十二階建設前の周辺状況」『浅草寺文化』第二号、一九六三：二六

とだ。公園というものの設置と運営の方法を「営繕会議所」に諮問する。

営繕会議所というのは、現在の東京商工会議所のようなものなんだね。旧幕時代の「町会所」につながっている。歴史で習ったことがあるでしょ、「寛政の改革」だ。寛政年間に老中松平定信のもとで、経済財政の改革が進められる。町人たちの倹約による「七分積金」という貯えの制度がはじまった。その金銭と穀物とをあずかった自治的な事務組織が町会所で、営繕会議所はそれを受けつぐものだった。当初は浅草向柳原の地に置かれたんだが、明治五年（一八七二）には日本橋の坂本町、いまは兜町になっているところに移されている。維新の当時で七〇万両にのぼるといわれた「江戸っ子」のたくわえがあった。それは新時代の「東京っ子」のために使われて、道路や橋などがつくりかえられた。燃えない都市の実現の夢という意味では、文明開化の銀座煉瓦街も[32]、明治一八年（一八八五）の暮れに竣工する浅草寺の表参道の洋風化であった仲見世の煉瓦建築も[33]、いうならば江戸から東京への贈り物だったわけよ。

いずれにせよ、会議所案などをもとに明治六年三月には、東京府のいわゆる「五公園」が選ばれる。

五カ所というのは、まず浅草の浅草寺だ。それから上野の寛永寺で、ここまでは最初の太政官布告も公園の候補地にあげている。それから芝の三縁山増上寺、深川の富岡八幡、最後に社寺ではないけれども吉宗が開いた遊覧の地である王子の飛鳥山が指定されている。この五つが東京の公園の第一号なんだけれど、なにか江戸から明治へというか、徳川家から新政府へという、つながりと切れ目とを両方感じるよね。さらに公園地の一部を貸し地にした。茶店などを置き、その地代で公園を維持するつもりだったんだ。そ

（32）銀座の舗道は明治五年の銀座の大火のあと、全体一五間の道路に左右各三間半の人道を設け、これを煉瓦ではじめて舗装した。煉瓦家屋を含めての完成は明治一〇年といわれている。明治二一年の市区改正で京橋から銀座五丁目までの煉瓦舗装が撤去され、大正一〇年には幅が左右あわせて一間減らされ、昭和九年には新橋のごく一部をのこしてコンクリート平板による舗装に変えられた、という（ヒアリング資料から。この部分は『東京市道路誌』［東京市、一九三九］による情報か）。喜多川さんは、銀座の舗装の煉瓦も二枚もっていた。新橋あたりの地面の段差から、露頭していたものをもらってきたという。

（33）喜多川周之「十二階ひろい書(2)十二階建設前の周辺状況」［『浅草寺文化』第二号、一九六三：二六－七］

ういう公園経営の案を、営繕会議所は出した。
東京府が公園設置の町触れを出したのが、先の公園制定の太政官の御触れの四ヶ月後の明治六年五月だ。そこで「公園取扱心得」という、決まりごとを布達していく。そのなかに、公園での「一時展覧物」に貸してもいいとある。まあ見世物とか、花木を植えて休息のための茶屋を設けるためとか、「見苦しくない商業」には場所を貸し渡すが、営業は五時までである。しかしながら公園なので、「竈《かまど》」をもうけて「住居」することは許さない、と書いてある。煮炊きをしちゃあいけない、というわけだ。ということは、そこで暮らしてはいけないということなんだ。(34)
「公園」という新しい空間をつくる動きは、神仏分離政策のなかでむずかしい状況に置かれた浅草寺というお寺さんにとっても、大きな変化だったんだと思う。「奥山」をふくむ歓楽興行の境内地の位置づけを変えていくことになったんだね。

——その「奥山」なんですけれど、いわゆる「浅草公園六区」がつくられる前の「奥山」というのは、そもそもどういう場所だったんでしょうか。

浅草寺本堂の裏手と西北にかけての一帯を、世のひとは「奥山」と呼んだ。その起こりはよくわからない。たぶん口から口へとつたわって、いつしか浅草を代表し、江戸の盛り場を象徴する「里俗」(公式の地名ではない地元での呼び慣わし)となったように思うんだよね。今から三〇〇年近く前の享保年間あたりからではないか、と考えられている。

(34)『東京の公園:その九〇年のあゆみ』[東京都、一九六三:一二一一三]

江戸時代の奥山

おそらくそのはじめの頃には、大樹古木がうっそうと茂っていたにちがいない。浅草寺の山内の奥まったところだから、もう幾百年かの年輪を数える木も多かったと思うよ。高い場所のない下町だけに、遠くから眺めてもわかった。[35]

だから、人びとはこれを素直な気持ちで奥山と呼んだんじゃないのかな。

江戸の市中には、「奥山」の通り名でよばれる土地が、浅草寺山内の奥まったここ以外に、じつは二カ所もあるんだ。でもおそらく、江戸時代の日常の会話のなかでただ「奥山」といったら、ここを指したことはまちがいない。それくらい有名な地名だった。

浅草の新仲見世を歩いてごらんなさい。興行街に出るすこし手前のところで、道がほんのわずかだけど、しばらくつま先下がりになる。

「奥山」が山で、その山すそであることを感じる場所なんだよ。

土地の古老は、ここを「代官《だいかん》坂」と呼んでいる。浅草寺の代官だった本間家と菊地家という、両家の屋敷が近くにあったんだね。境内の地形も周辺よりはちょっと高いんだ。江戸の地誌をみると、銭塚地蔵の横手の崖道に「垣間見《かいまみ》坂」という名がある。ここから、千束田圃が遠く入谷のほうまでつづくのが、ちょっとだけ見とおせた。だから、「垣間見」なんだ。広重の名所絵では、遠く根岸の里を背景に蛍を描いているよね。三田村鳶魚の随筆にも、ここが俗に「がけ」と呼ばれていたとあるから、すこし小高かったんだよ。

奥山には、掛け茶屋やみやげ店がならんでいた。すでに貞享（一六八四〜）の頃には、非公認のいわゆる「宮地芝居」が鍛帳をあげていた。参詣人の憩う場所だったんだね。

（35）喜多川周之「十二階ひろい書(6) 浅草公園(二)」〔『浅草寺文化』第六号、一九六六：二六〕

享保（一七一六～）の頃には、軍書講釈の小屋もかかっていたという。宝暦（一七五一～）では、深井志道軒の辻講釈が名高い。時代がくだってくると、曲独楽の松井源水と、居合抜きの長井兵助が有名だ。「軽業《かるわざ》」とか「手妻《てづま》」の芸のうまさは、集まったひとたちがときを忘れて喝采するほどあざやかなものだった。

異国の珍鳥奇獣がわたってくれば、いちはやく奥山の見世物になって評判をよぶ。麦藁細工や貝細工など、精巧で器用な「つくりもの」もここで話題になるんだが、江戸っ子はそれに洒落《しゃれ》の衣を着せるのよ。おなじ「いきにんぎょう」でも、竹田縫之助や松本喜三郎が「活《いき》人形」と書けば、安本亀八などは「生《いき》人形」と書いて、その技巧や工夫を競った。「活」は動きの機関《からくり》であり、「生」は真正の生き写しをうたったとも言われているけれど、あまり区別されてもいなかったように思う。松本喜三郎については、熊本の本屋さんから私家版のような形で出た、大木透『名匠 松本喜三郎』(36)という本がよく調べている。竹田縫之助の家は、大正のころには仲見世で人形屋をしていたんだ。

そうかと思うと、猿芝居や犬芸もあった。医学的な胎児十ヶ月、科学的なエレキ、物理的な釜鳴りの術など、大仰な呼び込みもあって、ほんとににぎやかな場所だった。それぞれが珍しくも楽しくも恐ろしくもあって、ささやかながら新しい知識をこの場所を訪れる人びとにあたえていたと思うんだよ。

奥山に於て興行仕り御好評を賜りたる

「奥山」で小屋掛《こやがけ》をした、というと、そいつは興行師にとっても勲章だったにちがいないんだ。江戸のひのき舞台を踏んだことだったからね。その実績は地方の巡業にあた

(36) 大木透『名匠 松本喜三郎』［昭文堂書店、一九六一］

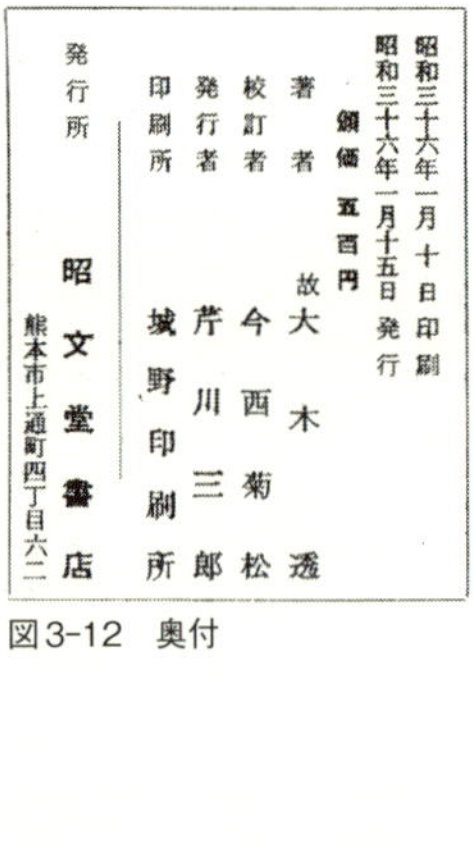
昭和三十六年一月十日印刷
昭和三十六年一月十五日発行
頒価 五百円
著者 故大木透
校訂者 今西菊松
発行者 芹川三郎
印刷所 城野印刷所
発行所 昭文堂書店 熊本市上通町四丁目六二

図3-12 奥付

って、「浅草寺奥山において興行つかまつり御好評をたまわりたる……」といった金看板の口上になる。奥山の興行場全体をみても、旅から旅への仮設小屋ばかり。しょっちゅう入れかわるのが、普通だったんだ。

ただ一つの例外に、新門《しんもん》の定小屋《じょうこや》があった。新門の辰五郎（図3－13）という、侠客というか、町の世話役というか、興行の元締めというか、自分でも奥山の取締役を任じていた。これは草双紙でも、歌舞伎でも取り上げられる。この元締めの定小屋は別格なんだ。

この新門辰五郎は、晩年を浅草寺境内に隠棲する。地番でいうと「り三十三」に住んで、「ち六十九」（図3－14a・b）のところに、年中無休の常設小屋をもっていた。(37)

おもしろいんだね、江戸の名残りの番地は「いろは」番なんだよ。奥山「い」号、「ろ」号、「は」号なんて分かれている。いろは番号のついた地図が出てくるといいんだが、これが日比谷図書館にあるんだよ。ボクは雁皮紙を買ってきて、シャープペンシルのない時代だから鉛筆で写してきた。帰ってきてからそれを別の透き写しの紙に書いて、筆を入れてね。とうとう贋作をつくっちまったんだよ。どっかにあるよ、明治一七年の地図だ。

図3-13　新門辰五郎［『浅草細見』前掲：48］
喜多川さんによると、面影を忠実に伝える油絵だが、筆者不詳で、現在は絵自体の行方がわかっていないものだという。

でもって、この定小屋での興行

（37）図3－14のいろは番の地図は、『浅草寺文化』第二号に掲載された折り込み地図で、網野宥俊校閲「明治十六年（一八八三）公園地改正前 浅草寺境内奥山考定図」である。注記によれば、明治一七年参謀本部測量局の五〇〇〇分の一地形図や、明治一七年写しの「浅草公園地略図」その他の参考文献によって喜多川さんが作図したものだという。

は、出し物が辰五郎のおめがねに適わねばならなかったんだね。だから、ここでふたをあけるのが興行師仲間の自慢だった。見物人たちも「定小屋の細工はめっぽう巧《う》めえ」と心得ていたんだ。

幕末になると、浅草寺境内の名主の権限がおとろえる。山内取り締まりの実権は新門辰五郎にゆだねられたかたちで、奥山は明治維新をむかえた。そして浅草公園の歴史が、新政府から出された、さきほどの公園制定の布達にはじまるんだ。

——奥山で暮らしを立てていたひとたちが、この公園化をどう受け止めたかが気になると言われましたけれども、それは具体的にはどういうことなんでしょう。

さっき明治六年の五月に東京府からの指示で公園が設置された、と言ったけど、もう三月には決まっていた。だからこの五月の町触れでは、東京府知事から戸長にむけて、公園にするためのその商売の形態の調査をおこなうともいっている。

浅草寺の境内は、これまで見世物や揚弓場などをさしゆるしていた。だけれども、その場所が公園になるので、これから調査をする。それが確定したときには一時移転を命ずることもあるので、そのとき難渋しないよう、あらかじめ知らせておく、という。つまりは、ようするに立退きの予告なんだ。

このころは、浅草奥山がもっともふくれあがったときなんだよ。上野の戦争で山下《やました》を追われた諸興行場が奥山に流れこみ、本堂の周辺にまで店を張り小屋掛けをしていた。出店・小屋掛けの総数はじつに二五〇を数えた、と言われている。布達は御堂などの建

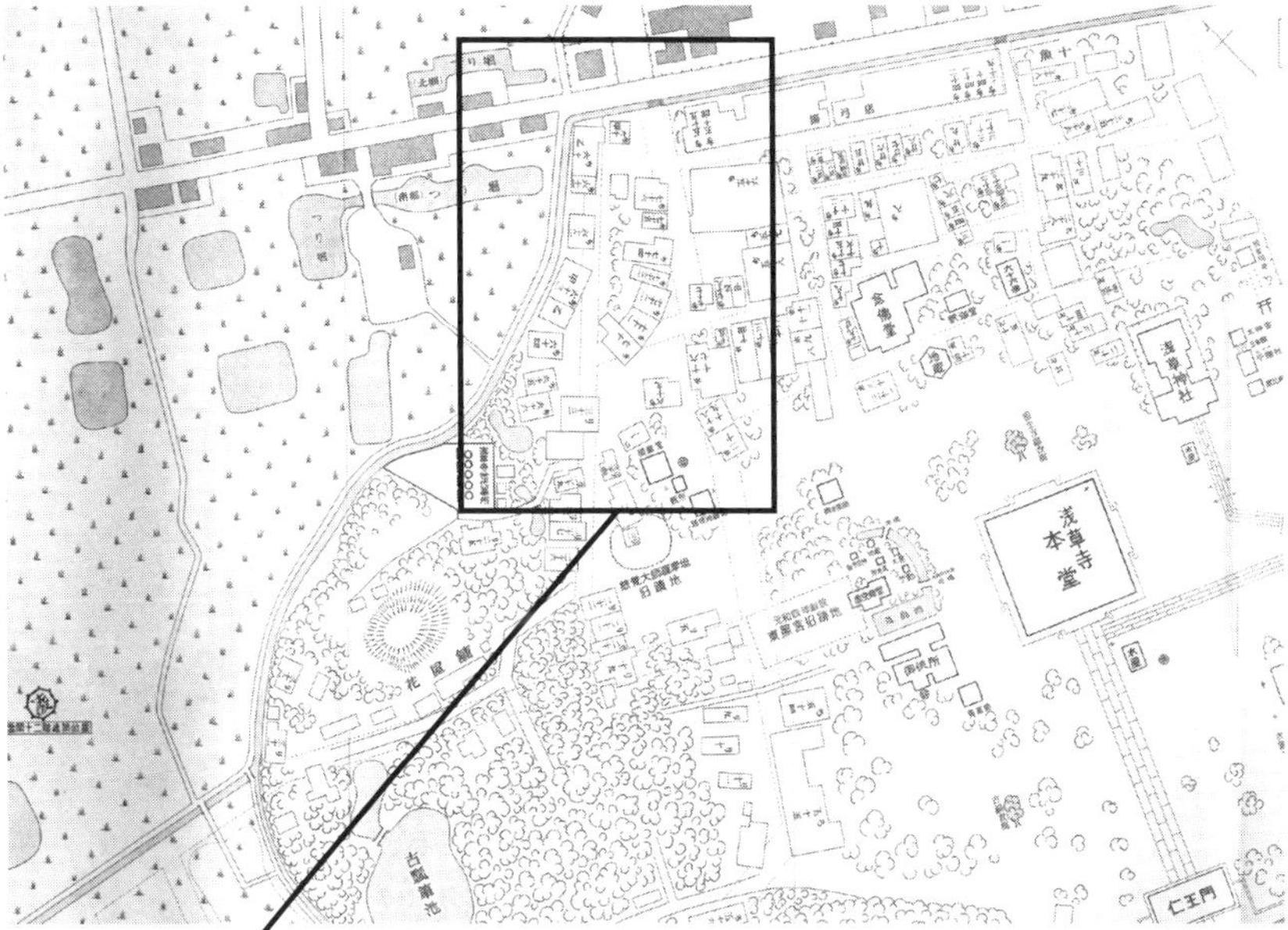

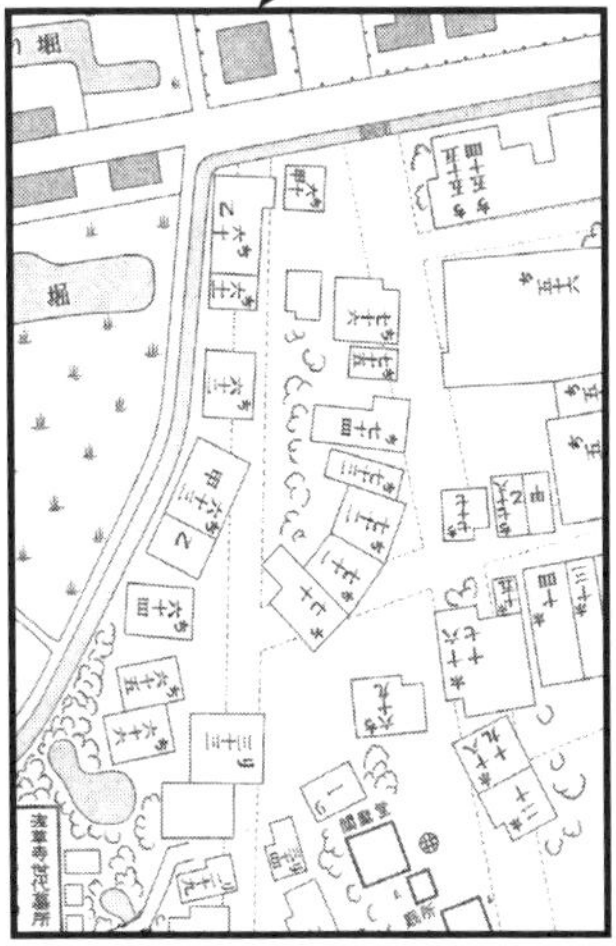

図3-14a（上）、b（下）　浅草寺境内奥山考定図（部分）
明治16年（1883）の公園地改正前の状況を考定したもので、喜多川さんが明治17年の参謀本部測量局の5000分の1の地形図や、明治17年写「浅草公園地略図」その他の文献をもとに作図し、網野宥俊が校閲した。『浅草寺文化』第二号に掲載されている。点線の道は公園地になってからの区画線である。拡大図でわかるように、興行小屋や出店が「いろは番」の地番で配置されている。地図の左下の田圃のなかに、凌雲閣の建築位置がしめされている。

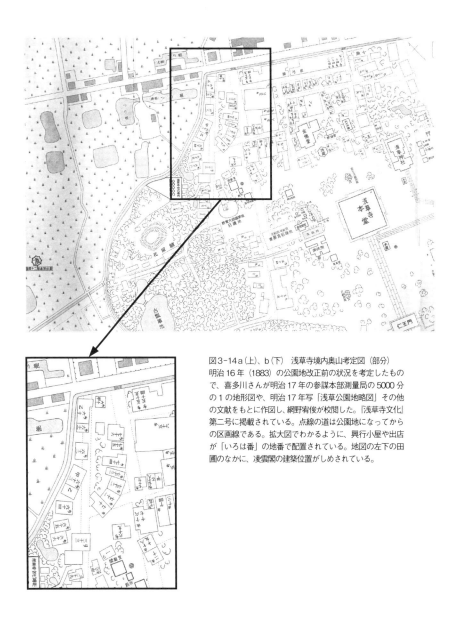

築物を保護するためという目的にくわえ、この流れこんだ一群に対しての牽制でもあった。

ところが、さてそれならこのもろもろの出店や、いろいろの興行場をどこに移動させるか。そういう具体策となると、当局も成案がないというのが実情だったんだね。

公園出稼仮条例と夜間の営業

やむなく、何年かしてから、そうした現状を認めるんだ。その具体的なかたちは、明治一一年一〇月一二日に布達された全文一七条にわたる、「公園出稼仮条例」となってあらわれた。

ところが、その第八条には「夜間ノ営業ハ当分午後十二時限ノ事」とあった。これが問題なんだね。従来の奥山の門限を、じつは新しく延長するものだった。

奥山は江戸からつづいた盛り場だったけれども、浅草寺の境内地であるため、暮六ッ(午後六時)の鐘をさかいに出入が禁止された。仁王門と随身門(二天門)が閉じられると、通行が絶える。わずかな抜け道は、現在の成田不動のところにあった西の宮稲荷の脇道だけだったんだ。用事の者はそこをひっそりと抜けた。ようするに日が暮れたら店も閉まり、寺の門も木戸のように閉じられた。

真夜中までの営業時間の延長は、こういった従来の制限をかえってゆるめたことになるんだね。

つまり揚弓場とか水茶屋などの、今日でいう風俗営業に、日が暮れたあとの営業の口実をあたえることにもなった。そうした深夜までの営業の結果は、後年の浅草公園がせおう、盛り場としての暗い影の部分にもつながっていくんだ。

　道にしたってね、土地のひとだから通る道もあるけど、土地のひとだからこそ通らない道もある。近寄っていくと、いろんな敷居があり、縄張りのような区分があるんだよ。だから、浅草に生まれたひとだからといって、十二階のことや浅草公園をよく知っているかというと、そうもかんたんにはいえない。

「公園の人じゃない」

　たとえば、久保田万太郎さんは浅草生まれで、浅草でお育ちになっている。それがひょっとは認めてもらえない場合がある。

　たとえばねえ根岸興行の「若旦那」、いや若旦那といったってもうおじいさんだよ、だけどみんなが「若旦那」っていうんだ。何代目ですかって聞いたら、「ずっと若旦那で来たからわかんねえよ」っていってたけど……。ともかく、その若旦那の奥さんのウメさんと浅草公園の見世物の話をした。そのとき、ボクが久保田さんはこんなことを書いているんだけどというと、ウメさんはたった一言で、「万太郎さんは公園のひとじゃないから」と言うのよ。どんなにご本人が浅草に通じていると思っていても、公園のひとじゃないって否定される場面がある。

　そうすると「公園」ということばが、気になってくる。土地のひとがどんなふうな感覚で使っているのだろうか、と思うわけ。公園はあとからできた制度なんだけど、すでに人びとを区別する枠組みで使われている。東京市浅草区の地図を見れば、浅草公園はちゃんと輪郭が書いてあって、そんなかが公園なんだよ。だけど住んでいる人が、どこを境とするか。

こういうのは江戸の朱引線とおなじだ。公園ならまあ一つの地図の上に、その場所がきちんと出ているようにも思える。だけど江戸の朱引線は、幕末の手前へきて発表されるから、「江戸お構い」とか「江戸払い」といったとき、じゃあどの範囲に入ってはいけないかは、かならずしも明確ではない。それは地図の上で明確に共有されているものじゃないんだ。おんなじように、明治になって外国人が住むところは「居留地」と決められる。東京のまわりでも、外国人が自由に遊歩できる地域には、東西南北のかぎりがあった。だけど、それが線として地図のうえに書かれているわけではない。だからそういう微妙な区分けの線引きを、なにかからつくって自分で持っていなかったら、けっきょくは他人さまの書いたものを信じる以外、手がないんだよな。そこいらが非常にむずかしい。

ウメさんが万太郎さんのことを公園の人じゃないからと言ったときにね、ボクはすぐ直観的に公園に出稼ぎにきている人と、浅草という土地に土着で営みを続けている人とのあいだに、なにか対立があるんじゃないかなって思ったわけ。

そこで『東京市史稿』が必要になってくる。公文書がみんな出ているからね。それを見ると、さっき言ったようにかまどを立てることを禁じる、煮炊きができないと書いてある。だから水道の設備がないし、便所までない。それが公園の規則ですよ。ところがおかしいんだね。そこで人が住んでいるんだからね。かまどを仕立てることが許されない人は浅草公園への通勤者なんだ。出稼ぎ人だよ。寝泊まりは暗黙のうちにやがて許されるんだけど、はじめはそれも許されないらしいんだ。

——公文書には直接に書いていないけれども、いわば行間に透けてみえるような、重要なことがその向こう側にあることも、きちんと読まなければいけない。

そうなんだよ、うん。これまでの仕来りや不文律の掟といったものは、すべてが新しい公園の規則におきかえられていった。しかも、朝令暮改をそのままに規則はネコの目のようにかわったんだ。公園には指定したものの、当局自体が公園というものの実体がつかめていなかったように思えるんだよね。

氏子守札が示唆するもの

浅草公園という新しい空間の形成は、言ってみれば地租改正とか神仏分離という、新政府の基本政策とも不可分だった。さっきもちょっと触れたけど、新政府の神仏分離の政策は、浅草寺にとっても、三社様の氏子にとっても、大きな事件だった。それこそお祭りの御輿の相談どころではない、一大事だよ。

当時の対応の一端をうかがわせる、おもしろい資料があるんだ。『浅草細見』(38)に載せておいたんだけど、「浅草神社」の「氏子守札」(図3-15)だ。

「氏子守札」の制度については、『浅草寺文化』に網野宥俊先生が紹介されている(39)。まず明治元年でもある慶応四年の三月一七日に、新政府の太政官から新しい布達が出される。神仏の混淆を禁止する、という。それを受けて、八月二三日に「三社大権現社」は「三社明神社」と改称された。神道を中心にするという政府の動きにもとづいて、寺に

(38) 小木曽・喜多川・正木編『浅草細見』[浅草観光連盟、一九七三：四三]

(39) 網野宥俊「「浅草寺御扎認方覚書」の発見による祈祷札・守札類について」[『浅草寺文化』第七号、一九六六：一一-一四]のうち、とりわけ「明治初期における守札制度」[：一二-一三]

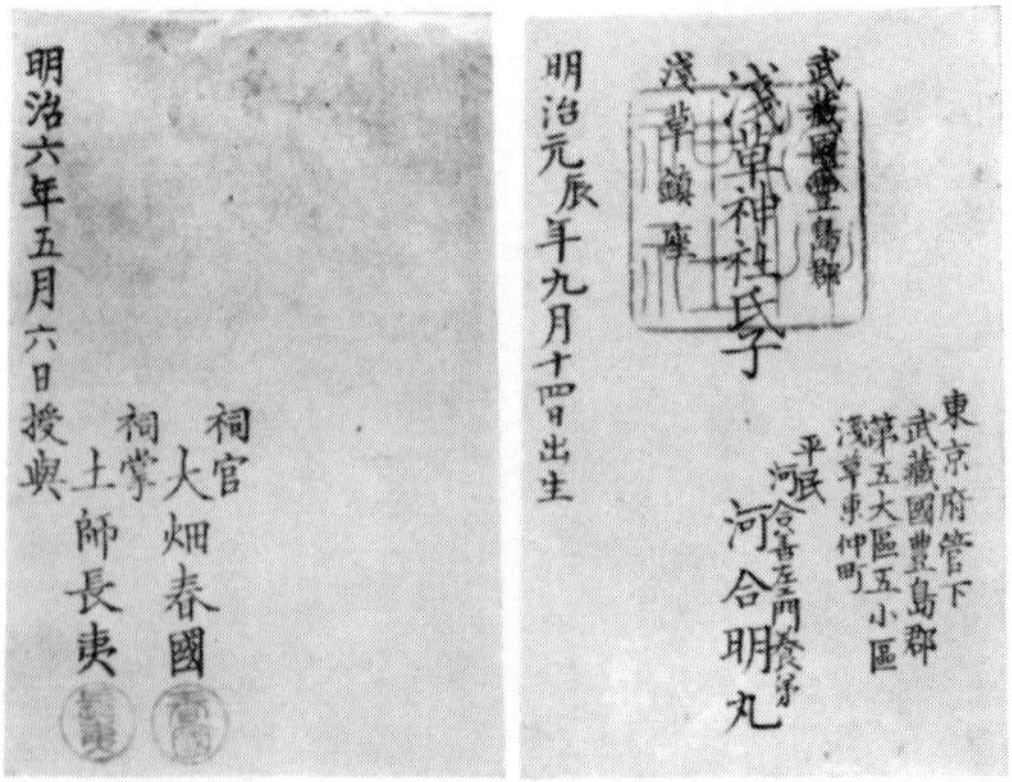

図3-15　氏子守札（右・おもて面、左・うら面）

まかせていた住民の管理を変えて、国民を神社の氏子として管理しようとしたらしいんだな。明治四年七月四日付の太政官布告には、第一条に、出生したらその事実を戸長に届け、必ず神社に参拝して、その神社の守札を受けて所持することが規定されてるんだ。

その守札には、生国姓名と住所、出生年月日と父の名前を記せとある。明治五年の東京府の神社氏子町名人員調べの数字では、三社様の氏子数は三万〇五九五人、戸数は八二三六戸となっている。翌六年の二月に再び改称されて「浅草神社」になるんだけれど、この時期には氏子に氏子守札を授与したようで、ボクが持っているのも、その一枚なんだ。

酉の内紙（雁皮や稲藁などと楮の混合紙）を三枚に貼り合わせて厚みを出し、それを縦三寸（約九センチ）、横二寸（約六センチ）の大きさに切ってある。黄金率だよね。オモテの上部中央に「浅草神社氏子」と大きく刷ってある。その右脇に「武蔵国豊島郡」、左に「浅草鎮座」と分けて文字があり、それに重ねて九分五厘（約三センチ）方寸の「浅草神社」と篆刻した朱印が押してある。下部の右から管轄をあらわす国名・群名・区名までが三行、一行分空けて「平民」と木版で墨摺りされている。

そのあいだの一行分のところに、氏子が住んでいる町名を書き込むんだ。氏名は、浅草神社氏子と摺られた真下の位置に記入する。そいで上部の左肩に、氏子の生年月日を書き入れる。

そういう形式になっている。ウラ面は、左下部に「祠官」と「祠掌」の肩書きをもつ二名の名前がならび、左の上には「明治六年□月□日授与」とこれまた墨で摺ってある。つまり授与の月日は書き入れられるよう空けてある。印は二人の名の「春国」、「長夷」を朱で押捺した。この一枚には、それぞれの記入箇所に、明治元年九月一四日に生まれて「浅草東仲町」に住まう「河合善左衛門養弟」の「河合明丸」の人別が、楷書で丁寧に書かれているのがわかる。

これまでの寺院の人別帳にならい、神社が住民との結びつきを強めるために発行した。それを通じて戸籍人員を明らかにしようと試みたけれども、けっきょくは政府の戸籍法の施行のなかで、現実には定着しなかったように思うんだ。

ちょっと公園の話から横道にそれちゃったね。

――いやいや、私は戸籍の形成についても興味をもっているので、おもしろいですね。当初の戸籍は、国民の登録という以上に住民管理の側面が強かったと思うので、神社がまたおなじ時期おなじような関心を形にしていくのは、けっして意外ではない。なんか迷子札のようですよね。

二　浅草公園の「新開地」六区の開発

――公園地の話にもどりますが、絵はがきに写っている大きな池も、じつは公園地の形成のなかでつくられたものだったわけで、すこし十二階建設前の公園地の開発の歴史を教えてもらえますか。

明治一一年の公園出稼ぎのあたりまで話したから、そのあとの浅草公園の形成史を、かんたんな年表にしたものがあるんだ。(40)

一八八一年（明治一四）　六月　浅草公園附属地の千束田地の埋立が民間開発として始まる

一二月　浅草勧業場の開業（後藤庄吉郎・江崎礼二）↓すぐに閉場

一八八二年（明治一五）　四月　浅草寺西火除地埋立計画成る（五日）

九月　千束村借地返還（浅草勧業場隣接地）

浅草寺西火除地埋立起工（ひょうたん池の造成）

一八八三年（明治一六）　五月　埋立が竣工する

（40）喜多川周之「十二階ひろい書(7)浅草公園(三)」『浅草寺文化』第七号、一九六六：五〇―一

一八八四年（明治一七）　一一月　埋立地が浅草区に編入される
一月　浅草公園を第一区から第六区の六つの区域に分ける
六月　六区の抽籤貸付が始まる
九月　公園付属地が公園に編入され一部を除き第七区となる
一一月　奥山からの諸興行小屋の移転が終わり、地元有志による六区の完成祝賀会がおこなわれる

一八八五年（明治一八）　八月　浅草公園造庭竣工
六区の主要路左右に黒松、六角堂柳が交互に植られた
一二月　総煉瓦造りの仲見世が竣工する

一八八六年（明治一九）　五月　浅草公園開園祝賀会を江崎礼二他借地人有志が開催する

ひょうたん池の造成

興行街前の「大池」は「ひょうたん池」の愛称で親しまれていた。南池が約六一七坪、北池が約七七四坪あって、池の中央に約二四三坪の「中の島」でくびれている。その形が瓢のようなところから、この愛称が生まれた。公園の地割りからみると、第四区にもうひとつ、奥山時代からの古い三五四坪の池があって、おなじく「ひょうたん池」といわれていたんだ。昔からの地図に古ひょうたん池とあるのがそれだ（図3－16）。浅草というところは、昔から池や沼が多かったらしい。千束池とか猿枝《さえ》ガ池とか達磨ガ池とか姥ガ池とか、もう江戸時代に埋め立てられたものもある。

図3-16　大池とひょうたん池

大池のほうの「ひょうたん池」は、明治になってから埋め立て地の造成とともに、新しく掘って造られた。明治六年の公園地指定のあと、さっき言ったように江戸からの盛り場である奥山の床見世（移動できる屋台店）や諸芸の興行小屋を移すことになった。そのため、浅草寺の火除地の田んぼを埋め立てて、公園地を拡張していくわけだ。「槐《えんじゅ》戸《ど》」と呼ばれていた場所だ。

あれは昭和三九年（一九六四）だったかなあ、スカラ座の建築工事のときに、この池があったところがもういちど掘り起こされることになった。そのとき実際に測ってみたら、この火除地はだいたい平均三尺ばかり埋め立てられて、整備された大池のほうの深さは六尺から八尺であったということになった。この新しい造成地が「浅草公園第六区」で、六区といえばことさらに「浅草公園の」と付け足す必要がないほど、盛り場の代名詞になっていく。その基本となる埋め立ては、明治一六年（一八八三）五月に完成する。

明治の庭園設計家として高名な長岡安平（祖庭）がかかわるんだ。この埋め立て工事は、囚人たちの使役でまかなわれたんだね。現場の周囲には、囚人が逃げないように

「竹矢来」が設けられていた。けれども、いろいろなひとからの慈悲の差し入れが多かった、という。取り締まりの役人は、竹の柵のもとに置かれる食べ物などを見て見ぬふりをした、と語り伝えられている。この時代の囚人の屋外使役の、なにか新しいやり方だったのかもしれないね。時代は「西南の役」だから、国事犯だよ。彼らは胸を張り、誇り高く労働に従事したともいわれているんだ。

大池のひょうたん池は、十二階や興行街を映し出す大きな水鏡だった（図3－17）。絵はがきにもよく登場する。十二階が無くなったあとも、池はのこった。新しい六区の賑わいも、おなじ水面に投影されていたんだ。これが戦後の昭和二七年（一九五二）に、復興のため浅草寺から手放される。昭和三四年（一九五九）には埋め立てられ、新しい興行街が整備されていく。そのあたりは浅草寺さんも苦労されたと思うんだ。網野先生もね、「ひょうたん池始末記」に

「昭和二十年三月十日の戦災で、国宝建造物の浅草寺は炎上し、その再建の基礎工事費を得るため、返還された境内地ではあったが、涙をのんで大池、ひょうたん池を売却し、そのおかげで同二十六年六月からやっと本堂の基礎工事が着手できた」(41)

と述べているよ。ここで網野先生が言っている「大池」が、世間でいうひょうたん池だ。文章中の「ひょうたん池」は、花やしき前の古い「古ひょうたん池」のことで、一足さきに林泉地であった四区の築山が壊され、旧ひょうたん池も地下に没した。本堂裏の龍神噴水も、このときに撤去されたんだけれども、これは宝蔵門の新築の水屋に再び安置

(41) 網野宥俊「ひょうたん池始末記」『浅草寺史談抄』［浅草寺、一九八二：七三四］

図3-17d	図3-17a
図3-17c	図3-17b

図3-17a 『浅草の会おぼえ帖』［浅草の会，1968：18］
図3-17b 『日本之名勝』［史伝編纂所，1900：3ノ17］
図3-17c 『東京景色写真版』［江木商店，1893：5］
図3-17d 『旅の家土産』第28号［光村写真部，1900：浅草凌雲閣］

されたんだ。

浅草公園第六区の形成

ちょっと話がさきに行きすぎたのでもどるけれども、公園としての整備と「六区」の開発はたいへん密接に関係していく。「六区」の通称のもととなった「第六区」という区割りも、浅草寺の寺領地が浅草公園として整備されていくなかで、まずは定められていった。

設定された区割りというのは、以下のようなものだった。

第一区　本堂を中心に輪蔵、五重塔、仁王門、浅草神社、二天門、薬師堂、六角堂など。
第二区　表参道の仲見世と弁天山の周辺、伝法院敷地の一部をふくむ
第三区　伝法院とその庭園
第四区　淡島堂、御供所、東照宮旧跡地に続く梅林などの林泉地区
第五区　花やしき、銭塚地蔵、念仏堂、釈迦堂など
第六区　新設の興行地
第七区　公園附属地であった馬道、象潟町の一部と新畑町など(42)

ただ、この第六区や第七区については、公園興行地としての整備の前に、じつは民間人の私費による開発があるんだ。それも、浅草公園開発史のなかでは、たいへんに重要な意味をもっている。日本橋の米穀取引所の役員だった後藤庄吉郎と、写真師の江崎礼二とが、浅草勧業場を作ろうと私費をもって千束村の田地（施無畏裏耕地）の埋め立て

(42) 浅草公園の区割として、現在は六つに区画され、造成新設の第六区はその下に一号地から四号地までの地号が設けられていたが、一時期「第七区」を設定したことがある。明治一七年の九月に、当時は公園付属地であったところを編入して新設したが、途中に一部の改廃などもあって、最終的には昭和五年一二月に廃止された（喜多川周之「十二階ひろい書(5) 浅草公園(一)」『浅草寺文化』第五号、一九六五：二八）

に着手する。勧業場というのは、「勧工場」というのもおなじで、商品の陳列販売所だ。関西では「観商場」というのが普通だったらしい。

ごぞんじのように、丸の内の「辰の口勧工場」が、明治一一年に設置される。もともとは第一回内国勧業博覧会でのこった品物を売る。お上のほうの言い方なら「商工業の奨励」を目的に、ということになるんだが、要するに商品陳列所として設けられた。これが明治一三年になると、東京府の監督をはなれて民間にゆだねられる。それを受けて、浅草公園と芝公園とに民間設立の勧工場をつくれないかという動きがでてくる。芝公園のほうはうまくいかなかったが、代わりに公園附属地の千束村でともかく実現する。これはすでに浅草寺境内に写真撮影の出店をもっていた江崎礼二を、この浅草の地に定着させることにもなった。また江崎が「浅草公園」の開園式で主導的な役割を担い、ひいては凌雲閣の社長となっていく一因ともなったのではないかな。

明治一七年につくられた、陸軍参謀本部測量局の五〇〇〇分の一の東京地形図のうちの一枚に、かろうじてこの浅草勧業場の敷地と、建物の位置や用水堀や六郷家長屋などが記録されている。『浅草寺文化』の第七号に載せたこの図（図3－18）は、それを拡大してみたものだ。英字はただ建物を分けてみただけで、なにか順位をあらわしているわけじゃない。辰の口よりは大規模なものだったらしい。地元もけっこう期待していたと思うよ。地元の出品者も多く、陶器や漆器や小間物などの売れ行きがよかったという記事がある。

この大がかりな浅草勧業場には、借地料が高かったり、値段の付け方をめぐるトラブルもあったりしたようだ。だから六区の開発が進むより前に消えていってしまう。しかし、明治二〇年代をつうじて勧業場・勧工場は増えていった。やがて「勧工場もの」というと、安売り均一の品物というふうに軽く見られるようにもなっていく。浅草公園内にも、第七区を中心に芳流館、共栄館、梅園館、第二共栄館、東洋館、開進館など、勧工場が六館もできていくんだ。ただ物を売るだけでなく、安本亀八の細工にかかる美人の生人形などが置かれたりして、見世物の要素もあったんだな。

この浅草勧業場の跡地は、なにか奥山の延長のような空間になっていった。見世物小屋の進出が目立つようになるんだ。やがて明治二〇年（一八八七）には、小屋掛けの興行を脱した、改良劇場としての「吾妻座」が開かれることになった。

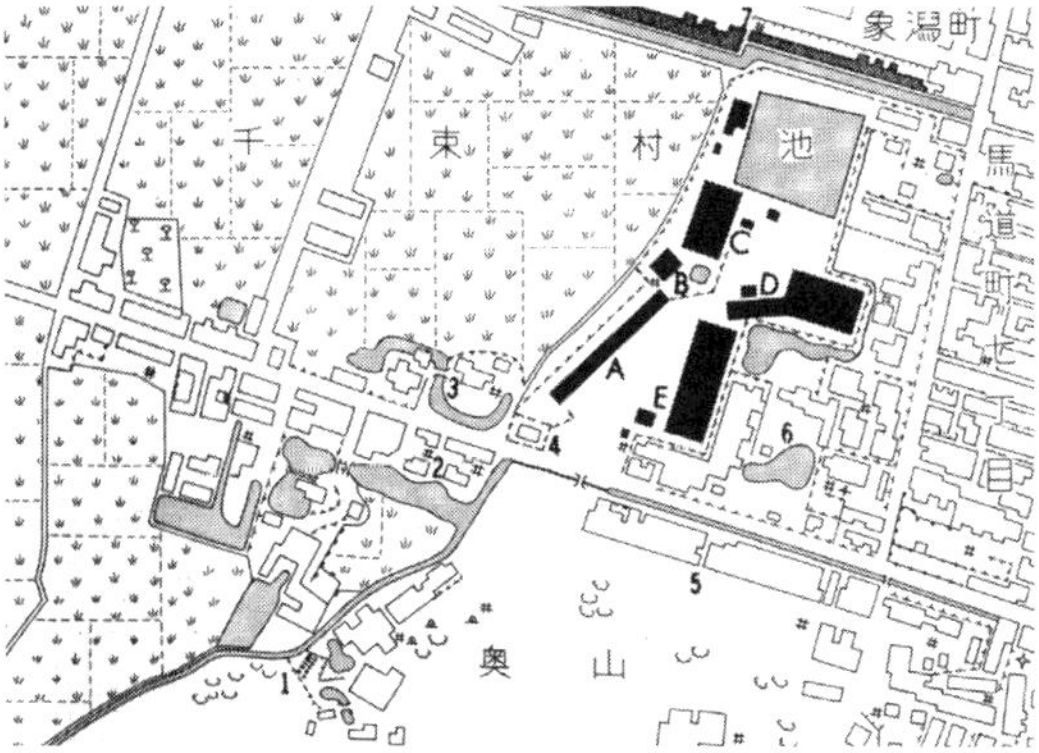

図3-18　浅草勧業場所在地『浅草寺文化』第7号：48
1浅草寺世代墓所　2つり掘　3つり掘　4長太郎地蔵　5揚弓場
6東瓢亭跡　7六郷家長屋

六区の形成と浅草公園の完成

さっき話題にしたこの明治一七年の地図は、全体がじつに精密な実測で美しいんだ。すでに完成した埋め立て地には草原の記号がしるされてあり、大池のかたちが明確に記録されている。この頃には草っ原の地割りが決まり、今日の公団の住宅のくじ引きさながらに、抽籤で貸し付けがはじめられた。それが、明治一七年六月一一日で、これが浅草公園第六区の発足の日なんだよ。

その年の十一月には六区整地改良事業の完成を祝う催しがおこなわれた。六区を南北に貫く四間道路の両側には、三間ごと交互に松と柳とが街路樹として植えられた。そのころ「植六」と呼ばれていた花屋敷の植木屋六三郎（森田六三郎）の請け負いしごとだった。藤棚も整備されて、中の島にはあずまやも建てられた。街路樹の松は黒松、柳は六角堂柳だったんだが、これがいつ失われてしまったのかは、はっきりしない。おそらく明治二九年四月一一日の六区の大火[43]で失われたのではないかと思うんだよね。

六区は、一号地から四号地までの小区域に分けられている。

そのうち、大池をのぞむ一号地、二号地には興行場の建設が認められなかった。三号

（43）明治二九年四月一一日の大火は、昼過ぎに第六区四号の一（大黒館と菓子屋のあいだ）あたりから出火した、という。死傷者はなかったが、火の手は三方に拡がり、道を隔てた動物の見世物小屋では象・虎・熊を避難させる大騒ぎ、日中の火事ゆえ見物人などが多く、消火活動が思うようには進まず「第六区の大半を焼き、二時四十分頃ようやく鎮火」［読売新聞、一八九六年四月一一日］した。

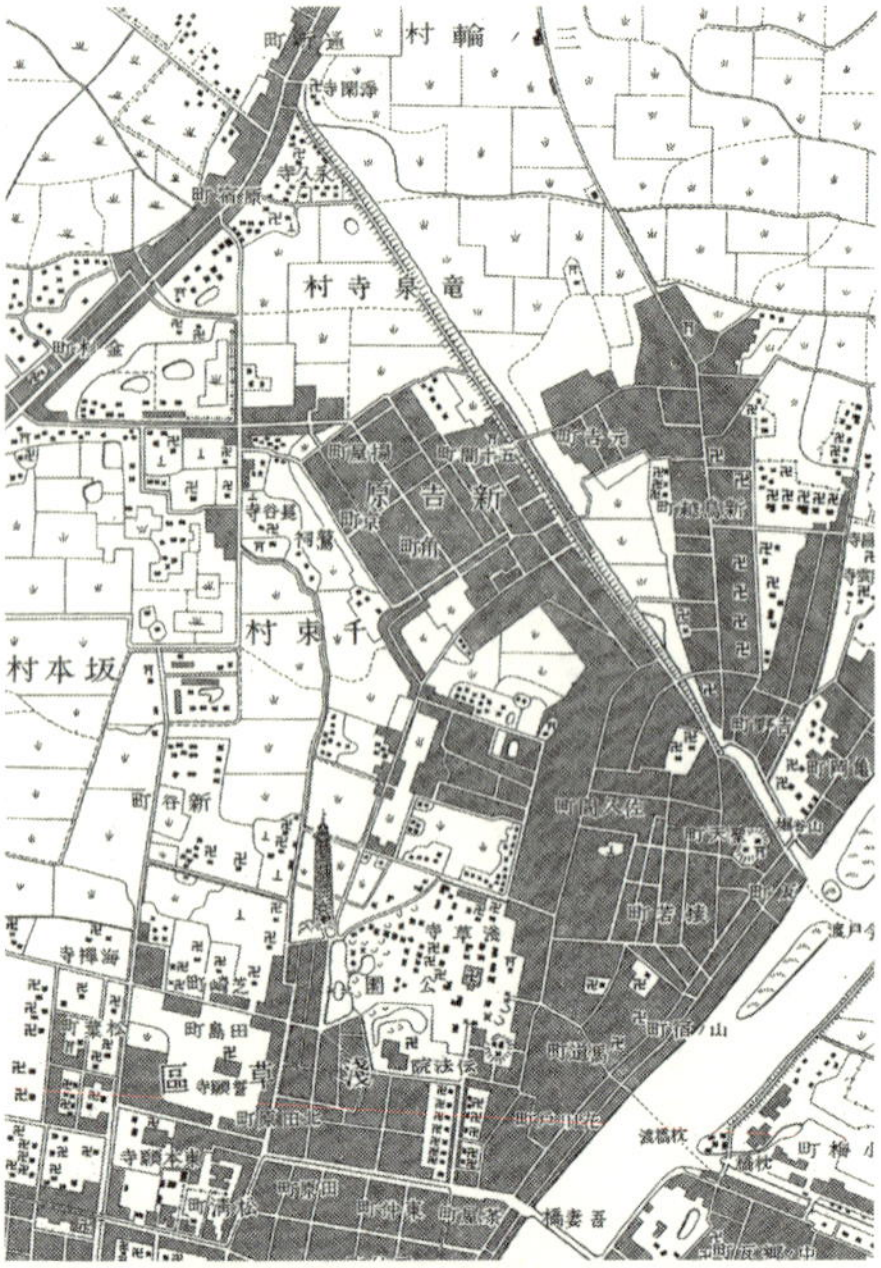

図3-19a　凌雲閣竣工当時の浅草（1890）喜多川周之作図

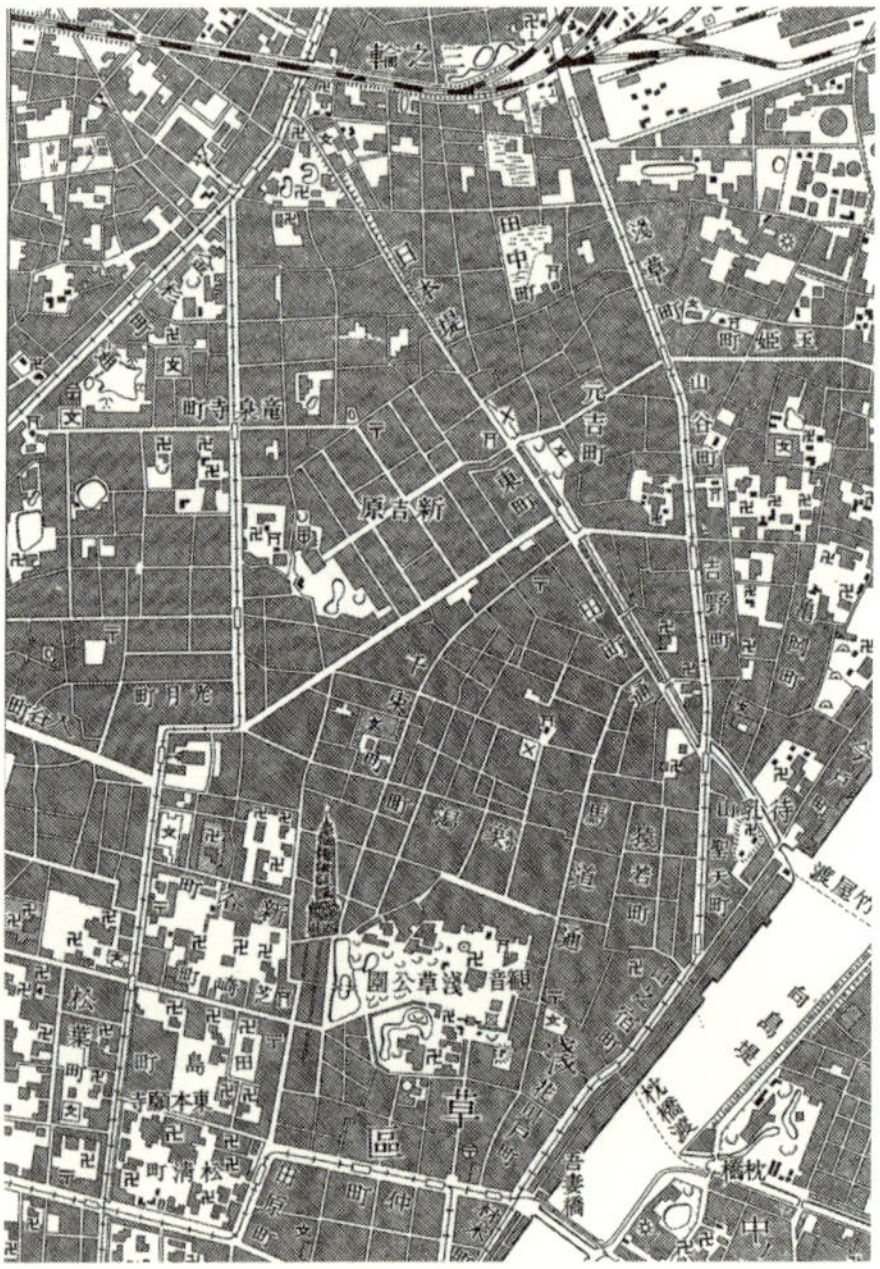

図3-19b　凌雲閣崩壊当時の浅草（1923）喜多川周之作図

地と四号地のみに許された。興行を目的に一号地および二号地を借地した人びとのなかには、土地を返したいと希望する者もでて、せっかくの新しい繁昌をねらった遊園の事業も足踏みをしたかに見えた。しかし、公園世話掛の福地源一郎（桜痴）の進言で、一号地二号地にも一年おくれて興行場を建築することが許されていく。

しばしば誤解されるんだけれど、十二階の所在地はいわゆる六区じゃあないんだ。当時の地番では「東京市浅草区千束町三八番地」、市区改正で「東京都台東区浅草千束町二丁目六番地」になって、また「浅草二丁目一三番」に呼び方が変わった。この場所は、じつは「浅草公園」にふくまれていないことが大切なんだ。公園法規では許されないけれども、わずか道路一本を隔てた公園地の外に高層建築が築造された（図3－19）。そうした事実も、おもしろいんだね。

だけど人びとは、その場所をたしかに公園のうちだと思った。凌雲閣自身が「浅草公園」を自分から名乗ったのも事実なんだ。

だからこの十二階凌雲閣の意義は、じつはそういう人びとの意識もふくめて、「浅草公園」（図3－20）というものそのものの成長の過程のなかにあったと考えられるんだよ。

図3-20　小杉未醒「浅草一目」（『東京四大通』［也奈義書房、1897：第16図）小杉の戯画は、明治30年代の浅草公園の楽しみとあやしさをうまくとらえている。

三　凌雲閣が建てられる——登高遊覧施設の系譜

——いわば舞台空間としての「浅草公園」が整備されていくなかで、この凌雲閣が建てられるわけですけれども、その動機はなんだったのか。エッフェル塔を真似したんだとか、いろいろ言われている。喜多川さんは、眺望を楽しませる「登高観覧場」というか「登高見世物」というか、そういう興行の系譜に凌雲閣を位置づけてらっしゃいますよね。

ええそう、明治になって高いところに人を登らせる見世物が流行ったんだ。それは凌雲閣建設の前提となる、人びとの楽しみをうかがわせるものなんだね。明治一〇年代の海女のハダカ人形、明治一七年に高村光雲が設計した大仏、それに明治二〇年に浅草の興行師がつくった浅草富士など高さで目をひく、いろいろな奇抜な興行があらわれた。

海女のハダカ人形と佐竹っ原の大仏

最初のひとつが、明治一二年頃、蔵前の八幡さまの境内にできた海女のハダカ人形だ。山本笑月が『明治世相百話』に、そのときのことを記している。山本笑月は、長谷川如是閑のお兄さんだ。

「奇抜な見世物も多いがこれらは特別、明治十二、三年ごろ浅草厩橋の近所、蔵前へできたハダカ女の大人形、高さ三丈あまり、人家の屋根越しに乳からヌッと出て肌色の漆喰塗り、あまりいい恰好ではなかったが思いきった珍趣向と、あきれながらもぞろぞろ見物、エロの利目は今も昔も。木戸を入ると腰巻然たる赤い幕をもぐって膝の辺から体内へ、ゲラゲラ笑いながら上って行く。腹のあたりに十ケ月の胎児の模型もっともらしく説明が一くさり、御順に上って頭のてっぺん、三つばかり窓があって四方を見晴らす。高場所のない下町の人間は珍しがって覗いたものだが、一年ばかりで止めたらしい。」(44)

蔵前通りは、南のほうから浅草観音へ参詣する、その道筋だった。蔵前の石清水八幡宮の境内は、浅草公園の六区が整備されていくようになると衰えていくんだけれども、いわば奥山への呼び込み役を果したんだね。もっともこの明治一〇年代の海女のハダカ人形については、写真ものこっていないし、記録もすくないんだ。だけれど、このあいだ佐藤さんに、この装幀は見といたほうがいいよってお貸しした、あの『梵雲庵雑話』の淡島寒月が何度か登ったという話を書いている。

「私が住まっていた近くの、浅草から両国馬喰町辺の事ですか——さようさね、なにから話して好いか——見世物ですな、こういう時代があった。なんでもかんでも大きいものが流行って、蔵前の八幡の境内に、大人形といって、海女の立姿の興行物があ

(44) 山本笑月『明治世相百話』第一書房、一九三六〔『明治世相百話』中公文庫、一九八三:一

った。およそ十丈もあろうかと思うほどの、裸体の人形で、腰には赤の唐縮緬の腰巻をさして、下からだんだん海女の胎内に入るのです。入って見ると彼地此地に、十ケ月の胎児の見世物がありましたよ。私は幾度も登ってよくその海女の眼や耳から、東京市中を眺めましたっけ。当時「蔵前の大人形さぞや裸で寒かろう」などいうのが流行ったくらいでした。この大人形が当ったので、回向院で江の島の弁天かなにかの開帳があったときに、回向院の地内に、朝比奈三郎の大人形が出来た。五丈程ありまして、これは中へ入るのではなく、島台が割れると、小人島の人形が出て踊るというような趣向でした。それから浅草の今パノラマのある辺に、模型富士山が出来たり、芝浦にも富士が作られるという風に、大きいもの大きいものと目がけてた。おかしかったのは、花どきに向島に高櫓を組んで、墨田の花を一目に見せようという計画でしたが、これはあまり人が這入りませんでした。今の浅草の十二階などは、この大きいものゝ流行の最後に出来た遺物です。」(45)

寒月が思い出している「さぞや裸で寒かろう」というのは、「梅ケ枝」節の替え歌ですよ。元唄は仮名垣魯文がつくったという。「梅ケ枝」節は、「もしも◇◇ならば、〇〇それたのむ」という文句が特徴になっていて、その言いかえなんだよ。明治一一年頃に「蔵前の大女／さぞや裸でさびしかろ／もしもさびしいそのときは／上野の大仏それたのむ」というのが、替え歌として流行したんだ。淡島寒月も、「大きい見世物」のお仲間として、のちの浅草富士や十二階につなげている。

画家の石井柏亭も、この海女の裸人形に言及している。どうも自分の経験というより

(45) 淡島寒月「江戸か東京か」『趣味』第四巻第八号（一九〇九年八月）［『梵雲庵雑話』書物展望社、一九三三年一一月一九日発行：三一－四］

は母親の話らしい。しかし、乳母に連れられて見たという「佐竹の原の大仏」と、自分で登ってみた浅草のつくりものの「富士」とを、一緒に思い出しているんだ。

「浅草の境内に「富士」と云うものの出来たことがある。母の話に聞く蔵前の「海女」や、乳母に連れられて見に行った佐竹の原の大仏（もっともこれはごく小さいものであろうが）など、その年代に多少の相違はあろうが、なにか高いところに人を登せて四方を眺望させようとする企てがそのころ流行ったようである。蔵前の八幡境内に在って、中をなにかで組んだ上は灰砂細工の、長大な裸体の臍の下両股の間から衆人を体内に潜らせて、その上半が遠く上野の山王台から見えたという、「海女」の奇抜な意匠にくらべては、この「富士」のごときは取るにも足らぬものであった。円錐形の外部は芝居の道具のように灰砂かなどで白く塗られた造りものの雪の山を、螺旋形に登るだけのことであるが、叔父と登った日はちょうど山嶺に風があって、衣服の裾は強く吹きまくられた。しかして十二階が出来たのはこの富士が壊されてから後のことである。」(46)

（46）石井柏亭「古い浅草」『方寸』第三巻第八号（『浅草号』）〔方寸社、一九〇九・八〕

この大仏さんが建てられたという場所を、ボクらは「佐竹っ原」と呼んでいた。秋田藩の佐竹家のお屋敷跡だ。

石井柏亭は小さいものだろうと言っているが、実際の記録をみると、大仏は意外に大きかった。四丈八尺の高さがあったという。仏師で彫刻家の高村光雲が原型となる仏さんの設計をした。これもやはり海女とおなじく見物人を胎内に入れる趣向だ。『光雲懐古談』[47]によると、興行の小屋をつくるのに、その屋根にあたる部分を大仏のかたちにこしらえて、「招き看板」に使うという思いつきだった。手のひらの上に出られて見晴らすことができた。さらに内側の階段を昇っていくと、頭のなかは広さが二坪くらいで、目や耳や口や後頭部の穴から顔を出して、街を眺めることができた。

四、五月の開場の頃は相応の人出があった。開業初日などは千人の入場があったんだそうだが、九月の台風でやられてしまった。たいして長くもたなかったためだろうね、この大仏も、錦絵や写真や案内記にほとんど記録がのこっていない。

(47) 高村光雲『光雲懐古談』萬里閣書房、一九二九：三五二―六七

富士山縦覧場

このあとに出て来るのが、富士山のつくりものだ。浅草富士とか、仮富士とか、人造富士、木製富士など、いろいろに呼ばれた。これは正式には「富士山縦覧場」という登覧客目当ての興行で、浅草公園はじめての「登高遊覧施設」であり、六区はじめての興行施設でもあった。どうも、これを思いついたきっかけは、浅草寺の五重塔の修理だったと思われるんだ。『風俗画報』で橋本繁が書いている。

「去る明治十八年の頃なりき。仁王門のかたわらなる観世音五層塔修繕の際、仮に足場を造り、わずか下足料（一銭）のみにて庶人に登閣縦覧を許したりき。世人の嗜好は思わぬ方に走るものかな、登閣を求むる者陸続絶えず、然るにこれは一時のおもいつきにて、全く修復をおわるや再び登閣を許さずなりぬ。香具師寺田為吉なる者あり。自ら所謂《おもへらく》必ずやこの地に一大高台を造り、もって東京市中全部を望見するを得るごと

くなせば唾して巨利を博せん、とここに富士山模型を思い立ちぬ。」[48]

ここで「明治十八年の頃なりき」とあるのは、すこし正確じゃないんだ。網野先生の『浅草寺史談抄』の「浅草寺五重塔誌」によると、修理がはじまったのは明治一九年（一八八六）の三月で、完了したのが九月だから、足場に上がらせたのもその間だと思うんだ。この情景を浮世絵師の四代目国政が「東京府金龍山浅草寺五重塔修復之図」[49]という錦絵にしている。国政は浅草公園第五区に住んでいた。絵を見ると、足場は第五層の軒まわりまで組み上げられている。小手をかざして、四方を高見の見物する人びとが、楽しそうに描かれているんだ。この繁昌にヒントを得て、興行師がむかしから親しまれていた富士塚を新しくつくった。

浅草富士が建てられた土地は、じつは火事の焼け跡なんだよ。前年の明治一九年七月一三日、小林伊兵衛が経営する「巴」小屋で、密造していた煙火が爆発した。三名が死に、五七戸が全半焼したという。その秋から二〇年の新春にかけて、そこで江崎礼二の斡旋で曲馬興行の小屋がけがあったけれども、不景気もあって公園の遊覧客も非常に減っていたらしい。富士山縦覧場興行のための「公園借地願」は、明治二〇年（一八八七）の三月七日付で東京府に出された。申請者は「浅草区三筋町五十番地　寺田為吉」という土地の興行師だ。保証人には浅草公園世話掛の福地桜痴が名を連ねている。

四月一九日に、建設が許可された。敷地の広さは一〇五四坪、高さ一八間で裾回りが一五〇間というから、ずいぶん大きな人造富士山ができあがったんだ。写真にものこっ

（48）橋本繁「富士山模型」『風俗画報』臨時増刊第一四一号（『新撰東京名所図会 第五編 浅草公園之部 下』）［東陽堂、一八九七：三七］

（49）第一章図版1－3参照。

ているよ（図3－21）。

礎石の上の構造は木造で、骨組みはいわゆる「込み栓」（柱と土台や梁などの組み方の一つ）というやつだ。それでしっかりと組み、竹で起伏をつくった上に、粗布や筵をつめて漆喰で塗り固めて、山のかたちにしている。山頂は雪の白さに、それ以下のところは岩石や樹木に見立てて色を塗った。登り道は右の内側を二〇〇間、下り道は左外側を二三〇間、ともに一〇周して上下するという構造だった。総工費をボクなりに計算してみたんだけれども、だいたい一万五〇〇〇円くらいをかけている。入場料は大人五銭、子どもが三銭だったというんだが、『風俗画報』の紹介が「下足料一銭」と書いているのが、ちょっと不思議なんだよね。履き物を脱いで登ったんだろうかなあ、そいつはよくわかんないね。

図3-21　古写真の浅草富士『浅草寺文化』第3号：口絵
浅草田島町よりの遠望だという。

この富士山縦覧場は、明治二〇年の一一月六日に開業した。開業当日は、つくりものの山に登ってみようという客が長蛇の列になった、という。これは興行元が、近在の「冨士講」の連中に依頼したりして景気をあおったからなんだ。混雑して待たされた講中の勇み肌が騒いで、一悶着あったという記録もある。この見世物は、浅間神社の富士山信仰ともかかわるんだよね。

しかし、開業からほぼ二年後の明治二二年（一八八九）八月三一日の大暴風雨で、大きな被害を受けてしまう。漆喰で塗りかためたところが壊れて、骨組みがあらわになってしまったらしい。無残な姿だったと思うよ。修繕して一一月には再開したものの人気はもどらず、凌雲閣の完成を待たずに、明治二三年（一八九〇）の二月には取りこわしがはじまった。

電気による明かりの開化

この浅草富士の頂上に、電灯が設置されたことがある。高さ一八間のところに開化の光がともされたんだ。(50) 明治二一年（一八八八）七月、納涼の登山客のためのものだった。夜景を見る客のにぎわいが、花見の休日のようだったという（図3―22a・b）。電源はおそらく、千束村の福住温泉じゃあないかと思うんだ。明治一八年（一八八五）五月七日に、自家用九馬力の蒸気機関で発電に成功し、将来は公園地への送電も約束しているからねえ。

浅草公園地の夜にはじめて電気がともったのは、それよりちょっと前の明治一九年なんだ。開園祝賀期間につくられた仮設の雷門にはじまる。第二区の雷門のあとに、行灯のような張り子のような布張りの門を設置して、夜間に点灯した。浅草田圃の温泉場から電気灯を移して持ってきたのだそうだ。仲見世の煉瓦街の軒提灯がかすんでしまった、と新聞がつたえている。

東京電灯会社が営業をはじめて、鹿鳴館に電灯をともしたのが明治二〇年一月、その四月には首相官邸での仮装舞踏会も電灯のもとでおこなわれる。しかし、その前から浅

(50) 喜多川さんが「十二階ひろい書(3) 凌雲閣十二階の建設契機(二)」『浅草寺文化』第三号、一九六四：三九―四〇で引用している『時事新報』の記事では、「直立十八間の上に光輝を放ち、両国橋上よりこれを望めば、星斗の墜ちんとして落ちず、半空にかかるごとき奇観を呈するものは、これなん浅草公園なる木製富士の絶頂に電気灯を点じたるものなり」と述べ、夜の八時九時まで人出があったことを伝えている。

図3-22b 『東京漫遊独案内』

真木痴嚢（幹之助）著の『東京繁華 紙取写真』［漫遊会、1888］は「佐竹の原の盧舎那仏」を顔色なさしむる「木造富士山」の山容を挿絵にとどめ、梅亭金鵞（迂叟）が著した『東京漫遊独案内』［漫遊社、1889］では、小林清親が奥山閣とともに木造富士を描いている。

図3-22a 『東京繁華 紙取写真』

草の地では新しい光をともしていたんだ。近くでつくられた小規模の電力を、うまく利用していた。

凌雲閣の一一階に取り付けられた二基のアーク灯（弧光灯）は、こうした電気の光の利用を受けつぐものだった。だから光っている電灯だけでなく、もとになる電源も重要だよ。明治二八年（一八九五）には、浅草蔵前に東京電灯会社の火力発電所が設けられ、「蔵前の大煙突」（図3－23）が墨田川べりにあらわれて道しるべにもなる。この高さが偶然にも二二〇尺と、浅草凌雲閣とおなじなんだ。『東京電灯会社開業五十年史』[51]は、凌雲閣のエレベーター運転用に同社が七馬力電動機に電力を供

（51）『東京電灯会社開業五十年史』［東京電灯会社、一九三六］

給したのが、わが国における電力利用の濫觴であるとのべている。

大阪における登高観覧施設

さて、この浅草富士の試みが大阪に飛んで、関西でも高い観覧場が流行する。それで今度は関西での流行が、凌雲閣建設に刺激をあたえていく。そのあたりも、入り組んでいるのだがおもしろい。

図3-23　浅草発電所［『東京電灯会社開業五十年史』1936：58-9］

「浪花富士」を建てるという報道が『東京日日新聞』に載るのが、六区の富士山縦覧場が開業してからわずか二〇日後だった。大阪の西区楳本町の安田友吉が、東京の「人造富士山」にならって思いついたのだという。ところが、敷地の問題があったり、竣工間際になって浅草富士がやられたのとおなじときの全国的な暴風雨で破損したりした。だから開業したのは存外に遅くて、もう申請から二年後の明治二二年の九月中旬になっていた。

ふりかえってみると偶然の符合かもしれないんだけれども、そのあいだに関西で高い建物が競うかのように建っていく。

明治二一年七月一〇日にできた今宮村の

煉瓦造り五階の眺望閣、さらに翌二二年三月三〇日には、石造り五階建ての商業倶楽部ができて、四月一九日には北野村に部分煉瓦づくりの九階の有楽園の凌雲閣が開業する。(52) おなじ名前で、浅草の凌雲閣よりも早くに、しかも九階の高さを売りものにする登高遊覧場ができたわけだ。建物の構造も、位置している空間の性格もちがい、また東京と大阪とで遠く離れていた。けれども、浅草の凌雲閣の建設は、この北野の九階建てを強く意識していたと思うんだよ。

――一方で、喜多川さんは六区の富士山縦覧場にしても、その前に目立つ蔵前の海女や佐竹の大仏にしても、必ずしも高さだけを競ってつながっていたと考えるのは、東京の場合はすこし単純じゃないだろうかと言ってらっしゃいますよね。

もちろん、高さの競争もあったと思うんだよ。北野の凌雲閣の九階一三〇尺を超えるために、浅草の凌雲閣が一〇階から一二階に変更されたのも事実だしね。しかし、おなじ時代にこの東京にあらわれる芝の愛宕塔とか、花やしきの奥山閣（鳳凰閣）、京橋の江木塔など、それぞれに別個な性格をもっていて、かならずしもおなじように受け止められているわけじゃない。いずれも高さで注目される建築物だけれども、独自の歴史をせおって発生している。だから高さ比べだけで考えちゃあいけないんだよ。

江木塔は新橋丸屋町にあった江木商店支店の七階の塔で、あまり人に知られていない。本店は神田淡路町で、店主は京橋区山城町に住み「写真 福山館 江木商店」を名乗った。

(52) 眺望閣、商業倶楽部、有楽園凌雲閣については、船越幹央「大阪における明治20年代の展望所を持つ施設について」『喜多川周之コレクション第2集』[前掲：七七―九六] がくわしく論じている。

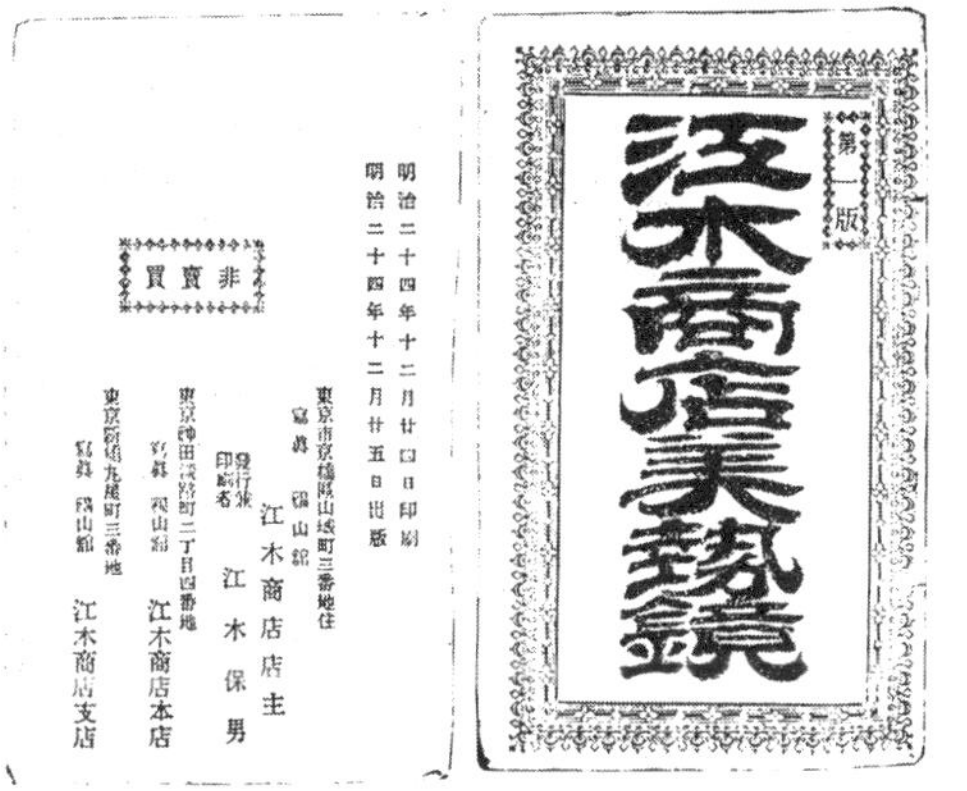

第一版

江木商店美勢鏡

明治二十四年十二月廿四日印刷
明治二十四年十二月廿五日出版

非賣買

東京市京橋區山城町三番地住
發行兼印刷者 江木商店店主 江木保男
東京神田淡路町二丁目四番地
江木商店本店
東京新橋丸屋町三番地
江木商店支店

図3-24 「江木商店美勢鏡」『狂蒐倶楽部』第3巻第3号

図3-25 奥山閣（鳳凰閣）
『浅草寺文化』第4号：口絵

この店の宣伝営業案内のために作ったと思われる『江木商店美勢鏡』[53]という珍しい資料を手に入れて、仲間たちの雑誌で紹介したことがある。一〇六頁くらいの小冊子だが、銅版に石版で着色した江木塔と、本店の写真師の江木松四郎の略歴などが載っている（図3－24）。

花やしきの奥山閣

たとえば、同時代に浅草公園に移築されて落成した、五階建ての名所だった「奥山閣」（図3－25）も花屋敷のひとつだ。これも登高観覧場のひとつだ。凌雲閣の建設計画が明らかになったころ、新聞はそれが落成すれば浅草公園の眺望台は、「仮富士」「奥山閣」をあわせて、三つになるだろうと報じている。[54]この奥山閣が移築されたのは十二階完成の二年ほど前なんだ。明治二一年五月

（53）『江木商店美勢鏡』［江木保男、一八九一年一二月発行］は、江木塔をもつ江木商店の営業案内の冊子らしく、掲載されている目次からは、店舗への案内、定価表、写真師履歴、営業品目等々が載せられていたことがわかる。

（54）［時事新報、一八九〇年一月二六日記事］

一日から三日間、落成祝賀会が盛大におこなわれた。

じっさい、この奥山閣という建築物は、じつに数奇な運命をたどっている。(55)

この建物をもともと建てたのは、「信伝《しなでん》」（あるいは「信濃伝」）という通り名で鳴りわたっていた、材木商の丸山伝右衛門というひとだ。火事は江戸の華っていうくらいで、火事ごとに材木商はうるおった。このお方の名は、明治七年（一八七四）に東京府に出された浅草公園の経営の「再願」書類にもでてくる。本所五の橋町の河岸通り一帯の土地を広く所有していて、深川に小学校をつくったりしている。

この材木問屋のご主人は、庭造りにも趣味があった。維新の混乱のなかで大名や社寺の庭園が手放した庭木庭石をずいぶんと引き受けて、自分の家の庭園を立派にしていったらしい。その邸宅も庭園も、じつに贅沢なものだったんだと思うよ。そのころに小僧として働いていた左官組合の老人の証言があるんだ。当時のこの信伝のお屋敷のことを回想している。

「庭だけが一町半と二町、牡丹や芍薬が別々の花壇で育てられ、築山には、四尺位の水晶の柱が幾本となく植えられ、庭のここそこに、その頃でも五百円もした五尺位の赤間石がゴロゴロして居り、三十人位の職人が、七八年もはいって拵えた庭でむろん泉水や噴水もありました。建物はまた四百坪もあって、ポンプで水を揚げて、なにしろ旦那は開けた人でしたから、水槽便所までできていました。震災で焼けた浅草花屋敷の、孔雀の乗っかっていた四階の高楼、あれと、あの四階の下に唐木の指物でできて敷石を敷いた文人堂といった支那式の小座敷、あれが信濃伝の建物で、あの文人堂

（55）「奥山花屋舗」『風俗画報』臨時増刊第一三九号（『新撰東京名所図会第四編 浅草公園之部 中』）［東陽堂、一八九七：二六-九］によると、明治二一年に信伝が所有していた「木造瓦葺き五階家一棟」を山本松之助が買い取って移築し「奥山閣」と名づけたあと、花屋敷は会社組織となったが、これを明治二七年には駒井栄次郎、翌年には鵜飼常親、さらに岡山揚が買い受け、二九年秋に佐藤秀夫に売却されるなど、所有者が転々とした、という。奥山閣と名づけたのは、福地桜痴といわれている。

で、明治天皇様が御休憩になったので、誰も人を入れなかったものでした。その脇の座敷の書院の外側、椽側の方の壁に、長八さんが多摩川に鷗の遊んでいるところを拵えた。その鷗は中指の先の大いさの鷗だったが、そんな小さい鷗の眼にもみな玉眼が入れてあって、キラキラ光って実に見事でしたが、この座敷はのちに橋場へ持って行った。また稲荷様の四尺丸位に丸く塗った外側には、長八さんが塗った近江八景があって、俵藤太の百足退治などが、下の雲霧の間々からチョイチョイ見えるのでありました。」(56)

明治一二年(一八七九)七月二七日の『郵便報知新聞』に、関連する記事が出ている。豪商丸山伝右衛門の庭園が非常に立派であることに触れて、「このたび四層楼を新築し」て、顕官や実業家や役者などを招いてお披露目をする、とあるんだ。のちに「奥山閣」となる建物のことで、その頃に落成したものだと思うんだよね。アメリカの前大統領のグラント将軍の来日と、なにか関係があるんじゃないかな。まあ、いま想像する以上に豪奢をきわめた暮らしぶりだったようだが、明治一八年ごろには信伝は没落して、これらの建物も売りはらわれていく。

明治二〇年四月に、この建物の移築のための「浅草公園地増拝借之上五層楼等建設願」が東京府に差し出される。願い出の主は、山本金蔵の息子である山本松之助となっている。山本金蔵は、明治一八年一〇月に森田六三郎から花園をゆずり受けて改良し、浅草花屋敷を創業した人物なんだ。この長男の松之助は、つまり山本笑月の本名で、さきほども出た『明治世相百話』を書いた。信伝のつくった五層楼が「奥山閣」として

(56) 結城素明『伊豆長八』[芸艸堂、一九三八:三一八―三二〇]

花屋敷に移築されたのが明治二一年。唐木の指物や鏝絵が見事であった文人堂のほうは、今戸の称福寺に移されたが、双方ともに関東大震災で失われたんだ。

四　凌雲閣の建設——基礎をつくり煉瓦を積み上げる

——さて、いよいよ明治二三年になって、十二階の建設が新聞でも報道されるようになります。この十二階凌雲閣の建築主や設計者をめぐっては、さまざまな情報があって、喜多川さんはそのあたりも調べられたわけですよね。

明治二三年の初春には、千束田圃の一角で凌雲閣建設の基礎工事がはじめられていたんだけれども、寒かったろうね。千束田圃はすこし掘り下げると、江戸の道普請にもつかわれた浅草砂利が出てくるんだ。地盤があまりよくなかったから、それを固める必要があった。太い松杭を一二〇〇本も打ち込んで、その上にまた尺角材で筏を組んで、さらにセメントで固めたんだという。この時の工事の写真があるんだけれども、セメントは樽入りだよ（図３－26ａ）。ちょっと少ない感じがするのは、まだ貴重品だったのかもしれない。この写真は、初代の社長で写真師でもあった江崎礼二が撮ったものだが、写っている人は確定できない。ひょっとしたら施主の福原庄七かもしれない。これは越後の長岡出身の貿易商だという。長岡市役所にもいろいろ問いあわせたんだけれど、ほとんどなにもわからなかった。

　この塔につかった煉瓦の量をボクもざっと計算してみたんだ。だいたい三三〇万枚が必要なんだ。煉瓦はそのころ生産過剰でもあったから、安く買えただろうと思う。煉瓦は本所の小梅からも、深川からも、船や牛車で運ばれてきたんだ。公園第四区の桜が開く頃になっても、塔の高さはまだ設計図の半分にも達しなかったんだ（図3－26b）。

　高さは当時の新聞やら刷り物やら名所案内の類には、そろって二二〇尺とあるけれども、大正八年の市街地建築法施行のときの実測では一七三尺だったんだよ。

図3-26a　凌雲閣の基礎工事『浅草寺文化』第４号：口絵

　一階から十階までが煉瓦積みで、十一階と十二階、それから屋根が木造。一階から八階までは各階の高さが等しく十二・五尺、九階が十五尺、十階が十六尺、木造部の十一階と十二階とはそれぞれ十七尺と十尺で、屋根は十五尺でブリキ張りだったという。この尖頭に風見のついた十二尺の避雷針がとりつけてあった。建築学者の堀口甚吉さんが、学会でご発表になったもの(57)を送ってくださったんだが、それによると、入り口の四段の階段の高さの二尺、天井のふところの高さの一五尺を計算に入れ、避雷針の一二尺をくわえて、さらに基礎底面よりの高さ約二〇尺を数えいれると、通説の「二二〇尺」

（57）堀口甚吉「浅草十二階凌雲閣の建築について」『日本建築学会大会学術講演梗概集』［一九六八（一〇月）：八一二］

図3-26b　建築中の十二階
『浅草細見』1973：95

になるんだそうだ。あるいはそうなのかもしれないね。このお方を青山墓地にご案内したことがある。大阪のほうの大学におつとめで、太ったお方だったな。

　この内部の構造がよくわかるのが、『凌雲閣機絵双六』というからくり絵双六だ。たいへんめずらしい仕掛け絵の錦絵で、開くんだよ。入り口のところを入ると、二階目、三階目、四階目と階を進んでいって、九階目、一〇階目と、そいから展望台が回り階段になっている。そのありさまが、開くと見える。もう一枚奥をあげると、エレベートルが出てくる。よく出来ているよ。

凌雲閣十二階の経営者たち

　最初の頃の株式会社凌雲閣は、福原庄七たちが発起人で、江崎礼二が社長なんだね。明治三〇年（一八九七）の一月には、この株式会社を解散して、荻野賢三、荻野竹次郎の二人が買い受けたという新聞報道がある。明治三〇年四月に出た「風俗画報」の『新撰東京名所図会』[58]の第四編にも、二人が譲り受けて「引き続き興行」をつづけると書いてある。

（58）「凌雲閣」『風俗画報』臨時増刊第一三九号（前掲）［東陽堂、一八九七：二九］

これもおもしろいのは昭和五〇年（一九七五）の、あれは八月だったかな、新宿花園公園の三遊亭円朝碑の除幕式で、偶然なんだな、この荻野竹次郎氏のお孫さんにあたるという荻野光忠氏とお会いしたよ。新宿図書館にお勤めの方だった。

明治三〇年代には、もう凌雲閣は人気が衰えていたんですよ。三月の新聞記事には、登閣者が一日わずかに数十名になっていて、毎日二〇円の赤字を出しているので、誰か人手に渡そうと譲り受ける相手を探している。五月には、馬道で質屋をやっていた進藤源兵衛に一万七五〇〇円で売り渡されたという新聞記事がでている。ただし、明治三七年（一九〇四）に出た『東京明覧』(59)には、なお持ち主が「江崎礼二」とあるのが、ちょっと不思議なんだな。このあと、明治四〇年代になると、江崎礼二や花やしき合資会社の大滝勝三郎などが後見人となって、息子の江崎岩吉や大滝福之助、それに今井秀吉の三人が経営にあたる時期があったらしい。さらに十二階の大株主だという岸源三郎とか田中金三郎という名前が出てきたりするんだが、くわしいことはわからない。まあこの頃になると、凌雲閣よりも十二階という名前のほうで通っていくことになるんだね。甘酒の接待もはじまるらしい。

明治四五年（一九一二）五月の読売新聞には、「浅草十二階の改革」(60)という記事がある。検査で「常設館」としての営業が許可されたことで、土地の松崎権四郎が発起人となって、資本金三〇万円の「株式会社十二階」を創立する、という。演芸場と観覧席を改築して、設備を整えて娯楽興行の常設館にする計画で、いま株式を募集中だとあるんだ。五月の朝日や読売の新聞に株式募集の広告（図３-27）が出ているよ。専務に佐々木一義という人がなり、外六名の役員で七月に「十二階劇場株式会社」として登記し、

（59）織田純一郎・田中昂・木村新之助・塩入太輔編『東京明覧』［集英堂、一九〇四：（第一九編）三九］

（60）［読売新聞、一九一二年五月二一日記事］

図３–27
株式会社十二階の株主募集広告
読売新聞 1912.5.22.

図３–28
甘酒の接待
朝日新聞 1912.9.16.

「塔におのぼりなら甘酒進上、下でお遊びならお芝居」と、安い興行でそれなりに繁昌したんだそうだ（図３－28）。

昭和三五年（一九六〇）ごろだと思うんだけれど、添田知道（さつき）さんに、十二階の話を聞いたことがある。添田さんは子どものころ、よく十二階の階下にあった演芸場に行ったっていうんだ。この明治四五年前後じゃあないかな。下谷の万年小学校の小学生だよ。演芸を見に行くんじゃなくて、そのころはさっき言ったみたいに客寄せの手段として、入場者に甘酒接待券というのを出していた。

大人たちはわざわざ九階の甘酒茶屋へなんぞ、よほどの者でもなければ登っていかない。だから接待券が椅子の下あたりに捨てられている。これを子どもたちがひろって、甘酒を飲みにいったんだそうだよ。子どもたちは、正直に甘酒を飲むと、十階の屋上を一周して降りていく。ところがあるときに券による接待が中止されてしまった。甘酒だけは飲んだが、支払いの金はもちろんない。そのまま給仕の女の子に面と向かわれて、ことばも出ずに夢中で駆けだしたっていう。いつも塔の上を一周回る習慣がついているんで、このときも階上に向かって逃げた。ほっとしたのもつかの間、階下の甘酒茶屋の前を通らないと地上には帰れない。添田少年はとほうに暮れながら、アリのように小さく見える路上の人たちを見つめていたというんだよ。

この話を濱本浩にしたら、後日、濱本さんは、知道さんが塔の上から私娼街の窓を見つめていたかのように書いた。知道さんが言うには、冗談じゃない、そのときはほんとうに子どもだったんだって。多少の色気はあっても、甘酒茶屋の関所をどう通過したらいいかの思案に暮れていたので、そんな余裕はなかったよと笑っていた。

十二階劇場株式会社は、震災後「十二階」を失って、凌雲座・昭和座として興行する。だから「十二階」を冠した社名は存続したんだけれども、けっきょく昭和二二年（一九四七）になって解散した。戦時中、昭和座は強制疎開になって、戦後その空き地に一時「十二階劇場株式会社建築用地」という標柱がたっているのを、ボクは見たことがある。

衛生技師ウィリアム・K・バルトン

凌雲閣十二階はもう建っていたころから、だれが企画し、だれが設計したのかなどについていろんな情報が混在していた。

たとえば大正三年（一九一四）に東京府の女子師範学校の教諭だった武藤忠義という人が書いた修学旅行の案内には、越後の生絲商の「福原庄三郎」が渡欧して帰朝後に「イタリア人」に命じて「十三万七千円」あまりの建築費で建てさせたとある。この記載が、すでに十二階が失われてしまったあとの昭和六年（一九三一）に出た『日本地理風俗大系第二巻　大東京篇』での佐々木彦一郎の記述[61]にほぼそのまま引用されて、ここでも「イタリア人」になっているんだ。また大正九年（一九二〇）三月四日の新聞記事には、イタリア人の「コンドル博士」が設計したと書いてある。

基本設計をしたウィリアム・K・バルトン（図3－29ａｂ）というお方は、スコットランド生まれの英国人なんだ。この人のことも、ボクが調べはじめたころはほとんど忘れられていて、あまり知られてもいなかった。外国で亡くなられたという記事もあった。たとえば、昭和一七年（一九四二）に土木学会がまとめた『明治以後 本邦土木と外人』では、亡くなったのが台湾だということになっている。東京をはじめ大阪、名古屋、神戸、広島、下関、福岡、門司、仙台の諸都市の水道敷設の調査設計をした衛生技師で、台北の水源地調査の途中で客死した、とある。

「政府の依嘱によりて台湾に渡り、基隆上下水道を完成し、なお台北における上水道の水源地決定に苦心し、炎暑淫雨を冒して山河を跋渉し、新店渓上流の探検を行えるとき、たまたま風土病に犯され、療養薬石もその効なく、三十二年（一八九九）八月

（61）佐々木彦一郎「下町北部」『日本地理風俗大系2　大東京篇』［新光社、一九三一：三一三］

五日異境において没したり。されども彼の事業と功績とは台北市における銅像と共に、永く後世に顕彰せらるべし。[62]」

(62) 中村孫一編『明治以後 本邦土木と外人』[土木学会、一九四二：七三頁]

図3-29a　バルトン（小川一眞・写す）『浅草寺文化』第4号：口絵

図3-29b　バルトンと関取［『Wrestlers & Wrestling in JAPAN』（1895）］

このもともとをたどっていくと、昭和二年（一九二七）に出された『日本水道史』[63]という分厚い本があるんだね。ここに、バルトンは台北の水道を設計中に、風土病にかかって台北で亡くなったということが書いてある。そうすっと、あとからの先生方がみんな右にならえで、そう書くんだ。困っちゃうんだよ。だけど、当時の新聞などを見てみると、どうも向こうで死んだわけではなさそうなんだ。亡くなった頃の新聞には、

「○バルトン氏の逝去　内務省衛生顧問たりしバルトン氏は、去る五日午後九時、本郷大学病院において逝去せし由。病気は赤痢のために肝臓の焮衝を起したるものなりと。氏は日本にあること十五年、衛生の学に長けたるのみならず、すこぶる写真術にも妙を得たりし人にして、遺

(63) 中島工学博士記念事業会編『日本水道史』[同記念会、一九二七]

族は夫人と令嬢との二人なる由」(64)

とある。夫人、令嬢とあるご子孫のことも、よくわかっていなかった。だから東京都公文書館にも行って、結婚関係の書類も調べて見たりもしたんだ。

東京大学の病院で亡くなっているのなら、どこに葬られたんだろうか。外国人だとしても、水道を設計するくらい偉い人で、新聞でもその死亡が報じられるくらいのお方が日本で死んだのであれば、きっと異人さんの墓地に葬られたのにちがいないと思って、青山の外人墓地に行ってみたんだよ。

偶然の幸運だけど、このお方の墓は青山墓地にあったんだ。台湾の外地で亡くなったわけじゃない。碑面にもちゃんと東京で死去したと書いてある。よく調べたら、もともと埋葬されたところではないらしい。最初のお墓は、いまタクシーの運転手さんたちが休んでいる広場の端っこあたりだった。青山墓地自体が区画整理をおこなって近代式の道路をつくったとき、つまり昭和一三年(一九三八)に今の場所に移されたらしい。

このバルトンさんが「御雇い外国人」として来日したのは明治二〇年(一八八七)だ。当時、帝国大学工科大学(東大の前身)に衛生工学の講座が新設され、その教師として招聘された。東京の私たちが毎日使用する水道もバルトンの設計で、下水道もまた彼が手がけたものだった。

衛生問題と水道建設は、ときの政府の大きな課題の一つだったんだね。コレラは、幕末の江戸で「コロリ」と死んでしまう流行り病と騒がれていた。文字でみると、「虎狼痢」というトラとオオカミとが混じる、恐ろしげな文字で書いてある。

(64)[読売新聞、一八九九年八月八日]

世が文明開化とあらたまる明治のころには、すっかりこの国の日常に定着してしまった。ボクは、新しい国づくりの異様な熱気も、案外と病菌どもにとって居心地のいい温床であったのかもしれないと冗談をいうのだが、明治一二年（一八七九）には全国で一六万八〇〇〇人のコレラ病患者が発生している。そこで、森林太郎（鷗外）、長与専斉などによる中央衛生会が内務省内に設けられるんだね。明治一六年（一八八三）には、日本赤十字社の前身である博愛社の佐野常民ほか有志によって、大日本私立衛生会も結成された。

内務省衛生局につとめる永井久一郎は、明治一七年（一八八四）五月にロンドンで開催された万国衛生博覧会に日本政府代表として派遣されて、そこでロンドン衛生保護協会の主任技師であったバルトンと知り合った。このひとは、永井荷風の親父さんだ。バルトンの来日は、永井久一郎が上司であった内務省衛生局長の長与専斉に、その招請を進言したことから実現した。このことはすでに秋庭太郎さんが『考証永井荷風』(65)で述べている。

バルトンのお父さんは、ジョン・ヒル・バルトンといった。法学博士でもあり、スコットランド歴史編纂官だった。このひとを父として、一八五五年にエジンバラに生まれる。衛生工学のほか港湾工学にも通暁し、また写真工学の大家でもあった。英国王立写真協会に正会員として籍を置いていたんだね。来日してから、日本の写真界にあたえた貢献は大きい。鹿島清兵衛、小川一眞、江崎礼二などが師と仰いだ人物だという。

ボクは英語がわからないけれど、バルトンには『Out-of Doors Life in Japan（日本における戸外生活）』(66)（図3－30）という写真集がある。「日本における……」というタイト

（65）秋庭太郎『考証永井荷風』［岩波書店、一九六六：四九］

（66）『Out-of-doors Life in Japan』は、縦が七寸五分、横が五寸五分の中形本で、薄葉紙袋とじ一三丁、表紙は桜と藤の模様をあしらった木版二色刷である。小川一眞の製作になる。

ルだけど、写された風物は東京にかぎられている。だから、バルトンの東京暮らしの副産物だと思うんだ。奥付はなくて、刊行年月はよくわからないんだが、おそらく明治二七年（一八九四）五月一九日に、バルトンが荒川まつという女性と結婚した記念に、海外の知己に贈るために作った私家版かと思うんだよね。

——この写真集のなかに、煉瓦を積んで運んでいる荷車の写真（図3－31）がありますよね。車を引いている人のかぶっている笠が、たいへん印象的な写真で、しかも煉瓦を運んでいるのがおもしろい。十二階の建設の工事中に撮られたのではないかなと、空想してしまいますよね。

すこし話が脇道に逸れるかもしれませんが、素材としての煉瓦も十二階凌雲閣の重

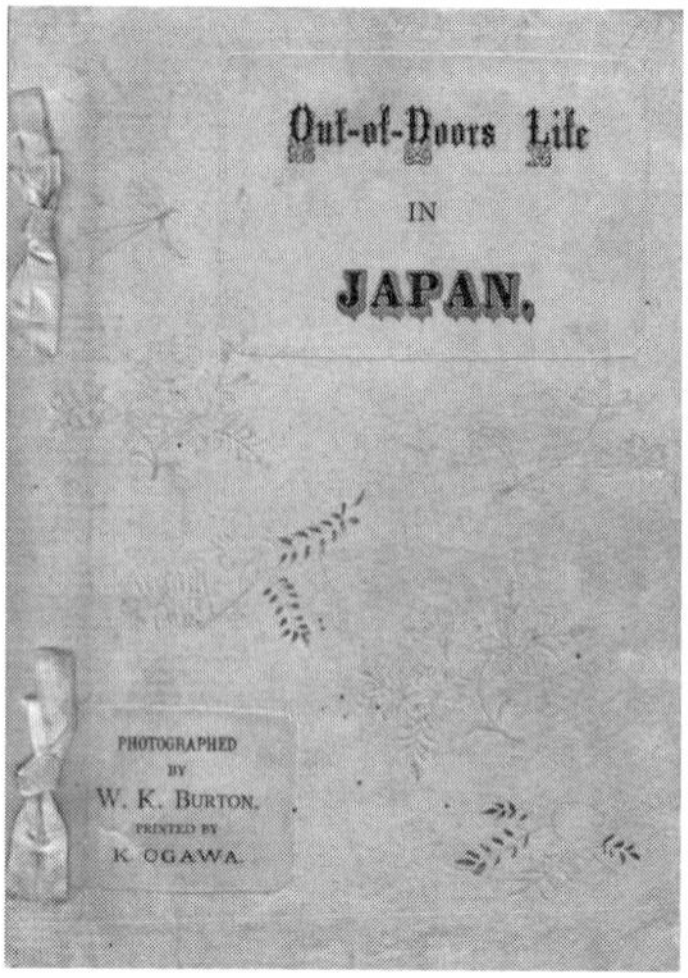

図3-30 『Out-of-Doors Life in Japan』

この結婚記念の写真集へ収載された写真から一四枚ばかりを選んでつくられた『Scenes From Open Air Life in Japan』という大判の一冊も残されている。こちらの一冊はJ. Murdoch の文章が各葉を説明していて、これも小川一眞の製作になる。これ以外にバルトンの写真集としては、濃尾地震のさいの『The Great Earthquake in Japan, 1891』が有名である。日本の相撲取りを海外に紹介した『Wrestlers & Wrestling in JAPAN』(1895)という写真集については、コナン・ドイルの研究家である石井貴志の考証と紹介がある［「ついに発見！ 幻の写真集」『水道公論』第三九巻第一〇号、2003年3月］。

石井貴志の丹念な調査で、シャーロック・ホームズの物語の生みの親のコナン・ドイルとバルトンとが幼友達であることなど、さまざまなことが明らかにされている［「W・K・バルトン氏と周辺の人々」『下水文化研究』第一三号、2002年3月］。

要な構成要素でした。銀座煉瓦街はまさに新時代の象徴でもあったわけですが、この煉瓦という建材の受容の歴史もたぶん、この浅草に建てられた塔を考えるうえでおもしろい視角です。喜多川さんも、十二階の煉瓦をもっていて大事にされているんですが、それはどこで入手されたものですか。

あれは、昭和三九年（一九六四）の夏だったかなあ。ボクは十二階があったあたりでビルの工事があるって聞くと、その現場にいつも行くんだよ。まいどまいど工事している方から怒られるんだけど、それも覚悟のうえであのあたりの工事現場を見に行く。国際劇場わきの駐車場の現場だったんだけど、掘り出された土のなかに、煉瓦が二つあった。もらって帰って、専門家に見てもらうと、今あるどこのものとも違っているっていう。十二階のものにまちがいないんだ。

図3-31　日よけ帽と煉瓦をはこぶ荷車（バルトン写す）

煉瓦の歴史にも、この浅草は深くかかわっているんだよ。さきほど公園制定の布告の話をしたけど、その時代は、銀座煉瓦街建設の途上でもあったんだね。不燃市街実現の第一歩をふみだした時代だった。銀座煉瓦街は、トーマス・ウォートルスが設計する。ウォートルスは、明治四年の大阪造幣寮、竹橋陣営を施工し、一説にはのちに最初の「勧工場」[67]として一部が使われる丸の内の辰ノ口分析所（一八六九年竣工）を築造したとつたえられるお方だよ。銀座煉瓦街は、建設の主体である東京府と大蔵省の確執をそのままに、担当部門を二分して工事が進捗していたんだ。

東京の煉瓦建築のはじまりは、この丸の内の辰ノ口の建物だといわれている。幕府評定所跡へ舎密局分析所として築造されたもので、六八坪余の平家建てだ。この建物は、のちに紙幣寮活版局が使った。さらに明治一一年（一八七八）一月には、さっきもちょっと話に出た勧工場の祖である「辰ノ口勧工場」の一部としても使用された。しかし、残念ながらのこっていない。

図3-32　近衛歩兵第一大隊兵舎（絵はがき）

現存する都内最古の煉瓦建築としては、竹橋のところの旧近衛兵舎（図3―32）がある。警察学校や学生援護会などになっている。明治四年（一八七一）に今ものこっている一部が竣工したが、大正の大震後コンクリートで上塗りされた。だから明治のはじめのころの煉瓦を素顔で見ることができない。皇宮警察が使用する旧近衛歩兵旅団司令部の煉瓦建築は、司令部編成後の一八年以降の建造だと思う。でもくすんだ煉瓦の色あいは、松の濃緑とうまくあっているよね。不自然じゃない。銅葺きの屋根も緑青が美しい。

（67）田中政治『新訂 勧工場考』〔田中経営研究所、二〇〇三〕

その頂上には避雷針があるんだ。あれも明治の遺産だよ。
高速四号路線がここで地下にもぐる。この工事現場にも行ってみたんだ。堀りおこされた土塊のなかから、明治中期の完全なかたちの煉瓦をひとつ、ボクはひろいあげた。それこそ古墳に埋められた器物へ触れるような気持ちだよ。七寸五分と三寸五分、厚さ二寸で、これを積上げた職人の手のぬくもりが感じられる気がするんだ。
民間で煉瓦を建築資材にもちいたことは明治五年二月の『新聞雑誌』に

「近頃東京尾張町ニ、煉瓦石ニテ築造セル西洋風ノ一大商店ヲ設ケ、各国ノ諸品種ヲヒサギ、追日繁昌セリ。或ル高官員ノ出店ナリト云」

と記されてあり、石井研堂の『明治事物起原』はこの煉瓦のはじまりについて

「東京における煉瓦家屋において一説をなす者あり、曰く、明治二年水町某なる者木挽町六丁目河岸今の出雲橋際に倉庫を建築したるを以て嚆矢とす。その残余の煉瓦をもって、当時尾張町二丁目（のちの大民洋服店）のところに居りたる乾物商三河屋某が煉瓦屋に改築して唐物を商いたることあり。当時は瓦職に積ませたるものなれば、その構造の不体裁なるは、後年の共同便所にも劣り、またその不完全なりしは同五年の大火に焼け落ちたるにて徴すべしと。」(68)

と述べている。

（68）石井研堂「煉瓦建築の始」『増訂明治事物起原』［春陽堂、一九二六：七三四］

明治五年二月二十六日の大火は、和田倉門内にあった元会津藩邸から火を発し、京橋西紺屋町、尾張町、木挽町、築地と火勢が延びていった。東京最初のホテルと評判された「築地ホテル館」をふくみ、民家だけでも四八七九戸を焼失した。この火事は、ときの東京府知事由利公正の不燃市街実現への一歩として、銀座煉瓦街建設の契機となった。

銀座地区一帯の防火建築に、さてどのていどの煉瓦が必要だったのか。

その数量について、事業の当事者にはまったく見当がつかなかったらしいんだね。関西の各府県に製造能力を問いあわせ、また上海からの照会も受けたんだ。上海製は価格がもともと高いうえに運賃まで加算される。だから費用が引き合わず使用されなかった。しかしこのことはのちに、銀座煉瓦街の煉瓦は上海製であるという説のもとになっていくんだ。

東京でも、すでに煉瓦の製造が試みられていたんだ。明治五年二月の銀座大火のあと、東京府は煉瓦によって市街を建設するという布告を出す。それに刺激されてあらたに製造場をひらいたり、また瓦製造業者が転向したりした。煉瓦の製造は小規模ながら新しい工業としてめざましい進展をみた。しかしながら、量産にはいたらなかった。東京府は大量生産を期待して、大規模な煉瓦引き受けの申請者に許可をあたえる。

明治五年四月に、小菅村（今の葛飾区小菅）に煉瓦製造所が設けられた。これが、なかなか当初はうまくいかなかったようだ。英国人技師ウォートルスの経験と焼成技術によって、はじめて良質の煉瓦の大量生産に成功する。ここで焼かれた煉瓦は、銀座煉瓦街に使われていったんだね。

しかし市街の耐火造成は、当局の意図とことなり、この銀座の一地区にとどまってしまった。小菅煉瓦製造所はしだいに経営困難となっていく。

明治一二年に政府はこれを買い上げて小菅集治監において、囚人をつかった煉瓦の製造をおこなった。やがて、ここで生産された煉瓦は、新築される官庁や公衙などに使用されていく。官製煉瓦の品質も向上してきたんだね。ついに陸軍の砲台建設や皇居造営にも、これを用いることになる。

煉瓦は、それまで色彩にとぼしかった江戸の町並みに、新しい色をくわえたんだよ。つまり点々とあざやかな開化の色あいを添え、小林清親や井上安治など、時代を先駆ける絵師たちの格好の画材となっていった。錦絵にも、ずいぶんと描かれた。開化の象徴だったんだ。

だから煉瓦のご縁が、銀座と浅草公園とを意外にもつなげているんだ。銀座煉瓦街建設が不燃市街化の試みだったわけだけれど、明治一八年（一八八五）四月の仲見世の改築にあたって、洋風化の先達として煉瓦が使用されるんだ。仲見世改造の記録のなかに「煉瓦家屋相対貸借価格概略」というのがある。京橋より新橋にいたる表通りの一等煉瓦家屋と、東西に通じる横通りの二等煉瓦家屋が、参考として記載されている。これをみると、規模こそ異なるんだけれども、公園地における仲見世の煉瓦化も意味のある改造だった。煉瓦づくり二階連屋の構造は、不燃市街実現の夢をいだき続けた、当局の切なる悲願だったのかもしれないなあと思うよ。

五　エレベーターと美人写真投票と自殺者

——凌雲閣の売りものの一つは、「エレベートル」すなわちエレベーターだったのですが、これも日本初のものと言われていますよね。それが故障続出で、あまり成功しない。

　この失敗が、けっきょく百美人の投票イベントにつながっていくわけですよね。

　エレベーターの設置は、かなり早い段階から考えられていたんだろうねえ。その回りだけに鉄材を使っているからねえ。でも十二階への設計変更にかんして、バルトンさんは乗り気ではなかった。ボクはそう思うんだよ。最初のバルトンの設計は、一〇階建てなんだからね。これが関西の凌雲閣に負けるなというんで、一二階になった。しぶったと思うよ。けっきょく、一一階と一二階は木造ということで説き伏せた。

　NHKの番組で(69)、お孫さんにあたる鳥海たへ子さんのお話を聞いたんだけれども、そこでも「大体が立ち上がってから、なんでも設計通りにしていないことがわかったそうで、学生にも怒ったことのないおだやかなひとが、帽子を地面にたたきつけて怒ったそうですよ」と母親から伝えられたそうだよ。設計通りでないというのが、何を意味するのかはよくわからないが、不本意だったということはたしかなんだろう。

　けっきょくのところ、開業後半年ほどした明治二四年の五月に、当初から故障ばかり

(69) NHKの「スポットライト」という枠で放送された三〇分番組『浅草十二階盛衰記』である。喜多川コレクション所蔵のビデオには正確な放送日の記載がない。アナウンサーの鈴木健二の浅草に十二階が建ったのは「いまから八八年前」との説明から推測するに、一九七八年かと思われる。

　この番組にも出演しているバルトンの孫にあたる鳥海たへ子『遺稿集 霧

だったエレベーターは危険だということで使用禁止になってしまうんだ。入場者は足で登らなければならないから、一番うえの展望台まで男の足でも二〇分もかかった。大正になってからなんだけど、宮尾しげをさんが歩いて登って数えて「二五二段」の階段だったと書いている。(70) これで十二階の階段の段数がわかって、ありがたかったよ。

日本の最初の美人コンクールの誕生は、客足挽回のための偶然の思いつきだった。

わが国最初と自慢するエレベーターがなくなって、登閣者が減るのはわかっていたんだね。だから、客寄せのために「百美人」の催しをする。東京のいくつかの有名な花街の話題の芸者を、一〇〇人選んで着色のカラー写真にして各階にならべた。そして、入場者に投票させて誰が美人かを選びだそうということを思いついた。浅草で活躍していた小川一眞を写真師にたのみ、公平を期すために背景と小道具とをまったく一緒にして、おなじ写場で撮すことにした。福原庄七のアイデアだったのかね。そのために小川一眞は写場をわざわざ新しくしたというんだ。この暑いなかに、きちんと着付けをした芸者さんもたいへんだったろうと思うんだよね。

これには、旦那の票買いがあったり、贔屓すじの運動もあったらしくて、新聞でもおもしろおかしく伝えられている。すったもんだの展開で、けっきょく五人の美人が選ばれて終わる。

洗い髪おつま

洗い髪おつまという、東京百美人の中で有名になった新橋の芸者さんがいる。あの明治二四年の第一回の百美人投票のとき、写真の撮影の日に髪結いが間に合わなくて、洗

の中から：祖父バルトンを思う／遺歌稿 強き糸』［日本下水文化研究会、一九九四年四月］の回顧によると、バルトンの子であった母のタマが昭和二五年に亡くなったあと数年すぎた頃から、さまざまな人から祖父のことに関する問いあわせや訪問があった。写真史研究家の梅本貞雄などだが、喜多川さんも「十二階の設計図その他何かのこってないか」という問いあわせの手紙を寄せたという。鳥海は、祖父が亡くなった数年後に火事があり、遺品のあらかたを失ったとの返事を出した。それでも喜多川さんは京都まで訪ねてくれて、おみやげに銅版画の十二階の図をもらったのだそうだ。

鳥海たへ子の喜多川さんについての説明は、「浅草十二階の絵、錦絵、歌や小唄、流行歌等を集めておいでの方」というものであった。ＮＨＫの番組での喜多川さんとの再会と、村松貞次郎教授との出会いは「何よりも嬉しかったこと」と書いている。

バルトン家は、医学校の御雇い外国人であったベルツ（Erwin von Bälz 1849-1913）の一家、とりわけ夫人の花（ハナ）とは長きにわたって親交があったらしい。ベルツ花は、一九〇五年に任期を終えた夫とともにドイツに渡るが、ベルツの死後一九二二年に帰国し、一九三七年に亡くなる。鳥海たへ子が母と一緒に花を訪ねたのは、昭和四、五年頃だという。「タマちゃんや、おまいさんの家のあった所に何か大層大きいものが建っているから、まだだっ

図3-33　洗い髪おつまの絵はがき

い髪のそのままで撮しにいったという。その散らし髪のまま、写真に写ったから、のちに「洗い髪のお妻」とあだ名されたという話で、おつまの話を聞いて書いた本にも、そう書いてある。ちゃんと単行本が出ているんだよ。『洗髪のお妻』(71)という。

ところが、じっさいに凌雲閣に飾られたものをあらためて一冊にした写真集を手にいれてみると、散らし髪じゃなくて、きちんと芸子髷を結っているんだ。凌雲閣の名前の入った扇を手にして、ちゃんと写っている。そこは、本人が話したという自分の話とちょっと違うんだ。写場まではともかく散らし髪のままで行ったけれども、そこで駆けつけた髪結いが結ってくれたのかもしれない。

「洗い髪」なんてことばはしゃれていて、売り出すのにいいんだね。それで通用しちゃってるんだけど、撮されているおつまさんのほうは違うんだから、困っていると思うよ。花井お梅だって、「明治一代女」とか講談の「粋月情話」なんてもんじゃなく、川口松太郎さんが新派の脚本を書く前に『花井お梅懺悔譚』(72)という単行本がちゃんともう出ているんだ。そういうものも、引っ張り出して考えてみないといけないね。

だけどおもしろいのは、散らし髪のおつまさんの写真もあって、これが絵はがきにな

たらぜひ行って見ておいで」と言われたのは、国会議事堂であった。バルトンは、当初は東京大学内の外国人用官舎に住み、他のお雇い外国人一家と交流していた。その後いつの頃かは明確ではないが、「永田町の家」に移って、亡くなるまでそこに住んだという。

(70) 宮尾しげを「東京気分 浅草繁昌記」『日本一』第六巻第四号[南北社、一九二〇：二〇三]

(71) 都新聞記者 己黒子『洗髪のお妻』[金文館、一九一〇]

(72) 浅井政光編『花井お梅懺悔譚』[国益新聞社、一九〇三]

っていたりするんだ。「洗い髪」のあだ名が有名になって、あらためて撮されたのだと思うんだよね。絵はがきの誕生は明治三三年で、そのブームは日露戦争の明治三八年だから、だいぶあとなんだけれどね。ボクの手元にあるこの絵はがき（図3−33）は、なかなか凝っているよ。絵はがきの押印は、明治三九年四月三〇日付の日露戦役陸軍凱旋観兵式の記念スタンプだから、凌雲閣の洗い髪の伝説から一五年がたっている。だけど、長崎局だというのが心憎いんだな。じつはこのおつまさんの出生地が玄海の孤島、長崎の対馬なんだからね。

羽左衛門（一五代の市村羽左衛門）のいい人なんだよ。ところが玄洋社の社主の頭山満がやきもちをやく。それで頭山満が、おつまさんの髪の毛を根元から切っちゃうというウわさがあった。芸者さんたちは、今でいう芸能界のスターだから、新聞もあれやこれや、いろんなうわさを載せているんだ。

明治二七年の大地震と凌雲閣の修理

さて、明治二七年（一八九四）六月二〇日に、直下型の大きな地震が東京をおそった。東京湾の北部が震源だという。

凌雲閣も五階六階七階の三箇所の壁に亀裂がはいって、翌日から休業することになった。安全を確かめるために、工学士の瀧大吉に見てもらったのだが、このお方は作曲家の瀧廉太郎の親父さんだ。あの有名な「春のうららのすみだ河、上り下りのふな人が」という曲は、あるいは十二階からの眺めをイメージしているのかもしれないね。もちろん、作詞は別のお方だけどね。

この瀧大吉の設計で、八月二日から補強の改良工事がおこなわれる。まあ、外側に鉄の帯のギプスをはめて包み込むようなものだった。『明治事物起原』の石井研堂は、「閣の内外数条の鉄帯を以て締付け、一階毎に鉄ボートを十文字に渡して修繕」したと説明している。ただ残念なことに、この地震で玄関となっていた露台が壊れ「凌雲閣」の文字も失われてしまった。この扁額の書を誰が揮毫したのか、記録がなくてわからない。ひょっとすると、福地桜痴あたりではないかと推理してみたりするんだけれども、いまだはっきりしないままなんだ。

ともあれ、修繕を終えて再び開業するのが一〇月二二日で、「凌雲閣大改良」をうたった広告にも「瀧工学士の設計に基き大改良を施したれば堅牢無比なる上に猶一層内外の美観を添えたり」とあるんだ。

翌年の一月一八日にも、おなじくらいの大きな地震があった。東京朝日新聞は、「公園十二階は地震ごとに人の目をひくところなるが、今度は修繕後のこととて亀裂一つ生ぜず泰然として雲を凌げり」と書いている。

やっぱり地震というと、建物が高いだけに注目されたわけよ。斉藤緑雨の「日用帳」のなかに、ひどく地震をおそれる演劇評論家がえがかれていて、このひとが凌雲閣に登らないんだ。

「地震を恐るゝこと、われよりもはなはだしき劇評家の、あるときは印刷機械の響にも驚かされて、椅子より転び落ちぬ。あるときは一散に階子《はしご》を下りて屋外《おもて》に出で、路行く人の何事とも知らぬに向いて、もう歇《や》みましたかと問い居たりぬ。ともに新聞社の二階に在りて、執務中の事なり。凌雲閣に登らんと同伴《つれ》の言出でしに、このひと首を掉《ふ》りて応《したが》わず。八階目、九階目に到れるとき、あたかも激震の起ることあらば如何にすべきとて。[73]」

明治四〇年（一九〇七）に東京朝日新聞に連載された藪野椋十の『東京見物』でも、地震でもあれば怖い危険な建造物だという感覚でながめている。

「凌雲閣！なるほどちょうど十二階ある。いったい何のために建てたものじゃろうか。滅法に高いものじゃ。すこし歪んでいる様じゃ。筋金が打ってある。是は剣呑じゃ。あれが崩れたらどんなじゃろう。考えて見てもゾッとする。流石に東京者は胆《たん》が据っておるわい。あの危険物《あぶないもの》を取り払わせずに、平気にその近所に住んでいるのは、もっとも博覧会は東京に雨が降らぬものとして建てた相じゃから、この十二階も地震の無い国の積《つもり》じゃったろう！[74]」

大正九年あたりになると、取りこわしの議論がまた新聞に取り上げられる。凌雲閣下の六区興行街は活動写真やオペラの全盛時代をむかえ、あれに登るのは「お上りさん」と小馬鹿にされる。階段を数えてのぼった宮尾しげをも「前世紀の遺物」[75]と言っているが、この塔は重さが四三〇万ポンドととほうもなく図体が大きいもんだから、金をつけても貰い手がいないと言われるんだ。

（73）斉藤緑雨『みだれ箱』［博文館、一九〇三：一四二］

（74）藪野椋十「東京見物（十四）」［東京朝日新聞、一九〇七年四月三日］

（75）宮尾しげを「東京気分 浅草繁昌記」［前掲、一九二〇：二〇三］

――自殺者が出て注目されたことも、別な意味で「悲劇の塔」というイメージを強めたわけですよね。

塔の上から身を投げる自殺者が出たのが、明治四二年（一九〇九）の一月だ。二六歳の男性が新吉原の花魁にふられて、一一階の窓から身を投げたのが第一号。つづいて三〇歳の女性が、三角関係を清算するつもりで飛び降りた。お役所はあわてて変死者の分類に「落下」という項目をもうける。当時、自殺は変死者として分類されていたんだね。飛び降りられちゃあぶないっていうんで、一一階と一二階のところに金網が張られる。上からの展望は金網越しになるんだ。その金網の鳥かごのようなありさまは、宮尾しげを（図3−34）や吉岡鳥平（図1−23 五八頁参照）が絵のなかに描き込んでいるよ。(76)下に網を張れという冷やかし（図3−35）もあった。

児玉花外が『東京印象記』に「浅草十二階論」を書いて、この自殺はたいへん現代的だと論ずるんだよ。

「この十二階の頂上の窓から、近時にいたって、身投げをして死んだ者が男女を合せて三人までもある。凌雲閣の名も、ここにおよんで悲劇的の塔となった。（中略）この十二階からの投身者のごときは、もっとも近世風自殺人の好箇の代表者でもあるのだ。（中略）かの十二階の投身者には、いくばくかの芝居気がそれに伴ってゐる。これも即ち、近代人の為しさうな事で事業心と功名心とは死の断末魔にいたるまでも喰着いて離れない。死後世間をあっと云わせようという洒落気は、その娑婆ッ気と一緒

（76）ヒアリングでは話題にならなかったのだけれども、喜多川さんは一九六四年に日活で製作された吉永小百合・二谷英明・浜田光夫出演の映画『浅草の灯』における十二階凌雲閣の展望台のセットづくりでも協力したらしい。坂口岳玄『映画美術のデザイナーという仕事』［文芸社、二〇〇二］は、神田小川町になんどか喜多川さんをたずね、展望台のセットをつくるにあたっての細かい色々を教えてもらったと書く。おもしろいのは、この三三頁に日活提供で載っている写真で、浜田と吉永がならんでいる頂上の展望台が撮されているが、そこにきちんと金網が枠をつくって張ってある。喜多川さんのアドバイスによるものにちがいない。

になって、一種の文明人、しかも若い連中のおこないそうなことだ。」(77)

投身事件は世間に相当な反響をあたえた。地元の六区には「空中人形」という興行までであらわれて、一日に数百人の登覧客があって繁昌したと、当時の『文芸倶楽部』も時報で書いているんだ。しかし、それもつかの間のことで、すぐに客足は遠のいていってしまう。

明治の終わりの凌雲閣は、お世辞にも立派な建物ではなかったんだな。赤煉瓦の表面にもところどころに白いものが浮かんできて、陽が当たらないところには青苔が薄く生えていたりして、色あせていた。天然の雨しか掃除してくれるものがないんだもの、当然だよ。

ボクが不思議に思ったのは、春陽堂が明治四三年に出した探偵文庫の第一〇篇に『緋

(77) 児玉花外『東京印象記』[金尾文淵堂、一九一一：一三八―一四〇]

図3-34　宮尾しげをの挿絵

図3-35　東京日日新聞 1909.3.22.

桜』という小説があるんだ。書いたのは曲水子というひとで、今のいわゆる新書版の大きさの本だ。右下の角と左上の小口が斜めに小さく切ってある変形の本で、少年が高いところから飛び降りた風の鰭崎英朋の挿絵が巻頭にある。この絵だけだとどこから飛び出したかわからないが、本文を読むと凌雲閣の六階から飛び降りることになっている。探偵小説だから、放火事件をおいかけていて、その鍵をにぎるこの少年の死で事件は未解決のまま終わることになるのだが、投身自殺者がつづいた翌年の出版でもあるので、凌雲閣を描くのを遠慮したんだと思った。だけど、どうも本文の描写をたどっていると、時代がちがう感じがするんだ。とりわけ、「屹然として立つ凌雲閣、物凄きまでに立派なるこの建物も」という字句がしっくりこない。気になってしかたがなかった。明治ももうすえなんだから、そんなにものすごく立派ではなかったはずだよ。

この気がかりも、古書展が解決してくれた。元本があったんだ。それが一七年前の明治二六年八月の発行なんだ。菊判の雑誌型の書冊で『探偵小説二十集 緋桜』[78]とあって、本文中に凌雲閣を背景に和服姿の少年が両手を高く広げて空中に身を躍らせている挿絵(図3-36)がある。これが表紙の図案にもつかわれている。このころならば、凌雲閣の人気は絶頂で濃尾地震のまえでもあるから、「物凄きまでに立派なる」という表現も腑に落ちるんだ。

だけど、明治も終わり大正に変わっていくあたりには、ずいぶんと汚れてさびれていた。自殺者のこともそうだし、併設された劇場での殺人事件なぞというのもあった。「悲劇の塔」という風にも語られるようになった。閣内の庭に演芸場を設けて、塔のほうは上で甘酒のご接待と、客寄せにつとめたのは自殺者騒ぎから程なくのことで、この

(78) 曲水子『探偵小説二十集 緋桜』[春陽堂、一八九三年(明治二六)八月九日発行]

あたりから「凌雲閣」という名前はきっぱり捨てられて、それよりも「十二階」というほうが中心に使われていく。

いろんな広告が取り付けられて、大きな広告塔（図3－37a～c）になっていく。崩れる直前には、この塔は広告が四面に取り付けられるようになった。東の隅田川と北の新吉原に向いた側面には「十二カイ」という自分の塔の名前があったし、南の六区大通りと西の上野の山から眺められる面に「福助足袋」の文字と商標とがあったことが、写真でわかっている。夜空に輝く電飾（イルミネーション）だったんだそうだよ。大阪は堺の福助足袋が販路拡張のために東京に進出してくるのが、大正の中頃だ。社史をみると大正一二年五月のところに「東京浅草名物十二階側面に広告を取付く」とあるんだが、写真がないんだ。昭和五〇年の春に、浅草たぬき通りの桜井実さんに、ご自分で写された写真をもらった（図3－37d）。本当にうれしくて、言葉にならなかったよ。震災の当日に、それも揺れる数分前に写したもんだというんだよ。この福助足袋の看板工事をされたのも、正統な看板屋さんじゃなかった。伊豆の旅館「かにや」のご主人の矢部さんで、このひとは六区興行街が華やかなころ、舞台の大道具のしごとで知られていた。

おもしろいよね、十二階は最初から最後まで、いわゆる正統派ではなかったんだね。

図3-36
『探偵小説 緋桜』の表紙から

図3-37b　図3-37a
図3-37d　図3-37c

図3-37a　広告・西洋たばこオールド
図3-37b　広告・仁丹
図3-37c　広告・仁丹 1911「東京印象記」
図3-37d　広告・福助足袋

――凌雲閣の近くにはまた一方で「十二階下」と呼ばれる、いわゆる「魔窟」の私娼街が広がっていたわけですが、ここについても喜多川さんは「浅草十二階下新道横丁一覧図」(79)という地図をつくられていますよね。

あれはいろいろな地図や、岡場所の文献、新道や横丁の名前を記録しているものを集めて、土地のことを知っているお年寄りの話を聞いてつくったんだ。十二階凌雲閣のことは『浅草寺文化』にひろい書きしているから、斎藤夜居の雑誌には、その下に拡がった街のことを載せようとなったの。

大正に入る時期には、煉瓦塔の足もとには銘酒屋といわれるような怪しげな店があつまって、入り組んだ迷路のような場所が形づくられていた。「十二階下」とよばれていた私娼街だ。千束町の一角がそうなるまでに、あんまり長い時間がかけられたわけでもない。活力を失って消えていくまでも、思いのほか短かった。しかし「十二階下」という名前は、後の時代にも私娼街を代表するものとして生き延びていくんだ。戦後の千束町二丁目国際マーケットのヤミ売春の取り締まりをしたとき、当時は夕刊紙だった東京新聞は、次のように報じていて、十二階下の名を引用している。

「同マーケット付近は、大正末期〝十二階下魔くつ〟と呼ばれたあとで、昨年十月ごろから急速にヤミの女が増加し始め、付近一帯のシモタ屋を足場に往年の十二階下さながら特殊街化していた。去る八日夜ヤミの女三十三名を検挙取り調べた結果、大部分の女が〝お父さん〟と呼ばれる場所提供者の家に住み込み、遊興費が千五百円の場

(79)「浅草十二階下新道横丁一覧図」『愛書家くらぶ』第二号[斎藤夜居、一九六六:折り込み]

所でみると、客引きのリンタク屋の謝礼が五百円、場所提供者が部屋代三百円と更に残りの半分を食費に差引き、女の所得はわずか三百五十円という搾取ぶりで、場所を変えようとすれば暴力を揮ったりまた威嚇するなど、これらの場所提供者が戦前の玉の井、亀戸などにみられた〝抱え主制度〟同様女を働かせていることが判明した」(80)

(80)［東京新聞、一九五〇年三月二〇日］

「十二階下」とか「魔窟」ということばは、戦後でもみな知っていた。話は明治末にさかのぼるんだ。明治四二年五月二八日付の報知新聞の記事をみると、一方における浅草公園の銘酒店の集合と、他方における官許の吉原遊郭とのあいだにはさまれながら、独自に発展していった秘密がわかる。

戦争とか災害とかいうものは、生活を急激に大きく変えていくけれども、浅草も日露戦争あたりからその変わり方が早くなるんだ。日露戦争後に訪れた不景気で、浅草公園内の銘酒屋は移転が相次ぐような事態になる。しかし公園六区の三業組合（料理屋・待合・芸者置屋の三業者の組合）と千束町のそれとの利害が対立して、にらみ合ったまま動かなくなる。

もともとこの二つの組合のあいだには、私娼の「玉代」を一定にしておくという秘密の約束があった。ところが、千束町のほうは不景気に自衛やむなくほとんど約束の半値くらいで、ドンドンと客を取った。これに対して、公園の組合のほうは面目もあって値を下げられず、警察の目も厳しいため、客足は千束町のほうに流れがちだ。この勢いでいくと、私娼たちのほうも向こうに引き寄せられて、商売上がったりになる。これはどうしてもこれまで決めた通りを守ってもらわなければならないと、公園の三業組合は主張するが、千束町に言わせると、そもそも客は雷門から入って公園を通らなければこちらには来ない。もしここで食い止めなければ、公然営業の吉原に客を取られるだけだから、安くしても公園のこぼれ客を取っている。儲からない安さに同情をしてもらう理由こそあれ、苦情を持ち込まれるスジはないと譲らないんだ。私娼たちも困っていると、報知新聞は報じている。しかしながら、全体としてみると、既存の遊郭である吉原と公園の銘酒屋街との間にあって発展していったのが、十二階下なんだ。

明治の終わり頃の浅草の「魔窟」をあつかった資料のひとつに、川上峨山『意外の大魔窟 浅草公園』(81)があるが、これは明治三五年に『魔窟之東京』(82)を出した川上の第二弾の出版で、わずか一〇頁の本文に広告が一〇頁という小冊子なんだ。ただし内容よりは、むしろ広告のほうに風俗資料としての価値がある。

これよりは非売品の『浅草の魔窟』(83)という刷り物のほうが貴重だよ。『やまと新聞』に明治四五年の春から、約六〇回にわたって連載された暴露記事をまとめて、大正二年に配布された。七二頁の小冊子なんだが、浅草の銘酒屋を調べるときの資料して貴重だよ。取り締まり側の警察と業者とのなれ合いは、六区興行街で掛けられていた茶番の芝居どころじゃない。警視庁の保安課長時代に私娼撲滅運動に邁進して、朝鮮総督府警務局長になり、のちに議員や知事にもなった丸山鶴吉の銘酒屋征伐の裏面史として実に興味深い。そのころの新聞記者たちは勇気があったんだな。

大正になると、「十二階下」の名づけ親だと自分で吹聴している松崎天民の千束町ものがつぎつぎと発表される。おなじころに、添田唖蝉坊、小生夢坊、佐藤玄海らが結んで、丸山鶴吉の指揮する警視庁の私娼撲滅の動きに対抗していく。空屋となった娼家の

(81) 川上峨山『意外の大魔窟 浅草公園』[大日本文芸会、一九〇五年(明治三八)八月]

(82) 川上峨山『魔窟之東京』[広文堂書店、一九〇二年(明治三五)八月]

図3-38 魔窟之東京

(83) 卯山人編『浅草の魔窟』[小崎忠右衛門、大正癸丑(一九一三)一月]

図3-39a　桜新道の入口

図3-39b　千束町

一軒に集まって、私娼もまた生活者であると、その人間性を強調した「自由倶楽部」の狼火をあげていくんだ。

この娼家の位置について、小生夢坊、添田知道のお二人にお尋ねしたけれども、正確には確認できなかった。ただボクがまとめた一覧図の十二階の右上にある「山中亀太郎」宅に隣接する8、5、10の地番の、どこかに在ったことはたしかなんだ。山中亀太郎は浅草国技館の設立者だ。この場所は関東大震災の後、大正一四年（一九二五）六月二六日の土地区画整理委員会の議決で、現在の国際劇場前の道路の幅員に削り取られ、トロリーバスの轍の下となって無くなっちゃった。奥の迷路のような道路もすべて、今日の区画にあらたまった。

あの地図にちょっとイメージをくわえようとして載せた絵のもとは、明治四五年（一九一二）の『新小説』の浅草研究号に掲載された鰭崎英朋のコマ絵なんだ。明治末の十二階下を描いた「写生の浅草（その二）」の「桜新道の入口」と題しているもの（図3―39a）で、それをボクが模写したんだ。路地の入り口はほの暗くて、「水菓子」と書いた腰高障子もいかにもなつかしい。明治の終わりというと、よくガス燈に間違えられるんだが、桜新道の軒燈もまだ石油ランプなんだよ。「その一」の「千束町」（図3―39b）には、客との交渉の風景が描かれていて、当時は張り店式の営業をしていたことがわかる。

千束町の「チョイと寄ってらっしゃいヨ」が、いつ頃からガラスの小窓になったのかというと、これがわかっているようでわからない。当時の文献に「鼠鳴き」と書いてあるのは、ここの女たちの呼び声なんだな。『方寸』の浅草号に、倉田白羊の「十二階下」[84]という文章があるけど、そこで女が「チョイチョイチョイチョイトチョイトさあ」と呼びかけている描写がそれだ。玉ノ井でもそうだったよ。そういったときに、どう断ったらいいかというと、「違うんだよ」って、これでいいんだよ。問題は、その「違うんだよ」という言い方なんだな。活字なら、漢字でもカタカナでもひらがなでもローマ字でも書けるんだが、文字ってやつは抑揚がわからねえから、どうにもならないやね。

(84) 倉田白羊「十二階下」『方寸』第三巻第八号［方寸社、一九〇九・一四］

六　関東大震災と十二階凌雲閣

――一九二三年（大正一二）の九月一日に関東大震災が起こって、そこで凌雲閣もくずれてしまう。十二階が壊れるところの動画をみたことがありますが、あれは震災の日のできごとではなくて、あとで工兵隊が残骸を破壊するときの映像ですよね。

そうそう九月二三日になって、赤羽の陸軍工兵隊が火薬をしかけてたおすんだ。工兵隊が市内のあぶない建物を二〇日あたりからかたづけてまわっていた、その一環なんだね。午後三時四〇分に爆破され、三三年の寿命を終えて、消えていくんだ。

この爆破を、川端康成も見に行っていたんだね。『浅草紅団』に、踊り子がくわしく描写するところがある。東京朝日新聞に載ったときの太田三郎の挿絵（図3―40）が、あの最初の爆破でのこった控え壁の支柱のところを描いているんだ。寺田寅彦も見物にいっている。爆破の瞬間は、まるで紅毛の唐獅子が一〇〇匹もいちどにおどりでたかのようだったと書いている。(85)

九月一日の大震災で、八階以上の頭をふりおとされたのは、地震のものすごさを象徴するものだった。いま震災記念堂に飾られている徳永柳州の油絵（図3―41）も、まさにその瞬間を描いている。付近からの出火が燃えうつって、凌雲閣も焼け落ちてしまう。頭の部分がなくなった十二階の変わり果てた残骸は、絵はがきにもずいぶんと写されている。そういった写真には、うえのほうから細い鉄の柱のようなものが写されていて、いくすじも垂れ下がっている（図1―2　一四頁参照）。これが十二階は鉄骨構造だったというような誤解を生んでいくんだけれども、ちがうんだ。明治二七年（一八九四）六月二〇日の大地震で、上下の窓がならんでいるところに亀裂が生じた。その修理のときの鉄材なんだよ。鉄帯とボールトを使って締め上げて補強をしたのが、壊れてあらわれた

(85) 寺田寅彦「LIBER STUDIORUM」『寺田寅彦全集 文学篇』第三巻［岩波書店、一九三七：一三一―三］

んだ。あるいは四面にあったという広告の重い大看板をつりさげるための枠も混じっていたかもしれないけれど、いずれにせよ鉄骨じゃない。

久保田万太郎先生が、時事新報に「十二階」という原稿を寄せるのが、九月二九日・三〇日だから、爆破から一週間もたっていないんだ。この文章はボクが発見して、中央公論社の久保田万太郎全集に載せられることになるんだけれど、あれは昭和四二年（一九六七）の夏の終わりかなあ、「よもやま会」の飯田痩人さんが「明治百年」にちなんだ催しをやりたいという。こっちもその気になって、あれこれと資料を取り出しているうちに、整理してなかった古い新聞から見つけたんだ。久保田先生は『浅草寺文化』

図3-40　『浅草紅団』挿絵 東京朝日新聞、1930.1.19. 夕刊

図3-41　徳永柳洲「第一震　十二階の崩壊」（油絵）

にボクが書きはじめた十二階のことを読んでくれていたんだよね、けっきょくお会いできなかったんだけど……。(86) だから、この逸文を見つけたときはとてもうれしかった。

「牛込の仮寓にて」とあるように、このとき久保田先生は牛込に仮住まいしていた。原稿用紙がなくて、やむをえず神楽坂の相馬屋のものを選んで買って、地震後のさしあたってのしごととして間に合わせの机のうえで「十二階」の原稿を書いたという。十二階が壊された二三日午後の爆破音は、湯島の岡をこえて牛込の仮住まいまではとどかなかっただろうけれど、先生のこころの耳にはひびいていたんじゃないのかな。

思うんだけどね、大正一二年の関東大地震は直下型の、まさに未曾有の強さだった。だから煉瓦づくりの凌雲閣も頭を振り落とされてしまう。だけど、八階から上を振り落とされても、十二階はひざをくずしていないんだよね。まだ踏ん張っているんだ。寺田寅彦は「明治煉瓦時代の最後の守りのように踏みとどまっていた巨人が、立腹を切って倒れた」(87) と表現している。あの爆破の動画をみても、最初にしかけた火薬だけじゃたおれない。明治の煉瓦建築の控え壁が、こわれずにまだ立っているんだよ。だからもういちど、火薬をしかける。

なんだか、この塔をつくったひとたちの心ががんばっているように、ボクは思うんだよね。

(86) 喜多川周之「久保田万太郎先生の「十二階」」『浅草寺文化』第九号［浅草寺資料編纂所、一九六八：一二―一二〇］

(87) 寺田寅彦「LIBER STUDIORUM」前掲［一九三七：一三三］

第四章

十二階凌雲閣の記憶と記録

一八九〇（明治二三）年

一月

▼新聞紙上で凌雲閣の建設が報じられはじめるのは、この月一〇日の郵便報知新聞、二六日の時事新報の記事あたりからである。前年の暮れの大晦日に「東京府庁」の許可が出たというのも、三〇日に工事が始まったというのも、いささか押し迫りすぎの印象で、施主側の一方的な宣伝かもしれない。元日から工事の準備をはじめたという記事も、正月であることを気にせずそのまま依拠してよいかどうか、危ういのだが確かめる術がない。別な新聞記事［国民新聞、七月二三日］では一二月中旬に着工したとか、一月四日に起工した［『風俗画報』二三号］とか述べられていたりする。八日には地盤を3メートルあまりも深く掘り下げて、地盤固めの杭を打ち込む工事をはじめた、という具体的な記述もあるので、一月に着工していることは確かだろう。

郵便報知新聞は高さには言及しているものの階数の明示はなく、時事新報は「一〇階造」だとしている。しかも当初は一四〇尺（約四二・五メートル）の予定を、計画を変更して一六〇尺（約四八・五メートル）にまで高くしたという郵便報知新聞の報道は面白い。一方の時事新報は一六五尺（約五〇メートル）だと報じていて、さてこの段階ではどちらが正しい計画か。この変更には、一三〇尺（約三九・五メートル）の半煉瓦造りであった大阪の九階の凌雲閣への対抗が作用していると言われている。

双方の記事ともに三月末までには開業できるという予測をしめしているのは偶然でない。この年の四月から開催される第三回内国勧業博にあわせての竣工を意識していることは明らかである。かなりの突貫工事で、夜も電気で照らして作業を進めるとある。煉瓦は底部四枚で積みはじめ、上部では二枚と述べられているのだが、後の報道での枚数とはだいぶ異なる。あるいはきちんとした設計図にもとづく解説ではないのかもしれない。

時事新報は、料金をとって高いところから東京を一望する公開の施設をリストアップしている。愛宕山の塔と見晴らしを競い、浅草公園では木造の富士山、奥山閣と並ぶ三つ目の眺望施設として話題になるだろう、と報じた。都市の繁華の一覧が、人びとに新しいおもしろさを感じさせていたことがわかる。なおこの塔の「昇降器械」すなわちエレベーターについては、すでに石川島造船所に製作を注文してあって、「つるべ」のような原理で二つの「小客室」を上り下りさせるものであった。電力ではなく「蒸気仕掛け」によると書いているのは、実現した実際のかたちとは異なる。

●建築請負和泉幸次郎福原庄七の両名が発起にかかる凌雲閣の事は、旧臘三十一日東京府庁の許可を得たり。依て元日早々より工事場の囲ゐに取り懸り、一昨日は地盤を一丈あまり掘り下げて、土盤杭打込みの手順に着手したり。その位置は浅草公園内第七区池の北方にて、高さは最初百四十尺と定めたれども、模様を替てさらに百六十尺（廿七間弱）に増したり。塔の昇降器械は、石川島造船所に注文して製作中なるが、四月一日までに作り上げ、総ての築造も同日までには必ず竣工して大博覧会の間に合せ、各地より上京する者を待ち受け、夜は電気灯の火を借りて仕事をするよし［郵便報知新聞、一月一〇日］

●愛宕山の塔、浅草の富士ともに衆人の登覧を許し、一定の通券料を収むることとなるが、今度浅草に凌雲閣とて十階楼を建設するものあり。この閣にしていよいよ落成せば浅草公園の眺望台は仮富士、奥山閣を併せて都合三となるべし。そも凌雲閣構造の大略については、このほどの本紙上にも記せしが、全体の高さは百六十五尺十階造にして、内最上層の屋根四十尺を除けば、残る処すなわち十階、軒先きより地平まで百二十五尺、全体八角造りにして、最下層は煉瓦四枚をもつて積み始め、十階の上端に至れば減じて二枚となし、昇降は通常の階子段を設くるほかに、蒸気仕掛けをもつて昇降器を備へ、一方の小客室を上れば一方は降る工風にて、その状あたかも釣瓶のごとく、八角の一面は二間半、周囲は二十間、建坪三十坪余にして、十階目の楼上には望遠鏡を備へ、九階は西洋風の間取りにて、以下の各階上には多少の器物をも陳列する見込の由。また建築の設計は大学の傭教師英人バルトン氏、建設者は会社にして資本金高四万円、これを一株五百円ずつ都合八十株に分ち、昨年十二月三十日より既に工事に着手せしが、来る三月卅一日までには開業し得らるるよう、工事受負方と会社との間に約定を取組みたりと云ふ［時事新報、一月二六日］

四月

▼四月になって建築工事中の凌雲閣の内容をくわしく報じたのは、八日の読売新聞である。「豪商十四、五名」の共同

事業で、資金を出しあい会社をつくって取り組むという。同じ日に郵便報知新聞も話題にしている。「エレベートル」の語が使われ、昇降器械が電気を利用していること、「縦覧人を昇降せしむる」ことの説明が共通している。また高さの「百六十八尺」がそろっているのは、会社側から新聞の記者に向けた説明があったことを推測させる。

パリのエッフェル塔になぞらえてという関連づけも、この段階から出てくるが、あるいは会社がわかりやすく解説したものか。こうした記述が、エッフェル塔モデル説の根拠ともなった。しかしながら、鉄塔との単独の対比で理解するより、前の章句である「万国博覧会の開会に際し」という博覧会との関係を重視すべきだろう。すなわち、パリ万博でのエッフェル塔のように、第三回内国勧業博覧会において人をあつめて儲ける目的で、という文脈である。

すでに塔は「十二階」建ての計画になっている。しかしながら、四ヶ月後の読売新聞に「上に二階家建設」の許可申請中などという記事がでるのは、手続きの遅れか対応の遅さか。さすがに「本月中には全部落成」という見とおしはあますぎ、現地を実際に取材したのかをうたがう報道である。設計者はバルトンではなく、伊澤雄司だったという後の「正誤」もあまり正確な報道とは思えない。

●凌雲閣　福原庄七氏を始め京浜の豪商十四、五名組み合ひて、資本金四万円を拠出し、昨年来計画中なりし凌雲閣は、すでに浅草公園なる元富士山跡に工事中なるが、この凌雲閣といふは、昨年仏国巴里において万国博覧会の開会に際し、巨利を博せし高塔エフエールに擬し、煉瓦をもつて十二階百六十八尺の高塔を建築し、電気を利用してエレベートル（昇降器械）の仕掛けをもつて、縦覧人を昇降せしむるの趣向なれば、今日東京においては、これに比すべき高塔ある事なく、また一度これに昇れば、東京全市はもちろん房総常武の野をも一望すべく、実に我国未曾有の一大美観ならん。その建築設計者は帝国大学の教授博士バートル氏（英国人）にして、電気エレベートルは、東京電灯会社の藤岡市助氏が担任し、大体の建築は和泉幸次郎氏が引き受け、すでにその地形《ちぎょう》を終へ、煉瓦もよほど積み上げたれば、来る十日迄には電気器械を据え付け、かつ監督技師は日夜工事に尽力中ゆえ、たぶん本月中には全部落成の見込みなりと云ふ［読売新聞、四月八日］

●浅草に建築工事中なる　かの凌雲閣は、昨年仏国巴里において万国博覧会の開会に際し、巨利を博せし高塔エフエールに擬したる煉瓦作り十二階百六十八尺の高塔にして、電気を利用してエレベートル（昇降器械）を設け、縦覧人を昇降せしむる計画なりと。［郵便報知新聞、四月八日］

●正誤　本月八日紙上凌雲閣と題して記せし一項中、その設計者は帝国大学教授博士バルトン氏云々とあるは事実相違にして、その設計者は伊澤雄司氏の由なれば、ここに正誤す［読売新聞、四月一七日］

六月

▼凌雲閣を運営する会社の設立届は、六月になって浅草区に提出された。そこには、区長から東京府知事に進達した旨の知らせが付いている。凌雲閣に関する数少ない公式文書の一つで東京都公文書館にあり、『東京市史稿　市街篇』に翻刻された。

会社の設立すなわち凌雲閣建設の目的が「縦覧興行」、つまり観客に展望を提供して料金を徴収することであったことがわかる。また電気で動かす「エレベートル」が、第二条にあげられて強調されていることにも注目すべきであろう。この新設備が縦覧興行の目玉であったことが、ここでも示唆されているからである。

資本金はこれまで報道の四万円より少なく、届出によれば三万円で、それを六〇〇の株に分け一株五〇円とするとしている。しかも一括払いではなく、昨年の一二月から始まって一ヶ月に五円ずつ五ヶ月払い込み、あとの二五円の払い込み方は株主総会で決めるとある。

やや意外なのは、まずは五年という期間をかぎった営業を考えていたらしいことである。あるいは当時の会社設立の定款の基本的な書式だったのであろうか。運営にあたる役員は、主任一名、取締・相談役・事務員が各二名、そのほか書記と雇いで構成されていて、その一五名の役員の氏名がわかる点は貴重。一切の事務を管理する主任は福原庄七で、株主連名に新潟県の居所表示が多いのは、福原が新潟県の出身であることとつながっていると思われる。しかしなぜ長岡出身といわれている福原に、すこし離れた東頸城郡の人びとが出資しているのかはわからない。あるいは東頸城郡布川村（現在は十日町市の一部）が福原の故郷なのだろうか。

●朱。庶丙第三二五号

右会社設立別紙之通届出ニ付及二進達一置候也。

有限責任 凌雲閣

明治廿三年六月六日

浅草区長 杉本嘉兵衛 印

●別紙。 東京府知事 侯爵 蜂須賀茂韶 殿

会社設立御届

今般資本金参万円ヲ以テ縦覧興行ノ目的ニテ浅草区千東村百七九番地ニ煉瓦造拾弐層百八拾余尺ノ高塔ヲ建築仕リ、社名ヲ有限責任凌雲閣ト称シ候ニ付、別紙定款并ニ株主連名書相添、此段御届申上候也。

明治弐拾三年六月 有限責任 凌雲閣

主任福原庄七 印

東京市浅草区長 杉本嘉兵衛 殿

有限責任 凌雲閣定款

第壱条 本閣ハ、有限責任凌雲閣ト称シ、浅草公園池ノ端千東村百七九番地ニ設立ス。

第弐条 本閣ハ、直立百八拾余尺、拾弐階ノ高塔ニシテ、電気ノ作用ニ依リ「エレベートル」ヲ以テ縦覧人ヲ昇降シ、縦覧料ヲ収ムルヲ以テ目的トス。

第参条 本閣ノ資本金ハ参万円ト定メ、之ヲ六百株ニ分チ、壱株ヲ金五拾円トシ、汎ク有志者ヨリ募集スルモノトス。

但、営業ノ状況ニ依リ株主総会ノ決議ヲ以テ資本金ヲ増減シ、又ハ負債ヲ起スコトアルベシ。

第四条 本閣ノ営業年限ハ、開業ノ日ヨリ満五ケ年ト定メ、満期ノ節ハ株主総会決議ニ依リ営業期ヲ継続スルコトアルベシ。

第五条 本閣ノ株金ハ、明治弐拾弐年拾弐月ヨリ毎月二十日壱株ニ対シ金五円ヅヽ五ケ月間払込ミ、残余弐拾五円ハ株主総会ノ上、更ニ払込方法ヲ定ムルモノトス。

第六条 本閣株金払込ヲ怠リタルモノアルトキハ、金百円ニ付一日金五銭ノ延滞日歩ヲ徴スベシ。而シテ十五日以上ニ渉ルモノハ株主タル権利ヲ棄却シタルモノト認メ、其株券ハ本閣株主総会ニ於テ適宜入札払トナシ、其手続諸費及ヒ延滞日歩ヲ引去リ、剰余アレバ返付シ、不足アレバ之ヲ追徴スベシ。

第七条　本閣ハ有限責任ナルヲ以テ株主ノ負担スベキ義務ハ株金全額ニ止ルモノトス。

（中略）

第拾五条　本閣ノ役員ハ左ノ如シ。

一、主任　壱名

一、取締　弐名

一、相談役　弐名

一、事務員　弐名

一、書記　無定員

一、雇　同

第拾六条　役員ノ給料ハ株主総会ニ於テ議定シ、書記以下ノ任免及ヒ給料ハ役員協議ノ上之ヲ定ム。

但、相談役ハ無俸給ニシテ、開業ノ上ハ相当ノ報酬ヲナスモノトス。

第拾七条　役員ハ、株主総会ニ於テ之ヲ撰挙シ、其任期ハ満壱ヶ年トシ、満期ノ節再ヒ撰任スルモ妨ゲナシ。

但、補欠員ハ、前任者ノ残期ヲ襲クモノトス。

第拾八条　役員ハ、在任中所有ノ株券拾株ヲ本閣ニ預ケ置クベシ。

第拾九条　役員ノ協議ニ依リ技師等ヲ雇ヒ、相当ノ手当又ハ慰労金ヲ付与スルコトアルベシ。

第弐拾条　役員ハ、時々会議ヲ開キ、本閣重要ノ件ヲ議定スベシ。

但、議定ノ件ハ役員議事録ニ記載シ保存スベシ。

第弐拾壱条　主任ハ、本閣一切ノ事務ヲ管理スルモノトス。

第弐拾弐条　取締ハ、本閣一切ノ事ヲ監査シ、主任ヲ補ケテ成業ヲ図リ、凡テ不正ノ行為ナカラシムルヲ要ス。

第弐拾参条　相談役ハ、本閣ノ請求ニ依リ協議ニ与カルモノトス。

第弐拾四条　事務員ハ、主任ノ意ヲ稟ケ百般ノ事務ニ膺リ、及会計ヲ主管スルモノトス。

（中略）

第参拾八条　本閣収入ノ純益金分配ハ、左ノ割合ニ依ルベシ。

純益金

内

百分ノ十　予備修繕費及積立金

百分ノ十　役員賞与金

百分ノ八十　配当金

（中略）

右之条々株主総会議決ノ上一同茲ニ記名捺印スル者也。

明治弐拾三年六月　有限責任凌雲閣

有限責任凌雲閣株主連名

主任	日本橋区浜町二丁目十一番地	福原庄七印
取締	神田区佐久間町四丁目弐拾三番地	高橋丈夫
取締	日本橋区浜町二丁目拾四番地	深田仲栄
相談役	深川区佐賀町一丁目廿四番地	鈴木周四郎
相談役	牛込区弁天町六拾七番地	南部広矛
事務員	千葉県朝夷郡南三原村	黒川準造
	新潟県東頸城郡布川村	村山直吉
	日本橋区下槇町七番地	和泉幸次郎
	新潟県東頸城郡布川村	村山義輝
	京橋区南鍋町二丁目七番地	平松芳二郎
	深川区越中島新田六番地	平沢善太郎
	新潟市秣河岸二丁目	倉田久三郎
	新潟県東頸城郡	村山栄
	新潟県東頸城郡	槙鉾次
	新潟県東頸城郡	村山友八

〔『東京市史稿 市街篇』第八〇、東京都公文書館：五八四―九三〕

七月

▼七月の下旬には、九階まで積み上げたらしい。国民新聞は「凌雲閣の記」と題し、読売新聞は「浅草凌雲閣」の名を掲げて、建築中の凌雲閣についての概略を詳しく報じた。これまではわからないことがあったが、関係者に「正確詳密なる話」を聞いたので記載するとあるのは、やはり会社側からの働きかけによる宣伝を兼ねた公表か。二つの新聞ともに同じ日に、またともに二日にわたって記事にしている。細かい数字だけでなく、「捨てソロバン」などの工法の具体的な説明や「電話器」の便利、「堅牢」「美麗」「自然の装飾」等の描写のレトリックが共通している。ここまで表現が同じで、全体の構成もかなり重なっていることを考えると、具体的な解説が書かれたものを記者に渡した気配が濃厚である。

工法について、とりわけ地盤が悪いために「一丈五尺」あまりを掘り下げて、松材を打ち込んで土地を固め「捨てソロバン」を組んでセメントコンクリートを厚く流し込んだのだと、その基礎の堅牢さを熱心に説いている。高さが海抜で二二〇尺におよぶと説明し、煉瓦が上にいくほど薄くなっていく構造上の工夫に触れている。しかしながら以前の四枚という説明とはだいぶ異なり、下部の厚みは「十二枚半」で、十一階まで煉瓦造り。「西洋形にして階数十七階」の意味が取りにくい。下から上まで西洋式の階段が一七ありという表現とも解釈しうるが、あるいは、もともとの文書の段階での「十二階」の単純な誤植かもしれない。エレベーターの語はないが「昇降客室」については、たたみでいえば三畳の広さの一五人から二〇人乗りで、鋼鉄のワイヤーロープで吊られ、「一分」で八階まで昇らせるという迅速さ。どうも内部には、大きな鏡があったらしい。東京電灯会社の技師が設計し、石川島造船所での製作は完成して取り付けるばかりになっているという。高楼の多い諸外国にはあるものの、わが国ではこれが最初の設置である、と喧伝している。エレベーターは上りのみ利用して、下りは歩かせるとの計画だとすると、片方の室をつねに空のままで二〇人近くの重さを動かすことになり、運転には負担がかかっただろう。

八階まではいわば「勧工場」で、出店料一円で店も出せる。この段階での入閣料は、七銭を見込んでいた。新聞の推定では費やすべき一二〇万個あまりにのぼる煉瓦はすでに九階まで積み終え、あと一週間ばかりで一〇階一一階を積み、最終の一二階の木造部分も月末までには落成するので、八月一〇日頃には開業式がおこなえるだろうという予定を述べたが、これは延ばされることになる。読売新聞のほうは、周囲の公園化の計画にも触れている。

●凌雲閣の記　目下浅草公園内に建築中の凌雲閣の工事上については、これまで各新聞に記載せしも、いまだ大に尽さざる所多かりしが、今その向の人について正確詳密なる話を聞くに、東京府下は広闊にして平地多く、僅かに宮城の南方に愛宕山あるも、これもつて僅々たる小山なり。明神に湯島の台あるも、ほとんど小丘に過ぎず。然るに先般浅草公園の地に木造富士を設立し、一時評判も高かりしが、その築造危険にして、ついに数日月を出でずして今日は取崩し、今のパノラマ館を設けあるが、近来高楼閣の建築は大いに流行し、大坂でも高閣を造り、その後東京でも愛宕山に愛宕塔を設けたるが、これらの高楼ではなお不満足なりとて、今度越後新潟の人にて東京日本橋区濱町二丁目に寓する福原庄七氏、これが発起人となり、外に七八名の株主と組み合ひ、資本金四万円を募集して、浅草公園内の埋地なる池に南面して凌雲閣なる者を建築する目論見を起せしは、昨年十月のことにして、たちまちその議もまとまりて、十二月中旬より工事に着する事に決せり。

さて同閣の設計は有名なる帝国大学教師の土木博士英人バルトン氏にして、かつ同氏これが名誉顧問となり、工事の監督は技師伊澤雄司氏担当す（氏は米国に土木学を六七年間研究し、目下この工事は万事バルトン氏の指揮を受く）。しかして右工事は最初、高閣も八階では面白からずとついに直立十二階と為し、地形よりすべて堅牢を謀り入念にせしかば、一万余円を増加したり。地形七十四坪にして、同地は地盤悪しきため一丈五尺余を掘下げ、この下に松材を地固めとして千二百本打込み、その上部に松の尺角材をもつて筏を組み、すなわち捨てソロバンを組みたり。しかしてこれにセメントコンクリートを厚さ廿八尺に積立てつ。これより煉瓦を積立つ。その厚さ十二枚半にして、追々と上部にいたつて厚みを減し、十一階にいたつて煉瓦二枚半の厚さとす。十二階は木造にして最頂上となす。（つづく）［国民新聞、七月二三日］

●凌雲閣の記（つづき）　この楼閣は八角形にして、周囲三十間頂上までの高さ二百尺とす。楼閣内部の中央最下部より頂上まで二間余四方直立の大穴を設けたり。この穴より電気の作用をもつて最下部より第八階まで客室を昇降せしむ。第九階より以上は来客歩行にて昇降せしむ。さてこの電気馬力は七馬力にして、東京電灯会社の芳原分局より電気を引用し、またその昇降客室は二台ありて一台の広さ三畳敷あり。この室の内部なる周囲には滑革《なめしがわ》布団を敷きたる腰掛を設く。しかして室中には電灯を点火し、内部に大なる姿見を掲ぐ。この昇降室は器械師一名乗り込んで総ての指揮をなす。この客室は一台に十五人以上二十人まで乗らしむる所の、美麗なる昇降器械にして、勝手に階段の昇降を自由ならしむ。昇降せしむる綱は、鋼鉄の鎖にしてワヤロップと称するものなり。この器械の設計者は、電灯会社の技師長藤岡市助氏にして、これが製造は石川島造船所なるが、此はすでに落成して取付るばかりとなる。すなわち右昇降客室は、最下部より一分時間に八階まで昇らしむといふ最も迅速なるものなり。欧州にては五階七階の旅館あり。該昇降客室のごとき設けありて珍らしからぬが、我国は同閣が初めての工事なり。さてまた内部の装置を聞くに、八階以下は勧工場のごとく玩弄品その他の売店を出さしめて、来客の求めに応ずと（この出店料一人一円程の積り）の事なれば、大に相互の便益ありて、自然の装飾を有す。第九階目は上等室と定め、ここは絨毯を敷き詰めて優待席となし、楽器等を飾り付く。第十及び第十一階は来場人の運動場に供し、第十二階目の頂上には望遠鏡を供へて来場人眺望の求めに応ず。また昇降客室はおもに昇りを旨とし、降りは売店もあれば歩行をおもにせり。この十二階ある直立の楼閣屹然と雲間に聳へ、さきの木造富士より高きこと数十尺、愛宕山より高きこと二十尺、海面を抜くこと二百二十尺程なりという、実に驚くべき結構なり。されば内部にして最下部より頂上まで階数西洋形にして十七階あり。これを歩行するときは五町なりとす。十二階目の頂上は周囲に手摺りを設け、これにアーク電灯を点じ、家屋の頂上には避雷針を設く。また楼閣の客室に電灯を点ず。該閣の最下を事務室とし、同室と頂上には電話器を設く。これは遠隔し居るにつき、その用向きの便利を謀るためなり。該楼閣に費やす煉瓦石の数は、百廿万余本にして、目下九階室までは落成し、十階十一階はこの五六日間に煉瓦積立を終り、十二階目頂上の木造までは本月中にあらまし落成の筈なり。庭園及び表門鉄柵等は来八月八九日までに落成の見込みにて、同十日頃をもつて開業式の予定なりと。またこの凌雲閣縦覧料は一人につき七銭の見込みにて、夏期は夜の十時まで昇閣を許すと云ふ。さてまた、かかる大工事にして今日まで一人も人足の怪我せし者なきは誠に幸ひなり云々［国民新聞、七月二四日］

●浅草凌雲閣　東京日本橋区濱町二丁目に寓する新潟県人福原庄七氏が発起人となり、外に七八名の株主と組合ひ、資本金四百円を募集して浅草公園内の埋地なる池に南面して建築中なる凌雲閣は、去臘十二月中旬より工事に着手したるものにて、帝国大学教師土木博士英人バルトン氏設計者となり、かつこれが名誉顧問となり、米国にて土木学を六七年研究したる技師伊澤雄司氏工事の監督となり、目下その工事を急ぎ居るよし。もっとも右工事は最初高閣八階の筈なりしも、かくては面白からずとついに直立十二階と為し、総て堅牢なるやう入念せしかば、最初の予算より一万余円を増加したる由にて、かつ地形は七十四坪とせしも同地は地盤悪しきため、一丈五尺余を掘下げ、その下に松材を地固めとして千二百本打込み、その上部に松の尺角材をもつて筏を組み、すなわち捨てソロバンを組み、これにセメントコンクリートを厚さ廿八尺に積立て、これより煉瓦を積み、下の方は十二枚半なるも、追々上部にいたつて厚みを減じ、十一階目には煉瓦二枚半の厚さとなり、十二階目は木造にして、最頂上とせるよし。楼閣は八角形にして周囲三十間、頂上までの高さ二百尺、楼閣内部の中央最下部より頂上まで二間余四方直立の大穴を設けたり。この穴より電気の作用をもつて、最下部より第八階まで客室を昇降せしめ、第九階より以上は、来客を歩行にて昇降せしむ。その電気の馬力は七馬力にして、東京電灯会社の吉原分局よりこれを引用し、またその昇降客室は二台ありて、一台の広さ三畳敷あり。この室の内部なる周囲には、滑革布団を敷きたる腰掛を設け、室中には電灯を点火し、内部に大なる姿見を掲ぐ。この昇降室には、器械師一名乗込で総ての指揮をなす。この客室は一台に十五人以上二十人迄を乗らしむべき仕組にて、美麗なる昇降器械を備へ、勝手に階段の昇降を自由ならしむ。その昇降する綱は鋼鉄の鎖にして、ワヤロップと称するものなり。この器械の設計者は電灯会社の技師長藤岡市助氏にして、これが製造は石川島造船所なるが、此は既に落成して取付るばかりとなり。すなわち右昇降客室は最下部より一分時間に八階まで昇り得るといふ、最も迅速なるものなり。（未完）［読売新聞、七月二三日］

●浅草凌雲閣（承前）　欧州にては五階七階の旅館ありて、該昇降客室のごとき設けは珍らしからぬ話なれど、我が国は同閣が初めての工事なり。さてまた内部の装置を聞くに、八階以下は勧工場のごとく玩弄品その他の売店を出ださしめて来客の求めに応ずと（この出店料一人一円ほどの積り）の事なれば、大いに相互の便益ありて、自然の装飾を有す。第九階目は上等室と定め、ここはジュウタンを敷き詰めて優待席となし、楽器等を飾り付く。第十及び第十一階は、来場人の運動場に供し、第十二階目の頂上には望遠鏡を供へて来場人眺望の求めに応ず。また昇降客室はおもに昇を旨とし、降りは売店もあれば歩行をおもにすると云ふ。この十二階ある直立の楼閣、屹然と雲間に聳へ、先の木造富士より高きこと数十尺、愛宕山より高きこと二十尺、海面を抜くこと二百二十尺程なりと云ふ。実に驚くべき結構なり。されば内部は最下部より頂上まで西洋形にして階数十七階あり。これを歩行するときは五町なりとす。十二階目の頂上は周囲に手摺を設け、これにアーク電灯を点じ、家屋の頂上には避雷針を設く。また楼閣の各室に電灯を点ず。該閣の最下を事務室とし、同室と頂上には電話器を設く。これは遠隔し居るにつき、その用向の便利を謀るためなり。該楼閣に費す煉瓦石の数は百廿余万本にして、目下九階室までは落成し、十階十一階はこの五六日間に煉瓦積立を終り、十二階目頂上の木造までは本月中にあらまし落成の筈なり。庭園及び表門鉄柵等は来八月八九日までに落成の見込みにて、同十日頃をもつて開業式の予定なりと。表門は公園池に面して鉄製とし、その他鉄柵等は悉く大阪の川口にて製造せり。該閣の場内はおよそ八百坪の広きを有し、樹木数十本を植付け、美麗なる庭園を造り、また西洋料理を初めその他の飲食店を出さしめ、場内の通り抜けを自由に許し、馬車をもつて楼閣へ充分に横付けを為さしむる等の計画にて、あたかも小公園を造る目的なりと。またこの凌雲閣縦覧料は一人につき七銭の見込みにて、夏期は夜の十時まで登閣を許すと云ふ。さてまた、かかる大工事にして今日まで一人も人足の怪我せし者なきは、誠に幸ひなり。また実地探検者が遠く近国山海の景色を一眸の内に望見し得るのみならず、その涼風を送る等、木造富士の類に非ずと云ふ［読売新聞、七月二四日］

八月

▼八月中旬には、一〇階まで積み上がった。少年雑誌の『少年文武』が雑報で「浅草の十二階」を取り上げて連想を拡げ、浅草富士の代わる建物であり、大阪の九階楼をしのぎ、古代のバベルの塔や近代のエッフェル塔を思わしめる高さであると説く。『少年園』の八月号もまた「高きもの」と題して、その登高遊覧施設の流行に言及している。少年雑誌が、浅草富士と大阪の九階の凌雲閣とを比較の対象として意識しているのがおもしろい。中旬になって読売新聞は、すでに完成した一〇階の上に木製の二階を建てるはずだと報じた。ということは、これまでの「十二階」となることを「出願中」で、許可され次第、着工して十二階建ての喧伝にもかかわらず、まだ正式には許可を得ていなかったのだろうか。

●浅草の十二階　浅草の富士は既に雪の如く消え失せたり。

今度十二階の建築を起したるものあり。将に竣工せんとす。大阪に九階あり。十二階の建築成らば、一たび登臨するも壮快ならん。古代に有名なりしはバーベルの塔なり。今世に著名なるは巴里のエッフェル塔なり。浅草の十二階能く雲を凌ぐの高さにまで達し得るや如何［『少年文武』第一巻第八号、張弛館、八月一五日発行：五九―六〇］

●高きもの　近来高きもの流行す。浅草の富士は既に跡なきも、芝に愛宕閣を築き、また浅草に十二階の建築を起せるものありと云ふ。巴里のエッフェル塔を真似ては如何。我が文明いまだ許さずとならば、地道を穿ちて暗黒界を見せては如何。奇観は独り高建築に限らざるべし［『少年園』第四四号、八月一八日発行：二六］

●浅草のエッフェル大塔　浅草千束村に建設中なる凌雲閣高塔はもはや十階まで煉化積立落成したるが、なおこの上に木製の二階家建設を出願中にて、許可次第直ちに着手する筈にて落成の上は十二階となるよし［読売新聞、八月一六日］

九月

▼九月の中旬までに塔の外側に関係する工事はすべて終わり、頂上の一二階までが落成した。二二日には足場の撤去がはじまった。あとは敷地内の外構と店舗の新築などがのこるが、遅くとも九月中にはすべてを仕上げて、一〇月の上旬には開業式をおこなうと報じている。しかしながら、これも結果的には甘い見とおしであった。

●凌雲閣成る　浅草公演内にて昨年中より工事中なりし凌雲閣の外部は、漸く落成して昨日より外部の足代《あじろ》を取り除けたり。また構内には種々の樹木を植え付け、なお七草をも植え込み、料理店の新築等に従事し、遅くも本月中には悉皆を竣了して、来月上旬開業式をなすべき筈なりといふ［読売新聞、九月二三日］

一〇月

▼凌雲閣は遠目にもあざやかに東京の空にそびえ、開業お披露目のイベントがいろいろと報道されはじめる。

　すでに銅版や石版での目新しい建物の紹介ははじまっていただろう。たとえば、そのひとつである一枚刷の『大日本凌雲閣之図　拾貳階直立貳百貳拾尺』（図4―1）には、「十月六日印刷出版」の文字があり、そこに記された「凌

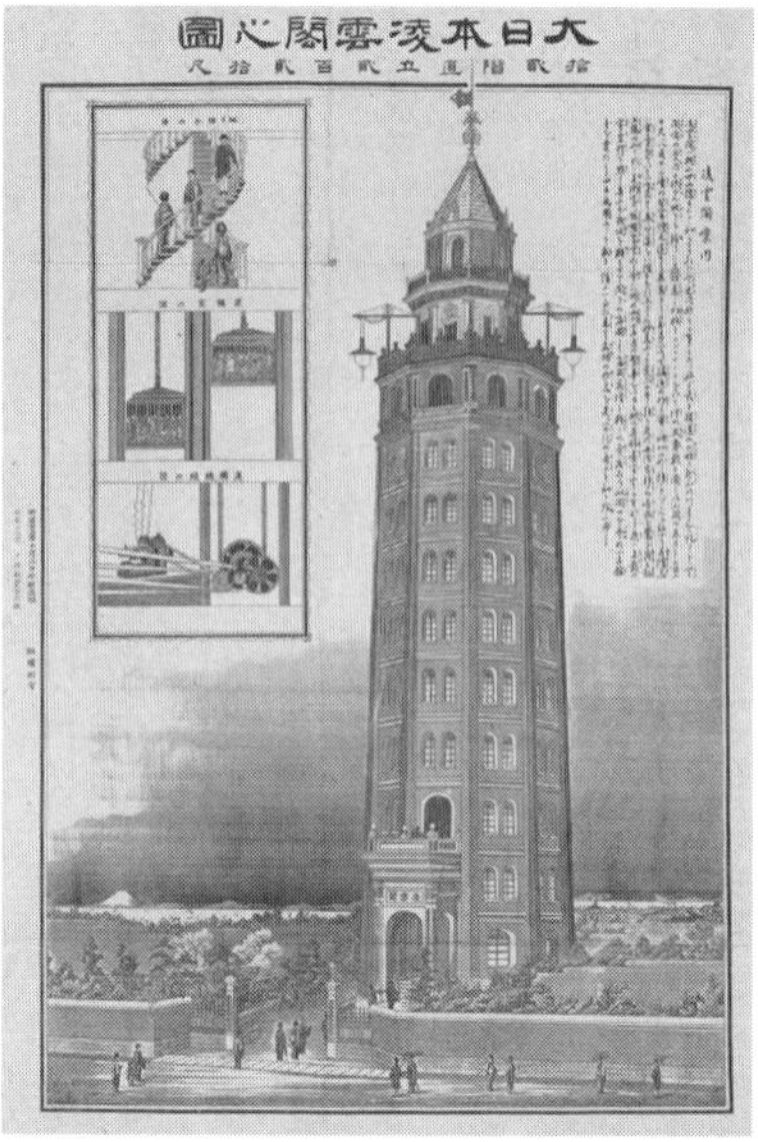

図4-1　大日本凌雲閣之図

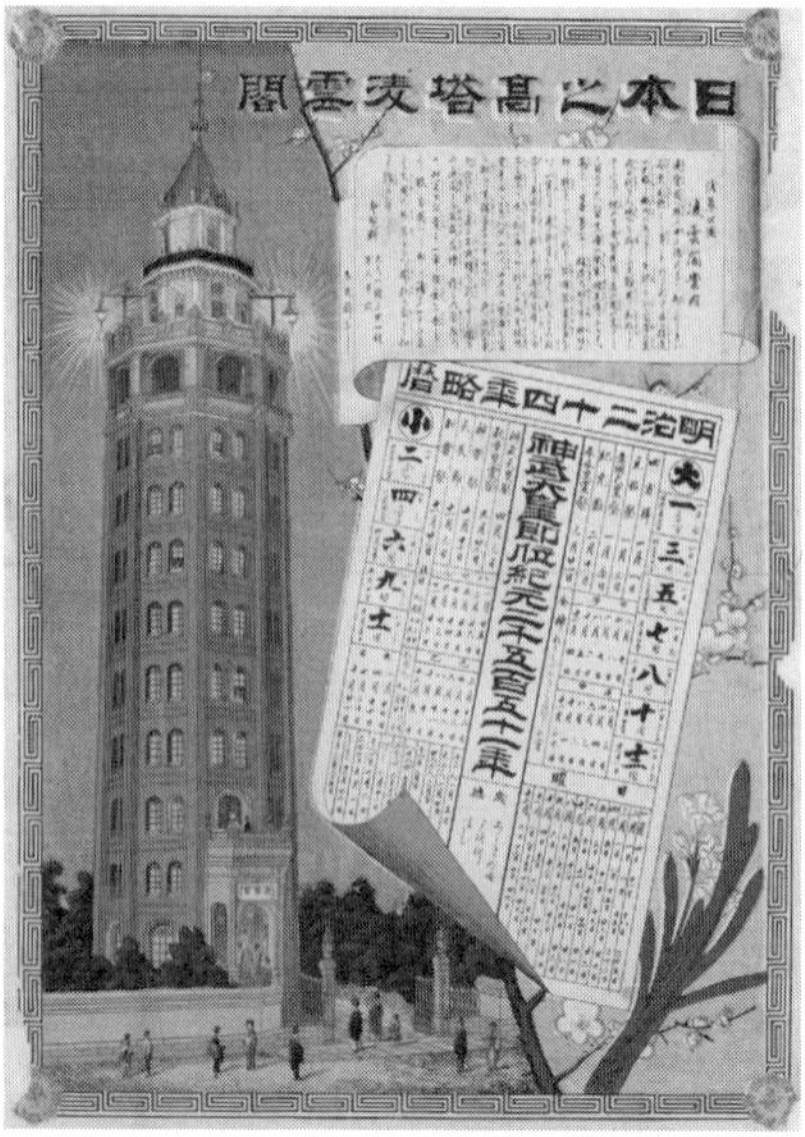

図4-2　日本之高塔凌雲閣（明治24年略暦）

雲閣案内」は堅牢な建築の構造やエレベーター、眺望、電灯などの妙を述べている。ちなみにこの文章は、ほぼそのまま明治二四年用の略暦の一枚刷『日本之高塔凌雲閣』（図4-2）に使われている。「ほぼ」と言ったのは、「数千円」という費用が略暦の案内文では「二万余円」となっているあたり。

おもしろいのは、ほかにも出版された石版や銅版の一枚刷など（図4-3）が、二重らせんの階段、昇降室の原理、運転機械の図解を別枠で載せている点である。雑誌図版（図4-4）などにも、同様の解説図をあわせたものが見える。チラシとして作成された「必ず凌雲閣に登れ」にならったものか。このチラシの正確な発行年月が不明だが、「本月［六字分くらいの空白］開閣」とあることからみて、一〇月には配られていたものだろう。ちなみにこの段階では縦覧料が八銭にあがっている。一八日の読売新聞が報道する「雛形」は、紙製の立体を暗示しているが、ひょっとすると立版古のようなものだったかもしれない。

その一方で、一二日の読売新聞、一五日の東京朝日新聞に出された新聞広告は、七階以下の売店出店ご希望の方は「至急御相談あれ」と呼びかけている。まだ閣内の店に空

図 4-3　大日本凌雲閣之図（喜多川周之模写）

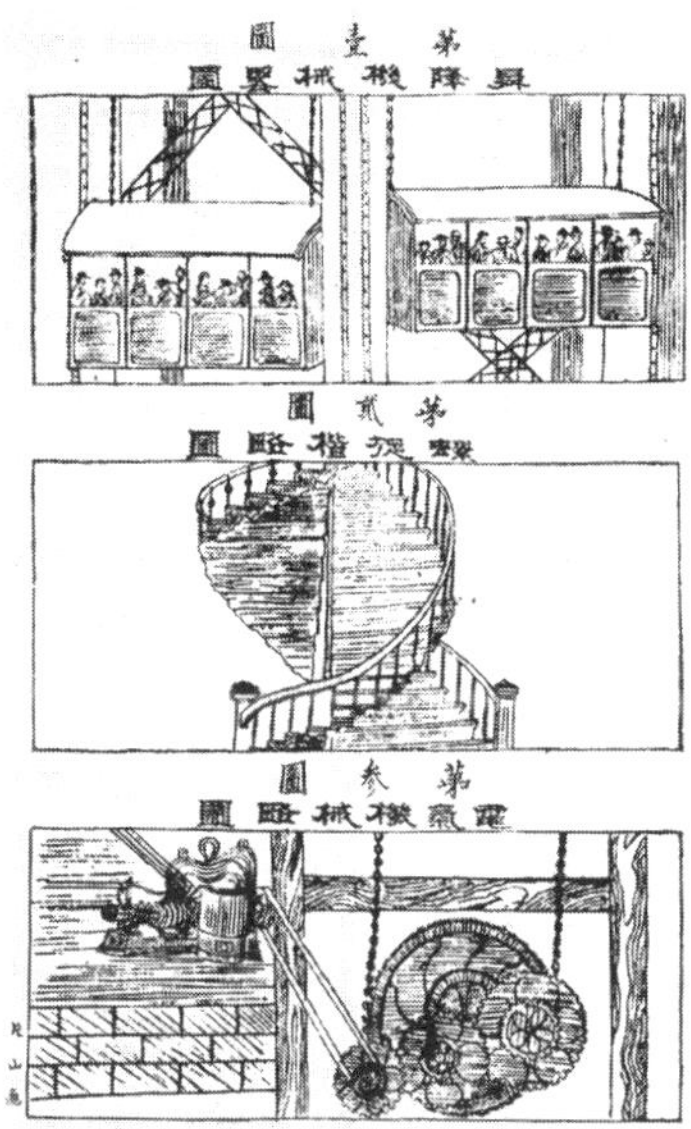

図 4-4　『工談雑誌』第 22 号口絵

きがあったことを意味する。二七日の新聞によれば、売店の数は四六店舗であった。

一三日には『郵便報知新聞』が、凌雲閣の図版を三段抜きに大きく掲げて、普通の記事とは異なる美文調の紹介を載せ、本月の中旬に「開閣式」を挙げると記している。

はじめの予定では一八日か一九日にとされていた開業式は、片付けや飾り付け等々が間に合わずに一週間ほど延期すると、一六日の読売新聞は報じている。開業式ではないが、二三日には八階までの明かりを点灯する「電灯式」をもよおし、二五日にエレベーターの「運転式」をおこなった。しかしエレベーターの工事は順調に進まず、二五日の夜になっても準備が整わなかったので、集まった来賓にはモーターの運転を見せただけであった。二八日の読売新聞によれば、警察が立ち会ってのエレベーター運転検査において、「非常に運転をなせし」ために器械をすえつけていた煉瓦にヒビが入り、その改良工事のために、さらに開業式は順延された、とある。

けっきょく一〇月中には開業式をおこなうことはできなかった。試運転式の夜にも披露された十二階頂上の「五千燭光」のアーク灯二基に光が入ったのは、二九日の夜からである。

●必ず凌雲閣に登れ　手を伸《のべ》て月を把《と》るべく、足を挙て雲を踏むべし。坐《ゐ》ながら数拾里の景色を眼中に集め、十五区の繁華を掌中に見るものは、この凌雲閣の外になし。そもそもこの閣は当時文明国の都府中には、必ず欠くべからざる程となれる高尚の遊覧場にて、その建築は諸大家の設計に依り、許多の日子と巨額の金円を費して築成せしものなれば、堅牢不朽結構無比の一大高塔なり。その高さは十二階二百二拾尺、超々として雲を凌ぎ、もとより東京一の奇観なれば、自らまた日本一の奇工なり。凌雲閣の名一たび雲を凌ぎ、親しく登覧してのちはじめてその真なるを知り給はん。特に日本未曾有《こと》のエレベートルと称する安全の昇降室を備へ、電気力に依りて登覧の客を、一室のまま第八階まで引上げ、婦人小児と雖も少しも驚き怖るることなく、安全迅速にして雲中まで引上る愉快と奇観を極めたる妙機械あり。これ当閣第一の奇観にして、その妙は筆に尽しがたし。また二階より七階までは一室毎に各国風の売店を設け、甲室は英国に遊ぶごとく、乙室は仏国に遊ぶごとく、丙室丁室各々米独支那等の風俗を其ままに移して、観工場のごとき売店となし、みなその国々の品を売りて登覧客の慰みとす。されば、登覧の客は昇るにエレベートルに乗り、一飛して雲に入り、降りには世界の文明国を漫遊しつつ、各階の螺施階《まわりはしご》を緩歩し、そのいよいよ出ていよいよ珍しきに驚き給ふべし。その八階はステーションにて、九階には古今の美術にかかる珍品奇物を陳列し、これまた客の眼を慰め、拾階より拾二階まではすなわち眺望室にて、善良至美の望遠鏡を備へ、遠くは関東八州の山媚水明を一眸の中に収め、富士、箱根、足柄、大山の諸嶽は天際に拱し、筑波の紫、日光の緑、安房上総の峯巒は雲辺に迎へり。近くは府内十五区の繁華眼中に支るものなく、寸馬豆人悉く睫中に集り、傍らまた諸般の広告を四方に募り、これを高尚美麗なる額に粧ひ、その趣向は奇を画様に写し、妙を文章に顕はし、これを毎室の壁上に掲げて、降るに従ひ歩むに従ひ、種々の広告を通覧するの便を備ふ。すなわちこれを出すの人は利益を得て、これを見る人は慰むべし。実に臥遊の勝場にして一たび登れば、必ずや帰るを忘れ給ふべし。すなわち外には天然の絶景あり、内には人工の奇観あり。内外の楽事百般究まらざる上に、塔下の庭園には珍奇の花卉盆栽を集て壇上に並べ、遊客の散歩に任せ縦覧に供へ、かつ休憩吃烟の所とせり。江湖の諸君一たび登覧して文明の寄工を実見し、且つ魯般が雲の梯なく列氏が風の力を仮らず、坐ながら雲上の人となり給へ。

本月　開閣　縦覧料　大人　金八銭　小児　金四銭

浅草公園池の端　凌雲閣［『必ず凌雲閣に登れ』一枚刷裏表のチラシ、一〇月に作成配布か］（次頁図4-5a・b）

●凌雲閣案内　凌雲閣は世に隠れなく知られていれば、今更風韻する事もあらねど、ここに構造の大略と趣向のさまを記して、登閣者の案内に供せん。地下を掘る二丈余、悉く松材とコンクリートをもつて埋め、その費数千円に及ぶ。閣の高きは二百二十尺、八角十二層の堅牢煉瓦造なり。その高きは日本第一にして構造の妙も実に神巧の如し。特にエレベートルと称する昇降器は、電気力をもつて一室のまま直に登客を八階まで引上ぐるの妙器にして、これまた日本に類を見ず。毎階皆種々の奇品を鬻ぎあたかも勧工場のごとく、別に美術室、休憩室等あり。昼は八州の山川、十五区の繁華を一目に眺め、その勝景言ふばかりなし。夜は無数の電気灯を点じ、真に不夜城を顕はせり。閣下の庭園には盆栽と花壇と種々の売店あり。この閣日を費す一年余、金を費す四五万円にして成る。請ふ一たび来りて文明の妙奇を見、開化の奇工を知り給ふべし

［『大日本凌雲閣之図』銅版一枚刷、一〇月六日印刷出版（「同年十二月　日印刷訂正出版」の後彫）出版人名なし］

●売店出店募集［読売新聞、一〇月一二日］［東京朝日新聞、一〇月一五日］（第一章 注80参照）（図4-6）

図4-6　凌雲閣売店出店広告

●凌雲閣　挺然として中霄を凌ぎ、天を支える大柱のごときものは、これ浅草公園なる凌雲閣なり。閣、地を抜くこと凡そ二百二十尺、形八稜をなして、十有二層なり。虚道その中央を貫きて絶頂に達す。ここに電気機を使用せる美麗なる日本にはじめての昇降室《エレベートル》を装置し、登閣者を上下せしめ、かつ層毎に各種の雑貨舗ありて客の嗜好に応ず。殊に美術品のごときは内外を問はず、新古を論ぜず、網羅採

必ず凌雲閣に登れ

手を伸て月を把るべく足を擧て雲を蹈むべし坐ながら數拾里の景色を眼中に集め十五區の繁華を掌中に見るものハ此凌雲閣の外にあし抑も此閣は當時文明國の都府中には必ず欠くべからざる程となれる高尚の遊覽塲にして其建築は諸大家の設計に依り許多の日子と巨額の金圓を費して築成せしものなれハ堅牢不朽結構無比の一大高塔なり其高ハ拾貳階貳百貳拾尺超々として雲を凌ぐ素より東京一の奇觀なれバ自ら又日本一の奇工なり凌雲閣の名一たび雲を凌ぎ親しく登覽してのち初て其眞なるを知り給はん特に日本未曾有のエレベートルと稱する安全の昇降室を備へ電氣力に依りて登覽の客を一室のまゝ第八階まで引上げ婦人小兒と雖も少しも驚き怖るゝことなく安全迅速にして雲中まで引上る愉快と奇觀を極めたる妙機械あり是れ當閣第一の奇觀にして其妙は筆に盡しがたし又二階より七階までは一室毎に各國風の賣店を設け甲室ハ英國に遊ぶ如く乙室は佛國に遊ぶごとく丙室丁室各々米獨支那等の風俗を其まゝに移して觀工塲の如き賣店となし皆其國々の品を賣りて登覽客の慰とす然れば登覽の客は昇るにハエレベートルに乘り

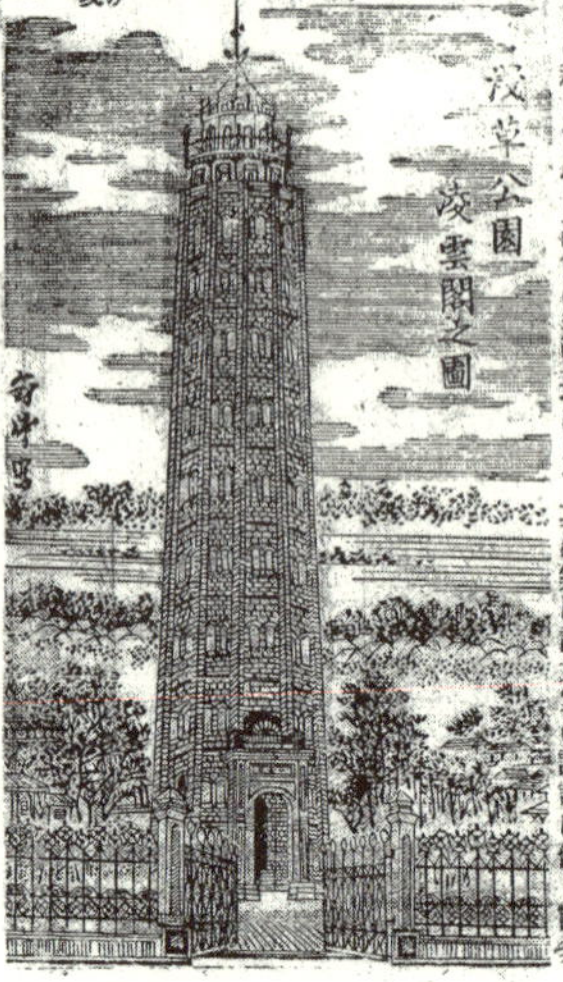

螺旋階略ノ圖

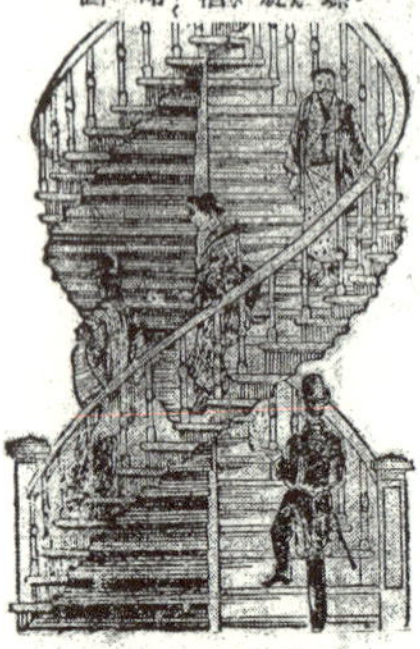

図4-5-a　凌雲閣開業チラシ（表）

一飛して雲に入り降りには世界の文明國を渉遊しつゝ各階の螺旋階を緩步し其愈よ出て愈珍らしきに驚き給ふべし其八階はステーションにて九階には古今の美術にかゝる珍品奇物を陳列し是亦客の眼を慰め拾階より拾貳階まではハ即ち眺望室にして善良至美の望遠鏡を備へ遠くは關東八州の山媚水明を一眸の中に收め富士、箱根、足柄、大山の諸嶽は天際に拱し築波の紫、日光の緑、安房上總の峯巒ハ雲邊に迎へり近くは府内十五區の繁華眼中に支るものなくす馬豆八悉く朧中に集り傍ら又諸般の廣告を四方に募り之を高尚美麗ある額に粧ひ其趣向ハ奇を器械に寫し妙を文章に顯はし之を毎室の壁上に掲げて降るに從ひ歩むに從ひ種々の廣告を通覽するの便を備ふ即ち之を出すの人は利益を得て之を見るの人ハ慰むべし實に愉遊の勝塲にして一たび登れハ必ずや歸るを忘れ給ふべし即ち外にハ天然の絶景あり内には人工の奇觀あり内外の樂事百般究まらざる上に塔下の庭園には珍奇の花卉盆栽を集て壇上に幷べ遊客の散歩に任せ縱覽に供へ且つ休憩喫烟の所とせり江湖の諸君一たび登覽して文明の奇工を實見し且つ魯般が雲の梯なく列子が風の力を假らず坐ながら雲上の人となり給へ

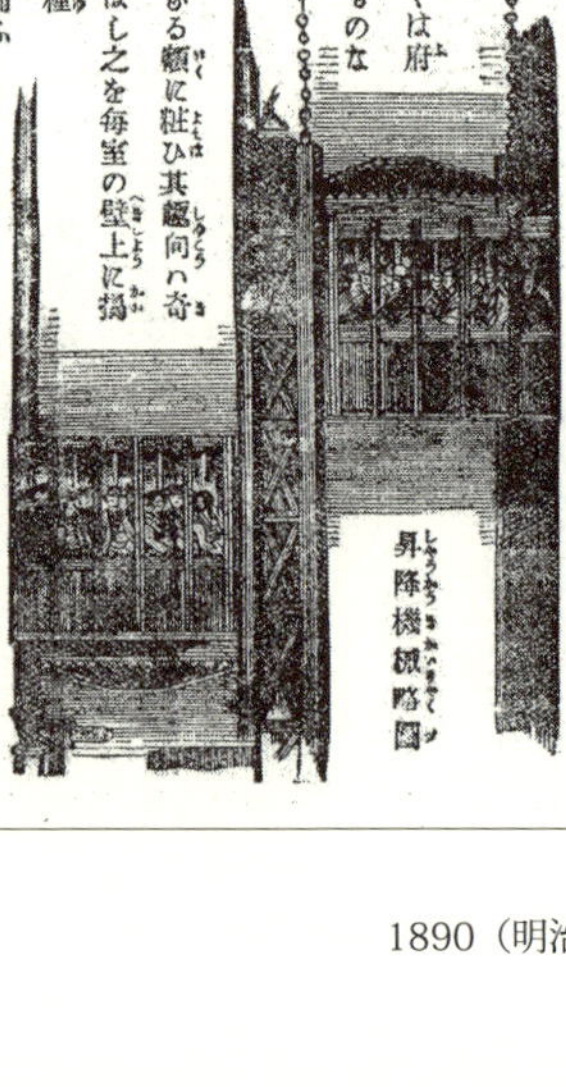

電氣機械略ノ圖

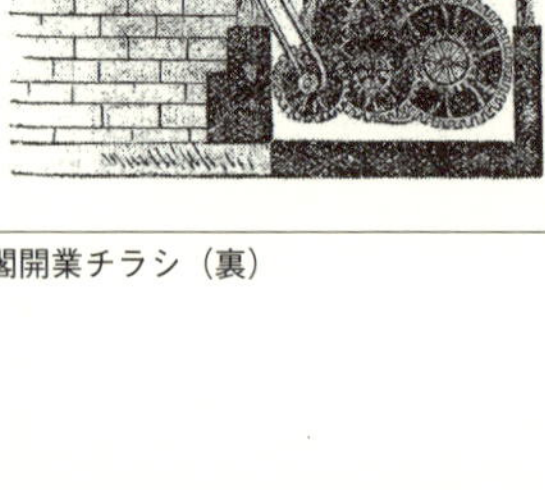

本月　開閣

縱覽料　大人 金八錢　小兒 金四錢

淺草公園池の端　凌雲閣

図4-5-b　凌雲閣開業チラシ（裏）

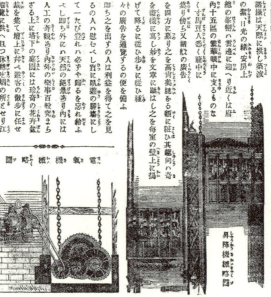

集して遺す所なし。試みに閣に登りて下瞰すれば、全部の景みな双眸の中に在り。屋瓦は鱗のごとく、車馬は豆に似たり。上野の山これ何の蟻垤《ぎてつ》ぞ。品川の海これ何の盆池ぞ。さらにまなじりを決すれば八州の山河礪芥鬱々蒼々然として胸宇快濶意気軒昂、真にこれ帝都の観を壮にするに足る。閣内別に広告社の趣向をもつて、一種奇妙なる額面広告をなす。この閣、工を起こす凡そ二年を経て、いまその落成を告げ、本月中旬を卜して盛大なる開閣式を挙ぐ。これより日を賓し、月を賞し、雲物を観る、定めてこれ壮観なるべし。ここにその光景を縮図細鐫して、読者枕頭臥遊の料となす［郵便報知新聞、一〇月一三日］（図版は図1―1 一三頁参照）

●高厦の雛形　凌雲閣は近頃稀なる高厦なれば、その雛形を作りて、地方の人々に構造の一班を知らしむるもまた強ち無用のことに非ずとて、今回画工国年氏が全閣千分一の紙雛形を作りて、その道のものに示しけるに、何れもこれを奇なりとし、某商人は遂に申請け、近々専買特許を得て凌雲閣中にて売捌く都合なりと［読売新聞、一〇月一八日］

●凌雲閣　今度浅草公園地内に建築せし凌雲閣は、来る十八十九の両日に開業式を施行する由、前号の紙上に記載せし処、近頃雨天のため、案外足場その他周囲の取片付け等に手数を要し、随ッて飾附などの手廻らざるにより、一昨日にいたり俄に一週間ほど延引する事となりしが、当日は花火の他に藝妓手踊りと、十二階において西洋花火を打ち揚げ、かつ園内には草木と植附け盆栽と陳列する由。そもそも同閣は昨廿二年十月の設計にして、本年一月四日起工し、同十月に竣工せしものなり。総建坪は三十四坪、高さ地平より避雷針まで百二十尺余。この工事費用予算は金四万円なりといふが、今聞く所に拠れば同閣が第一の主とする処はエレベートル機にして、廿八より三十八人迄をわずか一分時間にして知らず識らず八階目まで登らしむる仕掛なりと。もっとも二階三階と一階毎に売品を異にし、各室毎に電気を設け、食堂並に事務所には電話を掛けて、特に来観者の便を計るといふ。［読売新聞、一〇月一六日］

●凌雲閣の電灯と試運転式　浅草公園の凌雲閣は竣工に付、一昨夜、電灯式を行ひ、第八階まで点火し、なお昨夜及び本日は、エレベートルの試運転式を施行すると云ふ［読売新聞、一〇月二五日］

●凌雲閣の運転式　浅草公園にて雲際に聳ゆる十二層の高

塔は、今や全く建築落成し、いよいよ本日をもつてその運転式を挙行し、引き続き衆人の縦覧に供する由［都新聞、一〇月二五日］

●凌雲閣開業式　かねて大評判なる浅草公園地の凌雲閣は、一昨日エレベートル（昇降室）の運転式を施行するにつき、来賓を千束村の棲鶴楼に招待せしが、何分両三日雨天のため該工事のみ捗取らず、その取付中配膳交盃の間余興として公園校書の手踊り（式三番勢師子《げいしゃ》）等を催し、夜に入りたるもエレベートル機の整頓せざるをもつて、つひに米国紐育より購入せしモーター十五馬力電気機械の運転を実行して来賓の観に供せり。また明日及び明後日の両日間をもつて、開業の祝典を挙ぐる由にて、その大略は、十二階の頂上より八方に数千の球灯と釣し、無数の国旗を翻し、夜に入れば五千燭力のアーク灯（電気灯）二個を点火し、月光を奪ッて不夜城の感あらしむ。定めし無類の壮観なるべし。（以下略）［読売新聞、一〇月二七日］

●凌雲閣　そもそもこの一大高塔は全国未曾有の塔にして、昨廿二年十月設計に係り、本年一月四日起工に着手し、爾来工事に怠り無く、漸く本月をもつて竣工を告げたり。その築造は赤煉化八角方直立二百二十尺を十二階に重ね、総坪三十四坪余にして、閣内にはエレベートルを備へり。此の昇降室は高さ八尺横八尺、巾五尺五寸、車輪なき鉄道馬車室の如く、十五人より廿人を乗組ませ、わずかに一分時間に最下階より八階間を昇降する仕組にて、二階より七階までは一室毎に英、米、佛、独、魯、支等各国の風俗を移したる四十六ケ所の売店を置き、各々その国産物を販売して登客を慰め、八階はステーションにして、九階は古今の美術品を陳列し、十階より十二階迄は皆眺望室となし、室の周囲に椅子を設け、三十倍の望遠鏡を備へ、これをもつて望めば関八州の山媚水明を一眸に収め、近くは都下十五区の繁華眼中に入らざるものなし。また塔下の庭園には四季の草木を植込み、珍奇の花卉盆栽を並べ、観覧人の休憩所に充てたり。殊に夜間は十一階の室に五千燭のアーク電灯二個、その他の毎階三個宛の電気灯を点ずるといへば、流石の高塔あたりも置ランプのごとく、一百七拾六個の窓より光輝を放ちて、公園に一層の佳景を添ゆるなるべし。最初この起工は、金壹万六千円の予算なりしも、かく高塔の築造は地下の地形堅牢ならざれば到底永久の望なしとの辰野工学博士の計画に従ひ、地下数丈を掘り下げコンクリートをもつて築成したれば、この総額金四萬円の内ほとん

ど三分の一は地下の築成に係りしと。じつに結構厳重なる高塔と謂ふべし［読売新聞、一〇月二七日］
●二本の指先きに一個の星を抓み取り、一擲して安房の鋸山を打ち越し、太平洋に二ツ玉を躍らせん事、いと難き業にあらざるべしと空想をひき起さしめるものは、浅草公園の凌雲閣十二層楼上の観なり。同閣は客歳十月に起工し、十一ケ月の日子を経て両三日前落成したり。閣の地盤は地を穿つこと二丈、なおその下に二丈の杉丸を打ち込み、四寸角の松柱を横様に数層排列し、然る後砂利とセメントをたゝきつめたるものなれば、天然の石盤よりも堅固にして、閣は赤焼瓦を八角に積み、この高さ二百二十尺、内部の坪数三十二坪あり。さて下層初階より八階迄は電気モーターの運転に依りて昇降台（エレベートル）を一分時間に昇降せしむべく、この昇降台は高さ八尺幅八尺に五尺五寸。十五人より二十人までの客を一時に乗せ得べく、電気モーターは米国紐育より購入せしものにて十五馬力を有せり。閣の九階は上等休憩室と為し、新古の美術品を陳列し、かねて楽器電話機等の飾り付けもあり。二階より八階迄に四十六個の売店を設け各国の品物を売り捌くに、縦覧人を慰めんがため支那店に至れば売り人は支那服をつけ、一切清国品のみを商ふ筈なり。十階は眺望室に充て、閣の周囲に椅子を排列して観客の便に供し、十一階は閣の表裏に五十燭のアーク灯二個を吊るし、かつ毎閣三個づゝの電灯あり。十二階には三十倍の望遠鏡を具へあれば、肉眼にて及ばざる所八州の野を俯視すべし。また閣全体の窓は百七十六個を有し、もつて八方を望むべく、しかして一層は一層より眺望の区域を広めて漸次佳境に進めば、紅粉緑黛の俗美人も十二層の楼上に至り、身はこれ羽化して登仙し、広漢宮裏に入りて嫦娥の侍女となりしには非ざるかとの疑ひを起すならん。右落成に付、明二十八日開閣式を挙行し、翌二十九日より衆庶の縦覧を許す筈にて、開閣の当日は同公園芸妓の今度新たに仕組たる公園踊（これは優美なるもの）、凌雲閣踊（十余名の芸妓が紺の股引法被紺足袋、背に太く〇に凌の字、襟に浅草公園凌雲閣の文字を白く染出し、何れも一対の職人打扮獅子の曲も交りて、頗る活発なるもの）その他、数番を興行するの都合なり。さて閣主は一昨廿五日、各新聞記者を同園の棲鶴楼に招待し、昇降台の運転式を執行すべき筈にて、職工を督促したるも午後十一時頃ならではその運びに行きかね、已むを得ず電気モーターの運転のみを一覧に供したり。夜に入り前記の電灯に点火したれば、灯光百七十個の窓より八表に映射し辺り眩しく、同園の池内に倒さまの影を映じて金波を起せるなど、実に美観なりしといふ。因みに記す、同閣の縦覧料は大人八銭小児四銭なるが、昇降台に入れば労せず八階まで一瞬に昇降し得べく、上野の森を打越して彼方を望み、千住製絨所や王子製紙所の烟筒が、宛ながら竹の子の頭を抬げたるにはあらざるかと思ふ程の奇景を眺め得るに比しては、頗る廉価なりとの評あり［時事新報、一〇月二七日］

●凌雲閣開業式の日延べ　同閣は一昨夜田町警察署より掛り官が出張して、エレベートルの昇降運転の険査も済たれば、今日開業式を執行する筈なりし処、検査の日余り非常に運転をなせし為か、器械据附の煉化にヒビ裂を生ぜしに付き、これらを修繕かたがた一両日開業式延引し、諸事整ひ次第開業する筈なりと［読売新聞、一〇月二八日］

●凌雲閣開業式準備整頓す　同閣にては一昨日、徹夜して昇降器エレベートル据付台の改良工事を竣工し、本日充分の試運転をなして、開業式を施行する都合にて、既に門内西側に五間四方の家台を建設し、当日の余興公園芸妓五十余名の舞踏所に充て、正面には雛段形の桟敷を出来《しつら》へ、来賓の観覧場とし、その他草木の植込み乃至附属建物等も整頓せしをもッて、今日の試運転の結果により明日明後日の両日間開業式を施行すると云ふ。また同閣は一昨夜より十二階頂上に五千燭力の電灯二個を点火せり［読売新聞、一〇月三一日］

一一月

▼一日発行の『東京経済雑誌』は「本日より開場するといふ」と結び、「二日」の読売新聞や郵便報知新聞には当日開業の広告が出た。しかしながら、エレベーターの速度が速すぎるというトラブルで、一〇日に延期された。二日当日は天気もよく休日でもあったため、午前からつめかけたものも多かったという。五日発行の『工学会誌』が報じている「十月二十八日に始めて衆人の登閣を許せり」という記事は伝聞であろうか。二日の読売新聞が、先月三〇日に有栖川宮が見学にきて、頂上まで案内したことを伝えている。のちの報道にでてくる皇族の招待や宮中の都合というのは、このあたりを踏まえてのことか。

一日御届の日付を添えて多色印刷で出されている一枚刷

『浅草公園凌雲閣之図』（図1―25　六三頁参照）は、開業チラシの「必ず凌雲閣に登れ」の文章「手を伸べて……」に始まり「……その妙は筆に尽しがたし」までの前半を入れている。永田町の草紙屋から勝手に出されたように思われる。こうした勝手な印刷物は開業前後から多く発行されていた。

一〇日の開業式の予定は、招待した貴顕の宮中行事の都合とかでさらに一日ずらされ、けっきょく開業式は一一日におこなわれた。国旗が交叉する大きなアーチが仮設され、頂上から張られた数本の線には無数の球灯が並び、花火が上がり、音楽隊の演奏が華やかに開業式を盛り上げた。当日の様子は翌日の『国民新聞』『読売新聞』『郵便報知新聞』が詳細に伝えている。

開業式場は一〇階に設けられ、午後三時から福原庄七が開業の趣旨、バルトンが設計の報告、伊澤雄司が工事監督として話し、電灯会社や招待者の祝辞のあと、福原の謝辞で閉じられた。三〇分ていどの式典であったらしい。国民新聞が注目して報じているように、エレベーターの調子は頼りなかったようで、午後からの催しが三時頃には具合が悪くなって運転を見合わせている。この運転中止は、ほぼ二週間後の「二の酉」の二四日まで続いたらしい。再開の時には人出が多く、サービスとして臨時の熊手預かり所を設けたと報じている。

開業式の日に頂上階に昇った三遊亭円朝らと警視総監のやりとりが描かれているのがおもしろい。閣内の売店は、「悉く開店」と書く国民新聞と、おおよそ「七八分」と評価する読売新聞とで判断が分かれている。

登閣者の数は、一六日の日曜日に六八〇〇名、その一週間後の二三日の日曜日に五四〇〇名であったという。

●凌雲閣　魏然として雲間に聳ゆる浅草新開地の凌雲閣は、去月廿五日をもつて運転式を挙行したり。閣の高さは二百二十尺にして、これを十二階に分ち、第一階より第八階まで電気「モーター」の運転に依りて、昇降台「イレベートル」を一分時の間に昇降せしむる仕掛けなり。その昇降台は一時に十五人乃至二十人を運ぶべし。第八階は昇降台の「ステーシヨン」にて、ここに日本風の一室を設け、中に書画等を陳列し、観客の休憩に充て、また昇降便利の為め、此一層と第九階だけは左右に階段を設けたり。第九階には新古の美術品を陳列し、楽器を据る筈にて、事務所及び西洋料理店とのあいだは電話器を据へ附けあり。第十階以上は中央に螺旋形の階段あり。周囲は椅子などを置くの地として唯だの眺望室に定め、別に売店等なし。十一階には前後に五千燭光の「アーク」電灯二個を据へ附け、頂上の十二階には三十倍の望遠鏡を置くの準備あり。されば遊客のここに登臨するものは、遠くは、関八州の山媚水明を一眸に収め、近くは府内拾五区の繁華、眼中に支ゆるものなく、寸馬豆人悉く睫中に集まり、実に壮観極まりなかるべし。同閣は本日より開場するといふ［東京経済雑誌、第五四五号、一一月一日発行：六二二］

●高塔凌雲閣開業十一月二日　縦覧料 大人八銭子供四銭下足賃を要せず　浅草公園凌雲閣［読売新聞、一一月二日］
［郵便報知新聞、一一月二日］（図1-9　二五頁参照）

●有栖川宮御父子凌雲閣に上らる　有栖川一品親王殿下及び三品威仁親王殿下は去月三十日午後四時頃、浅草公園に建築したる凌雲閣に来遊せられしも、未だ開業前なりければ見苦しき所あるを以て、後日開業の日御登閣の儀を申出しに、苦しからずとの仰せありしかば掛員は大いにこれを栄誉とし、頂上までご案内申あげし処、御二方とも頗る御満足遊ばされ、殊に三品親王殿下は「吾かつて巴里の高塔に登りたり。右高塔は一度昇降室の縄切れしも、なほ用心の鎖縄ありしかば落下せざりしが、この昇降室は如何」との御尋ありしゆえ、掛り員は矢張その如く二重に縄を掛て最も堅牢なりと答へ、それより御茶菓子を奉りしが、なほ開業の上必ず登閣すべしとのお言葉ありて、御帰館あらせられしと。右に付、同閣の福原庄七氏等は昨日同邸へ伺候し、登閣の御願を申上げ、なほ開業式当日、御登閣の儀を願出しと云ふ。また同閣は堅牢に堅牢を加へしを以て、大いに日子を費し、掛技師は日々徹夜して、漸く一昨三十一日の中に運転功を奏せしにぞ。昨一日、田町警察署長の下険査も済み、午後より警視庁の官吏本検分を為せしといふ［読売新聞、十一月二日］

●凌雲閣の開業またまた延期す　浅草公園に建築せる高塔凌雲閣は、昨日をもつて開業する旨を広告せしが、右は既に一昨日において允許を得しゆえ、予告の運《はこび》にいたりし処、元来昇降室の運転器械たる電気モーターは米国より購入せし最新の器械なるをもつて、それぞれ昇降時間を測量せしに、最初の注文は一分時間に第一階より第八階まで昇降せしむる筈なりしも、据置きて試験したれば、四十秒時間にて昇降する程の速度なる器械なれば、壮年の男子却つてこれを壮快に覚ゆるも婦女子にいたつては、或はあまり早すぎて危険と感ずるやも計り難しとの懸念より、かねての規則通り、一分時間に昇降せしめんとて器械の幾分を改造する為、今後尚一週間を延期し、いよいよ来る十日をもつて本開業式を執行し、翌十一日より諸人の観覧に供える事に決定せし由。されば当日は一層盛大なる開業の典を挙行すると云ふ。因に記す、昨日は好天気の上、休み日なりしかば開業の噂を聞いて、午前より同所を志して出掛けしもの夥しく、午後にいたりては同閣の表門に群集して開業を延期せしにも拘らず、頻に同閣を迫りし者ありしゆえ、掛員もほとんど困却せしと云ふ［読売新聞、一一月三日］

●十二階高塔凌雲閣開業廣告　拾一月十日開業式、同拾壱日より諸君の観覧に供す　観覧料大人八銭小人四銭（下足料要せず）浅草公園凌雲閣。

去る二日広告　凌雲閣開業二日とあるは十一日の誤りに付ただす　凌雲閣閣内広告一手取扱　京橋区南鍋町一丁目一番地。［読売新聞、一一月四日］［都新聞、一一月五日］

（図1-10　二五頁参照）

●凌雲閣　浅草公園地内ニアリテ巍然トシテ雲霄ニ聳ユルモノハ凌雲閣ナリ。其高サ二百二十尺形チ八角ニシテ十二層ヨリ成ル。閣内昇降室ヲ備エ公稱十五馬力ノ発電機ニ担リテ之ヲ上下ス。閣ニ登ルニハ先ツ昇降室ニ乗シテ第八層ニ達シ、其ヨリ以上は楷ヲ攀ヂテ上ルナリ。閣ヲ降ルニハ螺旋楷ニ因ツテ下ラシム。昇降室ハ横巾八尺縦巾五尺五寸高サ八尺ニシテ、乗客十五人乃至二十人ヲ容ルルモノ二個アリテ、交互ニ上下スルナリ。其第一層ヨリ第八層ニ達スル僅カニ一分時間ヲ要ス。去ル十月二十八日始メテ衆人ノ登閣ヲ許セリト云フ［工学会誌、第一〇七号、一一月五日発行：五一四］

●金の都合にあらず　浅草凌雲閣の開業を延期したるは、金の都合なりと全号に記し処、右はまったく金の都合にあらず、機械の都合なりとのこと［東京朝日新聞、一一月六日］

●凌雲閣　高塔凌雲閣は前号に記載せしごとく、昇降器の速度あまり早過ぎ、或は婦女子等にいたつてはこれが為に却つて、危険と感ずるやも計り難しとの懸念より予定の通り一分時間に昇降せし処、いよいよ昨七日をもつて全く竣工を告げたれば、尚念のため今明両日間、充分の試運転をなし、明後十日開業式を施行し、翌十一日より、開場する筈なるが、来観者昇閣の節は昇降器に頼りて、昇るも梯子に因りて昇るも随意なるが、降る節は必ず梯子より降るものなりと［読売新聞、一一月八日］

●凌雲閣の開業またまた延ぶ　高塔凌雲閣は昨十日をもつてその開業式を執行する筈にて、皇族大臣勅奏任官を招待せし処、同日は宮中観菊の御宴に差し合ひたるをもつて、貴顕方は大抵御断りありしに付き、一日延期となり、いよいよ本日は晴雨とも開業式を執行すとの事［読売新聞、一一月一一日］

●凌雲閣開業式の模様　浅草凌雲閣は昨日をもつて、その開業式を執行せり。表裏の門には緑門《アーチ》を設けて、国旗を交叉し、表門内左側には三間余方の踊り屋台を設け、紅白の幕を打廻し、その前面には招待員の桟敷を設けたり。場内の飲食店は今日を晴れと装飾し、場内には飲食店を初め数千百の球灯を釣るし、閣の十二階頂上よりは数線の縄を張りて、これに数百の球灯をつけ、十二階の周囲には小国旗を数本建て列ねたり。また入口の正面には大花瓶に美麗なる菊花等を生け、同閣の八階目には日本風の小座敷を設け、抹茶器等を据付て客の求めに応じ、第九階目は上等休憩室として敷物より純帳《どんちやう》の美を尽し、かつ新古の美術品を陳列したり。閣内の売店は悉く開店し、玩弄物菓子装飾品雑貨品等を出し、午後にいたりては招待員は直に登閣場に案内して、エレベートルの昇降車に乗らしめ、第八階停車場に送り、しかして式場に案内す。同閣の式場は十階にして午後二時四十分、一道《だう》の狼烟を合図に招待員閣員等式場に列し、同三時をもつて式を初めしが、先づ同閣の起案者主任の福原庄七氏開業の旨趣を演べ、次に工学博士バルトン氏同閣の設計を報告し、次に伊澤土木工師同閣工事監督の旨を報告し、その他電灯会社等の報告あり、または招待者の演説もありし。終りに臨んで福原氏閣員総代として謝辞を述べて、この式を終りしは三時三十分なり。また市中音楽隊の奏楽、数番の踊り勢獅子等あり、盛観にてありし。また鍵屋の煙花は、昼二十本夜四十本を打上げ、夜にいたり閣の十二階頂上に及び、閣下において、西洋色付大花火を揚げしは一層の壮観にして、夜にいたりてはアーク電灯を数千百の紅灯に点火せり。この招待員数百名なりし。今日は一般衆人の縦覧に供し昨日のごとく奏楽、灯火、踊等ある筈なり［国民新聞、一一月一二日］

●その余聞一二　凌雲閣開業の模様は、ほぼ前項に尽せり。サテここに覚束なきは昇降機《エレベートル》の運転なり。昨日も午後三時頃にいたりては、器械に少しく損所を生じたりとかにて、その運転を見合せ、三時後に登りたるものは、遂にその眼目とも謂ふべき昇降器の味ひを嘗むることを得ざりしぞ気の毒なる。

九階楼上少し赤らみ顔して、先づ四方を眺めつゝありしは榎本子爵なり。やがて相携へて昇り来りし礼帽紳士は、蜂須賀府知事、田中警視総監の二氏なり。少焉《しばらく》して三遊亭円朝は、門人金朝を随《したが》へて昇り来り。「イヤーこれは」田中子「金朝、君はここに店を始めたソーダナァー」金朝「ヘーこの下にへゝゝゝ」と、やがてこの一団の連中相携へて十二階まで昇り、何れも凌雲閣頭五重の塔を卑《ひく》しとするの概あるものゝごとし一人「雪看《ゆきみ》には持て来いならん」といへば、円朝ヌカラぬ顔して「ここまで昇る内には雪は消へて仕舞ひますよ」と、これはその通りならん。田中子「此処では沢山材料《たね》（新聞の種《たね》にあらず）が取れるダロー」といへば、円朝「イエ余り見へ過ぎて、却て取れませんよ」。田中子は更に北方を指さして、「しかしあすこを見る先生別に眼ありダローネー」と、円朝笑つて答へず、田中子もまた洒落ものと謂ふべし（三時以降登閣者の所見）〔国民新聞、一一月一二日〕

●凌雲閣の開業式　浅草公園地に建築の高塔凌雲閣はいよいよ昨十一日をもつて、その開業式を施行せり。今当日午后二時頃迄の模様を略記せんに、先づ裏表入口に大緑門《あゝち》を造り、これに大国旗を交叉し、門内左右両側には、公園内及び広小路近傍の飲食店、即ち睦と称する連中より贈りたる、各自記名の高張提灯を建て列ね、構内は飲食店休憩所等を始め、いたる所数千万の紅灯を掲げたり。さて同閣はかねて本紙に記載せしごとく、十二階の頂上より八方に夥多の球灯を吊し、かつ周囲に無数の国旗を翻し、装飾万瑞、能く行届きて、間然する所なし。閣内の物品陳列店は未だ完全せざるも、七八分通は既に開店せり。今これを記さんに、二階は玩弄《おもちゃ》、絵草子類、三階は宝石、筆墨、月琴、四階はパン菓子類、五階は嚢物、生糸織物類、六階は唐物小間物、小笠原島産物、七階は鼈甲器具、金石、八階は休憩室、美術品、九階は扇面及び席上書画揮毫等にて、第十階室をもつて当日の式場に充てたり。かくて午後一時を期して千束村において鍵屋の花火、黄白菊二ッ折、菊に國旗、三番叟の三発を打上げ、同二時半頃よりかねて設けの家台において、公園芸妓五十三名の手踊すなわち舌出し三番叟、音頭、雪月花、勢ひ獅子等を演じ始めければ、これを見物せんとてその近傍は黒山のごとき人にて先勝《われがち》に先きを争ひ、構内に入らんと押合、その雑踏云はんかたなく、為めに路上の飲食店はかへッて客無く、呟き居る者多かりしが、公園内の景況を凌雲閣上より望観すれば、往来の人々は蟻の群集せるに異ならず、最も盛なりし［読売新聞、一一月一二日］

●また 午後二時頃の景況を記さんに二時四十分、一の狼烟を合図に貴顕招待員閣員等右の式場に列し、同三時をもつてこの式を初む。先づ同閣の起案者主任の福原庄七氏開業の旨趣を演べ、次に工学博士バルトン氏同閣の設計を報告し、次に伊澤土木工師工事監督の旨を報告し、その他電灯会社等の報告及び招待者の演説あり。終りに臨んで福原氏閣員総代として謝辞を述べ、この式を終りしは三時三十分なりき。また市中音楽隊は、同閣玄関上の運動場において絶ず奏楽し、夜に入りて西洋色付大花火を打揚げ、アーク電灯を数千百の紅灯に点火せしは一層の壮観にして、来賓には蜂須賀知事、田中警視総監、土方宮内大臣の夫人其他、貴顕紳士等の数百名なりし。又今十二日は一般衆人の縦覧に供し、昨日の如く奏楽煙火踊等ある由［読売新聞、一一月一二日］

●凌雲閣の開閣式 凌雲閣は、昨十一日をもつてその開閣式を執行せり。絶頂十二階より数線の縄を張りて数百の球灯を掲げ、市中音楽隊は閣前の広場に楽を奏し、歌妓幾隊、数番の舞技あり。第九階を来賓休憩室とし、敷物純帳の美を盡し且つ新古の美術品を陳列して、装飾甚だ綺麗なり。来賓はエレベートルに運ばれて第八階に送られ、直ちに式場に入る。二時四十分、轟然一発の狼烟を合図に、来賓一同及閣員列席し開閣の式を挙ぐ。同閣起案者福原庄七、工学博士バルトン、伊澤土木工師等諸氏の演説あり。終に臨んで福原氏、閣員に代はりて来賓に謝辞を述べて式を終ゆ。夜に入りてアーク形の電灯を点し、数十本の烟花を打ち上げたり［郵便報知新聞、一一月一二日］

●凌雲閣の八景 浅草公園に建築したる凌雲閣は、真に凌雲《くもをしのぐ》の名に負かず、府下に稀れなる高厦なり。その八景といふを聞くに、左のごとし。

墨田の秋月、金龍の晩鐘、
筑波の晴嵐、袖浦の帰帆、
富士の暮雪、田中の落雁、
秩父の夕照、根岸の夜雨、

諸君登臨し、詩を賦し得たらんには、速やかに吾輩に報

ぜよ〔『少年文武』第一巻第一一号、張弛館、一一月一五日発行：四三―四四〕

●高塔凌雲閣　去る十日より開場せし浅草公園の凌雲閣はその後、毎日縦覧人は夥しく、随ッて昇降器の運転も烈しければこれに使用する電気力も中々多く、自然吉原一般の電灯の点火に影響をおよぼすにより、昇降機に幾分の改造をなすため、一日来一時運転を止め、観客の登閣は皆梯子に頼りて昇降させしが、最早粗竣工したれば、来る廿四日（二の酉）までには間に合はせんと、目下非常に尽力中なり。なほ廿三日の日曜日には、市中音楽会員が楽を奏し、かつ数十発の烟火を打ち揚ぐる計画中のよし〔読売新聞、一一月一七日〕

●凌雲閣　その高さ二百二十尺、嶐々然青霄を摩す。もしそれ十二層上の高房に坐し、眸を八面玲瓏の玻璃窓外に放てば、八百八街の帝都、脚底に蟻塚のごとく、関八州の山河、これを掌に指すがごとく、富士の雪、頸を延ぶれば噛むことを得べく、筑波の紅葉、手を伸ぶれば折ることを得べしと思はる。けだし我が国古来未曾有の高閣なるべし。中には電気仕掛けのエレヴェートルを設け、歩せずして昇降するを得、毎層には各種の貨物舗を装置し、客の買ひ去るに任すといふ。

　また国民新聞は、ニコライの雪隠に似たりと云へり。九層（糞）より高き十二層の建築なるに、雪隠の名を得たるは何事ぞ。そはともかく、記者は開業式に招かれ、頂上まで登りて眼下を望みたるに実に壮快なりき。京都の童子は、東寺の塔を見て謡ふ、東寺の塔が高いか、八坂の塔が高いかと。東京の童子また謡ふべし、ニコライの塔が高いか、凌雲閣の塔が高いかと〔『少年園』第五巻第五〇号、一一月一八日発行：一四―一五〕

●凌雲閣の縦覧人　一昨日の日曜に同閣に入場せし人員は六千八百余名なりしと〔読売新聞、一一月一八日〕

●凌雲閣の十二層楼に登り、危欄に凭りてスペンサー中天の演技を望まんと赴くもの夥しく溢れた門前に堵《と》をなせり〔郵便報知新聞、一一月二五日〕

●凌雲閣　同閣の昇降室は電線架換工事のため過日来運転を中止し居たる処、一昨廿三日をもつて予定のごとく落成に付、昨廿四日より昇降運転を始めしに、同日は酉の市をかけて縦覧者意外に多く、一昨日の日曜縦覧人五千四百余人に劣らざる景気なれば、便利の為め俄に熊手預り所を設け、大いに注意を加へたりといふ〔読売新聞、一一月二五日〕

一二月

▼少年雑誌では、新し物好きの『小国民』がお得意の図版を添えて、いち早く報じている。また『風俗画報』が「土木門」の記事で構造や内部を細かく解説している。エレベーターをたとえて、「車輪なき鉄道馬車室」と表現しているのはユニークである。

再開したエレベーターについては、四日に出された広告が「御婦人」「小供衆」といえども少しも驚かない、怖くないと強調する。ということは、驚き怖がる人びとがそれなりに想定されていたということか。休みの日には音楽演奏のサービスがあったらしい。頂上から花屋敷等へ電話でつながるという余興の協議も記事にされている。当時の庶民にとって電話での談話はまったく経験のないことであったから、余興として成り立ったのかもしれない。じっさいこの翌年の新聞記事［読売新聞、八月一四日］によると、凌雲閣の一〇階から表門際の架設電話までが通じていて、試用する客が減ってきたとある。しかし凌雲閣は話題を集め「日々登閣する者多き」という景気ゆえに、もっと高い一五階造りの塔を建てて儲けようという人まねの競争者もいそうだというううわさを新聞は報じている。基礎工事に費用を費やしたという事実はそのとおりだろうが、このあと四階五階を増築しても不都合なしとの対抗は強がりだろう。

初日の出見物の新しい名所としても、凌雲閣は期待されていたらしく、それに応えて元旦は午前五時に開場し、お年玉の景品も配るという。二二日の読売新聞が報じている、景品の凌雲閣を描いた略暦付きの石版摺とは、喜多川コレクションのなかにも所蔵されている『日本之高塔凌雲閣』（図4–2　二八〇頁参照）ではないかと思われる。

●浅草の凌雲閣　このごろ、浅草に新築成りたる凌雲閣は、高さ二百二十尺ある由なれば、日本第一高き建物なるべし。煉瓦石にて、十二層八角に積み上げ、昇覧人は、器械にて昇降せしむ。――昔は京都五重ノ塔、今は浅草の凌雲閣［『小国民』第二四号、学齢館、一二月三日発行：二二］（図4–7）

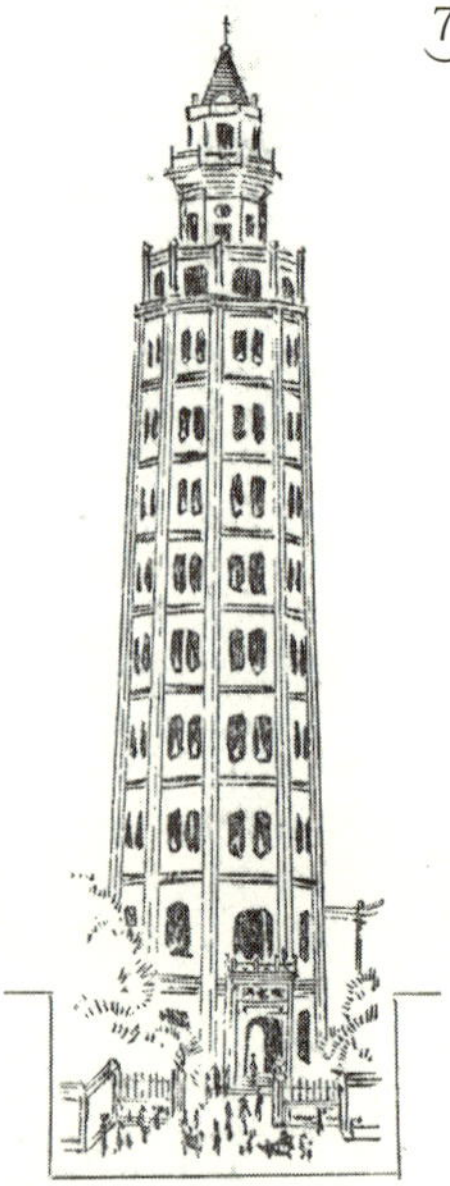
図4–7　『小国民』24号（明治23年12月号）挿絵

●浅草公園凌雲閣　毎日午前九時よりエレベートル運転す。但御婦人及小供衆と雖も少しも驚くことなし。毎日曜日大祭日は閣上に於て美妙の音楽を吹奏す。登覧料大人八銭、小人四銭、下足料なし［読売新聞、一二月四日］（図4－8）

浅草公園
凌雲閣
毎日午前九時よりエレベートル運轉す但 御婦人及小供衆と雖も少しも驚くとなし
毎日曜日大祭日ハ閣上に於て美妙の音樂を吹奏す
登覧料 大人八錢 小人四錢 下足料なし

図4-8　読売新聞 1890.12.4

●凌雲閣電話機を設計す　浅草公園の高塔凌雲閣に於ては、今回また十二階の頂上より同所花屋敷近傍との間に電話機を架設し、以て衆客の余興に備へんと目下協議中なるが、いま聞く処によれば、近来各所に電話交換の設ありて大にその便をなさしむるも、局外の人々は電話機使用方は勿論、如何にして談話をなし得るやを知らざれば、高塔の内外に在ッて、右の人々に電話をなさしむる為なりと［読売新聞、十二月八日］

●凌雲閣　今度浅草公園に設立せし凌雲閣は、全国無比の高閣にして昨廿二年十月設計に係り、本年一月四日に起工に着手し、十一月をもつて竣功を告げたり。その築造は赤煉瓦八角形直立二百二十尺にして、十二の階級を設け、総坪三十四坪余にして、閣内にはエレベートルを備へり。この昇降室は高さ八尺横二尺幅五尺五寸、例せば車輪なき鉄道馬車室のごとく、十五人より廿人を乗り組ませ、早きは僅に一分間に最下階より八階間を昇降する仕組みにて、二階より七階までは一室毎に英米仏独魯支等各国の風俗を移したる、四十六ケ所の商店を置き、おのおのその国の産物を販売して登客を慰さましむ。八階はすなはちステーションにして、九階は古今の美術品を陳列したり。その重器たるものは、銅器漆器象牙蝋石細工等にしていずれも精巧なり。かつ擬古の漆器のごときは数百の星霜を経過せし観あらしめ、説明を聞かざれば、今人の新作とは認め難き上出来なり。その他絵画なども見受けたり。またオールコールは「春雨の曲」四曲及び「一ッとせ」「トコトンヤレ」「山寺の」「洋楽」等の八曲を一度に発声し、観客の耳を悦ばしむ。十階より十二階まではみな眺望室となし、室の周囲に椅子を設け、三十倍の望遠鏡を備へ、これをもつて望めば関八州の山水を一望に収め、近くは都下の十五区みな目睫に集まる。また閣前の庭園には四季の草木を植え、珍奇の花卉盆栽を並べ、休憩所に充てたり。殊に夜間は十一階の室に五千燭のアーク電灯貳箇、その他毎階三箇の電灯を点じ、一百七十六箇の窓より光輝を放ち、公園をして常に月夜たらしむるの観あり。そもそもこの工事は金一万六七千円の予算なりしも、高塔の築造は地下の基本堅牢ならざれば到底永久の望みなしと、辰野工学博士の計画により地下数丈を掘り下げコンクリートをもつて築成したれば、この総費額金四万円の内ほとんど三分の一は地下の築成に係りしと言ふ。ここに十一月をトし、落成式を施行し舞踏煙火等の興ありて、十一日より開業せしが登覧人日々頗多し［「土木門」『風俗画報』第二三号、東陽堂、一二月一〇日発行］

●凌雲閣の競争起らんとす　浅草公園の凌雲閣は近来益々世上の好評を博し、随ッて日々登閣する者多きゆえ、この景気にて来春に至らバ、その収入は実に多額に達すべしとの事より、或る人が上野公園の山王台にこの高塔を模造して、凌雲閣よりも一層高からしめんとて、目下設計中の由を聞き、人真似をするさる利口者はまた浅草区千束村なる太郎稲荷の隣地に十五階造の高塔を築いて、頭を凌雲閣及び上野高塔の上に出さんとしきりに奔走して居る趣きなるが、千束村は大概埋地にして巨大な建物を為すには、よほど堅牢なる地形《ちぎょう》を要せざれば危険の恐れなしとせず。よつて十五階楼のごとき高塔を建築せんには、その費用少くも拾万円内外を降らざる可しとの予算に、発起者は苦しみ、未だ確定せずといふ噂あり。然るに凌雲閣にては、高塔建築前より後日競争者の現出せん事を予知し、地形のごときは八千円余を費し置き、なおこの上四階五階を増築するも、地盤には少しも不都合なき様準備整ひたれば、先方の構造模様に依て、これに対する予備を加へ飽までも競争せんとの心構へなりと云ふ［読売新聞、一二月一〇日］

●凌雲閣初日の出拝観の準備　東京府下に於ける初日の出は、例年、品川高輪及び深川洲崎海岸、その他、愛宕山、神田明神、湯島天神境内等の高台をもつて拝観場所とし、早朝より各々その志ざす方に集まりしが、浅草公園の凌雲閣にては明年は必定初日の出を遥拝せんとて、登閣するもの尠からじとの事より、衆客の便利を計ると同時に新年を祝する為、来一月一日は午前五時より開閣し、年玉として美麗なる凌雲閣の図画と略暦を挿入したる石版摺を一日間五千枚を限り、三日間差出すと云ふ［読売新聞、一二

月二一日」（略暦は図4―2　二八〇頁参照）

一八九一（明治二四）年

一月

▼この正月の初日の出を凌雲閣から拝んだ人数は、三〇〇から四〇〇人余りであった。三が日の登閣者の総計は二万三〇〇名に達した、という。五日には亀戸天神を詣でた帰りの岸田吟香が凌雲閣に登って四方を見渡し、あれは上野、あのあたりがわが住む銀座と子等に教えている。凌雲閣を素材に落語家の三遊亭円朝が新作を予定しているとの報道や、歌舞伎座で音羽屋が十二階を大道具に組んでスペンサーの風船乗りの「凌雲閣の場」を演じるなど、新しい高塔は演芸の題材にも取り入れられていく。

三が日のイベントとして、「軽気球」に入場券などをむすびつけて数百も飛ばしたなど、スペンサーにあやかった話題づくりだろう。歌舞伎座とのタイアップでは登閣無料、茶菓子、図画、手ぬぐい進呈等の四種の特典付きの切符を、音羽屋が上演中の舞台から撒くという趣向もあった。

絵草紙屋があきなう錦絵や石版画にも、凌雲閣のある風景が取り入れられて印行され、東京みやげとしてよく売れていることを伝えている。のべて「十一万枚」も売れたとなれば、立派なベストセラーである。

火事見物の名所ともなった。二三日の午前八時に出火した吉原の火事は一一時頃には鎮火したが、かなりの大火事で、凌雲閣には火事見物の登覧者が押し寄せた。岸田吟香も、その日記によると二三日の午後四時頃に、同行の皆と凌雲閣に登っていて、「吉原の火事場も目の下にて今なほ烟たち居たり」と書いた。

●音羽屋凌雲閣に上る　今度歌舞伎座にては、大切狂言に浅草公園の凌雲閣を取り仕組みて演ずるに付、菊五郎は熱心にも両三日跡、十二階に登閣して構造模様等に至るまで実際を取調べし由［読売新聞、一月一日］

●一月一日浅草向島亀戸の概況　昨一日は朝来の快晴、殊に寒気は左のみ強からざりしため、各々その志ざす恵方に向ッて出掛けし人は、例年に比しよほど多く就中浅草公園のごときは、未明より観世音に参詣せし者引も切らず。右等の人々の内、過半は初日の出を掛けてここに来集せしものなれば、凌雲閣の十二階に登閣して、旭を遥拝せし人員は、凡そ三四百名余もありしゆえ、一時閣内は頗る雑踏を

極めし由（以下略）［読売新聞、一月二日］

●三遊亭円朝の新作　落語家の大立物三遊亭円朝子は、今度浅草公園の十二階を一篇の小説に綴り、当春より席上においで聴衆に満足を与へんとの意にて、このほど凌雲閣よりこれが材料となるべきものを取り寄せたる由［読売新聞、一月四日］

●十二階三日間の登閣人員　去る一日より三日迄に凌雲閣へ登りし者は総計二万三百余名の多きに達し、頗る好景気なるをもつて、昨四日は余興として九階室において清樂の合奏をなせり［読売新聞、一月五日］

●凌雲閣の軽気球　また同閣にては一日より三日間、十一階において登閣者の余興として、数百の軽気球に電話券登閣券等を附けて揚げしかば、いづれも風のまにまに遠く飛行き、実に奇観と愉快を極めし由なるが、昨日迄にその券札を拾ひ得て同閣事務所に申し出し者は、僅かに本所区請地村より持来りし登閣券一枚のみにて、その他は大概拾ひ取る時奪ひ合て引裂きしものならんといふ［読売新聞、一月五日］

●凌雲閣に登る　これ去年新築したる十二層の高塔也。さる十一月十四日にも、妻と共に登りたれども、その時は薄暮にて何もよく見えざりしが、今日は四方遠く見渡して景色よし。あれは上野、これは隅田川、遠くに高く見ゆる屋根は築地の本願寺なり。わが住む銀座は、かしこの辺りなるべしなど、おふく等に指さしをしゆ。風つよく吹きて、いと寒し。暫く遊びて下りぬ［〈明治二四年一月五日の項〉『岸田吟香日記』湖北社、一九八二］

●凌雲閣の図画　十二層楼とてその建物程に名高き浅草の凌雲閣は、観音、吉原と田舎土産の三幅対となりければ、商法に鋭敏なる絵草子屋は、つとに凌雲閣の図画を出版しその開業と共にこれを売り出せし処、案に違はず捌け方おおいによく、はや六版に及ぶもなほ足らざれば、他の同業十二軒も密かにこれを出版し、続々売捌き居れりと。もっともこの所為は、絵草子屋組合規則に多少抵觸する所なきに非れども、多く売れるは却つて原版者の名誉なりとて敢て咎めざるより、既に売捌ける所はおよそ十万枚余に及びたりとなり［読売新聞、一月一三日］

●昨十六日浅草公園の景況　昨十六日の賽日は朝来好日和なりしをもつて、各商店の子僧等は久々の賜暇を得て、羽を延しおのおの平生志ざす方をアチコチと徨ひしが、就中、浅草公園のごときは第一の繁華の場なれば、おのおの申合せたるごとく、午前七時頃より三々五々手を引き連れつつ来集し、観音の参詣などは、ソッチ退けとして十二階に押し掛けエレベートルを俟ず、階子に頼りて続々昇降して、午前中に登閣せし人員は凡そ一千二三百名の多きに達せしといふ。随ッて閣内の売物も多少売れ行き宜しく、特に十一階の軽気球売りは、頗る実入りよく午後は定めし余程の雑沓を来せしなるべし（以下略）［読売新聞、一月一七日］

●歌舞伎座に於ける凌雲閣の趣向　歌舞伎座にては、大切《おおぎり》に浅草公園高塔十二階の場を演ずるに付、凌雲閣よりは先頃同座に引幕を贈り、来る廿六日総見物をする趣きなるが、なおまた十二階の場において今日頃より音羽屋をして日々切符五十枚宛を撒しむる由なるが、この切符は登閣無料、美術室にて茶菓子を呈す、凌雲閣の図画、手拭進呈の四類にして、これを拾い得し人へは同閣より切符に記しある物品を差出す趣向なりと［読売新聞、一月一九日］

●皆打連れて浅草公園に至り、江崎礼二かたにて十二人立並びて照相を取る。予は別に一人にても写せり。四時過ぎここを出て、皆で凌雲閣に登る。さきに見たりし吉原の火事場も目の下にて今なほ烟たち居たり［（明治二四年一月二三日の項）『岸田吟香日記』湖北社、一九八二］

●凌雲閣不時の金儲を為す　この火事にて思はぬ金を得しは浅草の凌雲閣にて、火事見物の登覧者、非常に多く一時は木戸を締切りし程なりと［読売新聞、一月二四日］

二月

▼「土木・造家（建築）・採鉱・冶金・造船・機械・電工・舎密（化学）」に関心をもつ人びとの集まりである工談会の『工談雑誌』に「凌雲閣登閣記事」という体験記事が載る。昇降器の呼称は「エレベートル」と表記されている。「乗合馬車」のようだという印象は、前年一二月の『風俗画報』の「車輪なき鉄道馬車室」とひびきあう。その所要時間は従来喧伝されていた一分より長く、ここでは二分とある。その他、凹面・凸面の鏡に己が姿を映して見せるアトラクションがあったことがわかる。

●凌雲閣登閣記事　東京浅草公園内ニ新築スル所ノ凌雲閣ハ、本誌首巻ニ示ス如ク、我国未曾有ノ建築ニテ、起案者ハ福原庄七ナリ。廿二年十二月ニ起工シ、廿三年十一月ニ竣工ス。建築ノ設計ハ、本会顧問員辰野金吾氏外、英国士木博士チブリユー、ケーバルトン氏等ニシテ、建築ノ監督ハ伊澤雄司氏ナリ。之ヲ請負建築セシハ、和泉幸次氏ナリ。亦第一図ノ如キ電気力ノ昇降機ハ、東京電灯会社計画シ、且ツ閣内閣外ニ点ズル電灯ハ、藤岡市助、三宅順祐両学士ノ担任セラレタル由ニテ、閣頂ニ二個ノ「アーク」灯ヲ点ズ。此ノ灯ノ照ラストキハ、公園内ハ満月ヲ欺クニ等シト云フ。去ル廿六日小生登閣シテ之ヲ試ムルニ、門内ニテ切符ヲ鬻グアリ。一券金八銭トス。之ヲ償フテ正面ノ楷段ヲ上レバ、切符ヲ閲シテ切断シ、再ビ之ヲ授ク。右足ニ進メバ、傍ラニ人アリテ小室ニ案内ス。恰モ乗合馬車ノ如シ。乃チ第一図ノ「エレベートル」ナリ。忽ニシテ轟然たる響キヲ聞クコト、二分時ニシテ音静スレバ扉ヲ開キテ小室ヲ出テ、四方ノ窓外ヲ眺ムレバ夢ノ如ク九層ノ階上ニ達セリ。尚進ンデ第二図ノ如ク階段ヲ昇レバ頂上十二層ノ楼ニ達ス。此トキ両眼鏡ヲ備ヘテ之ヲ強ユ周囲ノ手摺ニ拠テ或ハ東、或西、或南、或北ト眺望スルニ東京市下ハ勿論隣国ノ遠景ヲ一目ニ瞭然タラシメ、特ニ品海ノ絶景奇ト云ヒ、妙ト云サルヲ得ズ。就中磁石ノ指針ヲ求メ手ノ下ヲ望メバ、芳原遊郭ニシテ美妓ノ欄ニ拠テ或ハ笑ヒ或ハ招クヲ見ル可シ（例ノ叱咤ヲ蒙ラヌ内ニコ、ハ御預リ）。徐々ニ階段ヲ降レバ各楼ニ小店ヲ開キテ、珠玉珍宝ノ物品列ネ登客ニ進メントス。恰モ勧工場ノ如シ。中ニモ、休息所ヲ設ケテ常ニ「ヲルガン」ヲ奏シ、茶菓ヲ供スルアリ。5sen ノ切符ヲ償フテ入場レバ、美術品ノ陳列アリ、人目ヲ眩惑セリ。中ニモ佐藤喜兵衛氏ノ凸凹鏡ヲ掲グルアリ。凸鏡ニ対シ我面ヲ見レバ、顔ノ長キコト尺余ニシテ、目尻下リ鼻下ノ髯大八ヲ呈シ、化物《バケモノ》モ大化物ニシテ譬フルニ物無シ。亦位置ヲ転ジテ凹鏡ヲ見レバ、顔ノ竪ニ縮小スルコト鬼面ヲ潰シタルガ如ク、自ラ頤ヲ解テ大笑セリ。傍ラノ円台ヲ観レバ、淑女ノ茶菓ヲ備ヘテ侍スルアリ。無遠慮ニモ之ヲ飲食シテ場外ニ出テ、漸次階段ヲ降リ下層ノ出口ニ切符ヲ渡シ、時辰機ヲ調フレバ四十分ノ経過ヲナセシト云フ。

本記事中ノ第一図第二図及第三図ト云フハ、首巻ニ掲グ凌雲閣図ノ裏面ト対照ス可シ〔工々居士「凌雲閣登閣記事」『工談雑誌』第二二号、七日発行：三四–三五〕（凌雲閣図の第一図〜第三図は図4–4二八五頁参照）

三月

▼前年の一二月号で記事を載せたにつづいて、『風俗画報』は裏表紙の「風俗画讃」として浅草五重塔と凌雲閣とを取

り上げている。

●風俗画讃［『風俗画報』第二六号、裏表紙、東陽堂、三月一〇日発行］（図4-9）

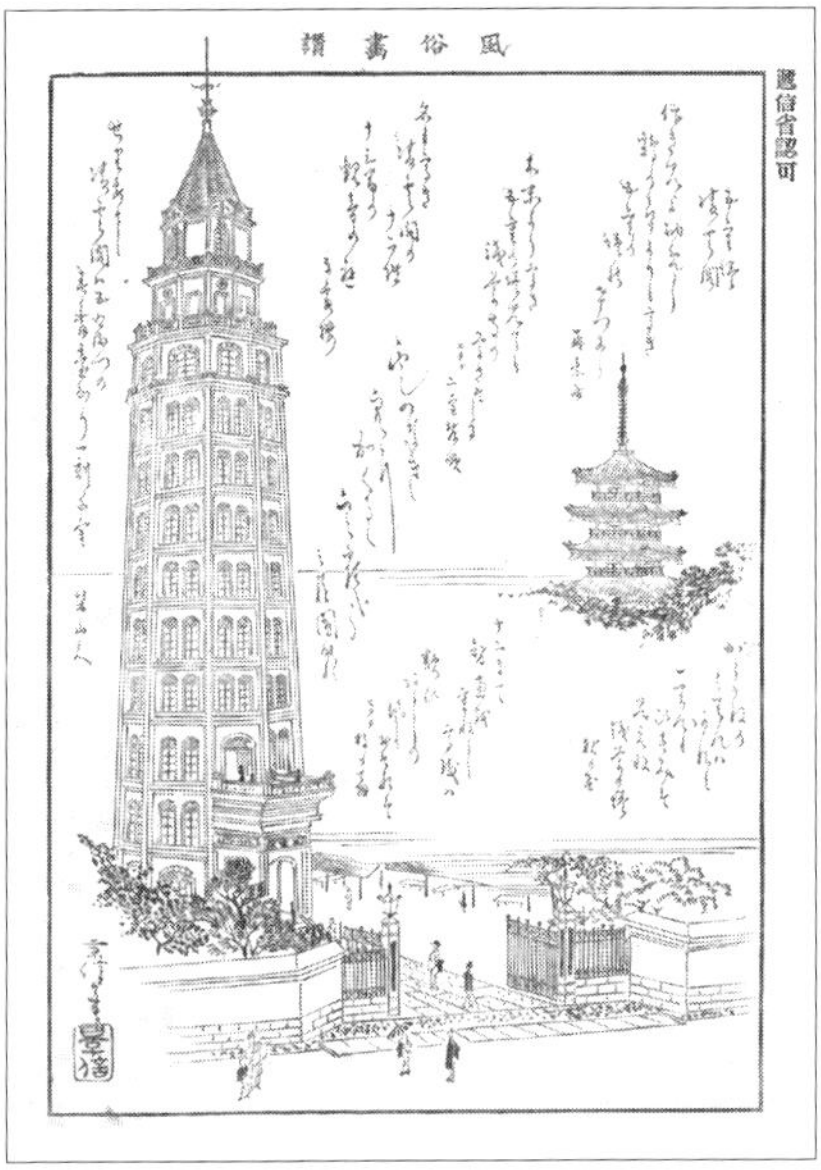

図4-9　『風俗画報』26号・裏表紙

名も高き凌雲閣の十二階十三番の観音の庭
せりあげし凌雲閣は五右衛門の春宵台なり一刻千金
十二まで智恵を重ねし高殿は類ひあらじの風もおそれず

四月

▼実現しなかったためか、あまり論じたものを見たことがないが、「自動鉄道」の計画があったらしい。これは上野公園で開催された博覧会の呼び物のひとつで、前年の読売新聞［一八九〇年六月一七日］の説明によれば、高さ二二尺のところにある停車場のあいだに「凸凹ある波形の線路」を敷き「客車自身の惰力」によって動き「乗客は居ながら幾多の山を越え谷を渉る思ひ」を味わうという、いわばジェットコースターのような装置だった。博覧会場の東照宮大鳥居内左側に設けられ、浅草公園あたりへの再設置がもくろまれていたらしいが、うまく引き取り手がいなかったのであろう。凌雲閣でも、計画の検討段階に終わっている。これがエレベーターの不調と関係するかどうか。

●凌雲閣の自動鉄道　浅草公園の高塔凌雲閣にては、ますます同閣を隆盛ならしめんため、十二階の側より裏門にかけ自動鉄道を設置して、衆客の余興に供せんと目下協議中なりと聞く［読売新聞、四月二〇日］

五月

▼ふたたび「自動鉄道」の報道がなされる。高塔の側は二階もしくは三階に着くような構想であったらしい。

●凌雲閣の自動鉄道　浅草公園凌雲閣にては、来館者余興のため自動鉄道を設置せんとの計画ある由は、前号に記載せしが、右は同閣二階乃至三階より裏門の方へ設置し、来館者の随意に同所より昇降せしむるの趣向なりといふ［読売新聞、五月二二日］

六月

▼数度の修繕を施していたエレベーターについて、警視庁の技師が出張検査の上、構造上の欠陥があるとして操業を停止させられたのが前月の五月二八日であったといわれるが、これについて報道したものは見つからなかった。しかし営業停止を受けてであろう、芸妓のいわゆる「百美人」イベントに関する記事が、二八日の『東京朝日新聞』にあらわれる。この段階では投票等の品評にも評価のしくみにも触れていない。

●凌雲閣の写真　浅草公園の凌雲閣では、今度東京芸妓美人えり抜き百名だけ写真師小川一眞に依頼して大阪写真に取らせ、同閣内へ掲け列ねる由にて、写真の案内切符を貰つた者は、来る三十日までに写し取る筈。その写真一枚の代価三十円の見積りといへば、随分美事なものならん［東京朝日新聞、六月二八日］

七月

▼百美人コンテストの記事がしだいに本格化する。七月五日の東京日日新聞と読売新聞とは、ほんのすこし修飾や語尾が変わっているだけで、ほぼまったく同じ記事。小川一眞は専属契約の撮し手として、通常の営業を停止して取り組む。背景などの差異なく一様に撮影するために、あらたに撮影場の一室を設けたとつたえる。閣内に飾られた写真の大きさにかんしては、「縦横二尺余」「縦三尺横二尺余」「縦横一尺余」と記事がまちまちで、ほんとうのところがわからない。当初の予定は、一五日から三〇日間を限った展観と投票のイベントであった。投票による品評の仕組みについても紙上でも細かく解説され、のちには組織票の競い合いのような現象も報道されている。一五日より登覧料を二銭値下げして六銭としたのは、エレベーター停止を勘案したものか。報道や広告などをみるかぎり、エジソン発明の自動人形も、美人写真掲示とならぶ客寄せの試みのひ

とつであったらしい。朝顔や蓮の花でもひとを集めている。
しかしちょうど藪入りの休日と重なった開催であったからだろうか、一五日が二四九〇名、一六日が九八七〇名という信じられない数字を報じている。

写真を出している芸妓たちについて、その年齢や本名や住まい、得意芸等を記して、書冊にしたものや一枚刷が販売された。『東京朝日新聞』の二五日記事が報じている発売差し止めの一冊は、伊藤升二郎編『百花美人鏡』〔金鱗堂、明治二四年七月一五日発行〕という六〇ページの小冊子であろう（図1-19　四四頁参照）。凌雲閣内で売られ、「実価一〇銭」とある。喜多川周之コレクションに収められている伊藤升次郎編『東京百花美人鏡』〔金鱗堂、明治二四年八月三日発行〕の一枚刷（図1-18　四一頁参照）は、その発行日から考えて冊子の発売差し止めを受け、あらたに配布用に作られたのではないかと思われる。年齢と芸と本名のみにして、品評をまったくはぶいた一覧である。

写真の写りようの善し悪しについても、芸妓当人たちからいろいろの文句がついたらしいことは、三一日の「写真取外しの請求」という記事からもうかがえる。

●凌雲閣の奇策　浅草公園地内の凌雲閣にては相かわらず三百平均の登閣者ある由なるが、近頃陳平もどきの奇策を講ずるものありて、府下になだたる芸妓百人を選抜して、その真影を写さしめ、これを各層に配置して登閣者に品評せしめ、その投票によりて品定めをなさんとの目論見にて、目下しきりに準備中なるが、これと同時に閣内の出店などは、大にその趣きを改めしめ、時宜に依れば日没後といえども、登覧者の需に応ずるの計画をなすやも難計と云ふ〔東京日日新聞、七月五日〕

●写真師と芸妓　写真師小川一眞氏は、凌雲閣の要求に応じ、今度百妓の真影を為すため去月二十五日より普通の営業を中止し、専らその採影に従事し居りしが、最早四十余枚は成就したる由。またその百妓の選抜は如何様にしてなしたるか、選不選は婦人の身にとり値打の定まる事なれば、世間に知れ渡りたる上は大分不服を唱ふる者あらんと、或る通人は云へり〔東京日日新聞、七月五日〕

●凌雲閣　浅草公園地の凌雲閣にては相変らず平均三百の登覧者ある由にて、このごろ府下に名だたる芸妓百人を選り抜きて、その真影を写さしめ、これを各層適宜に配置して登覧者に品評せしめ、その投票によりて品定めを為さんとて目下しきりに準備中なれば、来月十日頃には実行するに至るべく、これと同時に閣内の出店などは、大にその趣きを改め、時宜に依りては、日没後といえども、登覧者の需に応ずるの計画ありとの噂［読売新聞、七月五日］

●写真師と芸妓　写真師小川一眞氏は、凌雲閣の要求に応じ、今度百妓の真影を写すため去月廿五日より普通の営業を中止し、もッぱらその撮影に従事し居りしが、最早四十余枚は成就したる由。またその百妓の選抜は如何様にしてなしたるか、選不選は婦人の身に取り価値の定まる事なれば、世間に知れ渡りたる上は大分不服を唱ふる者あらんと、或る通博士は語りぬ［読売新聞、七月五日］

●凌雲閣の写真　写真師小川一眞氏は、今度浅草公園凌雲閣よりの要求に応じ、百妓の真影を写し撮るに就き、その撮影場の異なる時はおのづから写真面にも相違を生ずるに付、ここに大に意を用ひ、百妓一様に撮影なさしむるため、殊に一室を新築し丸窓より盆栽の飾り附等に至るまで余さず大判形に撮影せりと［読売新聞、七月七日］

●凌雲閣上百美の図　かつて本紙に掲載せしごとく浅草公園地凌雲閣において、今度都下に名たる百妓の真影を写し、同閣内に掲げて衆客の観覧に供し登閣者に品評の投票を乞ふ筈に就き、各室の模様替その他修繕を加ふる箇所もいよいよ落成したれば、明十三日よりその真影を装飾配置たる由なり。さてこの写真掲出所は、三階より六階に至るまでの四階に廿五葉宛を掲げる事と定め、二階七階は、従前の通り売店をもうけ、八階室をもつて仏国美術の木像七個を陳列するとの事なり。また右の百妓品評の方法は、掲出の当日より出札所において、登覧者券購求枚数に応じて、投票用紙を添へて差出し、開札期日は凡そ四十日後と仮定し置き、投票の順序に随ひ、これを一週間毎に開札し、得点者を五等に区別して、その人名をつどつど報告するとの趣なれば、初期の第一週に最高点を得たるものも、或は次回に五等以下に下ることもあるべく、次期の開札に最下等得点のものも、その次においては第一等を占むることもあるべし。斯くのごとくして幾週を経たる後、最終の開札にまッたく得たる点数を合算して最高点者を定め、それぞれ賞品を贈与する筈なりと云ふ［読売新聞、七月一二日］

●凌雲閣の大改良　浅草の十二階凌雲閣は追々納涼の時候となりしに付、大いに規模を改め、第一に登覧料をさげて六銭とし、またエヂソン氏の発明の自動人形と称する仕掛人形十数個を閣内に飾り、かつ先頃も記せし通り府下各所の芸妓中評判の尤物《ゆうぶつ》百名を選抜して、縦横一尺余の大写真に撮り額面に仕立て、明十五日より向ふ三十日間閣内に掲げ列ね、登覧人の品評投票を求め、毎週その点数を調べて掲出し、終りに至り高点者数名に、金の時計指環等の商品を贈るよしなり（以下略）［東京朝日新聞、七月一四日］

◎浅草公園凌雲閣の「三大拡張」広告（図1-16 三七頁参照）

凌雲閣は納涼最大一の高塔なるをもつて、登覧客の便利と興味を増すため、来る十五日より三大拡張如左

●登覧料を低減し大人六銭兵士小児三銭とす

●エジソン氏発明の稀代なる自動人形数個を陳列す

●府下各所の名妓百名の大写真を陳列し美人品評会を開き、十五日より向ふ三十日間登覧客の投票を乞ふ

［東京朝日新聞、七月一四日］［時事新報、七月一四日］［読売新聞、七月一五日］など

◎名妓の大写真　浅草公園凌雲閣にては予期のごとく美人百名を芸妓中より選抜して、その真影を縦三尺横二尺余の額面に仕立て、昨十五日より同閣三階より六階にいたる四階（すなわち三階は吉原、浅草、柳橋、講武所、四階は芳町、下谷、日本橋、五階は赤坂、新橋、六階はまッたく新橋、その他世話人なる吉原の延しん、おなほ並に下谷のおいねの三名は二階）に陳列して、登覧者の投票を求め、一週間毎に其得点を掲出する事となせし由［読売新聞、七月一六日］

◎凌雲閣の改良趣向　浅草公園の十二階にては、従来登覧料一名八銭なりしを、一昨十五日より六銭に減じ、新柳二橋及び吉原、葭町、下谷、講武所、赤坂の芸妓中、容姿の美なる者百名を撰び、写真師小川一眞氏に嘱してこれを撮影せしめ、縦横二尺余の額面を製し、四層より七層までの間に掲げ、その前に青竹の手摺を設《しつ》らえ、盆栽を飾りて額面にふれざるよう注意せり。図は右手《めて》に葭戸《よしど》、左に柱掛けあり。大川に小蒸気の走る遠見を背面に写し出したる一様のものにて、美人は稀れに正面あれど、十中の九までは左右を少し斜めに見たるものにて、いずれも凌雲閣の三字を書したる団扇を携へたる直立の姿なり。またエジソン氏発明の自動人形数個を飾り、鏡を引て化粧するの美人あれば、団扇使ひして薔薇花を嗅ぐ童女あり。この飾り場所は児女子の最も足を止める所なり。閣の十一層、十二層の雲天井は、天幕を張りて日蔽ひを為し、浅草田圃の藕地《ぐうち》、王子、千住最寄の青田を見下だして、涼気地上より襲ひ来たり、その快きこと限りなく、かつ風の方位に拘はらず、この上まで昇れば肌の冷へざる日なしと云ふ［時事新報、七

月一七日〕

●凌雲閣の登覧者　浅草公園地凌雲閣は一昨十五日より府下各所の芸妓美人品評会をなすため、閣中へ一百余名の写真を掲げしが、ちょうど藪入りに際せしゆえ、登閣者俄かに増加し、一昨日は二千四百九十余名、昨日は午前迄に千百五十余名なりと云ふ。〔読売新聞、七月一七日〕

●盆後に於ける浅草公園の景況　本年の盂蘭盆会前はさすがの浅草公園地と雖も、寂寞として飲食諸商店より諸興行ものに至るまで一般に不景気を歎じ居たりしが、去る十五日以来は俄に打ッて変りたる好景況を呈し、常磐座、吾妻座のごときは十五六日とも午前中に売れ切れ、引続き十七日も正午ごろに客止めの大入りとなり、殊に凌雲閣十二階の十六日登覧客は九千八百七十余名にして、十七日正午頃までに千余名の登閣者あり（以下略）〔読売新聞、一九日〕

●十二階の朝顔と瓢簞池の蓮　浅草公園凌雲閣にては、昨十九日より構内の紫雲館跡、あるいは盆栽陳列場等に数種の朝顔を飾り附けたり。また同所瓢簞池の蓮の花は昨今大分咲出したれば、十二階よりの眺望極めて佳なりと〔読売新聞、七月二〇日〕

●百花美人鏡発売差止め　浅草の凌雲閣へ土用干をした百名の美人は、いづれも一夏は越せさうもない白ものばかりだとは、どういふ謎やら一向に解らぬが、その謎を解いたものやら、このほど芝桜田本郷町の金鱗堂より、百花美人鏡と題し右百名の美人を縦横十文字に評した書冊《ほん》を出版した所、中にははなはだ気の毒なものもあり、またかわいさうな者もあり、とにかく穏やかならぬ所ありとて、凌雲閣事務所より一本参つて発売を差止めたので、百名の美人中ホツと息を吐いたのが六七十人あるとのこと〔東京朝日新聞、七月二五日〕（図版1-19　四四頁参照）

●美人の投票料金五十銭　浅草公園地の凌雲閣に芸妓の投票を募集すと聞くより、かねて柳橋の小○（三十二年）が深き旦那筋なる小石川の某紳士は、彼を落第させてはとヤッキになり、ほとんど議員選挙の競争をなすがごとき熱心にて近頃は家政にも碌々頓着せず、昼夜奔走して知己友人を説き廻り一票に付、五十銭の手数料を出し、投票を依頼するにぞ。昨今は既に予約者七十余名に達したりとは随分気楽な鼻下長なり〔読売新聞、七月二六日〕

●写真取り外しの請求　自称美人も写真で見ると案外の不美人となるものあり、写真の不美人も写真の撮りやうで見違へる様の美人となるもあり。近頃も、塔も高い凌雲閣の百美人中自分の写真が気に適《い》らぬので、取り外しを請求した唄ひ女は、新橋の吉田屋山登、梅の屋君代、からす森の春本吉弥［東京朝日新聞、七月三一日］

八月

▼百美人のイベントが始まって四日までの約三週間で、投票総数は万の単位に達し、六日にはその中間集計を閣内に掲げる予定だと発表した。いろいろな方面から、いろいろなことを言ってきたようだが、会社ではどんな苦情があっても結果を張り出すことを決め、その告知を表門裏門のところに出した。しかしながら、公表は具体的な票数ではなく、甲（五〇〇点以上）と乙（二〇〇点以上）という二段階での表示とした。

一週間ごとに投票得点を掲示するという案は、芸妓からの不服申し立てがあったため実現しなかった。一三日で約一ヶ月の投票期間がすでに終わろうとしているなか、いったんは予定通りそこで打ち切る報道がなされる。しかしながら、終わりぎわの投票が過熱したためか、延期要求が重なったためか、凌雲閣側はさらに一ヶ月の投票期間の延長を決めて、広告を出すこととした。その一方で、六日から一三日までの投票結果を、甲（二〇〇点以上）と乙（それ以下）とに分けて、第二期の開票結果として一四日に閣内に掲示した。結果としての順位の付け方については、芸妓の体面や利害も深くからむがゆえにむずかしい。月末近くに月雪花に見立てるという案も出されたが、一部から強い苦情がきたと報じている。現実にはこうした結果の中間発表はおこなわれなかった。

一〇日の『読売新聞』が伝える百美人の履歴を載せて閣内で売られた「芝区の或書林」の刊行物とは、先月二五日に『東京朝日新聞』が問題にした『百花美人鏡』であろう。一一日には泥酔者のために閣内の酒類の販売を禁止したと報じている。

●凌雲閣画美人の点数を掲出せんとす　浅草公園凌雲閣に美人の真影を陳列せしより今日に至る凡そ三週間内における撰美投票の概数は、ほとんど萬をもつて数ふる程にて、日々十枚乃至十五六枚の投票を同閣に郵送するものもある由なるが、中には撰美に反対の人もありて、故意《わざと》不評判の写真に投票なすものあり。ために世話人たる老妓（面形優れざる）までも、無点なるものなしとの事なり。また同閣にては、もとよりこの投票の結果については公平なるを冀望する次第なれば、今日までの結果を予報するはあながち無益の業にあらざるべしとなして、この三週間における得点の人名を単に甲乙に区別して、明後日より閣内に一先づ掲出する由なり。もッとも得点の全数は、最終の日を俟ッて掲出する筈なりといふ［読売新聞、八月四日］

●美人投票掲示の延引　凌雲閣百美人三週間の投票点の数掲示は、昨日より二階へ張出す都合の処、諸方より投票の件に付種々の事を申込まるるに付き、一日延引し本日よりは何様の苦情あるも張出す事に事務員等申合せて、昨日同閣表門並びに裏門入口へ、本日掲示の旨を張り出したり。また一昨日、調済《しらべずみ》になりたるを聞くに（名前点数は略す）左の如し

柳橋十六人のうち甲の部十人○浅草二人甲二人○赤坂三人内甲一人○吉原六人の中甲三人○日本橋九人の中甲五人○下谷六人の中甲三人○葭町十一人の中甲六人○講武所甲二人○新橋四十七人の中二十五人［読売新聞、八月六日］

●凌雲閣美人の投票　解語花《ものいふ》の色香を蒐めてそのの美を衒ふ浅草公園の凌雲閣にては、いよいよ昨日より投票の数を掲示せしが、五百点以上を甲とし二百点以上を乙とす。その芸名及び年齢は即ち左の如し（以下地域ごとにまとめて出された甲乙の区分と人名については略。結果は四六―四九頁の一覧表を参照。）［読売新聞、八月七日］

●鐵主凌雲閣を動かす　例の浅草公園凌雲閣百美人の履歴を芝区の或書林にて編集し閣内の売店にて商ひたりしに、吉原の老妓延しんは早くもこれを同業者の不利益とみとめ、横槍を閣主に突込みたれば、遂にその小冊子を売ることを中止せり。また投票の得点は一週間毎に掲示する予定の処、これは芳町の〆子より不得心の旨ヅカと一本、閣主の土手腹へお見舞申したれば、これも最終の日まで預りとなれり［読売新聞、八月一〇日］

●凌雲閣の百美人　百美人第二回の投票は、明後十三日にて〆切となるためにや、一昨日は登閣者非常に多く、総員二千五百六十余名、中には一人にて切符十枚を求め、投票紙十枚を貰ひ受けたるものありとか。また葭町芸妓にて先に乙の部に入りたる○○拍子は、何か頻に苦情を鳴し居るとのこと。また浅草のおきよ拍子は、先の写真にて何か不足なりとて、今度新たに美事なる写真を掲替へたる由［あづま新聞、八月一一日］

●十二階の禁酒　下谷区車坂町廿九番地に住める行李製造

職○○幸助といへるは、一昨日九日日曜日の夕刻、一盃嫌機の千鳥足にてなお飽きたらで浅草公園の銘酒屋四五軒を片端より品評し、六銭で百人芸妓総揚とは安直もまた妙なりなどと喜び戯れつつ十階目に登り、またまた同所の氷店にて生ブランデー三四杯も傾け、そのままそこへ酔い潰れ、夜の九時過に至るも醒めざれば、同閣員は種々介抱の上、遂に掛員が附添ひ、人力車にて同人を宅まで送り届けたりといふ。右に付、凌雲閣にては以来閣内にて酒類販売を禁止せりとぞ〔読売新聞、八月一一日〕

◉百美人投票〆切り　先月十五日から浅草凌雲閣に写真掲けられた百美人品評の投票は、明十三日が満一ヶ月なれど一日だけ繰上げ、本日迄にて全く〆切り、明日からは得点数を掲示する由〔東京朝日新聞、一二日〕

◉凌雲閣百美人投票　同投票、本日にて満期となりたるため、昨日の登客は非常に多く、一人にて通券三四枚を求むるもの多し（右は通券株に付投票用紙一枚なるため）。また事務所へは諸方より開札延期を、郵便または葉書にて申越す者多き由にて、同閣は本日午後六時迄には必ず〆切り、明日午前六時三十分より掲示する事になせり。また新橋柳橋葭町には、先日の掲示に比し多分の変動あるも、吉原下谷日本橋には昨日迄の処にてはさほど変はらずと云ふ〔あづま新聞、八月一三日〕

◉百美人投票の競争　凌雲閣上に掲《かけ》つらねし百美人の投票は、いよいよ今十三日をもつて〆切とする由を聞き、昨日のごとき登覧人日頃に十倍し、盛んに投票する者ありといふ。また同事務所へ宛て、諸方より開札延期を申込む者夥多しき由なるが、矢張り予告の通り同日午後六時迄に〆切り、明十四日午前六時三十分より掲示することとしたるよし。噂には新橋柳橋葭町の美人には、先日の掲示に比し意外の変動あるべしといへば、美人連も中々気が気ではあるまい〔東京朝日新聞、八月一三日〕

◉選美写真の〆切　浅草公園凌雲閣の選美写真の品評投票は、いよいよ今十三日をもつて一時〆切となし、初日以来三十日間における百妓得点の優劣は、明十四日より閣内に掲出するの予定なりと。もッともその人名、点数等は当日まで秘して公にせざればこれを知る能わざれど、今聞く所に拠れば、投票開票の間際に至り、俄然柳橋連の一部分中に運動を試みる者ありて、遂に百妓一般に及ぼし、頗る競争盛なる状況を示し、第二期の投票枚数は僅に日数九日間にて万以上に達し、前期三週間の得点に対し甚だしき変動を生じたるやの由なれば、前期の甲部にして乙に下るあり、または乙部にして甲に上りたるものありと云ふ。しかし、かく俄の変動にも拘らず、その優劣を別つは同閣において欲せざる処なれば、その結果如何によっては、さらに一箇月位の日延べをなす事に至るやも図り難しとの事なり［読売新聞、八月一三日］

●撰美投票の事　浅草公園凌雲閣の撰美投票はかねて掲載せしごとく、いよいよ一昨十三日が〆切り当日の処、諸方より延期の請求続々あるに依り、さらに来る九月十二日まで向ふ卅日間延期する事となりたり。よって今回の調査は、去る六日より十三日までの結果にして得点二百点以上を甲の部に入れ、以下を乙の部をなし、昨十四日より同閣内にその人名を掲示せしが、なお延期中臨時開票の報告をもなして、終わりに至れば第一回よりの点数を合計して大多数の当撰者を定め、古今未曾有の賞品を贈与するの計画なりと。すなわち第二期における投票の結果は左の如し（以下の甲乙と人名とは省略。結果は四六‐四九頁の一覧表の整理を参照）［読売新聞、八月一五日］

●一人の紳士選美投票用紙を五十枚購ふ　別項に記せし如く凌雲閣の百妓真影の品評は、一作十三日最終の〆切当日なりしため、早朝より来りて登閣するもの頗る多く、とりわけ同日午後一時頃炎天をも意とする色無く、鼠色の洋服に巻煙草をくゆらせながら、意気揚々と入来りし三十前後とも覚しき華族の家扶然たる一紳士あり。同行者もなく唯一人のみにて、選美投票用紙を五十葉購ひ、そのままたづみながら五十葉とも、ことごとく新橋のあづまといふに投入して、直ぐ同閣を降りゆきしと［読売新聞、八月一五日］

●百美人投票開函の延期　一昨十三日午後六時限り投票を〆切る筈の浅草凌雲閣百美人の得点結果は、鼻下長紳士の一刻も早く見んことを望まるゝ由なるが、凌雲閣もまた猥りに蓋をあけて愛嬌を毀すやうの拙策は学ばず、彼をおもひこれを思ひ誰やらに真似て、都合に依り来る九月十二日まで開票延期［東京朝日新聞、八月一五日］

●美人写真品評会／延期広告　右本月十三日にて満三十日の処、御愛顧諸君より延期の御請求続々有之、ほとんど謝絶仕兼候に付、更に向こう三十日間、すなわち九月十二日迄延期仕候。陸続御投票あらんことを奉希望候。
明治廿四年八月十四日　浅草公園十二階凌雲閣［読売新聞、八月一六日］［東京朝日新聞、八月一八日］（図1‐17　四〇頁

参照）

●凌雲閣の廿六夜待　来る卅日は旧暦七月廿六日に当たるをもッて、毎年同夜の月の上りを拝まんため、市中の老弱は品川高輪州崎湯島天神等、いずれもその志す方向へ遠く出かけるものも多きゆえ、浅草公園十二階にては、これらの便利を図り、廿六夜観月のため同日は特に夜業をなすとのこと［読売新聞、八月二七日］

●凌雲閣の百妓写真月雪花に見立らる　浅草公園十二階の選美百妓の写真はますます品評投票者多ければ、同閣にては最初より今日に至るまでおよそ四十五日間における得点優劣を月雪花に区別して、その人名を明日より掲出するといふ［読売新聞、八月二八日］

●凌雲閣の月雪花の見立また苦情あり　浅草公園十二階の選美写真の品評会は、去月十五日以来本月廿八日までの投票を雪月花に区別して、同閣内に掲示する筈なりし処、日本橋区葭町の一部分の姉さん株は、この得点人名の掲示に苦情を唱へ、万一その優劣の結果を公示するならば、妾等《わたし》の写真は今日限り取ッて貰ひませうと、最と《い》厳重の掛合に同閣にては大いに困却して居るとの事なり［読売新聞、八月三一日］

九月

▼六〇日間にわたった百美人イベントも、とうとう一二日に投票が締め切られる。その前に第二回の相談がなされているのもおもしろい。今回の投票総数は四万八〇〇〇余票というから、単純計算ならば一日八〇〇名の入場者があったことになる。懸案の結果発表は、百美人のなかから高得点の「五美人」を公表するというかたちに決まった。そのあたりの内輪での議論については『読売新聞』の一四日の記事が触れている。

結果としては、新橋が四名で柳橋が一名、他の地域は入らなかった。賞品や参加賞をめぐる憶測も、さまざまにとびかった。指輪、ダイヤモンド入り純金の首輪、大和錦の丸帯、三組みの金盃、米俵一俵と梅干し、あるいは実は章標は「地金は洋白でアルミの鍍金」だった等々。ここにはあまり取らなかったが、凌雲閣に飾られた百美人たちの旦那の詮索や妊娠廃業など、その後の身上をめぐるゴシップも新聞をにぎあわせている。

投票の結果発表が終わっても、百美人の写真はかざったままであったことがわかる。

●凌雲閣第二回百美人　府下の小紳士小外道等を、凌雲閣上の宇宙に迷はしめた百美人の投票は、いよいよ本月十二日をもッて開票し、大多数得点の美人へは、数千金の価値《あたい》する指環と凌雲勲章とを贈与するよしなるが、同閣にてはこの百美人が非常意外に外道客を招き寄せた味ひ忘れがたく、唄ひ女の次はよし原洲崎両廓の遊び女中より、第二回百美人の写真を掲げ出し、やはり前のごとく小紳士でれ外道等に投票させんと、昨今協議中［東京朝日新聞、九月一日］

●百佳人の投票　浅草の凌雲閣で六十日間見せ物になつた百佳人の品評、投票〆切り期限は今十二日。その中より最多数五人を取り、商品を与ふる筈なるが、この六十日間の投票は総数四万八千余。とても一日や二日で取調は出来ず、少なくとも開札に三日間を要するといふ。また点数が少ないからとて只も気の毒ゆえ、百人の者へ何か一様の礼物を贈らんと、昨今事務員にて協議中のよし［東京朝日新聞、九月一二日］

●凌雲閣の無柱電話不認可　浅草公園十二階にかねて備へある電話室は、なほ看客に一層の余興を与へしめんとの考へより、同所第六区パノラマ館前に延長せしめ、同館上の旗竿より十二階避雷針に電線を連絡せし、以て空中無柱電話の好評を博さんとの計画により、かねてその筋に出願せし処、右は認可相成りがたき旨の指令に依り、更に十二階裏通り即ち公道に該線建設の儀を出願せし由［読売新聞、九月一三日］

●凌雲閣の美人もめ　凌雲閣百美人写真の品評投票は、いよいよ一昨日をもッて結局を告げたれば、予期のごとく六十日間に於ける得点数を順序明了に表示して優劣を別つ筈なりしに、世には自惚美人多くして、相変らずの苦情タラタラ八方より押し寄せて、何分にも埒明かず。甲派曰く、美人の優劣を明了に区別する時は、これが関係者に対して迷惑を醸し、気の毒の思ひをすることなしとせず故に、むしろ得点を報ずるは見合すにしかずと。また乙党は、これに反し先約を主張して動かず、得点の多寡を報道せざる位ならば、むしろ初より投票せしめざるが宜しと。しかして丙者はこれが仲裁説にて、最高点者五名を報告すべしといふにありて、三者何れの説に決するやは知らねど、もし五名の優等者を出さんとせば、その高点者は多分、新橋の玉菊、桃太郎、小と代、あづま、及び柳橋の小高等なれば、その九分は新橋の占むる所となるは必然の勢なり。かくては、他の場所に対してやと憚る所なきにあらざればと、閣員は頻りに苦心し、如何にもして出嬪地拾ヶ所の平等ならんことを欲し居れば、或は時として特別の方法を設くるやも知る可らずといふ。この位の事なら美人連も最初より自ら進んで、あまり有難くもあらぬ顔を衆人に晒さずともの事を、最期の今になッて騒ぐは野暮ぢや野暮ぢゃ。また同閣にては目下第二会の趣向に付、書画展覧会もしくは東海道五十三次膝栗毛のごとき滑稽を仕組まんものと協議中の由なれば、確定の暁までは百美写真は、このまま当分掲出して置く都合なりと〔読売新聞、九月一四日〕

●百美人品評会の高点者　浅草公園凌雲閣の百美人品評会は、去る十二日をもつて〆切りしが、多分高点者は「新橋」にて玉菊、あづま、桃太郎、小豊、「柳橋」にて小鶴などならんといふ。いまだ同閣事務所にて取調中。各所唄ひ女の高点者は「吉原」亀子、「葭町」小奴、「下谷」鶴松、「日本橋」小花、「浅草」小梅、「講武所」桃太郎、「赤坂」小花あたりとのこと。この高点者の内五名へ商品を与へ、点数を掲示する都合なるが、これは協議中。また百美人の写真は、当分の内これまでの通り同閣へ晒し物、ではなかつた、掲げ置くといふ〔東京朝日新聞、九月一五日〕

●五美人　凌雲閣上百美人投票の調査は、いよいよ昨十六日正午をもつて結了し、今朝より各写真の下へ一々票数を記して、鼻下長連の涎覧に供するよし。さてこの百美人中、もつとも大多数の投票ありし五大美人を誰とかする。しかも新橋にて五人の内の四名を占め、他の一名は柳橋より出たり。即はち、新橋にて第一玉川屋玉菊、第二相模屋桃太郎、第三中村屋小豊、第四小松屋おゑん、また柳橋よりは河内屋小鶴（以上五名）のみにて、日本橋よし町よし原等は惣敗北となりたり。もつとも右の投票に付ては、おのおの不相応の運動費をつかひしもありて、殆んと初期国会議員の候補者競争も宜しくの有様にて、その内幕には余程の珍談もあり、困談もありたりとのこと〔東京朝日新聞、九月一七日〕

●凌雲閣の百美人　投票に結果に対し、多少の苦情を申込む者ありとの風説ある凌雲閣の百美人品評会は、いよいよ去る十二日をもッて投票を〆切り、今十七日総点数を閣内の二階に掲示する由〔読売新聞付録、九月一七日〕

●百美人　えりぬきの五美人へは、金剛石《ダイヤモンド》入純金五十貫目の首環と、大和錦の丸帯一筋づつを賞与として凌雲閣より贈り、残りものゝ腐美人その他世話人等へは、その人々の写真を美麗に製《こしら》へ、これへ白米一俵梅干一樽づつを添へて、不景気の見舞かたがた進呈するよし。さうした暁、百美人の写真はそのまま凌雲閣上へ曝しもの［東京朝日新聞、九月二七日］

●百美人　浅草公園の凌雲閣は、過日募りし百美人の内高点者五名の美人に賞品を渡し、残り九十五名及び世話人等へは、その人々の写真を美製に綴りて贈る由なるが、これまで掲げある百美人の写真は当分そのままに掲げ置くと云ふ［読売新聞、一一八日］

一〇月

▼九月三〇日に東京を暴風がおそったが、凌雲閣はガラス二、三枚の被害だけで無事だった。

見逃せないのはエレベーターをめぐる訴訟である。一三日の郵便報知新聞は、社主の福原庄七が弁護士をつうじて東京電灯会社に代金返却の訴訟を起こしたことを報じている。エレベーター営業の五月二八日停止は、この記事を根拠としている。この紛争は、一二月には裁判官立ち会いのもとでの検査［読売新聞、一二月二一日］にいたる。

第一等を得た玉菊の落籍をめぐって、冷やかしまじりのゴシップ記事は当時の新聞にいろいろあらわれるが、一例としてあげた。「キシャゴ」とはおはじきのことなので、争ってはじかれたの意味か。

●凌雲閣は無事　同閣構内の樹木塀等は、非常に破損せしも、幸ひに凌雲閣は硝子二三枚破損せしまでなりしといふ［読売新聞、一〇月一日］

●凌雲閣の美人　凌雲閣は殊に秋晴に乗じ、登臨するに壮快なりしに、近来閣上に美人の肖像、否、不潔なる芸妓の肖像を掲げ、もつて世の遊冶郎を釣らんとすと云ふ。上に風紀大臣あり、下になほこの敗徳漢あり。吾輩はこれより凌雲閣とは呼ばず、醜雲閣と称せんとす、如何［『少年園』第六巻第七一号、一〇月三日発行：一二三］

●凌雲閣より電灯会社に係る訴訟　浅草凌雲閣の持主福原庄七氏より東京電灯会社社長柏村信氏に係り、電気器械を返却してその代金を取戻したしとの訴訟を、東京地方裁判所に提起したり。その趣旨を聞くに、凌雲閣開業の際、被告会社へ電気力をもつて運転する昇降器及び運転に要する所のモーターを注文して、既に据付けたり。爾来数度修繕する折柄、警視庁にては吉田技師を出張せしめ、本年五月廿八日検査の上、その構造不完全なりとて電気力昇降運転を停止せられたるより、営業上かかる不利を来したるはまつたくその構造方より来りたるものなりと云ふにあり［郵便報知新聞、一〇月一三日］

●キシャゴ紳士　凌雲閣の百面相に一等美人の賞牌を得た新橋の唄い女、玉川屋の玉菊に、大枚一千五百円と云う金を出して足を洗わせた局長があつて、某議員に鼻を明かせ、御神燈に貼り付けた廃業証の白紙に無念の涙を流させた事は、その頃紙上に記せしが、名にし負う東京で一等美人と沽券が極れば、すなわち日本一にして、黍団子と同じ位を持つ訳ゆえ、この落籍の競争者はひとり議員のみにあらず。八方から手が出るのを打ち払い打ち払い、局長の方へなびいた訳だが、肱連中の一人に浦田とか云う紳士あり。たとい所有の株券を人手に渡すとも、千円なら俺の物にしたい、この望みさえ叶いさえすれば、死んでも苦しうない。その時は蓮の半坐を分けて待つと云ひたいが、それは奢りの沙汰だから、蓮の台をまるで明けて俺は泥の中へ這入り、首だけ出して待つて居るつもりだ。これ首たけ溺《はま》ると云う心中を現はすなりと。講釈付きで掛け合つて見たが、五百円の相違で局長に取られた故、失望落胆大方ならず（以下略）［東京朝日新聞、一〇月一二日］

●美人の当外れ　凌雲閣で美人の内へ選挙された者へは、その賞としてダイヤモンド入りの指輪または三ツ組の金盃を贈与するといふ最初よりの触込ゆえ、欲気の少ない自惚の少ない唄ひ女連は内々待ち焦れて居ると、九段の写真師小川から、ヘイお待遠でございました、漸くの事で出来上りましたと、銘々の所へ持て来たは色を差した写真だから、いずれもギヤフンと参り、さては指輪も金盃も当てごとと越中富山薬の能書同様に、白痴《こけ》おどしの虚言《うそ》であつたのかと失望はしたものゝ、写真一枚でもロハとあればマンザラ憎い事もないと不承して納めて置くと、昨今写真の代価七十五銭づゝ取立に廻つて来たので、いずれも胆を潰し其《そ》様《ん》なら小雪さんの一条で明けた穴を埋るため足前を取られるのかと、渋々ながら代金を払つたが、去りとては怨めしく閉口せうとてお姿を写真に取らせはせぬものを、悲しい顔の安本丹と我姿に向つて嘆きながら見れば見るほど美しいとは驚いた［東京朝日新聞、一〇月三〇日］

一一月

▼開業一周年となり、お祝いの落語家のイベントが企画

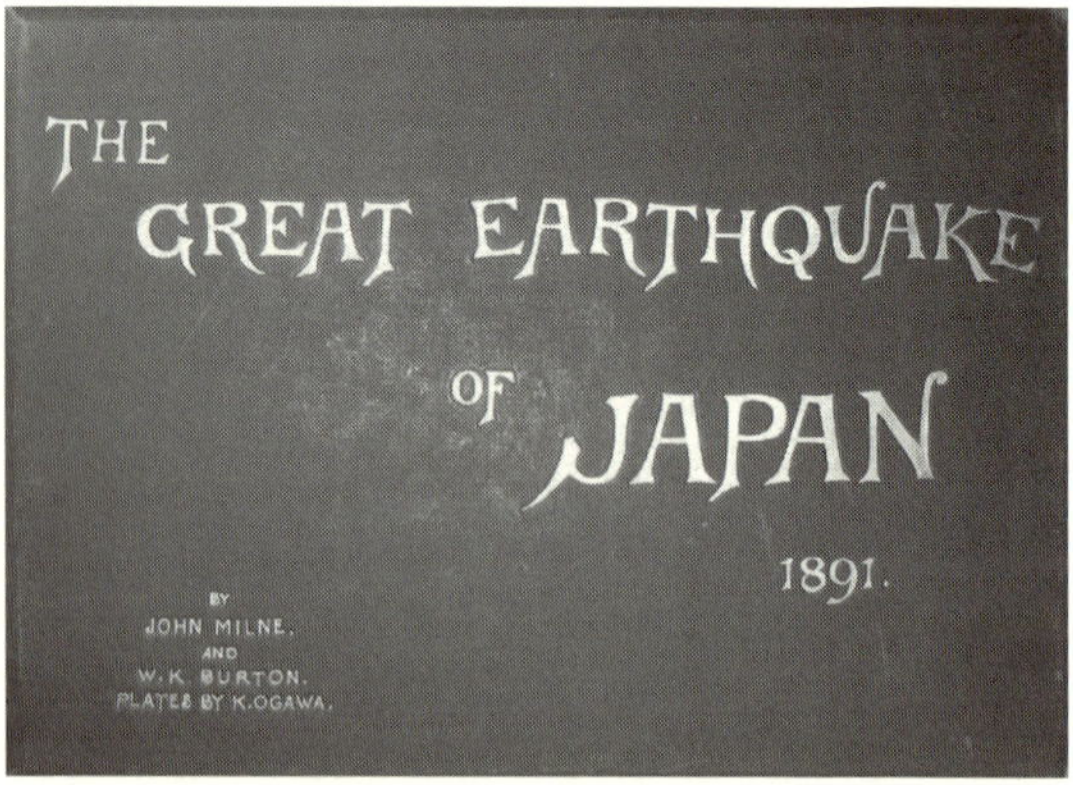

図4-10　The Great Earthquake in Japan(1891)

された。狂綺堂主人とは岡本綺堂で、東京日日新聞に連載した「一日道中記」で浅草公園をたずね、凌雲閣に登っている。写真が得票点とともにまだ飾られていた。鉛筆のらくがきがあって、勝手な批評をくわえていることの証言も貴重である。この参加イベントの副産物というべきか。

一一月一八日から始まった震災油絵の展覧は、一〇月二八日に起こった濃尾地震の実状をつたえ、義捐金をつのるものであった。この地震の被害から煉瓦の耐震性が問題となり、震災予防調査会が設置される。ジョン・ミルンとウィリアム・K・バルトンは、現地におもむいて被害状況を写真に記録している（図4-10）。

●凌雲閣の一周年祝ひ　来る十日、十一日両日は、浅草公園凌雲閣の建設一周年に相当するとて、同日はその祝ひに柳派の落語家の茶番狂言を催すよし［東京朝日新聞、一一月六日］

●凌雲閣は高く聳えぬ。廻り廻りて登り行く、過ぎしころ世の浮男《うかれお》を騒がしたる美人とやらんの写真《えすがた》あり。名にし負ふ小川一眞氏の手に係れば、定めて王昭君の恨みは無からまし。いづれも雲髪《うんぴょう》花顔《かがん》さても鮮やかなるものかな、一々肩に投票の点数を記せるが千点以上の者も尠からず。されば千人の眼はこの一身に集りしものか、反魂香《はんごんこう》に泣く武帝、馬嵬坡《ばかいは》に迷ふ明皇、今古その人なきにあらず。しかるに如何なる者が如何なる所存にやありけん、右の傍にそれぞれ鉛筆にて批評を加へたり、或は西瓜の如しと云ひ、或は鮒の如しと云ふ。言語に絶えたる怪しかる振舞や、物の哀れ知らぬにも程こそあれと打呟きて登り行けば、漸くにして頂上に到りぬ。

閣は高く、遠く四方の秋を望む、夕暮の烟りおぼろなる間に落葉したる山も見ゆるなり、雲井を渡る雁も見ゆるなり。青海も浅黄になりて秋の暮と詠みしはこゝなりけん、遥かの海原は水天彷彿、万里家を懐ふの人、こゝに登らば白雲秋風の恨みは弥増すなるべし。望遠鏡数箇を据え、一銭を取りてこれを貸す。稚き男の児が父とも見ゆるの袖をひきて、あなたの木立一ツ隔つる北の方は何処ぞと問ふ。要なき事を尋ぬるものかな、あれは恐ろしき安達ヶ原ぞと云ふ。稚き者は心無ければ打ち頷く。

閣を下れば見世物の鳴物ドンチャン、耳を貫きて田舎漢の魂を駭《おどろ》かす［岡本綺堂（狂綺堂主人）「一日道中記（三）」東京日日新聞、一一月八日］

●凌雲閣の震災油画　浅草の凌雲閣は、来る十八日より愛知岐阜両縣下震災の油画を、竪三尺横五尺に仕立てて陳列し、同時に義捐金を募る由なるが、その油画は特に東京造画館より画工を派し、実地の調査を遂げて描きしものなりとの事にて、その目録は左の如し　○名古屋広小路震災時の図○同紡績会社女工突然の死の図○鎮台兵避災野営の景況○死者掘出し並兵士尽力の実況○広徳寺憤死の惨状○岐阜震災後の景況○長間付地割人畜負傷の図○岐阜入口旅人遭難の図○伏見宮殿下御負傷の図○岐阜全焼の実況○汽車難を免かるるの図○仮病院施療の景況［読売新聞、十一月一二日］

●大地震惨状実景油絵［東京朝日新聞、一一月一三日］（図4―11）

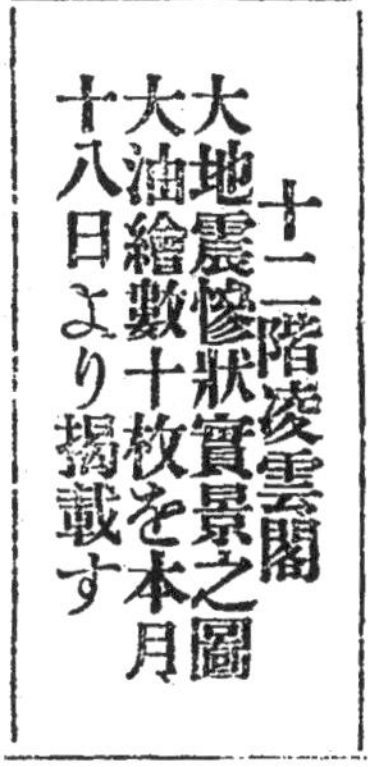
十二階凌雲閣
大地震惨状實景之圖
大油繪數十枚を本月
十八日より掲載す

図4-11
東京朝日新聞
1891.11.13.

●浅草公園内凌雲閣に先頃より掲げたる、美人写真の投票最高点五名へ、今度写真に添えて金製の綬章を贈与したるが、形は八角にして表面は雲形枠の内に凌字を刻し、また裏面は贈何某嬢の文字を彫刻せしものにて、綬《ひも》は紅白にて襟に着くるようになし、これを佩《お》びたるものは同閣の名誉員同様にて、意張りて登閣するを得るなりと。受章美人はすなわち、新橋あづま本名中岡せい（十七）、小と代本名辻とよ（十九）、桃太郎本名谷はな（十九）、玉菊本名川口しよふ（十七）、柳橋小つる本名藤井りき（二十）なり［中央新聞、一一月二〇日］（同様の記事が、同日の読売新聞にもみえる）

一二月

▼一〇月の提訴が東京電灯会社とのあいだでこじれ、裁判官立ち会いのもとでのエレベーターの検査となったことを読売新聞がつたえている。最終的な和解は、年が明けての九月であった。

●十二階エレベートルの検査　浅草十二階の昇降室の昇降機は、その構造に不完全の処ありとて、先般その筋より該機械の運転を差止められたるに付、凌雲閣にては営業上影響を及ぼす事、僅少ならざれば、至急これが改造方を電灯会社に照会せしに、同社にては検査証までを添へて既に引渡し済みたる以上は、当社にてこれを改修する能はずとて、その請求に応ぜざりしかば、遂に両者の間に紛紜を生じ、その結局、凌雲閣にては今日まで電灯会社に払込みたる金額取戻し方を法廷に訴へ、両三回の審問を受けたるのち、凌雲閣にては昇降機の構造完全なるや否やの点について、裁判官の臨検を請願せし処、これを容られ、明後廿三日午前、裁判官は陸軍省技師同行にて検査のため出張さるるといふ［読売新聞、一二月二一日］

小学生たちの作文

▼新しい話題の高塔の凌雲閣は、雑誌『小国民』等に作文を投稿する少年たちの恰好の題材でもあった。明治二四年中に発行された少年雑誌や作文集等のなかに「凌雲閣に登るの記」を散見する。

市ヶ谷に住む井出哲は、高い建物として有名であった奥山閣や愛宕館もここからは「矮屋」に過ぎないとその鳥瞰を愛でている。パノラマ館についても作文を寄せたらしいのが、微笑ましい。下谷練塀町の熊田敏の文では「二三ノ学友ト此ニ登ル」という叙述から、少年たちの行動様式がうかがえる。日本橋兜町の末永道太郎の文章は、「凌雲閣ノ図」に題すとなっていて、登閣の記ではなく、手元にもたらされた石版画か錦絵に思いを馳せるという趣向になっている。その迫力ある高さを強調する図版に急激な「工業ノ進歩」を思い、「感激」した鑑賞者も多かったであろう。『穎才新誌』には、少年の漢詩が寄せられている。この他に『紅顔子 第二』［小国民第三年第一四号号外］にも二編の「凌雲閣ニ登ルノ記」が掲載されている。

いずれも東京府下や市内の小学生であるのは、この新しい事物の話題への接触の範囲を示すものか、偶然とも思えない。

●凌雲閣ニ昇ルノ記

府下牛込区市ヶ谷甲良町　井出哲

某年某月某日、来テ浅草公園ノ凌雲閣ニ登臨ス。抑モ此閣ハ、明治二十二年十月ニ起工シ、二十三年十月、即チ一週年ニシテ竣工セリ。其形直立八角ニシテ、階数十二、高サ二百二十尺、煉瓦ヲ以テ重畳シ、殆ンド雲ヲ凌ガントス。実ニ東京第一ノ高閣タリ。故ニ凌雲閣ト名ヅク。其中真ニ、電気器械ヲ設置シ、凡ソ二十人ヲ上登セシムルニ、僅々一分時間ニシテ、下階ヨリ八階ニ達ス。洋名之レヲ「ヘレベートル」ト云フ。九階以上ハ、階形螺旋状ヲ為ス。繞リテ上階ニ至レバ、近クハ東京全市ヲ下瞰シ、家屋櫛比、屋瓦魚鱗ノ如ク際涯ナシ。其間、或ハ田圃アリ、河川アリ、深林アリ、一トシテ奇観ナラザルハナシ。遠クハ総房上野ノ諸山ヲ迎ヘ、宛モ一挙手之ヲ攫シ、一投足之ヲ踏ムベキガ如ク、坐ナガラニシテ数里外ノ景色ヲ一眸ニ集ムルハ、此凌雲閣ヲ措イテ他ニアラザルナリ。嘗テ高閣ヲ以テ有名ナル、奥山閣、愛宕館ノ如キモ、今ヤ此閣上ヨリ望メバ、一個ノ矮屋ニ異ナラズ。又毎階ニハ、珍奇ナル美術品ヲ陳列シ、雑品ノ売店ヲ其周囲ニ設ケ、以テ昇客ノ需メニ応ズ。是亦一層ノ便益ヲ併スルモノト云フベシ。

評。先キニ、吾兄ノ作ル所「パノラマ」ノ記アリ。能ク、文章ノ実用ヲ知ルモノト云フベシ。

［『小国民』第三年第一号、学齢館、一八九一・二・五―六］

●凌雲閣ノ図ニ題ス

府下日本橋兜町　末永道太郎

漠々タル雲中、一塔ノ高ク聳ユルハ、此レ浅草公園凌雲閣ノ図ナリ。其建築ノ宏大ナル、近古其此ヲ見ズ。高ク空中ニ昇リ、諸地ノ絶景ヲ一目ノ下ニ瞰メバ、高鳥モ其高ヲ失し、飛仙モ其術ヲ蔵ムベシ。今ヤ此建築アリ、何ゾ知ラン。万古ノ末、天ニ昇リ月ニ遊ビ星ニ戯ル術ナキヲ工業ノ進歩亦甚シト云フベシ。聊カ感激ノ余リ、図上ニ題ス。

［『紅顔子　第一』小国民第三年七号号外、学齢館、一八九一・二九三―四］

●凌雲閣ニ登ル

東京府下下谷練塀小学校高等生　熊田敏

突トシテ地ヲ抜クコト二百二十尺、高ク帝都東北ノ天ニ峙ツ、之ヲ凌雲閣ト名ク。一日閑暇ヲ得テ、二三ノ学友ト此ニ登ル。此閣ヤ畳ムニ煉化ヲ以テシ、登ルニ機関ヲ以テス。階数十二、形状八角、結構又壮麗ナリ。眼ヲ放テバ、大都ノ市街脚下ニ集リ、人馬皆蟻螻ノ如シ。遠クハ総房諸山ノ青一髪ヨリ、近クハ品海ノ蒼々タル、富岳ノ巍峨、千古ノ雪ヲ戴キ、筑波ノ峻峰、平原ノ間ニ峙ツ。其眺望快絶、実ニ筆紙ニ尽難ク、佇立時ノ移ルヲ覚ヘズ。既ニシテ金龍山頭暮鐘響ク。乃チ階ヲ降リ、興ニ共ニ帰ル。余灯下ニ此レガ記ヲ作リ、以テ未ダ遊バザルモノニ告グ。

簡ニシテ意尽ク。

［『小国民』第三年第二号、学齢館、一八九一・二・七］

●登凌雲閣　東京府　中村朴庵

家々百万似魚鱗。眸裏無辺淡不分。也是人間快心事。凌雲閣上可凌雲。

［『穎才新誌』第一九七号付録、穎才新誌社、一八九一］

一八九二（明治二五）年

▼元日朝の「初日の出」見物は、なお凌雲閣にそれなりの混雑とをもたらすものであったらしい。一月一五日の藪入り景気は、小僧や職人たちにとって年二度だけの休日であったため、浅草公園は大繁盛、午前中に一二階登閣者は千人を越えたという。しかし時事新報と読売新聞は、株式会社凌雲閣の改革を報じている。

二月には百美人イベントの続編をねらった「肖像美人画」投票の試みもおこなわれた。第一回に比べて投票点は低いと感じられる。同じく二月に催された両頭の蛇の見世物と因縁話は、凌雲閣もまた奥山の伝統を継ぐ空間であることを伝えている。この異形の蛇が新潟からもたらされたとは、あるいは福原庄七の縁か。

一一月の吉原の「花街百美人」の写真掲出と投票のイベントがはじまる。前回の芸妓に対して、今回は娼妓。これを第二回と数えている風でもある。まじめな『庚寅新誌』は、十二階に美人写真などをかざらずに、忠臣孝子節婦義僕の肖像をみせるようにならなければ、東京に子や孫は出せずと田舎の親たちがなげいていると意見する。

バルトンが写真を写し、ジェームズ・マードックが文章を寄せ、小川一眞が本に制作した『Scenes From Open Air Life in Japan』は刊記がなく正確な刊行年不明であるが、Plate XVI は六区興行街のにぎわいのむこうに立つ凌雲閣を写しだしている。マードックが矢場や茶店や写真屋があつまる通りを小人の国にたとえ、凌雲閣にヒエログリフと恐竜を空想しているのはおもしろい。

●初日の出　古来、国家長久のめでたき瑞祥として、年のはじめに初日の出を拝みて、その身の冥福出世を願ふ習慣なるゆえ、昨日は前夜より待構へし事とて、人々前日の雨天にて如何あらんかと気遣ひしも、初鳥の声と共に東雲の空のほのぼのと明け渡り、予想外の快晴なりしかば、いざや初日を拝せんと身繕ろひもそこそこに、上野、湯島、九段、愛宕の高台を始め高輪、芝浦、凌雲閣等の己がままにその志す方に出掛しが、六分通りは職工体の者にて、その余は旧弊家の商人、さては縁起を祝う校書、茶屋女、矢場女等多く、とりわけ深川、洲崎の如きは、同所貸座敷の連中、そこここの葭責張あるいは海岸などに佇みて、いと賑ひしが、浅草公園の十二階も景物を授らんとの下心にて、未明より続々詰掛けしも、既に先鞭者ありてしきりに開閣を促しければ、門前ながら人の黒山をなし声々に叫びて止まざりしゆえ、午前五時二十分に開門せしに、待ち設けし観客は先を争ひて我勝に込み入り、一時に登閣せんと雑踏したれど、事務員はかくあらんとて、あらかじめ準備を為し、第一番より第十番までの先着者には手拭一筋に登閣券三葉を添へて景物に差出し、暫時にして十階以上の室は来観者充満せし由にて、いずこも同様に混雑を極めしが、六時とも覚しき頃、東方遥に人の容を為せし種々の黒雲現れ出で、たちまち失せて一点の塵も無き晴天となり、六時四十分に至り太陽光を放ち、凡そ三分間にして地平を離れ陽気四方に棚引きつつ、霞を漏れてますます愛でたく、品海はもちろん遠く富士筑波に反射し、絶景言はん方無かりしが、特に十二階は三社及び田甫の太郎稲荷の神楽かすかに聞えて、ひとしお春の趣を添え登観者はその帰途、観音に参詣して繭玉を購ひ、これを肩にして思ひ思ひに帰りしとぞ［読売新聞、一月二日］

●凌雲閣の雪景　昨暁の降雪にて満都の風光一新し、見る間に銀世界と変ぜしかば、ゐながら遠近の景色を賞せんとて凌雲閣に登りし雅人もありと［読売新聞、一月一三日］

●薮入の景況　昨日は年に両度の安息日とて、モウ幾日寝ると宿さがりだと指折数へて待ちし頑是なき子僧は素より大僧に至るまで、前夜より嬉しさに碌々寝もやらず、夜明を待ち詫びて寝返りに幾度か鼠を驚かせし。いずれも未暁《まだき》に起きて我が家を訪れて、それより一日の遊楽にさながら籠を放れし鳥の如く、己がまにまに志す方へ飛出せしが、気遣ひし天気も次第に晴れしかば、一層勢ひよく午前十時頃には何処の小劇場も客止めの姿にて、随ッて大劇場も大入にて、各所の盛場はそれぞれ賑ひしが、とりわけ浅草公園近傍の如きはその混雑一方ならず、六区の見世物小屋を始め凌雲閣は、正午十二時迄に一千余名の登閣者あり。花屋敷も五階下の広場へ赤白の幕を張り、市中音楽隊の奏楽に景気を添へ、評判の蓄音機を開きて、当日に限り無料にて五階へ登らしめしゆえ、非常に雑踏し、園中には、松竹梅の盆栽を美事に飾りしが、風流気なき者どもゆえ、かへッて虎猿熊等の前に集まりしも可笑しく、また例年の通り仁王門へも登楼する事を許せしが、昨今凌雲閣、愛宕館、江木塔などの出来したため、登りしもの至ッて少なき様なりしも、各飲食店は収入《みいり》充分なりし（以下略）［読売新聞、一月一七日］

●肖像美人画投票［東京朝日新聞、一月三〇日］（図4－12）

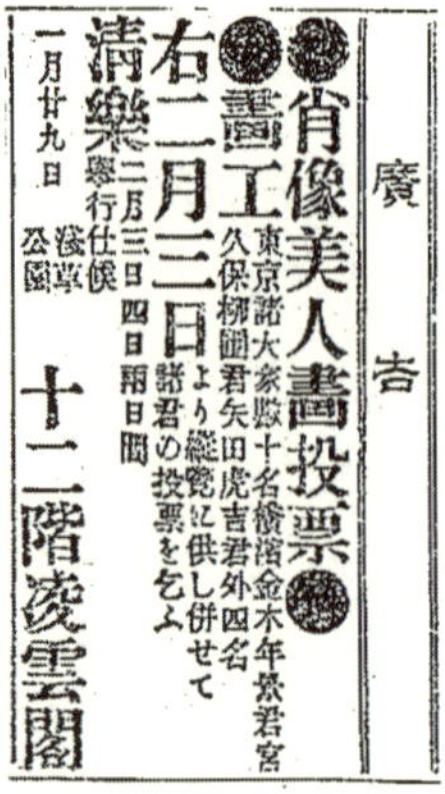
廣告
肖像美人畫投票
畫工
東京諸大家數十名鏑木年方君宮
久保柳圃君矢田虎吉君外四名
右二月三日より縦覧に供し併せて
諸君の投票を乞ふ
清樂 二月三日四日両日間
奏行仕候
一月廿九日
浅草公園
十二階凌雲閣

図4-12
東京朝日新聞
1892.1.30.

●浅草の凌雲閣にては、このほど株主定式及び臨時総会を開き、昨二十六年下半季の決算は、総収益二千九百六十七円七十七銭四厘、内営業支出金額千三百十二円六銭八厘を差し引き、純益金一千六百五十五円七十銭六厘はことごとく社債を償却する事に決し、なお臨時総会に於いて二万円の増株をなし、これをもつて社債を悉皆償却せし上、残余の金額をもつて大いに同閣の改良を企図する事に決して散会せり［時事新報、二月二日］

●凌雲閣の改革　聞く処に依れば、同閣にては今回止を得ざる事情ありて多少の改革を行ひ、役員は差し当たり従前のままなるが如くなれども、内実は花輪秀宗、深田仲栄の両氏がいっさいの事務を担任する事となり、別項の通り画伯の美人画を陳列すると同時に、構内に庭園築山または震災地油絵の額堂等を新設し、かつ運動場を設けて登閣者をして自から構内に永く足を止めしむる計画にて、既に工事に着手せし由［読売新聞、二月三日］

●画伯美人肖像の投票　浅草公園の十二階凌雲閣にては過般百妓選美写真投票にて好評を得しをもッて、本日よりは京浜間の画伯数十名の揮毫に係る新古代美人の肖像一百余種（極彩色掛物）を陳列し、登閣者の投票を乞ひ、時々高点者の姓名を掲出するとぞ［読売新聞、二月三日］

●両頭の蛇凌雲閣に現はる　昨廿五日より浅草高塔十二階に陳列せし両頭の蛇は、長さ凡二尺余りなれども、そのかたち腹部の上より二股に分れ、両頭相並べり。これは越後国新潟の人が先頃はるばる凌雲閣に持参せしものにて、同人の言ふ所に依れば、先年新潟にて情死せしものあり。せめては死後の思ひ出にと、これを某寺院に合葬して懇ろに仏事法曹を営みたる事ありしが、日を重ね、月を経けるうち土饅頭の叢より両頭の蛇現はるる由。誰云ふとなく伝え躁ぎて評判となりしを、或人が漸くの事にて捕へしなりと。これまで、両尾両頭の蛇は往々見懸けし人もある由なれども、かくの如き両頭二股の物はいと珍らしき変性なりとて、凌雲閣にては大切に飼養し、餌には多く鶏卵類を用い、かつ寒気の節なれば、焙爐用の器物にて暖めたるに温度の加減悪しかりけん、蛇は終に死したれば、余儀なくアルコールに浸して陳列する事となりしは惜むべき事にて、特にこれを持参せし人の姓名及び出所等、詳細事を聞き漏したるは遺憾といふべし［読売新聞、一月二六日］

●美人投票締切の延期　目下浅草公園十二階にて好評を博せる美人画の投票は、予期の如く一昨日をもッて一先ず締切り、昨日より得点者の結果を掲出する筈なりし処、画伯及び投票者の都合にて、更に一週間延期せし由［読売新聞、三月八日］

●美人画投票の結果　浅草凌雲閣の美人画第一期投票得点の結果は、かねて本紙に掲載せし如く本月の十五日より同閣に掲出する都合なりし処、開票間際に至り投票者中に競争の気味あり。調査上少しく差し支へを生じ、かれこれ延引におよび、ようやく去る十九日をもッて去月廿八日より本月十三日まで、即ち十五日間における最高点者三名を左の如く、掲出せり。

三百点　宮鶴柳甫（日本橋小清肖像）
二百点　金永年景（吉原たかみ肖像）
百八十点　岩田景年（新橋玉菊の肖像）

［読売新聞、三月二一日］

●凌雲閣上の写真　若し浅草凌雲閣上美人の写真を撤して、換ゆるに明皇賢相忠臣孝子節婦義僕名将高士の肖像をもつてするの世とならざれば、決して子や孫を東京に出さじ、とは田舎父老の歎なりと聞く。嗟呼都人何をもつてこれに答へんとする乎［『庚寅新誌』第五二号、庚寅新誌社、四月一六日発行：四七］

●第二回百美人の写真　浅草凌雲閣の第二回美人百妓の真

図4-13　東京朝日新聞
1892.11.10.

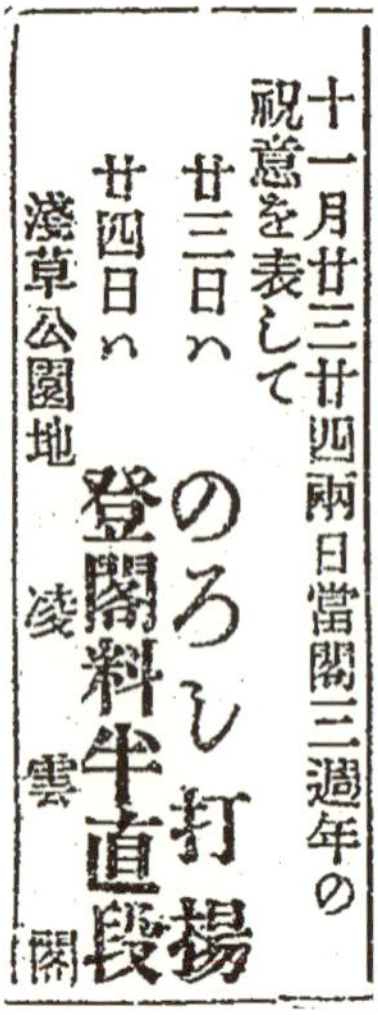

十一月廿三廿四兩日當閣三週年の
祝意を表して
廿三日ハ　のろし打揚
廿四日ハ　登閣料半直段
淺草公園地　凌雲閣

図4-14　東京朝日新聞
1892.11.22.

影は、いよいよ来十月廿七日頃より、掲げ出して広く投票を募らるる由は、前号に記したるが、目下吉原郭内の写真師鈴木方にて、こもごも写真中なるが、その真影は皆一様ならず、机に凭ッて和歌を詠ずる図、或は囲碁または三絃を弄する処、また活華茶の湯等種々の体裁のものある由〔読売新聞、九月三〇日〕

●凌雲閣の花街百美人　浅草公園地の十二階にては今度花街百美人と名付けて、よし原有名の遊び女百名の写真を昨日より閣上に掲げ、五美人の投票を登閣者に求むといふ。

これは同廓の鈴木、加藤の両写真師が撮影せしもの、また表看板は本社の根本凌波が、嘱託に依て草案を与へたりとか。なお先年の催しにかかる唄ひ女百美人の写真及び尾濃震災の油絵をも見せるといへば、定めて縦覧人も沢山あるべし〔東京朝日新聞、一一月二日〕

●吉原百美人写真陳列〔東京朝日新聞、一一月一〇日〕（図4−13）

●百美人の投票　浅草公園凌雲閣の呼物、娼妓百美人の写真に向つての美人投票は、いよいよ今日より始める由にて、閣へ登つてアレが己の女だなどと涎を垂らす有難連があるため、既に一昨日あたりから投票買い占めの申し込みがあつたと云う〔都新聞、一二月一日〕

●凌雲閣上花爛漫　例の百妓撰美の写真額は、昨十三日より掲出したり。いづれも写真師加藤正吉・鈴木千里の両氏が丹精を凝らして撮影したる鮮明のものなれば、一見その音容に接するがごとく、多くは普通の裲襠風俗なれども、その中には洋服御殿風、または堅気風あり、或ひは芸妓風のものもありて、五十一楼中の百二十妓。痩せたるは梅の如きもの、肥たるは牡丹の色さまざまの姿、ただ目を眩ますばかりなり。さて同構内表門左右両側に植付けたる花壇

菊の上には、貸座敷有志連より贈りたる暖簾を掲げ、一層の景気を添へたり［読売新聞、一一月一四日］

●凌雲閣三周年［東京朝日新聞、一一月二二日］（図4-14）

●何れの菖蒲か引ぞわづらふ　凌雲閣に於ける百妓選美の投票はいよいよ昨一日より始めたるに、早朝より投票のため、登閣するもの大分ありて意外の好景況なりしが、或粋客の説に依れば、万華楼の小町か、或は野村楼の夕ぎりが最高点を得べしと［読売新聞、一二月二日］

● In its very heart stands what is possibly the fane most renowned throughout the length and breath of the land, the Temple of Kwannon, the Merciful. Even within its enceinte are shops and booths and vanities galore, (Plate XIII) while immediately beyond is one great sweep of pleasure-grounds, and places of amusement. In its rear are streets upon streets of Lilliputian archery galleries and tea-houses, with photographic studios and peep-shows almost passing the arithmetic of any one but the professional censustaker. But it is by the margin of the tiny fir-ringed pond, immediately under the shelter of the huge new twelve-storied Ryoun-kaku, that the booths and stands and show-places cluster most thickly. From the upmost circuit of this great pile of garish brick-work, one looks down upon a wonderful piece of life. On one side of the roadway is, at first, an open space, and on the other, wedged in among a straggling row of drooping willow trees, are huge

図4-15　*Scenes From Open Air Life in Japan*, Plate14

flags flapping in the wind and jerking and tugging at their ring-bolts and fastenings. They are adorned with vertical legends in hieloglyphics sizable enough to be mistaken for the prints of Iguanodons, or other kindred monsters of the Coal Age. [Plates XIII-XIV, Scenes From Open Air Life in Japan, Photographed by W.K. Burton. Plates by K. Ogawa. Text by J. Murdoch]（図4–15）

一八九三（明治二六）年

▼あいかわらず凌雲閣は、上野湯島や愛宕山、高輪の海岸とならんで、初日の出の名所だったらしい。正月そうそう歌舞伎座の景物を奴凧にして放つ場所となった。百尺の長さの観音の巨大掛図を凌雲閣にかけるとの記事もでた。

「第三回」か「第二回」か回数表示はいいかげんな気がするが、百美人の今回も、投票締切が一週間ばかり延期されている。発表もまた、公表された予定よりも遅れたらしい。五名を最終的に選び、黒塗りの額に入れてさらに一週間掲示したうえで、本人に贈与するとある。くわえて甲乙二〇名の得点者から、もう二人「最美人」を選ぶとあるのはいかなる配慮にもとづくもので、だれが選ばれたかの続報はない。都新聞は、詳細な獲得点数を公表している。

四月一日からはじまった日本百景のジオラマは、吉原百美人とは異なる客寄せのイベントであった。さらに九月からはシカゴ博覧会からのジオラマや幻灯を呼びものにしている。エレベーターをめぐる訴訟は一段落し、その機械あとを利用した「新趣向」に言及しているが、その中味はつめられていなそうである。

●浅草公園の元日　犬と猿なりし晦日も今朝は早や睦しくなる桃太郎月、さて新年は格別にて（中略）また凌雲閣は初日の出を拝さんとて、午前三時頃よりポツポツと登閣者ありたれど、生憎雲天なりしため肝腎夜明頃には至つて淋しかりしが、朝から昼にかけては随分登閣者ありて、一時は十二階の欄干が人の頭にて真黒に見えたり（後略）〔東京朝日新聞、一月三日〕

●観音の大掛図　静岡縣沼津近在の某寺に古代より宝物となり居る観音の立体画の幅は、竪百尺横幅四十五尺にて、今を距る五百年前の図画なる由にて、これまで年一回の虫干の節、境内松の大樹に掲げ来りしも、右の如く巨大の掛物なれば他に為すべき手段なかりし処、今年は四月一日よ

り五月卅日迄浅草観音の開帳なれば、この開帳と同時に右観音の大軸を凌雲閣の外面に掲げて縦覧させる由［読売新聞、一月三日］

●歌舞伎座の奴凧　昨六日は浅草の凌雲閣より、今七日は愛宕館ならびに江木塔より奴凧を放ち、これを拾ひ取つたものへは、同座興行中一枚をもつて一日の見料に代へるよし。ちよつと思ひ付きなり［東京朝日新聞　一月七日］

●凌雲閣の玉手箱　浅草公園の凌雲閣に於ける百妓選美の候補者中最高点ならんとの評判ありし、万華楼の小町が一たび廓を去りて、被選権消滅せしより、残る九十九美人はあたかも眼の上の瘤を除きたる心地して、投票の競争もとみに薄らぎたる有様なりしが、その候補得点者は多く中見世以下にして、大見世はかへッて恥かしきばかりなり。されば大見世連中は、一円の花魁が円に三つの安物に負けたと云ッては、大いに名誉に関係することなれば、特別手段を用ひて小見世連中を圧倒せんと欲し、昨今大分運動を試み居る者ある由。それかあらぬか近時十二階に登閣するものの中、一名にして登閣券五十枚位を購う者もありて、同閣のためには非常の大利益なるをもッて、今十日の投票〆切の期限を来る十七日まで延期し、来る廿二日頃、開票の上、高点者には本人の写真に賞状を添えて贈与するよし［読売新聞、一月一〇日］

●第三回の百美人　吉原の百美人一たび凌雲閣に現はれて、桃桜いろいろの色を列べ、美人の標本はここざますと我は顔するを小憎しと思ひ、洲崎遊廓の美人連も一番負けぬ気になり、何の吉原だッて昔の高尾小紫が生きて居る訳ではない、同じ上方贅六の娘なら、前方ばかりに巾を利せて、コッちが黙ッて見て居ては、先祖の贅六に対して済まないことだと、今度躍起となッて第三回の百美写真を陳列する筈なりと［読売新聞、一月一三日］

●凌雲閣第二回百妓投票期限　前号に記載せしごとく一週間を延引し、いよいよ昨十七日をもつて〆切りとなしたる該投票数は、意外に多く殆んど八千有余票におよびたるよしにて、得点の結果は来る廿一二日頃、閣内に掲出すべしといふ［読売新聞、一月一八日］

●凌雲閣百美人の高点者　同閣にては昨日、投票函を開き百美人の五美人を選定せり。すなわち最高点者は一千七百にて中米楼の小宰相、次点者もやはり同楼の何んとやら云ふのにて、第三は稲弁楼の何、第四は万華楼の何、第五は野村楼の何と取極りたれば、同閣にては右五美人の写真へ

賞与品を添へて、特別の処へ飾り附けるとのこと［東京朝日新聞　一月二九日］

●百妓美投票の結果　浅草公園凌雲閣に於ける百妓選美投票の結果は、いよいよ一昨二日より十二階五階室に掲出したり。その最高点者五名の特賞写真画は、賞状を添へて黒塗りの額面に仕立て、一週間登閣者の一覧に供したる上、本人に贈与するといふ。また甲乙の得点者は廿名にて、その中より、更に二名の最美人を選出するといふ［読売新聞、二月四日］

●凌雲閣の百美人　各社ともその高点者の姓名だけは記載せしが、今特別高点者五名及び甲乙高点者の点数を挙ぐれば、左のごとし。

特別高点者五美人

千四百八十点　中米楼　小宰相
千三百七十四点　同楼　唐歌
千三百四十三点　野村楼　夕霧
千三百十二点　万華楼　室町
千三百〇八点　稲弁楼　小村咲

甲高点者十美人

千二百九十六点　中米楼　総角
千二百九十二点　同楼　綾衣
千二百七十二点　安尾張　薄雲
千二百〇二点　中米楼　朝香
千百七十一点　野村楼　野更子
千百六十九点　万華楼　中将
千百五十四点　河内楼　紫君
千百五十四点　角海老楼　鶴尾
千百三十九点　角海老楼　菅原
千百三十六点　稲本楼　若紫

乙高点者十美人

千百二十四点　稲弁楼　花園
千百十九点　玉楼　深雪
千百十三点　八幡楼　夕霧
千百十二点　角尾張　小菊
千百〇九点　野村楼　松章
千百〇六点　新宝来　舞泉
千百〇一点　松山楼　雛衣
千百〇〇点　河内楼　小紫
千〇九十七点　濱八幡　吾妻
千〇九十三点　八幡楼　司［都新聞、二月七日］

●日本百景ジオラマ［東京朝日新聞、四月一日］［読売新聞、四月一日］（図4–16）

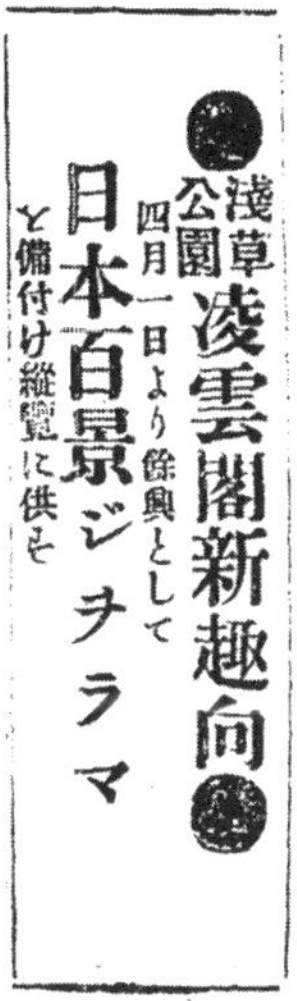

図4–16
東京朝日新聞
1893.4.1.

●凌雲閣の百景　ジオラマ浅草公園の凌雲閣にては、今度百景ジオラマを階上に設け、登閣者の縦覧に供する事としたるが、これは全国名所旧跡の真景を蒐めしものにて、その地に遊ぶの思ひあらしめ、一面の吉原百美人に対し格別の趣きあり。時は春風駘蕩の好気節、十五区六郡の眺めもまた佳絶なれば、観世音開帳の参詣かたがた登閣するもの引切りなしと云へり［東京朝日新聞、四月六日］

●凌雲閣の大楽器据付　浅草の同閣にては今度初めて本邦に渡来せし大楽器を、閣上三階の運動場へ据付る事となり、昨日より昼夜掛けて工事に着手し、来る十四日迄に据付を了る筈なり。この楽器は方六七尺もあり。先年仏国の万国大博覧会へ出品となりしものにて、楽隊一中隊にて奏楽する程の音勢あり。螺旋を巻く時は、三時間余を保つ大仕掛けなる由［国民新聞、四月一二日］（ほぼ同文の記事が［読売新聞、四月一二日］にも掲載されている）

●大和座主と凌雲閣社長の紛紜　浅草区七軒町の大和座は、今度都合により四谷区の荒木町辺に新築して転座するの計画にて、すでにその筋に出願したる由は前号に掲載せしが、元来同座は一昨年新築開場以来とかく不振の景況のみにて自然多額の負債を生じ、該建物は競売となりて凌雲閣の福原庄七の手に落ちければ、同氏はこの際興行権をも併せて譲り受け、みごと同座の回復を一手に図らんと欲し、座主即ち興行人に謀りたる処、たちまち熟議まとまり、双方連署調印のうえ警視庁へ出願におよび、日ならず指令もあらんと思ひの外、座主は内実言ふ可からざる事情ありて、俄然変心の体なるに福原氏は驚き、前々よりの契約に本づき詰問しけるに、座主は逃れぬ処と一手段をめぐらし、その身は癲狂院へ入院なし、親族より大和座譲り渡しに関する願いは本人発狂中になしたることなれば、取消相成度旨警視に出願させたり。ここにおいて、興行権受渡しの談判破裂したるに付、福原氏は他の興行権を得て開場せんとの決心なる由。また大和座は取り敢へず烏森町近傍に建築する事を願出たるも認可にならざるため、さらに四谷区に模様替をなしたりと［読売新聞、四月一六日］

●凌雲閣慈善会［東京朝日新聞　五月一一日］（図4−17）

図4-17
東京朝日新聞
1893.5.11.

●凌雲閣　浅草公園の同閣にては米国シカゴ府世界大博覧会の開場に際し、小川一眞氏が万国写真公会商議員として、渡航しもたらしたるところの同博覧会写真部主幹シー、デー、アルノルド氏が撮影に係る同博覧会場内の写影はもちろん、その他小川氏が特に種々珍奇なる物を撮影せし精細美麗なる写真を、同氏より譲り受け今度閣上へ陳列して白昼幻灯及び写真ジヲラマを備え、九月一日より登閣者の縦覧に供すといふ［東京朝日新聞　八月三一日］

●凌雲閣の小シカゴ博覧会　浅草公園凌雲閣は、今度写真師小川一眞氏が渡米してもたらし帰りたるシカゴ大博覧会場の真影、及び美術上、工芸上参考となるべき陳列品中、必須の彫刻を始め世界万国の斬新奇異なるものを撮影したる写真数種に、いちいち説明を附して閣上に陳列し、白昼幻灯及び写真ジヲラマを備へんとて、かねて計画中の処、今般竣工したるをもッて、明一日より開場する由［読売新聞、八月三一日］

●凌雲閣　本月一日より同閣に陳列したる米国シカゴ博覧会の写真（小川一眞氏の撮影）、ジヲラマ及び白昼幻灯はますます好評を博し、殊に同閣昇降器械エレベートルの構造に附いての紛紜事件も全く電灯会社と和解整ひたるに付き、この際一層改良を加へ、右昇降機械跡へ不日新趣向をなして登閣者の観覧に供するよし［読売新聞、九月一一日］

●凌雲閣　新公園にあり。八角形煉瓦造にして英国工学博士ダブリュー、ケイ、バルトン氏の設計になりし一大眺望閣なり。この高塔は海面より高きこと二百二十尺、直立はその六分強あり。これを十二層に区分せるをもつて世俗十二階の称あり（起工は明治二十二年十一月にして落成は廿三年十二月なり）。しかして風力に堪ゆること一平方フィートに百ポンドの圧力をうくるも気遣いなしと、この他地震傾斜の度より地盤の固めまで精確なる学理の調査を遂げしとなれば、この両災にもさらに恐るる所なしとの事なり。また階段の構造もよろしくして（一階毎に床ありて休まず頂上まで昇れる構造にはあらず）、通例のものと異なることなし。ただ十一、十二両層は真の螺旋形にて、その組立すこしく急なれども、これとても決して昇降難なりといふ程に非ず。これを登りて（その料金十銭）眺望する時は、一覧万状快然たる満都《とうきょう》の光景眸中に入るのみならず、房総常野の諸峯巒近海はいふまでもなく、広く十六州に亘りてその風色を観ることを得て、眼界ひろけれどもその中につきて、最も秀絶なるは金龍晩鐘、墨堤秋月、筑波晴嵐、田中落雁（吉原近地の田圃）、根岸夜雨、富嶽暮雪、秩父夕照、袖浦帰帆の八勝なり。この観望に適するため八角形に造りしなりといへり（編者、月夜に限り登覧を許すことを勧めしに、閣員云く貴説の如くなすときは、監守人の手当、灯費等かさみて、収支相つぐなふの見込み容易につかず、数歩譲りてそれはまづ第二段として、最も困却なるは熟知せらるる如く、ここは市中第一の熱鬧地なれば、従つて凶漢の徘徊すること最もおほきはこの園内なる故、その防禦到底出来得べきことにあらず。それこれを察せざるかと。編者唖然たることひさし）。またその肉眼の及ばざるところは、それを補ふたがため、第十一層第十二層には望遠鏡双眼鏡十数個の備付ありて（その料金おのおの一銭）、登覧者の使用に供す。また余興として日本百景、英領カナダバンクーバー港より北米シカゴ府までの勝景、シカゴ世界博覧会の写真、百美人白昼幻灯（これは高名の人物景色等を映し出し、その口上をのぶ。この他口上を要するものはおのおのそれについて案内をなす）、肺量器等あり。しかのみならず欧州新製の楽器を据え付けて、絶えず洋々たる音楽を奏す。その中につきて独逸国エム、ウエル、アンド、ショーン会社製する処のヲルチエスチオンと云へる楽器は、その音流朗殊に愛すべく、故にしらずしらずここに歩を止めて耳を側たつるものおほし。この他余興として備へおくものは、時々変換ありて日に月に新たなれども、現時備置るものをかかげて、その一斑を示す。また休息所ありて、もろもろの飲料品菓子果物等を販売し、好みに随つて飲食するの便あり。この塔に登るときは、得る処の興味少なからず［指南社編『新撰東京案内鑑』小島猪三郎、一二月二六日発行：四四—六］

●浅草十二階凌雲閣大改良　既に好評を得たる世界大博覧会及日本百景も備置き、一月一日より新たに日本名所景色百有余を選びジヲラマとし、また九階目を運動場となし美術品を陳列せり。故に一度凌雲閣に登る時は、日本国中は勿論、海外に旅行したると同一の快楽と裨益あり。大人六銭　兵士小児三銭。一月一日年玉として登閣諸君に花簪を呈ず［東京朝日新聞　一二月二七日］

一八九四（明治二七）年

▼一月の読売新聞は、四月からの増資のために新株を売り出し、引き受け手を募集しているという経営問題に触れている。二月の時事新報は、株主の臨時総会を取材して収支をつまびらかにし、社債の償却と増資を報じた。

六月二〇日の東京湾北部を震源とする明治東京地震は、安政地震を思わせる激震であったらしく、凌雲閣も上部の壁に窓の開口部に沿った亀裂を生じた。瀧大吉が「少しも危険なる所なし」と証明したとの記事は、本人からのクレームがあり二日後の新聞で訂正されている。八月になって警視庁とのやりとりを経て、瀧により修理の方法が決められた。窓の上下左右を鉄帯で補強し、八角形の内部の対辺を鉄のボルトで十文字に締め付けるという。予算はおよそ八千円、修繕の完成予定は一〇月であった。ついでに廃物となったエレベーター用の通路をふさいで、床を設けると報じている。修繕工事中、凌雲閣は休業した。

凌雲閣の催し物としては、古書画展覧会、大鯨と大イカの見世物などがあり、修繕をはさんで、日清戦争の大きな油絵などを中心に尾形月耕の美人画などをそろえ、パノラマ館と競っていく。日清戦争の大油絵などは、戦争錦絵同様に、ある種のニュース性をになっていたと思われる。

●浅草凌雲閣新株を募集す　同閣はこれまで四万円の資本なりしが、負債のためその利益は悉く負債消却に向けたる処、今度五万五千円に増資して、一万五千円の新株を募集することに決し、現在の大株主にてその半額を引受け、残り半額を新募して目下の負債を消却し、来四月一日より収入の利益を毎月配当する事に定め、二三の両月中に右の新株を募集すると云ふ［読売新聞、一月九日］

●同区広小路の北に在りて、もと浅草寺の境内なり。明治六年その地を公園とし、同九年十二月字奥山の人家を取払ひて第六区とし、同十五年十二月千束村の一隅を埋立て第七区とし、坪数九万六千〇八坪を有す。園内に浅草寺観音堂、浅草神社、五層塔等あり。その西部即ち第六第七区には、劇場、各興行見世物小屋、茶店、楊弓店、写真舗、飲食店等軒を列ね、また花屋敷、凌雲閣等あり。花屋敷は園内に四季の花卉盆栽をたくはふるの外、各種の奇鳥珍獣を養ひて客の縦覧に供し、また奥山閣ありて登臨眺観の便にそなふ。凌雲閣は明治廿三年の新築に係る十二層の高塔にして、煉化石を以てこれを築き、塔内一層毎に書画、写真の類を掲げて客の縦覧に供す。その頂上に登れば地上の行人は宛がら豆の如く、四方の眺望眼界を遮るもの無くして、東京の大半を望むべく、真に凌雲の名に背かざる高塔なり。この地は都下第一の繁昌を占め、早朝より日没まで遊覧者簇集し、その風景においては上野、飛鳥の雅趣あるに及ばざれとも、雑踏殷賑の点に至りては実に府下公園の冠たるものなり。［野崎城雄（左文）「浅草公園」『日本名勝地誌 第二編』博文館、一月二七日発行：四三三―四］

●浅草の凌雲閣にては、このほど株主定式及び臨時総会を開き、昨二十六年下半季の決算は、総収益二千九百六十七円七十七銭四厘、内営業支出金額千三百十二円六銭八厘を差引、純益金一千六百五十五円七十銭六厘は悉く社債を消却する事に決し、なほ臨時総会において二万円の増株をなし、これを以て社債を悉皆償却せし上、残余の金額を以ておおいに同閣の改良を企図する事に決して散会せり［時事新報、二月二日］

●凌雲閣の古書画　浅草凌雲閣にては先頃より古書画展覧会を開きて、登閣者の縦覧に供せしが、同古書画中には偽物多しとの評あるをもッて、今度画家狩野壽信氏の鑑定を乞ひ、その鑑定済の分のみを陳列することになりたり［読売新聞、四月一七日］

●凌雲閣の大鯨と大鰯　浅草公園凌雲閣にては来る廿一日より、同閣構内において、先ごろ千葉県馬加《まくはり》近海において捕獲したる大鯨と一丈八尺余の大鰯を供へ付けるよし［読売新聞、四月一九日］

●凌雲閣の鯨魚　巨象、大蛇、虎、豹、一として浅草公園の見世物小屋に顕はれざるなく、これを馴らせば猛虎人と角抵《かくてい》し、獰豹火輪を脱け、巨象乱杭を渡る。されど目に慣れて珍しからず。鯨魚のごときは人その肉を喰らえども、捕鯨船の漁夫ならでは、絵より外にその姿を見たる者なく、最も珍しければとて、今度浅草公園の凌雲閣においては、先頃南海において猟獲せし鯨を、全体のまま防腐剤を施して、腐敗を防ぎかつ臭気を止め、その構内において衆庶の覧観に供する都合なりという［時事新報、四月二七日］

●日本一の大鯨　長さ十五間、口巾三間、太さ十余尋、目方五万〆目余。這回当閣界内において、博く観覧に供する長須大鯨は、豆州大島沖合より軍艦に追はれ、遂に近海なる千葉県下の海岸に漂泊ひ来るを捕獲したるものにて、鯨百種の内にも長須を第一等の良魚とす。方今海産漁業大に開け、それぞれ会社を設立す。その以前は鯨一獲万金七浦豊とぞと云ひ伝へ、海産物中国益の大王たり。しかれども博物館及勧業博覧会にも、これを見ると難しとす。よつて吾国益の参考ともならんかと、数千の費を意とせず、博く観覧に供するものなり。嗚呼戯れの見世物と同視するなかれ。諸君よ諸君、陸続来つて観覧あらんことを希望す

浅草公園凌雲閣構内　大鯨太夫元［東京朝日新聞、五月四日］（図1―12　三〇頁参照）

●浅草の凌雲閣　一昨日の大地震には人々のもつとも危ぶみしは浅草の凌雲閣にて、一時道路の噂には、四階以上は揺りたおされ数名の死傷ありなど言伝へしが、今その震時の模様を聞くに、閣内にありし人々は不意の震動に逢ふて一人の生きたる心地もなく、また逃出さんとする勇気もなく、いづれも腰をぬかして坐りたるままなりしにぞ。警察署及び憲兵屯所にても大いに気遣ひ、震動の止むをまちて憲兵巡査都合二十余名、閣内階上へ登り見しに、人々はさながら神魂の抜けたるごとく、ただ茫然たるばかりなれば、それぞれ介抱して閣外へ出さしめしは、観覧人男女合せて三十余人。また閣内売店休息所等に居たる、十三四より十七八までの娘の子十四五人なりしが、幸ひ一人の怪我せし者もあらざりし。地震後一時休業し、同日夜に入りて工学士瀧大吉氏を招きて点検を求めしに、少しも危険なる所なしといふより、同氏の証明書を乞ふて警察署へ出し、昨廿一日だけ休業し、本日より従前の通り開閣する筈。閣内は五六七階の三ヶ所、壁に少しづつの亀裂ありしのみ、頂上の電灯までも無事なりしと［東京朝日新聞、六月二二日］

●取消　一昨二十二日の紙上「浅草の凌雲閣」と題したる項中瀧大吉に関することは、何か事実に相違の廉あるよし、同氏より請求につき取消す［東京朝日新聞、六月二四日］

●凌雲閣の大修繕と朝鮮のパノラマ　浅草十二階の凌雲閣は、過般大震災のとき諸所に破損を生ぜしが、同閣の嘱託技師瀧工学士は、修繕を加へずとも別に危険の事なしと主張せしが、警視庁の技師はこのままにては危険なりとて遂に同閣を許さず、よッてしばしば照会往復の末、瀧工学士の考案にてこのほどより周囲に足場を掛け、大修繕に着手せり。今その改良工事の方法を聞くに、毎階窓の上下へ二本づつ及その両脇へ二本づつ、縦横に内外部とも同様帯鉄をもッて組合せ、これを鉄ボートの螺旋《ねぢ》をもッて内外より締着し、さらに階毎の内部なる八角形建物の対辺を、鉄の太ボートをもッて十文字に組み付けたり。されば内外より

帯鉄または鉄ボートをもッて、この高台なる煉瓦建物を締付たるなれば、あたかも堅固なる鉄鋼をもッてこれを包みたるに等し。しかうして、この工事は九月三十日迄の引受にして、この総経費はおよそ八千円程なりと。落竣の上は大改良を加えて縦覧を許す筈にて、来る十月中旬となるべしと。内部の造作はこの際新規になし、目下廃物に帰せるエレベートルの通路を塞ぎて床を張り、一階毎にその趣向を変じ、登閣者の娯楽に供する由なるが、先づ今回日清事件のパノラマを仕組まんと、目下しきりに考案計画中なりと云ふ［読売新聞、八月二四日］

●凌雲閣の大修繕　先頃の大震災にて少しく破損を生じ、その後休業中なりし浅草公園の凌雲閣にては、今般瀧工学士の考案に基づき、去る二日より改良工事に着手せしが、その方法の概要を聞くに、毎階窓の上下へ二本づつ、また窓の間及びその脇へ二本づつ、縦横に帯鉄物を組合せたる上、その元を鉄ボルトにて緊着せしめ、さらに引鉄物を使用して八角形の対辺を十文字に締付けたれば、あたかも鉄鋼にて包みたるごとく、極めて堅牢にして如何なる大激震に遇ふも、些の危険なき物とはなれり。また同閣にては、この際内部の造作等をも悉皆新規となし、かつ目下廃物となり居れるエレベートルの通路を塞ぎ、これに床を設けて一階毎に趣向を凝らし、登閣者の娯楽に供せんと、昨今考案中にて、工事の悉く竣功するは、九月三十日頃なりと。その暁には壮観美観、二ツながら完全のものとなる可し［東京朝日新聞、八月二四日］

●浅草公園の景況　毎年炎暑の頃は、さしも繁華なる浅草公園も火の消えたるが如き有様にて、昼中は一向見物人も出でざるが、昨今幾分か暑気も減ぜし故、六区辺は相替らず賑へり。凌雲閣は工事中にて見物なきに引換へ、花屋敷は子供の慰み物多く、目今秋草も咲き初め、瓢簞棚の瓢簞も美事に実を結びたるより大いに見栄えあり。日本パノラマ館には従来戦争のパノラマあり設置久しかりしゆえ、見物も見飽きて寂寥たる有様なりしも、今回日清事件の戦争始まりしより、実地の戦争はあの様の物なるかとの考より不思議にも昨今、右のパノラマ館は中々の縦覧人にて、殆ど以前に回復の姿なりと。なほ同館にては、明廿六日より文墨協会の伊東氏発企となり、日清戦争の大油画（縦二間余）数枚及び水彩画数十枚を陳展し、入場料は恤兵部へ献納する由。また凌雲閣外の大盛館にては、南洋サイパン島の土人二人を買出し来りて、土人の棒踊りその他、種々の舞踏あり。余程間抜けて不思議の踊りなれど、珍しきが事とて中々の入。先年植付けたる公園の萩はまだ咲ねど、露置く葉末に風情を添えぬ［読売新聞、八月二五日］（なお基本的には同じ情報で、かなり重なった表現の記事が［国民新聞、八月二五日］に掲載されている。）

●浅草公園（附凌雲閣等）　浅草区ニアリ。地域凡九万六千余坪ニシテ園内ニ観音堂、浅草神社、五重ノ塔等アリ。其他数多ノ遊戯場等アルガ中ニ十二層楼ヲ以テ有名ナル凌雲閣及「パノラマ」ハ最モ著シキモノニシテ賽人遊客常ニ雑踏ヲ極ム［買笑園主人『東京名所勝地案内』後藤卯助、九月二八日発行：七］

●凌雲閣の日清交戦の油絵　浅草公園凌雲閣の修繕工事は大概竣工したるに付き、とりあへず日清激戦の油絵その他、目新しき美術品を各室毎に陳列し、来十月十五日よりあまねく観覧に供するといふ［読売新聞、九月三〇日］

●凌雲閣大改良／大勝利海陸戦争実況（図4-18）

○一度登閣する時は親しく戦地に臨みたるが如し

○都下屈指の画工が精を凝して其真を写したる日本画及び油絵は何れも丈余の大画なり

○我軍が北京乗取迄の戦況は爾後着報次第続々大画に作り観覧に供すべし

○凌雲閣は瀧工学士の設計に基き大改良を施したれば堅牢無比なる上に猶一層内外の美観を添えたり

○日本絵百美人　尾形月耕画伯の艶筆にて沈魚落雁閉花羞月　十月廿二日開業［東京朝日新聞　一〇月二三日］

●凌雲閣　浅草公園の凌雲閣は、過般の強震以来、工学士瀧大吉氏を聘して工事改良に着手し、日数八十余日費用八千円をもつて、このほど全く竣工し、一昨々日その式を挙げ、同夜公園一直本店にて祝宴を張りたる由。今その竣工の模様を見るに、従前のエレベートルを廃し、四圍《まはり》の煉瓦壁には巾四寸余の鉄棒四十八本を内外より透し、なほ数百本の鉄棒をもつて固く締めたれば、もはや如何なる強

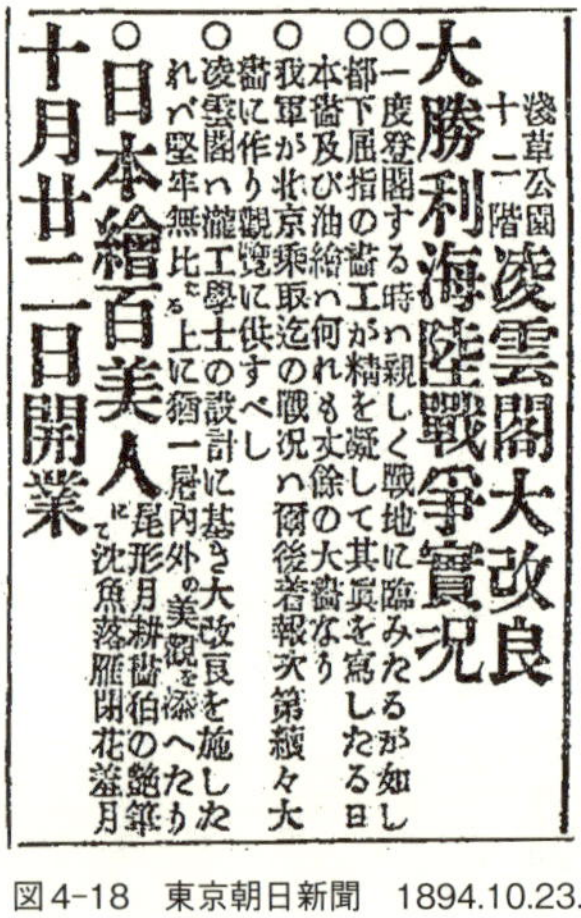
浅草公園 十二階 凌雲閣大改良
大勝利海陸戰爭實況
○一度登閣する時ハ親しく戰地に臨みたるが如し
○都下屈指の畫工が精を凝して其眞を寫したる日本畫及び油繪ハ何れも丈餘の大畫なり
○我軍が北京乘取迄の戰況ハ爾後着報次第續々大畫に作り觀覧に供すべし
○凌雲閣ハ瀧工學士の設計に基き大改良を施したれば堅牢無比なる上に猶一層内外の美觀を添へたり
○日本繪百美人 尾形月耕畫伯の艶筆にて沈魚落雁閉花羞月
十月廿二日開業

図4-18　東京朝日新聞　1894.10.23.

震に逢ふともビクともせず。縦覧室には各種の書画音楽器等を備へ、また新聞縦覧室ありて、殊に日清戦争の油絵及び日本画等の陳列は、時節がら見物なりといふ［都新聞、一〇月二五日］

●凌雲閣の征清事件大油絵　浅草凌雲閣の修繕落成に付き、去廿二日より開業したり。陳列品中、油絵のおもなるは、斥候兵東端林平氏が敵兵四人と奮闘の図、第五師団の軍曹大同江に敵舟を奪ふ図、平壌攻撃及平壌陥落後赤十字軍隊仁慈を施す図、西京丸の奮戦、キチン村の激戦その他海洋島大海戦等にて、なほ戦争の進むに従ひ、その実況を画いて陳列する由［読売新聞、一〇月二六日］

●凌雲閣　さきの大修繕に頗る堅牢のものとなりし浅草公園の十二階にては、大に改良を加へて休憩室及び諸新聞縦覧所等を設け、なほ従前より掲げある万国名所の写真の外に、透明写真をも据えつけ、彼の月耕筆の百美人も追々揃ふべく、また時節柄日清戦争を画かしめたるもの和洋数十種ありて、就中西京丸奮戦の油画の如きは、その真に迫り、この他一顧の価あるものもまた尠からず。折から満都一睥の内に、山水の秋色を見るもいと興深しと聞きぬ［東京朝日新聞、一一月二〇日］

●凌雲閣の百美人　浅草凌雲閣にてはかねて尾形月耕氏に依頼し、氏が得意の妙筆を揮ひたる百美人額を掲る計画なりしが、今その十五枚は既に成効せしより、昨日閣の第六階へ掲出せり。けだし天和享保年間より当代にいたる迄にして、花顔皓歯なかなかに美観なりといふ［読売新聞、一二月六日］

明治三〇年代の凌雲閣

▼日清戦争の前後から明治三〇年代までの凌雲閣を眺めてみると、ひとつ大きな画期は一八九七年（明治三〇）の会社解散である。ただ一月の段階で会社解散が報じられ、買い受け人として荻野賢三・荻野竹次郎の二人の名がでるが、正確には会社としての資産の清算人に位置づけるべきものか。登閣者は一日数十人ていどだが、興行は続けられていた。三月には毎日二〇円の赤字を出すありさまゆえ譲り受け人を探していると報じられるが、五月になって質商の進藤源兵衛に売り渡したという記事がでる。このあと一九一〇年（明治四三）に岸源三郎が買い取るというところまで、正確なところはわからない。しかし明治三〇年代

の半ばには、会社を解散して取り壊して煉瓦として売ることも含め、話題にされていた。

外からはみえない経営の側面では困難をかかえつつも、『最新東京案内記』『浅草案内誌』『遠足の友』等々の旅ガイドのなかでは、凌雲閣は東都観光の定番ともいうべき存在であった。風俗画報の『新撰東京名所図会』をはじめ各種の案内記において、甍の波を見わたし、人馬を豆と見下ろし、遠くの山や品川の海をパノラマに望む頂上の魅力がくりかえされている。時事新報のマンガがからかっているように、田舎ものの見物先というイメージも強い。しかしそれだけ東京は上京者を受け入れつつ、発展していたということなのだろう。桜や蓮の時期の花見もまた、一眸の価値を高めた。

頂上の高さだけでなく、日清戦争で復活したパノラマやジオラマもまた、凌雲閣の見世物のひとつであった。蓄音機から流れる音楽もまた無料有料、いろいろとあったらしい。油絵、水彩画、覗きめがね等も日清戦争などの時事を主題に工夫されている。

めずらしいところで一八九五年〔明治二八〕七月の都新聞は、凌雲閣の高さからなにものかが汚物をなげるという、いたずらがあったことを報じている。

一八九五（明治二八）年

●凌雲閣より糞を降《ふら》す　一昨日午後二時ごろ、浅草区千束町二丁目三十四番地の自我倶楽部前田幸太郎方の二階へ、何れより飛込み来りけん、一個の紙包み柱に当たりしと見る間に、黄色のもの四方に散乱して臭気堪難く、依て其来りたる方向を考ふるに、凌雲閣上より何者か投げし事と考へられるので、幸太郎は大いに怒り、凌雲閣に向つて談判中なりと云ふが、同日は日曜日の事と云ひ平日より登閣者多かりしを以て、何者なるや認定付かず。閣でもはなはだ迷惑を感じ居るとぞ、悪戯にも程のあつたものだ［都新聞　七月一日］
●凌雲閣のジオラマ　浅草公園の凌雲閣内にこれまで設けありしジオラマは、おもに諸国の風景を用ひ来りしが、このほどスツカリこれを取り替へて、日清戦争に関する戦況、人物、風景等およそ三十余種を入れ、看者をして尚武の気象を涵養せしめんとする由なれば、教育を重んずる人々の遊覧には極めて適当なるべく、朝冷晩涼をおふて行くも可なるべし［東京朝日新聞　七月一〇日］

●凌雲閣のジヲラマ　浅草公園凌雲閣は、今度膨湖島、台湾等の名所古跡を始め、征清各地の大戦争真景三十八種を各将校より得て、閣内階段毎に「ジヲラマ」に新設し、登閣者をして自由に観覧せしむるといふ［読売新聞、一一月一四日］

一八九六（明治二九）年

●浅草の十二階見物（五コマのマンガ）（図1―26参照）

ヤーこの塔は何んだんべー　天狗様の巣かしら
ドレマー何階か勘定して見べー
二階、三階、四階、五階
六、七、八、九
十、十一
十二、ドブーン［時事新報、三月一日］

一八九七（明治三〇）年

●凌雲閣株式会社の解散　浅草公園内の凌雲閣は、萩《ママ》野賢三萩《ママ》野竹次郎の両氏これを買受け、同会社は任意解散せり［読売新聞、一月二一日］

●凌雲閣株式会社の解散　浅草公園内なる凌雲閣は、これまで株式会社の組織なりしが、今度荻野賢三、荻野竹次郎の二氏が買受たるに付き、会社は任意解散したりといふ［東京朝日新聞、一月二一日］

●凌雲閣　煉化造十二層の高塔なり。故に十二階とも云ふ。この塔に登る時は、一眸の下に東京全部を瞰視し、西は函嶺より北は日光を望むを得べし。本邦第一の高塔なり。地は千束町二丁目に属すれど、公園を距《さ》る牆外十歩を出でず。便宜上編入する者なり。合資会社の組織にして、社長は江崎礼二氏なり［『新撰東京名所図会 第三編』（風俗画報臨時増刊、第一二三号）東陽堂、一月二五日発行：四］

●凌雲閣株式会社の衰退　浅草公園凌雲閣の登閣者は一日僅かに数十名に止まり、毎日二十余円宛の損害を蒙むり居る始末なるより、同会社にては寧ろ人手に渡さんと、昨今譲受人を捜索中なりと。［読売新聞、三月一四日］

●凌雲閣　凌雲閣一に十二階の名あり。その十階迄は八角形総煉瓦造にして、十一階十二階は木《き》製《つくり》とす。地盤の建坪三十七坪五合、高さ二百二十尺あり。同閣は明治二十三年一月の設計にして、同年十月新築落成を告げ、十一月十三日より、開閣縦覧に供す。株式会社組織にして、発起人福原庄七氏、五万五千円の資金を抛ち、泉好治郎氏工事を請負、当時技師と称すべき者もなくて、泉氏はダヴリウケーバルトン氏を顧問と為し、すべてその指揮を待て建築に従事したり。開閣の際は特にエレベートルを用ゐて、八階迄登客を吊上げ来りしが、その筋より却て危険なりと認められ、僅か二ケ年間にして廃止したり。なほ同閣においてはこれを遺憾とし、水力をもつて引上ぐべきエレベートル敷設の計画ありとぞ。設立の際、都人均しくこの高塔をもつて、極めて危険なる建築物と認めたりき。しかるに去る明治二十七年六月廿日、東京大地震の際、煉化にいささかの亀裂を生じたるのみなれば、その堅牢無比、もつて証するに足るべし。爾後閣の内外共に帯鉄《たいてつ》を巻き、固く鉄条にて締め、増工事を施したれば、永久震災のおそれなかるべし。

縦覧料、大人一名金六銭、軍人小児半額。

同閣は従来株式組織にして、江崎礼二氏その社長たりしも、本年一月、荻野賢三及び同竹次郎の二人譲受け、引続き興行す。なほ同閣には、征清の役における日本画及び油絵並に、台湾澎湖島その他遼東半島の窺眼鏡、及内国諸方各地の写真数十葉を陳列す。三階目に小休憩所あり。西洋音楽を奏す（休憩料金二銭）。九階目に新聞縦覧室あり（縦覧無料）。十階目にまた休憩所あり。少婦数髫茶菓を進む（茶代を要す）。十一階十二階共に望遠鏡あり（見料一銭）。

登閣四方を眺むれば、ただ見る東都百万の人烟、甍の波を打たせて、人家尽くる処水田を見る。河流市内を横断して、人の堤を歩める。歴々双眸に集まる。遥かに眸を転ずれば、富士を筑波を左右雲間に望み、秩父の連山房総の諸山、遥焉として見るべし。品海の勝景、風帆の洋中に浮べる、南は羽田岬より、東は鴻の台に達す。もしまた天気朗かなる日、望遠鏡をもつて眺むる時は、西は箱根より、北は日光を望むを得べし。

附言。凌雲閣は、公園外にして、千束町二丁目に属すれど、こたび都合に依りて、便宜上編入するものと知るべし

［『新撰東京名所図会 第四編』（風俗画報臨時増刊、第一三九号）東陽堂、四月二五日発行：二九］

●浅草凌雲閣株式会社は、先頃進藤源兵衛と云える質商へ一万七千五百円にて売り渡し、会社は解散したるが、商法の規定により、六ケ月は清算人においてこれを算し、来月をもつて各株主にこれを配当するはずなりと云ふ［毎日新聞、五月二三日］

一八九八（明治三一）年

●木戸を出でて進めば、前面に峩峩雲際に屹立する高塔を見ん。これはこれ、名にしおふ凌雲閣なり。凌雲閣は一に十二階と呼び、その十階迄は八角形の総煉瓦にして、十一および十二階は、螺線状木製の階段なり。海面を抜くこと直立二百二十一尺、地盤の建坪三十七坪五合、明治廿三年一月設計、同十月落成を告げ、十一月十三日より開館して、あまねく公衆の縦覧に供したり。発起人は福原庄七、五万五千円の資金を投じ、泉好治郎工事を受負ひしも、当時技師と称すべきものなかりければ、泉は「ダリウケーバルトン」を顧問としてこれを建築し、株式会社の組織としたり。初は特に「エレベートル」を用ゐて、八階迄客をつり上げしが、その筋より危険と認められ、二年にて廃せられたり。本閣は初め江崎礼二社長たりしが、後三十年より荻野賢三および同竹次郎、これを譲り受けたり。閣の入口切符売口に至れば、大人八銭、小児、軍人半額と揚げ、なほ心得書を添へたり。中に（一）瘋癲白痴と認むる人、（二）酩酊者と認むる人、（三）保護者なき、老幼の危険と認むる人、（四）本閣において不都合と認むる人、（五）この心得書を遵守せざる人と、個条を挙げて登閣者に危険なかしめんと注意しあり。切符を買求むれば、傍の下足番にあづけ、下足札を貰ひ、先づ一階に入れば、正面には時事新報より贈れる、大なる姿見あり。上り口を二つにしきり、左の方より上れば、二階に出づべし。ここは混成旅団上陸、並に海戦等の「ジョウラマ」数双と、日本の名勝写真数十枚を掲げたり。三階も二階と同じく、日清戦争の「ジョウラマ」及び吉原百美人の写真を掲げ、尚ほ蓄音器を据付けて、浮れ節かッぽれ（公園芸者米八の声色など）役者の声色、相撲ヂンク、大津絵節、義太夫より、謡曲には羽衣、高砂、道成寺等に至るまで、無料聴聞を許せり。四階より六階迄は、日清戦争の油絵「ジョウラマ」各国風景の写真を、縦覧に供すること前に同じ。七階には東京名所図絵、おもちゃ絵などをひさげり。これより八階に上るも略同じ。唯異るは、新聞縦覧所を設けて、専ら縦覧を許せることとなり。九階は休憩室にして、音楽をきかんには、聴聞料二銭を要す。ここには「ビール」葡萄酒、茶菓をうり捌く。又三大幅の裸体美人あり。一はちらし髪、他は皆束髪にして、春道画とあり。常に白色の「カーペット」にてこれを掩へり。十階は今迄のつかれを休むる所とて、腰掛など据付けあり。是より螺旋状の階段を上れば、十一階に出づ。ここにて双眼鏡を二銭にて借り、弥々十二階に上るべし。

今まで全部の光景に呑まれたるもの、一たびこの十二階上に登れば、満都を呑んで天下を小とするの感あり。唯見る煙突林立、蒸々雲のぼり、大廈櫛比、魚鱗をつらね、蒼茫天と接する所、熱海沸くがごとき、肩摩轂撃の状、ここ万街の一大活劇場裡を、眼前にするにつけても、その昔、芒草離々、狐狸空く寒月に叫びし武蔵野の荒涼を想起し、有為転変の迅なるに驚かれて、誰かは今昔の感にたゆべき。正面に見ゆるものの中、最も目立ちて、人の目を惹く建物は、日本銀行、「ニコライ」の会堂、浅草電灯会社の煙突、東本願寺等にして、全部百万の人煙、幾億の甍雲の如く波の如く、遠くは七砲台辺、船舶豆のごとく、また東南の海中に突出する房総半島の煙靄の中に模糊として、さながら淡墨の絵のごとし。北は筑波の峻嶺を遙望し、西上野の森の上に、箱根の連嶺ないし八面玲朧たる富士を望み、南は羽田岬より、東は鴻ノ台に達し、関八州の平野開けて、歴々双眸の中にあり。俯して浅草公園を眼下に見下し、遊覧の士女蟻のごとく群集するを見る。眸を転ずれば西北には上野の阜邱尽くる所、王子に通ふ汽車の白煙、一抹の刷毛もて書ける墨絵の如き、森の間に長く裾を引きたるも面白し。さらに北方に転じて撞き飛ばすばかりなる筑波おろしに、面を吹かれながら、人家尽くる処、浅草田圃の水田のあなた、吉原の遊廓を見下ろせば、数層の大廈高楼、峩々として雲表に聳え、白壁ぎらぎらと日光に反射するもまばゆく、千住の製造場より鐘ヶ淵の紡績所を見廻し、なほ長堤十里、春は花の天蓋に万都の士女をして狂はするまで浮きたたしむべき、墨陀の堤を望むべく人をして應接に遑あらざらしむ〔東都沿革調査会編『最新東京案内記』教育舎、五月八日発行：一六―一八〕

一八九九（明治三二）年

●斉藤茂吉／鳥だにも新たに年をとりぬらん凌雲閣上とんび鳴くなり〔書簡六（明治三二年一月七日）『斎藤茂吉全集』第五二巻、岩波書店、一九五六：九〕

一九〇〇（明治三三）年

●昨日の賽日　さて浅草公園は例の如く、午前九時半頃より仲見世通りは押し返へされぬ雑踏にて、諸商人は大張り込なりしかども、あいにく空模様面白ろからず、今にもポツポツ降りはせぬかと小僧連が気を揉みて足早に通り過ぐるので、その割には売れず、奥山の見世物はこれまた客留

図4-19　二六新報　1900.7.16.

めの上景気に引きかへ、凌雲閣はさほどの登覧者なかりしは、最早あまり珍らしがられぬためならん［二六新報、七月一六日］（図4–19）

●凌雲閣より市中を詠む

浅草公園の北、パノラマ館の背後にあり。十二の層楼、巍峨として雲表に聳ひ、高く東京全市を睥睨せり。閣上より瞰めば、東京全市ことごとく目睫の下にあつまり万里の甍波を隔てて遠く品海の白帆を数ふるを得べく、眸を放てば芙蓉峰高く前面に聳へ、白扇倒懸の状宛然たり。また筑波山は背後に在りて、突兀千仞翠鬟拭ふが如く、直に東京市内の大観たり。殊にこの閣公園の畔に在るより、登瞰の客引きも切らず、花時に至れば閣上より向島の桜花を眺めんとするもの多く、これを望むにあたかも白雲の浮湧するがごとし。この閣の観望、壮美ふたつながら全しと謂ふべし。

Ryōun-kaku. This is the name given to a tower of twelve stories in Asakusa, Tōkyō. The top affords a wide view of the central and north-eastern portions of Tōkyō and its environs. It is a comparatively recent structure, but it has become extremely popular among the lower classes.［瀬川光行編『日本之名勝』史伝編纂所、一二月二一日発行］

一九〇一（明治三四）年

●日本第一の高塔凌雲閣（図4–20）

当閣内に大修繕を加へ、従来陳列の百美人写真、日本百景ジオラマ、日清戦争の絵画、俳優芸娼妓の写真その他、諸大画伯の揮毫数百種は、総て大改良を施し、なほ本閣創業の十年祝賀記念のため、登閣の諸君一名に付縦覧券一葉、

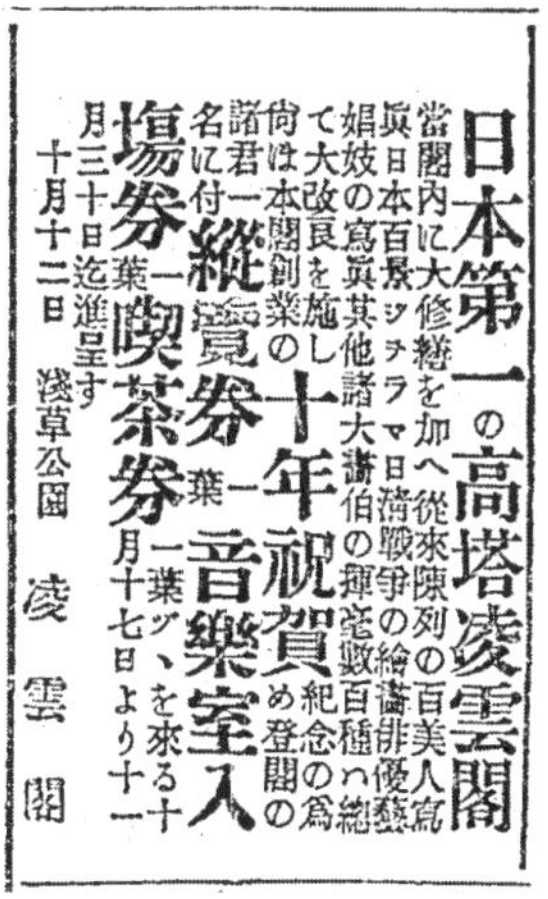

日本第一の高塔凌雲閣

當閣内に大修繕を加へ從來陳列の百美人寫眞日本百景ジヲラマ日淸戰爭の繪畫俳優藝娼妓の寫眞其他諸大畫伯の揮毫數百種れ總て大改良を施し向は本閣創業の十年祝賀紀念の爲め登閣の諸君一名に付縦覧券一葉音樂室入場券一葉喫茶券一葉ヅヽを來る十月十七日より十一月三十日迄進呈す

十月十二日　淺草公園　凌雲閣

図4-20　東京朝日新聞
1901.10.13日.

音楽室入場券一葉、喫茶券一葉ヅツを、来る十月十七日より十一月三十日迄進呈す
十月十二日　浅草公園凌雲閣［東京朝日新聞、一〇月一三日］

一九〇二（明治三五）年

●凌雲閣の花見　友に奇を好む者あり。一目の下に、大江戸の凡ての桜を眺め尽くさんとて、浅草の十二階へはるばる上ぼりに行きしがありき。その人訪ひ来たりて「まこと花見は十二階に限ることなり。下界の雑踏には少しも妨げられず、上野浅草向島の花、さては飛鳥山をも見たるらし。満都の花一目の下に帰して、身は塵や埃の外に在り。心地よきこと言うべからず」と語れり。それはさもあらん。よく考えにこそ、地を匍ひて、花を仰ぎ見るより天上に在りて、俯して花見をするはいと賢きわざなり。予もいつかは、その十二階に上りて、下界の花見をせんものと思ひしが、遂にその志を果さざりき［犀東居士（国府種徳）『花藍集』新声社、明治三五年四月二六日発行：二四−五］

●浅草凌雲閣（武蔵国）　浅草公園西部の一隅に立てる十二層の高塔にして、あれこそ浅草の建物よと、背高道士を冷笑する比喩に取らるるもをかし。頂上に登れば、公園を行きかふ人影、さながら名物三日月豆の袂よりこぼれ落ちたるが如く、近くは今戸橋場の朝煙と共に、まずよし原三谷堀を双眸に収めて、遠くは行徳塩浜に這へる蟹の数もよみつべき程の眺望なり［『仁山智水帖』光村写真部、六月一〇日発行］

●藤棚の下を通り抜け、この頃新設された二十四軒続き第二の中店を右に見つゝ、公園第六区の方へと進めば、この側に凌雲閣と称する煉瓦造十二階の塔が雲を破つて突立てある。高さ二百二十尺、地盤の建坪三十七坪余、建築費五万五千円を要したといふ建物である。この閣の入口に中川園とて江戸の賑と称する幕府地代の風俗を模造した細工品を縦覧させて居る所がある。（中略）

この園を出でゝ凌雲閣に登るには、先づ例に依つて八銭の登閣料を払ひ、下階より漸次螺旋形に登り進む順序であるが、毎階美人景色俳優などの写真額、油絵及び風景の窺眼鏡を陳列せる外に、三階目には蓄音機無料聴音の休憩所があり、七階目には錦絵、書画、玩具、写真その他の雑貨を販ぐ店あり。八階目には体量器械、ヂオラマ、新聞縦覧所などあり。九階には席料二銭の休憩所ありて楽を奏し、

十階目の休憩所には五六の縁台を置きて、洋酒、ラムネ、缶詰などを売り、十一階目には如何なる訳か写真撮影厳禁の制札があり、頂点十二階目には一基の損料二銭にて望遠鏡を貸附けるものが控えて居る。この閣の頂上即ち十二階に登つて、欄干に倚り眼を放つて遙に階下を見渡せば、人家の甍は漣を打つたる如く、道行く人は豆人形の匍匐するにも似て可笑く、品海の風帆、房総の連岳、パノラマとなつて双眸の中に集り、グルリと階廊を一回すれば、いながらにして富士も筑波も箱根も日光も、四方の山々残る隈なく、これを指呼することが出来る。単にアクセク登るだけにては何の興味も無きよーなれば、一たび閣の頂点に到り、眼鏡を取つて欄に立ちたるときは、その爽快筆にも口にも尽し難く、遂には何となくここを去るのが残り惜しいよーな気がして来るのである。［金龍山人編『浅草公園』東京出版社、九月一〇日発行：五二-五七］

一九〇三（明治三六）年

●凌雲閣　又の号は十二階と云ふ。これすなわち公園六区に雲を凌ぐばかり、聳然として建てるものなり。ゆえに晴天の日登閣すれば、市内全般は眼下に見え、また三河島千住の田野その広漠たるを遠望すべし。その壮観や他に比するものなし［佐伯徳海『浅草案内誌』金龍山梅園院、四月一二日発行：五六］

●凌雲閣　公園第七区にあり。煉瓦造、十二層の高楼なり。ここに登れば、一目の下に東京全部を見下ろし、西は遥か函嶺より、北は日光を望むべく、その快闊なること、東都第一と称す［宮部治郎吉・高橋友夫『遠足の友』金昌堂、四月二〇日発行：一四六-七］

●凌雲閣より市中を見る　凌雲閣は明治二十三年の新築にして、赤壁の十二層塔、高く園中に屹立し、塔内一層毎に、脂煙画、水彩画の類を掲げ、また名家の画帖、墨蹟の額をも吊して、遊客の観覧に供して、漸くにして頂上に達すれば、地上の行人さながら豆の如く、四方の眺望眼界を遮るものなくしてほとんど、東京の全部を望むを得べく、真に凌雲の名に背かざる高塔なり［瀬川光行編『日本之名勝』五版、史伝編纂所、四月二五日発行：三ノ二五］（前掲の明治三三年一二月発行の同題名書の初版と、写真と英文は同じものながら、日本語の文章がなぜかまったく変わっている）

●地震を恐るること、われより甚だしき劇評家の、ある時は印刷機械の響きにも驚かされて、椅子より転び落ちぬ。

ある時は一散に階子を下りて屋外に出て、路行く人の何事とも知らぬに向ひて、もうやみましたかと問ひ居たりぬ。ともに新聞社の二階に在りて、執務中の事なり。凌雲閣に登らんと同伴の言ひ出でしに、この人首をふりてしたがはず。八階目、九階目辺に到れる時、あたかも激震の起ることあらばいかにすべきとて［斎藤緑雨『みだれ箱』博文館、明治三六年五月二〇日発行：一四二］

●凌雲閣の処分　著者は、近頃ある確なる筋から聞き込んだ、一種の金儲談がある。それは外でもない、浅草公園内に高く聳ゆる、凌雲閣の取り壊はし一件である。

彼れ十二層楼の計画は、世の好奇心を惹いて、大なる利益を得るであらうとの目算をもつて、巨額の資本を投じ、かくも偉大亡く建築を試みたが、さて落成して見ると、事実はまったく予想と反し、意外に観客の数は少なく、利益の配当どころか、年々の維持費も覚束なし。出資者は非常に困つて居るも、またもや大修繕を要する次第となり、二万余円の大金を投じて、四面に鉄板を張り、内部にもそれぞれ修理を加へて、地震強雨等万一の難を予防した。その前後において種々の方法を講じて、観客を引き寄せやうとしたが、やはり思ふ客の万分の一だも入りがなかつたのである。

何故に客が付かなかつたとの疑問は、ここに預かると致し、今後いかに利用せば、巨利を博し得るか。かかる危険物は、いつまでも存立を認める訳に行かず、近き未来には取除きを命ぜられるかもしれない。さあかういふ場合に遭遇した時には、直ちに処分すべき一事業が起こる。著者が探知したる結果は、出資者いずれも、この十二層楼を取り壊わし、会社を解散すると云ふ意見に傾いてあるそうだが、さてその意見を実行するには、どうしてなかなか一通りの業でなく、要する費用は非常に多いので、いずれも躊躇の姿である。なかには何ほどかの金を付けて（二千円とか聞いて居た）取り壊はす者があれば、煉瓦その他一切をば、その人に与へるといふ論を主張した者さへあつて、他の出資者中にも、同意を表する人が出来たとの噂を聞いて居る。なるほど、右の説は事実に近い。どうしてあれだけの大建築を、無事に取り壊さうといふのは実にて至難な事であると同時に、足場、人足、その他に要する費用は、煉瓦を売下げて得た位の価額と引き合わぬかも測りがたからう。然しここが一考を求むべき点で、遣り方如何に因つては、却つて金迄付けて貰はぬとて、差引大に利得を見られるかも分からないのだ。いずれにせよ今日の凌雲閣では、たうてい永続の見込なき以上は、（一）断然これを取り壊はすか、（二）取り壊はさずとすれば、多少修繕を加へて、他に有望なる事業を経営するか、二者その一を撰ぶべきは当然である。敏活なる読者諸君は、右の凌雲閣に対していかなる意見をいだきつつあるか［岩崎勝三郎『新事業発見法』大学館、明治三六年六月八日発行：七一－七三］

●浅草公園　宮城方面拝観の後、東京見物者の足を第一に向けるは浅草方面と為す。（中略）凌雲閣の十二階は、雲を摩して聳へ、登臨すれば東京全市を下瞰し、水族館は河海の動物を集め、花屋敷の花卉及び東西の動物と共に、啻に子女の眼を楽しましむるのみならず、学校以外の活教育場たり。また池あり、鯉は池中を游ぎ、噴水あり、夏時の熱を銷す。池を繞ればパノラマ館あり、珍世界あり、芝居、玉乗り、軽業、剣舞、講談、落語に至るまで、男女老幼の耳目を慰むべきもの、尽く備はる。更に此等の背後に廻れば、楊弓店、銘酒店等、白頭の妖鬼粧を凝らし、嬌声行人を呼ぶ者軒を並べ、雅俗混淆の遊園、貴賤偕楽の別天地なり［坪谷善四郎『日本漫遊案内 上巻 東半部』博文館、九月一〇日発行：一二五－一二七］

一九〇四（明治三七）年

●凌雲閣　浅草区千束町。木戸大人八銭子供四銭。持主江崎礼二。俗に十二階と云ふ十二層楼なり。その十階迄は八角形煉瓦造、十一十二の二層を木造とし、高さ二百二十尺あり。明治二十三年十月新築工を竣り、始て縦覧に供せり。当時昇降機を用ひて観客の便に供せしも、僅かに二年にしてこれを廃し、今はあるなし。閣上眸を放てば遠くは富士・筑波を雲間に望み、近くは千門万戸を脚下に瞰む。墨江・中川は白布を晒らすが如く、東京湾内の風帆は紙片を撒けるが如し。遠近の風景佳絶謂ふべからず。閣内油絵写真を陳列し、また望遠鏡を備ふ。一観の価あり［織田純一郎ほか編『東京明覧』集英堂、三月三一日発行］

一九〇五（明治三八）年

●いしはらばんがく作歌／田村虎蔵作曲「東京地理教育電車唱歌」

七　浅草行に乗り行かば、
　左に上野ステーション、
　走るもはやし車坂

清島町をうちすぎて。
八　はや目の前に十二階、
雷門より下りたてば、
ここ浅草の観世音、
詣づる人は肩を摩《す》る。
［『東京地理教育電車唱歌』神田文錦堂・小石川文美堂、一〇月一日発行］

一九〇六（明治三九）年

●……目の前に、によッきと尖り立つて居るのは、浅草一の、否な東京一の、東洋一の高塔、凌雲閣と言ふ八角柱形の十二階建、彼の塔頂に上つて、俯して八州の形勝を一眸に収めんものと、池の端、青葉の蔭に憩うて居る人々の間を通り抜け進んで、閣の下に立つて見上げると、距れて眺めたと異り、いまさらにその直として幾千万楽なるを知らざる高さの、実に雲を淩いで、飛ぶ鳥も頂上迄は揚り得ず、中途で閣を繞つては迷ふて居るかと見える。

昇つて見ると、三階あたり迄は戦争画の窺《のぞ》き眼鏡を据へて縦覧させて置くが、早く上へ上へと急いで居るから、だれも碌に窺くものがない。これは矢張り素通りで目に入る様な、大ざつぱな書画や、人形その他の骨董品を飾らなければ嘘である。四五階あたりからは、百美人の写真になるが、この美人、何れも相撲にして十両以上の剛の者と見えて、ズングリの太ツちよ、明治式、衛生的美人ばかり、これが浅草趣味と云ふのでもあらう。九階十階では、拙《まづ》ひ顔の婆やお多福の姐さんが、おかけなさい、お休みなさいと命令する様な語調で二銭茶代を迫促《はた》ることなかなか厳しい、誠に怪しからんことである。十一階は縁側を〆切つて置く。いよいよ十二階に上つて縁側に出ると、天風逢々息を塞げて先づ心胆を寒からしむる。欄に拠つて眺むれば、新緑の樹木を織り交ぜて、はてもなく唯だ一調子の瓦屋根を並べた人家が、所々真黒な棒の烟突を高く突き出した外には、何等の色彩も変化もなく遠望十里の外に、山とも海ともなく唯だ灰色の烟り行くばかり、秋か冬の澄んだ空なら雪冠の富嶽も青黛の筑波も鮮かに見らるゝであらうが、今初夏の霞んだ空気は一切を朧ろげに封じ込めて、登閣者をして何を見、何を攫まへて何を感じて良いのか、うつとりと自失するのである。

やや視覚が整ふて来ると、先づ近く墨田川が、緑の帯を伸べたらん如くに目に付く、葉桜の堤が見付かる。言問辺の白い建物は特にはつきりと見える。漸々遡つて、鐘ヶ淵紡績会社の烟突から先きは、水の色も樹木の色も、人家も、見分けが出来ない。と、近くに高壮な吉原の建物が見付かる。青田の田圃が見える。左へ目を注ぐと、上野の杜道灌山からひいては王子辺の烟突が、呼べば答ふるばかりと見られる。なほも左へ廻ると、ニコライ堂が見付かり、日本銀行三井銀行が見付かり、日宗生命保険会社の高塔が見え、芝浦の瓦斯貯留所が見付かる。品川沖の白帆が見える。軍艦一艘居ると云ふが、見えなかつた。愛宕の塔を捜したが、これも見えない。つまり下町だけは能く見えるが、山の手は少しも見えない。こんな高い建物を山の手へも設けて欲しいと思つた。

さて、遠く欲張り眺めて疲れた目を、今度は直下に投げた。今日の半日を足が棒になるほど迂路付いた跡を、俯して瞰ると、紅塵の、俗悪のと言はるゝ浅草公園は、中央に繁つた樹木を取囲んで、周囲に人間の入る家屋があるばかり。目に付くものは、パノラマ館と観音堂と五重塔だけ、一攫みに印籠へ入れて腰にぶら下げて家づとにも仕得べき池迄添へられた灑洒《しやれ》たる箱庭である［凌雲子「浅草公園廻り」『趣味』第一巻第二号、七月一日発行：一四五―一四七］

明治四〇年代の凌雲閣

▼望遠鏡で凌雲閣から見下ろせば見える、と啄木が聞き「塔下苑」と名づけた私娼街としての「十二階下」が膨張していく。『青鞜』の女性詩人も、その空気を描いている。

ふだんは忘れられて、人影も少なくなった凌雲閣の高塔がふたたび注目されたのが、一九〇九年（明治四二）一月の飛び降り自殺をつうじてであった。吉原の娼妓に通いつめたが、夫婦になれぬと絶望して、一一階の窓から二六歳の青年が身を投げた。六年前の日光・華厳の滝での青年の自殺もひきあいに出されている。三月には、一六歳の少女が五階（もしくは六階）の窓から身を投げて自殺した。もうひとり七月になって、九階から飛び降りて三〇歳になろうかという女性が自殺する。それだけ人目のない空間になっていたということを暗示するが、自殺の話題は野次馬的な興味をひきおこし、観覧者が増えたともいう。凌雲閣は飛び降り防止のために、金網を張るという対策をほどこしている。児玉花外は、これらの自殺者には近代社会に特有の「いくらかの芝居気」があると指摘している。しかし、華厳の滝事件ほどには追随者を出さなかった。

経営という側面からみると、一九一〇年（明治四三）五月に松崎権四郎が資本金三〇万円の新たな株式会社の創設を企画していることが報じられ、一二年（明治四五）年五月の新聞広告では、一株三円の株式を募集している。凌雲閣は高塔をシンボルとしつつも、演芸場を増築して興行の常設館に変わっていく。豊年斎梅坊主のかっぽれや「日本手品」「六才踊」、伊勢の「太神楽」、「実験旧劇」、「村田芝居」などが話題になったという。

浅草国技館が開館したのは一九一二年（明治四五）二月であった。六区にもさまざまな建物が立ち、活動写真館が新しい名物となって、凌雲閣にしてもむかしのように「野中の一本杉」とは感じられなくなった、という感想がおもしろい。

一九〇八（明治四一）年

●『石川啄木日記』から

浅草の十二階から望遠鏡で見おろすと、蜘蛛の網の如くなつた細い小路で、男が淫売婦に捉まるところが見えると、金田一君から聞いた（七月五日）

凌雲閣の北、細路紛糾、広大なる迷宮あり。ここに住むものは皆女なり。若き女なり。家々御神燈を掲げ、行人を見て、しきりに挑む。あるいは簾の中より鼠泣するあり。声をかくるあり。最も甚だしきに至つては、路上に客を擁して無理無体に屋内に拉し去る。歩一歩、〝チョイト〟〝様子の好い方〟〝チョイト、チョイト、学生さん〟〝寄つてらつしやいな〟

塔下苑と名づく。蓋しくはこれ地上の仙境なり（八月廿一日）［『明治四一年日誌』『石川啄木日記』世界評論社、昭和二三年一〇月一〇日発行：二一九］

一九〇九（明治四二）年

●十二階から飛降りる　自殺法愈々奇抜　廿一日午前十時十五分、浅草公園凌雲閣の十一階目から飛降りて自殺を計った男がある［読売新聞、一月二二日］

●凌雲閣より飛降る　▼十二階より落ちて砕ける　▼女に溺れた神田児の自殺（図4-21）

昨日午前十時浅草公園六区に聳ゆる十二階凌雲閣上より、飛降りて自殺を企てたる一人の男あり。凌雲閣から飛んで見たら面白からうと空想を描ける者は、頗る多けれどこれを実行せる者は極めて希なり。

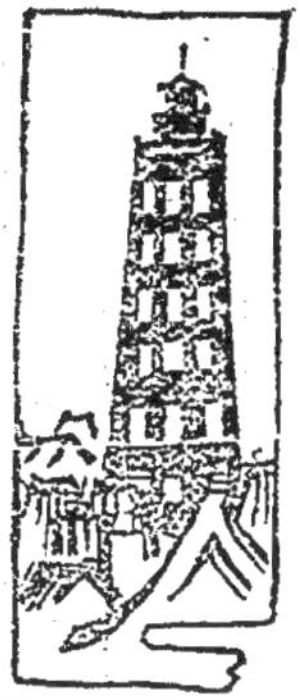
図4-21
東京朝日新聞
1909.1.22.

▼書置と貯金帳　この珍劇を実演したる男は、神田区須田町二番地鮨屋佐々木市太郎の長男初太郎（二十六）と云ふ馬鹿者なり。鎖綾の改良筒袖、外套に鼠茶糸入縞の袷銘仙、格子縞綿入、紺白糸入銘仙羽織を着し、茶の鳥打帽を被り居たるが、懐中せるコール天の財布には、佐々木と記名せる帝国貯蓄銀行須田町支店の預金通帳あり。この帳面には金五十六円余の記入あれど、悉く引出しあり。なほ別に幅二寸長さ三寸位の手帖に「自殺をするから小桜の所へ知らせて呉れろ」と記し、さらに別の紙片には吉原江戸二の貸座敷吉鴨井楼事高田吉五郎方の娼妓、小桜事吉岡かね（二十四）の許へ通ひ詰めたるも、夫婦になる目的なければ廿六才を一期として死亡するとの旨を記したる、遺書様のものを所持し居たり。

▼飛降の模様　この報に接したる千束町支署よりは、大久保巡査部長、松本医師現場に出張せしが、初太郎は十一階目西南の窓より飛降りたりと見え、あたかもその下は前日来の降雨にて、唯さへ埋立地の軟かき上、地面は泥濘を極め沼田の如き有様なれば、幸ひにして骨を砕き肉を現すの惨状は極めざりしも、腰部を挫折し脳震盪を起して人事不省となり居り。応急の手当を施したるも、程なく死亡せり。凌雲閣十一階目は商人の出店なく、平素人気の無き所ゆえ、初太郎はこれ幸ひなりと、上野の方に面せる窓口より飛下りて、稀代の珍事を極めたる者なりと。

▼堕落と煩悶　なほ初太郎の遺書は、九階の人目なき所にて認めたりしと覚しく、鉛筆の走り書にて左の如き文句あり。「小生儀今や前半生を夢と送りて、世の中の無情なる事、我身の薄命たる事、並に今日人情の薄き事は氷のごとく、社会の事皆夢のごとしなど思出で、堕落もせしが、小生の将来何の見込も楽みもなく、心の内は煩悶に煩悶を重ね、殊に良心の暗黙に迷ひし結果、暗に消行く我身なり。二十六歳を限り、凌雲閣上にて不幸男」。別に父に宛たるものは、手帖の端に「今日になりても御父上様に何の御恩返しも致さず、誠に相読まざる訳なれども、さりとて精神の腐りし我、今より進んで立身出世をいたす事も叶はざりし事、不幸の儀は何卒御許し下され度、御願申上候先は不幸の御詫致候　父上様」（以下略）［東京朝日新聞、一月二二

日]

●十二階から飛降り自殺　昨日十時頃浅草公園凌雲閣（十二階）の第十一階目西南の窓より、飛降り自殺を図りたる年頃廿六七の男あり。何しろ見上ぐるばかりの高き所より飛下りたる事なれば、腰部を挫折し脳震盪を起し人事不省となりたるが、警官医師出張して取調べたるに、この男は鎖綾の改良筒袖、外套を着し、茶の鳥打帽を冠り、コール天の財布に佐々木と刻みたる認印と、佐々木かねと記したる帝国貯蓄銀行須田町支店の通帳（金五十六円余記入）を所持し、金は悉く引出し居り。巾二寸長さ三寸位の手帳に「吉原江戸二吉鴨井楼の娼妓小桜（二十四）の許に通い詰めたれど、夫婦になれる見込みなければ、二十六歳を一期として自殺するから小桜の許へ知らせてくれ」と認め、なほ左の遺書を所持して居たり。「小生儀今や前半生を夢と送りて、世の中の無情なる事、我身の薄命なること、並に今日人情の薄き事は氷の如く、社会の事皆夢の如しなど思出で堕落せしが、小生の将来何の見込みも楽しみもなく、心の中は煩悶に煩悶を重ね、殊に良心の暗に迷いし結果、暗に消行く我身より二十六歳を限り、凌雲閣にて不幸男。」この男は取調の結果神田区須田町二鮨屋佐々木市太郎長男初太郎（二十六）と云い、去る十二日親の貯金通帳を持ち出し、十六日に上野広小路博品館で最後の撮影をなし（即ちここに挿みたる写真）一昨夜九時頃小桜の許に登楼し、ここにて前記の遺書を書き、昨朝八時楼を出て直に凌雲閣に来り、ここにて更に手帳に書置して右の始末に至りしなるが、手当の甲斐なく死亡したれば、死骸を父に引渡したり［万朝報、一月二三日］

●十二階の繁昌　去廿一日佐々木初太郎と云ふ馬鹿者が、浅草公園の十二階より飛び下りて以来、今迄は日曜祭日にても登覧者は五六人に過ぎざりしが、好奇心に駆られて初太郎の飛び下りたる場所を見んとする者甚だ多く、去廿一日には数百名の登覧者あり。引続き大入を極め居れるが過半は婦人客なりと云う［東京朝日新聞　一月二五日］

●十二階大繁昌　去る廿一日神田区須田町二佐々木初太郎（二十六）が、浅草公園十二階より投身して惨死を遂げたるより大評判となり、日曜祭日とても五六十名以上の登覧者なかりしを、廿一日は数百名の登覧者あり。以後引続きて大入りを極め居るとは、東京人が好奇心の強きに驚かれ、また一方には華厳の瀧の後を踏まぬやう、其許で充分注意する必要がある。自殺はとかく感染し易ければ也［読売新

聞、一月二六日]
●凌雲閣より飛ぶ　さきに浅草公園凌雲閣十二階より飛で自殺したる者ありしが、十五日午後四時頃、またもや第五階の窓より飛んで自殺せる女あり。年は二十歳前後にして、顔は丸ぽちゃで、白薔薇の花簪を挿し、紺鉄色矢絣の袷に更紗銘仙の袷羽織を着流し、白茶色に牡丹花を染出せる丸帯を結び、牡丹色唐縮緬中形の襟を付け、一見銘酒屋の酌婦を覚えたり。懐中には皮の財布に三銭五厘と、義太夫投票用紙数枚ありたりと。住所氏名は解らず[読売新聞、三月一六日]
●凌雲閣から飛んだ女　十五日夕方、浅草凌雲閣より飛で自殺(?)した女は十六日朝に至り、麻布板倉町五の二三森龍吉四女まさ(十六)と判明したり。まさは六歳の時、麻布三河台町稲垣又吉方に養女に行けるが、何か養家に居憎き事情ありて、去月廿日実家へ戻り来れるも、すかしなだめて養家へ立戻らせたりと、森方にては言ふも、養家稲垣にては「立派な女に育て上げんと、昨年より山脇高等女学校にまで入れて置けるも、事情ありて昨年七月離縁復籍したるも、まさは実家にて継子同様の取扱ひを受け、かつ兄や姉よりもいじめらるるより養家を恋しがり、先月十九日再び稲垣方に帰れり」と言ふ。何方が真実か、読者の判断に任せん。兎に角、まさは十五日稲垣の隣家なる絹川弥太郎の妻せきと共に浅草公園に遊びに行き、せきは立寄るべき所が有つたので、同所にて分れ帰れる後にて、まさは昨報のごとき変死を遂げたるものなるが、別に死ぬ程の事情も無き筈なれば、過失ならんとも言ふ[読売新聞、三月一七日]
●凌雲閣より飛下る　▼十六歳の美しい少女　▼口惜しい口惜しいで悶死。人出盛りの椿事／晴天の十五日、浅草公園六区は立錐の地なきまでの雑沓を極めたる午後三時半頃、凌雲閣の南窓下札売場の庭に、物凄き響きして落下したるものあるより、すはこそと下足番は駆け出し見れば、年頃十七八許りなる女の俯向になり、やや右横腹を下にして打臥せるにぞ驚いて、抱き起さんとせしが、この時既にこの物音を聞き附け押し掛け来りし人波は、直にこの女を取巻きて、口々に罵り合ひ騒ぎ立つるに、下足番及巡視等は施すに策なく、暫しは茫然たりしも、やがて千束町二丁目の安東医師を招き来り、野次馬を追退け応急の手当をなせり。女は人事不省に陥り居たれど、二回の注射を行ひし後、漸く息を吹返し「口惜しい」と泣くのみにて、問には一も答

へざりき（以下略）［東京朝日新聞、三月一七日］
●凌雲閣の防御設備　凌雲閣においては去る一月中一人の男が投身したる以来、頗ぶる警戒を加はへゐたるに、またまた於政事件あり。さらに十八日家出したる深川の一少年が、その筋の手を煩はしたる事あり。実に危険な建造物といふべし。凌雲閣は先頃より僅々二百円にて売り物に出て居るも、取毀しだけにも千余円の費用を要し、かのまま使ふも地代が付近の数十倍にも当れば、誰一人相談に乗る者なく殆ど持て余しの姿なるが、同閣にては登覧者の墜落を防ぐため、今回窓に二寸目位の金網を張る事としたり。しかれどもそれは全部の窓にあらず。空気の流通を計る窓だけに張ることとし、他の窓は締切りとし、ある場所には覗き眼鏡を据え置く事としたり。これによりて、多少の防御は出来得るも、眺望を害する事甚だしければ、なほ於政が六階目の窓より墜落したるは、前記の如くにて覚悟の自殺なること事実なるべし。窓の厚さ四尺もある処より衝き落され、また過つて落つるが如きは万々あるまじき事なり［東京日日新聞、三月二〇日］
●浅草十二階の取締　華厳も浅間も事古りたりと、浅草公園の凌雲閣より飛下り惨死を遂げ、あつぱれ江戸ッ子の度胆を抜く事、追々流行り出すおそれあればと、先日少女の惨死以来、急にその筋にて気を揉出し、例年寒いうちは登覧者至つて少きにも拘らず、飛下り予防法として最上階の露台へ出る窓を閉鎖せしめ、その周囲には鉄網を張回さしめしといふ。ちなみに物数奇の種は尽きず、先日の惨劇以来非常に観覧者増加したりと［東京朝日新聞、三月二〇日］
●石川啄木／浅草の凌雲閣にかけのぼり息がきれしに飛び下りかねき［「莫復問」『スバル』第五号、昴発行所、五月一日発行：六一］
●吉井勇／「浅草観音堂」（一幕）の一節
眠れる男　……入り口を潜つた時、ここがあの高い塔の一番下の部屋だなと思つたら、思はず身体がふるへたよ。俺の身体の上にあの高い塔が載つてゐると思ふと恐ろしかつたな。しかし今俺は故郷に帰つて来たかと思ふと喜ばしかつたな。……（中略）……二階へゆく鉄の階子段を昇つた。欄干は氷のやうに冷たかつたな。（息を切る。）二階には頭の禿げた七十位の老人が、椅子に腰を懸けて居眠りをしてゐた。その前をそつと通つて窓の際に立つて、黙つて大空を眺めてゐた。さうして殺してしまうかなと云う言葉が、思はず俺の口から出た。……（中略）……それから俺は三階に昇つた。窓の外に見世物小屋の黒い屋根が見えて、赤い旗が幻のやうに眼に映つた。四辺を見廻すと誰も居ない。木の長椅子が一箇置いてあつたから、腰を懸けて暫時休んだ。さうしてじつと黒い屋根と赤い旗を眺めたな。……（中略）……まあ、俺の話の後を聴け。四階に昇るとちやうどお前位の年恰好の若い女がゐたつけ。しかしその女はお前よりえらかつたな。今夜のお前のやうに、道などに迷ふおんなぢやあ無かつた。恋しい男にあへなかつたら、別に恋しい男を作る事が出来る女だつた。……（中略）……それから俺は五階に昇つて往つた。若い男が何かしやべつてゐたが、俺を見ると皆口を噤んだ。癪に触つたから一人の男に、可哀想な事だが、お前たちは今夜死ぬよと云つてやつた。さうしてすぐに六階へゆく階子段に足を掛けた。一寸振り返つたら、三人の男は一箇の窓に重なり合つて、この観音堂の方を眺めてゐた。（暫時沈黙。）六階には酒に酔つた四十位の商人体の男と酒に酔はない職人体の男とが、何か面白さうに話し合つてゐた。いきなり背後からどうだい儲かるかねつて云つたら、驚いて降りて往つてしまつた。七階には一人の婆さんがゐた。俺の顔を見て何事か祈つた様子だつた。八階には三十五六の女が男の子を連れてゐた。子供は俺の顔を見て笑つたが、女は驚いた様子だつた。俺はやはり俺の顔を見て笑ふ方がうれしいな。九階には誰もゐなかつた。十階にも誰もゐなかつた。十一階にも誰もゐなかつた。（回想の語調。）しかし、十二階には一人の男がゐた。……（中略）……肩を叩いたら振り返つて笑ひながら、また来たなと投げるやうに云つた。俺もよく昇るが、この白痴《ばか》は毎日毎日昇つてゐる。さうして十二階目の窓から茫然都を見下ろしてゐる。時々何だか訳の分らぬ唄を歌ふことがあるが、いつも終いには涙を流して止めてしまふ。昨日は俺が唄を聴かせないかと云つたので、暫時謎のやうな唄を歌つてゐた［「浅草観音堂」『スバル』第六号、昴発行所、六月一日発行：四二－四六］

●大繁昌の浅草　浅草は書入日なる今日明日の両日の半年間の財布の底を叩かすべく、広小路に軒を並ぶる飲食店仲見世の商人、馬鹿囃子に景気を付ける勧工場もあれば、電飾に人目をひく料理店も出来た。奥山と来ては、遊びの本場活動写真の大繁盛は云ふも管だ。ふだんあまり人影を見ない凌雲閣の上にまで、黒豆のやうに小さい頭が沢山見える。玉乗りや女芝居も客止めの好景気、花屋敷は言ふまでもなく雑踏を極めている［二六新報、七月一六日］

●十二階より飛ぶ　十九日午後四時半、浅草公園内六区凌雲閣九階目東側の窓より、飛降り自殺を謀りたる年齢二十七八歳の一見下女風の者あり。身には白絣の浴衣に、お納戸色瓦斯博多の木綿昼夜帯を締め、白木綿の腰巻を纏ひて、髪を銀杏返しに結び、懐中にはお納戸色メリンスの風呂敷に、護謨を柘との櫛一枚づつ、滅茶々々に破壊せる写真の種板及び紙に包める三十二銭七厘とを蔵し持ち、その紙片には本郷弓町二丁目とありたれど、委しくは判明せず。なほ女は飛び降りの際、途中にて臀部と右足関節を骨折して脳震盪を起こし、あまつさへ生憎にも竹垣の上へ落ちかかりたるものにして、見るも悽惨なる情景を現じ、浅草署にて検視の上、死体はひとまづ区吏に引き渡されたり。また凌雲閣前の茶店の老婆吉岡ナカ（六十二）は、女が死に至るまでの一挙一動を、あきらかに下より望見し居たれど、これを止むべき手段のなかりしは残念の事なりしと

［読売新聞、七月二〇日］

●婦人凌雲閣より飛下る　▼無惨なる死状　二度ある事は三度の喩に漏れず、一昨日午後四時頃、またぞろ浅草公園凌雲閣を死に所に選び、見るも無惨な飛下り自殺を為したる婦人あり。椿事の出来するや、同閣の事務員は直に施無畏橋巡査派出所に急報したれば、時を移さず浅草署の所警部は松本嘱託医を従へ、現場に急行し臨検せしに、この婦人は年齢廿九位の下女風なるが、落下の場所が一二階を巡ぐる竹の四目垣を打ち破りて、さらに地上に落下したる事とて、一層悲惨の死状を呈したるなり（以下略）［東京朝日新聞、七月二一日］

●私が住つてゐた近くの、浅草から両国馬喰町辺の事ですか——左様さね、何から話して好いか——見世物ですな、斯ういふ時代があつた。何でもかんでも大きいものが流行つて、蔵前の八幡の境内に、大人形と云つて、海女の立姿の興行物があつた。凡そ十丈もあらふかと思ふ程の、裸体の人形で、腰には赤の唐縮緬の腰巻をさして、下からだんだん海女の胎内に入るのです。入つて見るとあちこちに、十ケ月の胎児の見世物がありましたよ。私は幾度も登つてよくその海女の眼や耳から、東京市中を眺めましたつけ。当時「蔵前の大人形さぞや裸で寒からう」などいふのが流行つた位でした。この大人形が当つたので、回向院で江の島の弁天か何かの開帳があつた時に、回向院の地内に、朝比奈三郎の大人形が出来た。五丈程ありまして、是は中へ入るのではなく、島台が割れると、小人島の人形が

出て踊るといふやうな趣向でした。それから浅草の今パノラマのある辺に、模型富士山が出来たり、芝浦にも富士が作られるといふ風に、大きいもの大きいものと目がけてた。可笑かつたのは、花時に向島に高櫓を組んで、墨田の花を一目に見せやうといふ計画でしたが、これは余り人が這入りませんでした。今の浅草の十二階などは、此の大きいもの〻流行の最後に出来た遺物です［淡島寒月「江戸か東京か」『趣味』第四巻第八号、八月（『梵雲庵雑話』書物展望社、一九三三年一一月一九日発行：三−四）］

●『方寸』第三巻第八号「浅草号」表紙［方寸社、一一月一〇日発行］（図4−22）

図4-22 『方寸』浅草号・表紙

一九一〇（明治四三）年

●浅草の十二階に日本百美人の投票がありましたね。引延ばしの大写真を出してさ、玉川屋の玉菊さんだとか、吉田屋のやまとさんなんかが高点であつた時ですわ。あの時に新橋では箱屋の定さんというて、元は甲斐の油屋の息子さんであつたのが、当時箱屋をしてゐました。この定さんがこの百美人に就いて私共の方の受持で、一切の世話をしてゐました。何日だつたか日はツイ忘れてしまひましたがね、私も新橋から出る百美人の一人に定《き》められまして、何時何日に十二階へ出て来い写真を取らうといふ事でして、その朝定さんが出る芸者が用意が調つてゐるか、人数を調に来たものです。ところが私が結はして居た髪結で奴というて、男ですがそれはそれは腕の冴えた髪結がありました。私はこの奴で無くちや納まらない処が、その朝に限つて十二階まで行くにや髪が間に合はなかつた。それ今出かけ無くちやといふ時に、奴が来たといふ騒でしたもの、定さんは定さんで間に合はなければいい、お妻さんが来なくても芸者一人に事は欠かぬといつたやうなる挨拶でしたので、私あグット来ましたね。髪が結はれなくても美人の資格はあら

図4-23
2枚とも明治43年8月12日の東京市内の大洪水のときの浅草公園付近の絵はがき。「浸水実況」とある。右の絵はがきのキャプションの「（水深六尺）」は画面からはにわかには信じがたいが、左のような尻にまでおよぶ深さで水があふれている絵はがきも多く見かける。

う。髪の結ッ振一つで美人にやなりたくない。よろしいといふので十五分ばかりは大騒ぎ、寝乱髪の根元元結をプツヽリと切つて捨て、卵子を割らして、ザブザブと髪を洗つたもの、お湯を沸かしてゐる暇が無いのでせう。気持が悪いがそんな事を云つていられないものですから、前の晩のお風呂の湯で頭を洗つたといふ有様で、さあ支度が出来上つたといふので、澤岡といふ車屋を呼び、綱曳後押三人掛で十二階へ飛んで行きました。

日吉町から公園までゞせう。随分と長途《なが》いわ韋駄天といふ有様で風を切つて行くのです。家を出る時には未だ干ぬ濡羽髪も途で乾き切つて、サバサバ後ろに吹散らして行きました。私の気のみがもう十二階に行つてるわ、やうやうの事で間に合ひまして、前髪処の二三本の長い毛を剪つて形を調へて、散しで撮影《うつ》して了ひましたが、百人の美人が掲げられた処を見ると、皆んなが皆大コテの厚化粧、仲の町の手古舞姿もある。新橋連中はグット高尚に構へて、大抵は小紋といふ扮装《いでたち》でせう。其間に挿《はさま》つて私一人がその洗髪姿ですもの、お金をかけての高点は取れませんでしたが、少しは縹緻《きりよう》が落ちたつて眼に立つ筈でせう。それからといふものは洗髪のお妻、洗髪のお妻と人様に云はれた上に、人間がこんなのですから、馬鹿に鉄火な女に思はれてしまひましたが、その実お嬢さん芸者とでもいふやうに、心は温順《おと》なしいのですよオホヽヽヽ［都新聞記者・巳黒子『洗髪のお妻』金文館、七月二五日発行：四九-五四］

●浅草十二階の改革　満都の繁栄を一眸の裡に収め、地方観光の客に東京の印象を最も著名に与へる高さ百二十尺の凌雲閣事浅草十二階は明治二十一年の建設なるが、今回其筋の検査の結果、常設館たる事を許可されたるに景気附き土地の有志松崎権四郎等発起となり資本金三十万円の株式会社を創立し、演芸場、及び観覧席を改築し、併せて初般の設備を完備して宛然歓楽の巷とする目論見で目下株式募集中である。因に一株は二十円で配当見込みの三割は怪しくもあるが一割は受合であらう。［読売新聞、五月二一日］

●石川啄木／『一握の砂』

浅草の凌雲閣のいただきに
腕組みし日の
長き日記《にき》かな

［『一握の砂』東雲堂書店、一二月一三日発行：四二］

一九一一（明治四四）年

●世界には、倫敦、巴里、伯林、また亜米利加にも有名な諸々の塔がある。しかして我が東京浅草に滑稽な十二階の塔がある。凌雲閣といふ大した名がくつつけられてゐる。なるほど、その高い尖頭の上には、恒に白雲漂々と飛むで、鳶が輪を画いて蒼空に浮ぶ姿を認められる。向手に、新吉原の白亜楼と紅い濃煙を望み、直ぐお隣りに灯明絶えざる浅草観世音菩薩が控へ給ふ。この十二階の頂上の窓から、近時に至つて、身投げをして死んだ者が男女を合せて三人までもある。凌雲閣の名も、ここに及むで悲劇的の塔とかはつた。東京の浅草、地獄のやうな汚濁の土地に死むで屍を晒すとは、何たる人間悲惨極まる運命であらう。ここには遊人、喧嘩、博奕、掏摸に淫売、酒と臙脂白粉、見世物と、有ゆる天下の歓楽品と罪悪が充ち満ちしている一区域である。ここで死恥を晒しては成仏もむづかしからう。このごろ不許可になつたとの噂もあるが、御神燈の下に昼夜居並ぶ幾百の白首の地獄。近来活動写真が大流行して、極楽の喇叭を盛に吹立てゝゐる。悲劇といへば、この十二階からの身投者ほどの悲劇がかつてあらうか？これは近世的自殺の最も工夫せられたる方法である。一層活動写真にとつて甚だ奇抜斬新なる材料である。背景からして西洋にもまたとない面白い活動写真である。元来、人の心は妙なもので、いかに無学無識の人間といつても世の変転急激無く風潮に、頭脳を侵されぬ訳にはいかぬ。近時複雑な文明の人間は、その乾坤一擲的の一刹那、すなわちうやむやの自殺する場合においても、必ず何らかの思慮と工夫とを廻らせる。その生死の瀬戸際に臨んでも、世の中の何者にか囚はれて、いわゆる死華を飾らせる事までを考へる。文明国の人間は、とても獣類が深山の奥に隠れて斃ふれ死ぬやう、蝶や虫が草葉の蔭に亡び消ゆるやう、そんな無意味な、単純な死に方をすることは為し得ない。この十二階からの投身者のごときは、最も近世風自殺人の好個の代表者であるのだ。（中略）かの十二階の独身者には、いくらかの芝居気がそれに伴つている。これもすなわち、近代人の為しさうな事で事業心と功名心とは、死の断末魔に至るまでもくつついて離れない。死後世間をあつと云はせやうといふ洒落気は、その娑婆ッ気と一緒になつて、一種の文明人、しかも若い連中のやりさうなことだ。数年前、よく華厳や浅間行きが大々的流行をしたが、学者智者の徒、またいはゆる青春煩悶の人等は、その時代風の自殺方法を取つたものだ。しかしながら今は時代が変化してゐる。これらの人々の黒髪蔽へる頭脳には、はたして何物の重い、燃ゆるやうな、世界的苦悩が蟠つて動揺してゐることであらうか?! 予はここにおいて、ひとり社会無学市井の人々に向つて告げる！ 浅草十二階の窓から身を投げる的の、突飛な、芝居じみた、大胆な勇気があるならば、その何が故に、広い世界に嚮つて国を飛び出さないのであるか。（以下略）［児玉花外「浅草十二階論」『東京印象記』金尾文淵堂、四月二五日発行：一三七―一四二］

●小林歌津子／十二階下

疲れきつた三時過ぎの日の色は
いぎたない町に黄ろく輝やく
気懈そうに――華美《はで》な袖口から
青白いうでをさしのべて
人を曳く……赤い女
欲にかつえたどんよりした眼で
薄ら笑ふ男のあさましさ
燥いた笑ひ声と高調な
クラリオネットの響とが
ひくく軒をめぐる――
ここ公園の裏通り

〔小林歌津子「寂しみ（十二階下）」『青鞜』一巻四号、一二月一日発行：四七―八頁〕

一九一二（明治四五）年

●大和田建樹／浅草の塔こそしろくなりにけれ 雪にやさゝん すだの川舟〔大和田建樹『大和田建樹歌集』待宵会、明治四五年二月二八日発行：三〇五頁〕

●十二階の塔も梅坊主の深川踊が演ぜられ、今では飛び降り自殺の仕様もない、下は陽気な絵看板や球灯が吊り下げられて在る。（中略）凌雲閣十二階――いはゆる千束町塔の下には、灰色のマッチ箱のやうな夥い小家に、宵から白首が障子の硝子口から瞳を覗けて、狭い小路の右左から燕のやうに喋舌《しゃべ》くつて、ぞめき歩きの浮かれ嫖客を呼び立つて居る。その中にはふつくらとつた濃い庇髪に薔薇や燃える虞美人草の紅い一輪挿しの女や、青い流行の絹ハンカチで白首を巻いた若い女が居る淫楽の厚い化粧の塊物よ、雨でも降つたらこの細い路地は黴臭くてたまつたものでない。ちょうど路の春の夜の泥土は、彼ら白首女の悲惨な境涯と運命ではあるまいか。憐れ紫斑の毒に流れる白粉の女よ！
　十二階の赤黒い廃頽色の傾きかけた高塔が、春の陽光にやや色めいて、広い浅草一環を窓のいくつもの怪しい惑はしの眼は睨めてゐる〔児玉花外「十二階の窓の眼」『新小説』第一七年第四巻、四月一日発行：三四―五頁〕

●凌雲閣は浅草公園の一偉観であつたが、今では活動写真館がたくさん出来て、これの方へ名物の名称を取られてしまつて、一向に顧みられないやうになつた。殊にこれを仰ぐ上についても、その傍に浅草国技館といふが出来て、それが雲を衝いてものものしく巍然と立つて居るために、十二階の高いそれも、わずかに帆檣の林立したその中に、やや高いのが投げ出て居るくらいな感じがするばかりで、昔日のごとく、野中の一本杉のやうには見えなくなつた〔佐藤紫仙「千束町の印象」『新小説』第一七年第四巻、四月一日発行：九七頁〕（図4―24）

●株式会社十二階創立事務所株式募集（図3―27 二三四頁参照）
　目的／浅草公園十二階観覧、美術工芸教育その他諸参考作品の陳列、動植物の陳列、諸般の遊芸、各種の演芸、活動写真、飲食店並貸席、飲食物その他諸物品の販売。資本金／金三十万円（一株金二十円）。申込証拠金／一株に付金三円。申し込期限／明治四十五年五月二十八日限、但し

図4-24　浅草国技館（左）［『浅草六区』台東区教育委員会, 1987：57］

満株の際は期日前に締切候。株主の優待／十株以上の株主に対しては無料入場券を、五十株以上の株主に対しては特別優待券を贈呈す。利益配当／浅草公園十二階及び附属演芸場一切を買収し、演芸場、観覧席の改築拡張をなして営業するものなれば即時より利益配当（年三割の見込）を為し得ること確実なり。本社の特色／浅草公園中著名なる本邦唯一の十二階高塔は、盛夏の候最も好適の納涼場たるをもつて、暑熱の苦痛を受けず安楽に観覧することを得べく、加ふるに塔上には四時甘酒の無料接待あり。階下の余興演芸は十二階一流の珍芸と称せられ、満都の人気を集中し連日満員立錐の余地なき盛況なり。本会社の土地は他の興行物敷地の如き借地にあらず、土地建物は悉く自己の所有なるをもつて、財産として最も安固なり。而して十二階の建築は工事完全なるをもつて、その筋より常設館の認可あり。
取扱銀行／豊国銀行浅草並木町支店、農工貯蓄銀行浅草支店（雷門前）
東京市浅草公園十二階内（下谷電話四五四九番）
株式会社十二階創立事務所　設立委員長　松崎権四郎
［東京朝日新聞、五月二一日］

震災倒壊までの大正年間の凌雲閣

▼本間国雄の印象を読むと、凌雲閣の高さはやはり昇ったものに、不思議の視覚をあたえるものであったようだ。田山花袋は十二階の中味にはまったくふれず、頂上からのパ

ノラマの地理のみを熱心に語る。一九一四年（大正三）になって、ふたたびエレベーターがつけられる。宮尾しげをの実地検証をよむと、このエレベーターは六階までであって、当初の八階までとはすこし違う設計のようだ。堀覚太郎によれば、アメリカのオーチス社製のものが明治三〇年代をつうじて日本でも設置され、国産の研究も進んできた。凌雲閣でのエレベーター復活と同じ年の一〇月には、東京三越呉服店の建築が竣工し、乗客用昇降機五台が設置されて、実用化の時代がはじまるという。「時代の要求に応じて」とは、そうした動きを意味するのであろうか。

　すでに建設から四半世紀が過ぎようとし、あいかわらず東京観光のシンボルではあったが、この時期においても、すでに十二階の歴史は発起者・設計者・建設目的など、ひいては建設年にいたるまで、虚実が入り交じっている。ひどいのが読売新聞での五回連載の「十二階物語」で、悲劇の「死の塔」として歴史をものがたるが、建設者のくだりや自殺者のさまざまなど誤報が満載されている。この情報の利用には、慎重な裏づけが必要である。しかし新聞に載っただけに、影響も大きかっただろう。戦後の植原路郎の記述など、これをもとにしたと思われるところも多い。

　そのすこし前の日に掲載された記事は、十二階のとりこわしの協議を主題にして、それを受けたものか都新聞が塚本靖工学博士のアメリカでの爆破による壊しかたの記事を載せている。これらはみな、一九二〇年（大正九）三月一日に起きた隣接の吾妻座の火事に端を発したものだと思われる。

　そうした論議を意識しつつ、震災予防調査会の大森房吉たちが振動実験をおこない「煉瓦塔が根本において破壊せられたる上、全構造物が転倒するがごとき災害は決して有るべきはずなきものとす」と結論づけたのは、一九二一年（大正一〇）であった。

　株式会社十二階の経営をめぐっては、訴訟さわぎも起こるが、興行場としての十二階劇場はさまざまな興行でにぎわっていたらしいことは、当時の新聞の「えんげい」欄がものがたっているが、ここには採録しなかった。

一九二二（大正一一）年

●十六日開館／株式会社浅草公園十二階（図3-28　二三七頁参照）

見晴しよく、娯楽に富み、自然の運動に適す。▲入場料

たつた五銭の外、中銭なしで九階目にて甘酒の御接待を致します（以下略）［東京朝日新聞　九月一六日］

一九一三（大正二）年

●北原白秋／
欲のつかれか、冷汗か、
鐘が唸《うな》れば権兵衛の
野暮な胸さへしみじみと、
金の入日の凌雲閣《じふにかい》傷みながらに蒔いてゆく。
けふの恐怖《おそれ》に蒔く種は
かなしみの種、性の種、黒稗の種。
［北原白秋「種蒔き」『東京景物詩及その他』東雲堂書店、七月一日発行：一六三］

一九一四（大正三）年

●十二階上より　ペカペカの鏡を張つた国技館と、ゴチャゴチャした銘酒屋の間に、聳え立つた十二階の上から俯瞰すると、小さい家々に出入する女や巡査のヨチヨチ姿は、どうしても人間とは思はれぬ程、不思議な形に見える。六区の方は未来派の画のやうに、赤や青の原色が渦を巻いて、玉乗りの太鼓の音と、活動の楽隊の音とが、地の底から湧き出るやうに聞えて来る（図1－27　六七頁参照）［本間国雄『東京の印象』南北社、一月二八日発行：二四］

●浅草公園の朝　白みそむる暁の公園には、水の底で見るやうなおびえた灯が、またたきもせずに沈みがちな眼を開けてゐる。まだ覚めやらぬ十二階の先端には、夢のやうな朝がしづかに漂うてゐる。寝足らぬ顔に、爛酔の夜の高潮に達したけはひは、全く影を潜めてゐる［本間国雄『東京の印象』南北社、一月二八日発行：一七二］（図4－25）

図4-25　本間国雄「浅草公園の朝」『東京の印象』1914：173

●公園廓外であるが、近くに凌雲閣がある。螺旋状の階段を上つて最上層に至れば、地上はまるで寸馬豆人、目も眩めく如くである。東京の市街はもちろん、遠くは富士まで双眸の中にあつまる。この高塔は越後国長岡の生糸商福原庄三郎が渡欧して高屋を見て帰朝後、伊太利人に命じて十三万七千円の建築費で建て、のち岸某の手に渡つて種々の余興をなす所となり、一時は入場者が一日一万八千人もあつた［武藤忠義『帝都案内』中興館書店、九月五日発行：二〇八-九］

●公園の異彩（図3-11　一九〇頁参照）　時代の要求に応じて出来た十二階のエレベーター、頂上には美人連のサイダー招待あり［東京朝日新聞　五月三日］

●十二階の定時株主総会　株式会社十二階にては、昨日午前十一時より、地学協会において第五回定時株主総会を開き、年六分二厘の利益処分案を可決したり［読売新聞　一二月二九日］

一九一六（大正五）年

●十二階訴らる／株主の一人から　浅草区田島町五、斉藤正二郎は株式会社十二階の社長松崎権四郎を相手取り、株主総会無効確認の訴訟を、村上弁護士を代理として東京地方裁判所の民事部に提起せり。理由は昨年十二月二十六日浅草千束町貸席あづまやにて、十二階の第七回定期総会を開きたる際、原告より財産目録及び金銭貸借表、大正四年度後半期決算表の提出方を求めたるに、被告は株主過半数以上の承諾を得居る故、示す能はずとて拒絶され、かつ同会社が創立の際三割以上配当すべしとの約束なりしに、欠損続きなるより、遂に訴訟を提起するに至れるものなりと云ふ［東京朝日新聞　一月二六日］

●十二階　今では別に驚く程の事でもないが、国会開設の明治二十三年に、隆々として天聳《そそ》り立ち、東京市の半空を占領したる凌雲閣の出現は、二十余年前の市民をして驚駭《きょうがい》讃歎措く処を知らざらしめたものである。東京名所の一として浅草の十二階が今日あるに至つた事は、好奇と野心と成金と落伍と発狂と死との背景《バック》が、一階は一階より幾多の変遷を重ね来つた異彩に拠つてゞある。東都唯一の歓楽場は、公園世相史の舞踏場《バレエ》として、厖大十二階の如き者を迄も、幕外に逸せしめなかつた。十二階は明治廿一《ママ》年六月、新潟県長岡の織物商福原庄太郎が東京帝国大学教授伊太利人故バルトンの設計に依り、国会開設の記念建築物として十万円を掛け建設に着手したるも、七階迄出来てその資金は全滅し、一時立腐れの悲境に陥つた。浅草の有志今井喜八、江崎禮二、大瀧勝三郎の三君、資金を投じて協力し、十三万六千円をもつて十二階完成の目的を達した。地下を掘る廿尺、地上よりの高さ百廿《ママ》二尺、始め一人十銭なりしが見物人少なく八銭に値下げしたが、尚々少なく大いに持て余してゐた処へ、一人の成金が飛出して来た。十二階の下に西京焼と云ふ焼芋屋をしてゐた岸源三郎は焼芋屋で儲けて、一杯呑み屋の飲食店で又儲け、人の知らぬ間に十万円近くの金を溜めた。四十三年その金で忽ち十二階を買受ると共に、夜中五階迄登らせる事にした。これが当りて七階に登らせ、また当つて十階迄登らせ、儲けた金で梅坊主一座を雇つて、階下へお神楽堂に似た家台《やたい》を作つて余興的に見せた。落語家三遊亭金朝はその隣に住つてゐた頃だ。日本手品を掛ける、京の六才踊が来る、伊勢の太神楽を呼んで大当りに当つて、岸は大々的の成金になつた処が、向島へ料理店女夫《めおと》風呂の太陽閣を作つたのが失脚の基で、大失敗をなし、大正二年十二階株式会社を設けて、その大株主で重役で有た者が全部の株を売却し、裸一貫で今は巣鴨に退却して了つた。会社の成立は大正二年五月十五日、資本金三十万円二十円全額払込済、取締役社長松崎権四郎、専務取締役佐々木一義、取締役岡田末吉、中村伝右衛門、松崎文治、監査役島田友治、石山清之助、相談役米本鉄太郎の諸氏、営業部主任高瀬富昌君である。会社前に神楽堂を取払つて現今の余興場を作り、美音館を宿無しにされた都桜水、港家小亀、丸一弥之助等が実演旧劇を演じた。今東京館に役者振つてる藤井弥之助は、この丸一の弥之助である。その跡へ有田松太郎鶴若《つるじやく》等が集まり、四年十一月よりは村田正雄が低級者へ劇智普及を標榜して納まり掛けたるも、却つて低級者に捨られて退却した。五年一月一日より、村田に代つて現今の坂田半五郎一座の旧劇実演になつてから、漸やく客足を呼返して来た。この余興場は十二階へ登る料金七銭を払へば縦覧が出来るので、客は地方人が四分以上ある［米山蟻兄「浅草公園観せ物総捲り」『新演芸』第一巻三号、玄文社、五月一日発行：一二一八］

一九一八（大正七）年

●十二階の眺望　浅草の十二階に限らず、道灌山とか、ニコライの堂とか、さういふ高いところに登つて関東平野を環のやうにめぐる山嶺の連亘を見ることは興味のおほいことである。東京に住んでゐながら、さういふ大観があるといふことも多くの人は知らずにゐるが、実際、十二階から見た山の眺めは、日本にもたんとない眺望の一つであるといふことを言ふのに私は躊躇しない。

それには秋の晴れた日に限る。十一月の末から十二月の初旬頃が殊に好い。東京では十一月はまだ秋の気分が残つてゐて、ところどころに紅葉などがあり、晴れた日には、一天雲霧をとどめずと言つたやうな好晴がつづくから、殊に一日の行楽としては、その時分が最も適してゐる。

十二階の上で見ると、左は伊豆の火山群から、富士、丹沢、多摩、甲信、上毛、日光をぐるりと細かに指点することが出来る。

第一に眼に着くのは富士である。東海の帝王、実際屹然として群を抜いてゐる。その下にやや左に偏つて、足柄群山が見える。二子山、駒ヶ岳、神山、矢倉岳の右に飛び離れてゐるのもそれと指さされる。箱根群山から左には天城火山群が横たはつて、その連亘の末は碧い碧い海になつてゐる。天気の好い日には、大島の三原山が独り海中に烟を吐いてゐるのが見える。

箱根火山群の右に、かなた高い山群がある。それは丹沢山塊で、東海道線の山北駅の右に聳えてゐる山である。この丹沢山塊から少し離れて、丸い独立山が黒く見える。これは相模の大山である。

丹沢山塊と多摩山との間は、山が重なり合つてゐて、ちょつと、区画がよくわからないが、仔細に注意して見ると、おのづからその間に影の濃淡がある。この間に甲州の山中湖から出て、郡内を貫流して、相模野に落ちていく桂川の谷が横たはつてゐるのである。そしてこの間を中央線の汽車は例の長い無数のトンネルを穿つて通じてゐる。八王子町はしかし山と山との陰になつて見えない。しかし注意すると、玉川が武蔵野に流れて落ちて来てゐるさまはそれと彷彿することが出来る。

多摩の連山は複雑してゐる。ゴタゴタとどれがどれだか仔細に指さすことができない。しかし一番早く雪で白くなる峯が見える。

秩父連山がその右に連なつてゐる。そこで一番よく見えるのは、武甲山である。ちよつと駱駝の背のやうな形をしてゐる。平野に君臨してゐるので、鬚眉みな明らかである。この右が秩父に入つて行く正丸峠、それからずつと手前に武蔵野のひろいひろい野が横たわつてゐる。荒川は布を引いたやうに、殊によくはつきりと見える。川越の伊佐沼も夕日に光つて見えてゐる。

この秩父山塊に、冬はいち早く雪で白くなる奥山が見える。幾重にも幾重にも重なり合つてゐるのである。それは甲信の境にある高い山で、甲武信ヶ岳、国師ヶ岳などと言ふのであるといふことである。

秩父山塊はやや縦になつてゐるので、北に面した方はゴチャゴチャと一緒になつてゐる。従つて両神山の城壁のやうな勇姿は、あまりはつきりと見ることが出来ない。

秩父から右は、上野の山が見える。赤城が最も近く、はつきりとその山容を関東平野に露はしてゐる。それに接して榛名火山群が見える。

それと御荷鉾との間に、奥深く浅間山の噴煙がそれと指さされる。妙義の嶙峋は極めて低い。浅間の右は角落火山群、その右が草津附近の山、赤城と榛名との間には利根郡の武尊山が高く見える。

赤城から右は、白根連峰、足尾の庚申山も、その前のところに小さくなつて見えてゐる筈である。そしてこの間を渡良瀬川の一水が長く流れ出してゐる。

二荒火山群の偉観は、箱根を前景にした富士火山群と好対照を成してゐる。男体を主峯に、大真名子、小真名子、太郎、それからやや離れて女峰が屹然としてゐる。中禅寺湖の所在もそれを明らかに指点することが出来る。赤薙の平野に落ちてゐる形も面白い。

二荒火山群から高原火山群、その下にひろい那須野がそれと指点される。その那須野の右に碧く聳えてゐるのは磐城の八溝山である。そして海中の孤島のごとく、筑波の双尖は平野の中に立つてゐる。

更に東南を見ると、東京湾が一目に見える。上総の鹿野山が碧く浮き出すやうになつてゐるのも奇観である。鋸山はやや遠いが、それでも全然見えないことはない。

実際、十二階の上の眺望は、天然の大パノラマである。是非一度は登つて見なければならないと思ふ〔田山花袋「十二階の眺望」『一日の行楽』博文館、一月一六日発行：三八五―九〕

一九一九（大正八）年

●竹久夢二／

浅草の十二階より見渡せば御代は聖代文明開化
何故の涙ときくや汝《なれ》も見よ。上州の山、甲州の山
東京百美人の写真ももはやなしいまは流行《はや》らずなりしものかも

〔「十二階」『山へよする』新潮社、二月一〇日発行：一六一―

二〕

一九二〇（大正九）年

●吾妻座焼失す／総五階千二百坪の建築／十二階にも延焼／損害約百五十万円　焼死一名重傷数名　一日午前八時半頃浅草千束町二の四、五六号日活所有劇場吾妻座三階なる座頭、納子の化粧部屋より発火したるを、大道具係鈴木重蔵が発見し、宿直の夜警係番等に急報し消止めんとしたるが、火は既に天井裏一面に燃え拡がり、施す術なく立騒ぐ内、忽ち楽屋全部を焼き、更に舞台より観覧席に燃え移り、総五階の大建築一面火となり、凄じき勢ひを以て十二階下なる同館附属演芸場楽屋の屋根裏に延焼し、一方十二階の七階より八、九階の窓枠に飛火し、ますます延焼せん勢ひなりし（以下略）〔東京朝日新聞　三月二日〕

●江戸一の摩天楼／十二階を取払うべしと／昨日寄々協議す　東京名所図絵の立看板浅草の十二階も、明治廿三年伊太利のコンドル博士が設計してから、星移り、その煉瓦の赤い色も臙脂に変るが如く、初代の主浅草山の宿五二江崎定吉の手から四代主を代へ、やれ剣呑だから取毀せ、毀したら謝礼金一万円也でも、一寸請負ふ茶人の無いに困り切り、明治四十五年七月、株一万五千資本金三十万円で、専務佐々木一義外六名の役員が株式組織とし、『塔にお上りながら甘酒進上、下でお遊びながらお芝居』と安興行で繁昌していたが、一日の吾妻座の火事から、附近千束町一帯の住民は十二階取壊しの決議をして居る。この案さへ双方協定出来たら、東京の一つの俤《おもかげ》は永久に形も見えぬやうに成る。三日午前、現場に出張した警視庁平保安課長は語る。『仮にも他人の建築物であるから、付近の住民も協定を得ねば取壊せぬ。あの煉瓦は耐火質のものではない。万一取毀した暁は保安課の重荷が下りる』と、なほ附近住民は三日朝来、寄々協議中である〔読売新聞　三月四日〕

●十二階を種に大金儲　◇塚本工学博士の奇抜な考案／◇根元から打倒すは容易な技／◆辛くも類焼を免れた浅草の十二階を、根元から打つ倒したら面白からうぢやないかといふ話が、或る会社の席で持ち上つた。あの大きな図体で地上に打つ倒れたら、その地響が界隈の人家は筋斗〈もんどり〉打つて躍り上るであらう。それが甚だ迷惑ではないかといふと、その迷惑を除く方法は幾らもあると、座客の一人の塚本（靖）博士は白い髭を捻つて微笑みながら語るところを聴く。◆亜米利加では善く高い煙突を根元から打ち倒しますよ、私が彼土《あっち》へ行つてゐた時にも、或る製造場の百五十尺もある煙突を打ち倒しましたが、実に壮観でした。多数の見物人は大地震のやうな地響と共に、濛濛と揚る砂埃を浴びながら熱狂的の歓呼を揚げました。◆煙突を倒す時の条件として、その倒さうと思ふ方向に、煙突と同じ長さの空地が必要です。工夫は先づ、鏨《たがね》で倒さうと思ふ方の煙突の根元の横腹の煉瓦を、コチコチ壊します。一枚々々壊して行く煉瓦の跡へは、直に材木を詰込んで行きます。かうして丁度その煙突の直径三分の二位まで煉瓦を壊し、材木を填充するのです。詰り煙突の横腹に大きな孔を明けて、煉瓦の代りに材木が填められるのです。◆この工事が終ると、工夫共は其の材木に火をつけて大急ぎで退却します。遠巻に取巻いてゐる群集が、手に汗を握つて眺めてゐます。煉瓦代りに填めた材木が焼け切つて、煙突の腹に孔が明くと煙突は凄じい地響と共に、その孔の明いた方へ倒れるのです。◆これと同じ方法で、界隈の人達に迷惑がられてゐる十二階を倒すと云ふことは、痛快ぢやありませんか。十二階の持主は、誰がなんと言はうと打壊さないと頑張つてゐるやうですが、内実は壊すに費用が掛るから空威張をしてゐるのでせう。自分の費用で壊はさせて呉れといへば、屹度承諾しますよ。そこで大金儲けが出来るのです。◆十二階から続く吾妻座の焼跡の空地は確かに廿間はありませう。いよいよ打倒すとして東京の人達に見物させます。只で見せるのではありません、入場券を売つて見せるのです、物見高い土地ですから何萬人といふ入場者がありませう。一人十銭づつとして何千圓になります、別に活動写真師に特約して工事の最初から活動写真に撮らせます、倒壊刹那の凄じい光景などは、活動写真に取つては此の上もない好材料です。◆活動に撮つた写真で、全国へ巡廻興業をします。これでも大した金儲けが出来ますよ。倒壊の時の地震で、界隈の人家がデングリ返しになるといふなら、倒さうとする方向へ大きな池を掘ればよい。何なら前の瓢箪池を利用するのが尤も好い。水の中へ倒れれば大した地響《じひびき》がしない。但し近所一帯は、大夕立の降る位の覚悟をしてゐなければなりません。誰かかういふ大金儲を行らうといふ人はゐませんかと、博士はまた白い髭を捻つて笑つた［都新聞、三月六日］

●『十二階』物語　悲劇『死の塔』（一）建設の当時／▽懲役人が掘った瓢箪池／▽建設者行方不明となる

明治十九年に、数百人の懲役人がせつせと土地を掘つて出来上つたのが、今日の浅草公園内の瓢箪池、浅草公園はこの地を中心にして完成したのである、その肩摩轂撃の客を利用して一儲しようとしたのが、越後長岡の織物問屋福原正太郎と云ふ男。瓢箪池の北方の今の花屋敷等のある辺りには、花井と云ふ花魁上りが始めたので有名な花井屋、敷島屋等の料理店や、松井源水の家があつて、その後ろは田圃でこれが吉原にと続いた。そしてこの料理店の後ろの田圃に高い塔を建てて、人を乗せて料金を取らうと企んだ福原は、早速当時帝大工科の教授であった伊太利の技師故バルトン氏に頼んで設計をして貰ひ、十万余円を投じて、今の七階迄を建設したのである。然しそれ以上を建てるにはもつと金が要る。十万円の金を作るのにも、本人が郷里の地所家屋等を全部抵当に入れての事であるから、最早それ以上の金は一文も出来なかつた。郷党にも計り、その他知人の所を奔走したが、誰も相手にならない。彼は狂人扱ひにされたのだ。いよいよ金が出来なくなると、彼は真物の狂者のやうになつた。この時この事業を継続して引受けようとしたのは、浅草の豪商で大瀧勝二郎と云ふ今の花屋敷の持主の先代で、大勝と云ふ有名な鬘《かつら》屋、それに市会議員で弁護士の今井喜八、写真屋の江崎礼二、この三人が約三万六千円を支出して、十階迄を煉瓦で積上げ、それから上の二階は木造で作り上げた。塔の高さは二百廿尺、工費総体で十五万円であつた。一方この事業をあきらめた福原はもはや見る影もない姿となつて、木賃宿に身を置く境遇となつたが、彼は完成した十二階を眺めては、『七階までは俺の物だ』と云つてはボロボロ涙をこぼしてゐたが、その後何処へ行つたか、行方不明になつてしまつた。十二階の悲劇はこれからそろそろ始まる。［読売新聞、三月一二日］

●『十二階』物語　悲劇『死の塔』(二)　呪ひの始り／▽土工が最初の投身者／▽大傘を持て役者飛ぶ

この十二階の建設中に、茨城県の安井寿太郎と云ふ土工は、浅草今戸町の請負師八田組から金廿円を借りたが、明治廿四年になつても返す事が出来なかつた。八田組は執拗に三年越しこの廿円を催促したので、気の小さい安井はとうとうこの年八階から身を投じて自殺した。当時まだ護謨のやうにぶくぶくしてゐた地面に、彼の身体は三尺も埋まつて、眼球飛び出し悲惨な死に方をしたのださうだ。これを見た近所の人達は『十二階は死の塔だ』と云ひ触らすやうになつた。当時入場料十銭で相当に客足の附いてゐたのが、このためにパツタリ止んだ。続いて壮士役者上りの吉田駒次と云ふ青年が、その頃スペンサーと云ふ風船乗りが上野公園で風船の上から落下傘で見事に地上に降立つたのを見て、こやつ一番真似をしてやれと観音堂前の鳩にやる豆屋の大きな傘を借りて来て、塔の上に上つた。人々は興味をもつてこの珍しい企てを待つてゐると、彼は七階目から満開にした傘をもつて勢よく飛降りたが、目でも暗んだか傘の柄を途中で放してしまつたから堪らない。彼は忽ち墜落して惨死を遂げた。次で卅五年に入ると、彼の有名な藤村操の華厳の瀧の投死があつたので、しきりにここから自殺する人が増えた。明治四十年夏に、人足体の男が頂上から投身した。今迄九階以上から墜ちた者は六人あつたが、この男以来上の方から飛降りる者が出来て来て、今日まで丁度合計十名を算するさうだ。その後麻布辺の女で飛降りた者があつたが、その死に様が余りに凄惨だつたので、三人の持主はこの時、もう十二階の経営は廃めようと云ひ出した。もつともこの頃の入場客は僅か十四五名であつたから、月々損計り見てもゐたのだ。［読売新聞、三月一四日］

●『十二階』物語　悲劇『死の塔』（三）呪ひの始り／▽観劇中突如女刺殺さる／▽洗髪お妻が仇名の因縁

そこで明治四十三年に取壊さうとの意見が出て、三千円を附けてやるから誰でも取壊せと広告したが、三千円許りでは誰も手を出してがない。三人の金主は困つてゐると、ここにこの厄介な塔を買取らうと申し出た者がある。当時十二階下に西京焼と云ふ焼芋をやつた男があつた。京都の扇子問屋で岸源三郎と云ひ、焼芋の外に種々の飲食物を極安で売つてゐたのだが、農工銀行支店長岩澤由美雄氏と知り合ひになり、そこの割引掛りの藤田孝次郎と云ふ、今井喜八氏の甥とも懇意になつた所から、遂にこの男と、外に聖天町の泉澤公斎と云ふ人と三人で一万五千円で、この死の塔十二階を買取つてしまつた。そして人を昇らせる許だから客足が薄いのだと、近所の家の屋根の上に演芸場を設けて客を呼ぶやうにした。さて十二階乗取りに巧々成功した岸は、藤田がもはや不用になつたのでこれを巧みに追出し、地所は今迄根岸の斎藤善夫云ふ者が持つてゐたのを、二万五百円で二百五十坪を手に入れ、これで土地も建物も皆岸の物になつてしまつた。しかも元々無一物の彼が巧み銀行から金を出さして、これだけの仕事をしたのだ。のちに彼は向島に太陽閣を作つて、一時人気を博したがそれも失敗に帰して京都に帰り、二三年前に病死したとのこと、それから初め五銭の入場料だつたのが後八銭、十銭となつたが、この時再び元の五銭に引戻した上、甘酒をも附ける事にしたから、見物は弥が上にも押掛けて来た。当時三遊亭金朝が演芸主任で、屋根上の演芸場には八木節とか京都名物の六斎念仏とか大神楽とか田舎の演芸物があり、都桜水も初めてここに出演したが、新派劇『想夫恋』の開演中に、土間の客席で突然若い男が若い女を刺殺した。これはこの芝居に似た境遇の二人だつたが、身につまされてこの凶行を敢てしたのだ。従来塔内には、百美人の写真と大声蓄音機と自働音楽機等があつた。彼の洗髪おつまは、髪を結う間がなくて洗髪のまま写真に影《うつ》つて、それで有名になつたとの挿話もある。［読売新聞、三月一五日］

●『十二階』物語　悲劇『死の塔』（四）取壊しの発端／▽東郷元帥で品位快復す／▽地盤が焼れば当然倒壊

明治四十五年に株式会社にする事となり、松崎権四郎の母堂が十二階崇拝な所から、松崎氏を社長に推し、村田正雄一派の芝居が掛り、日比野雷風の肝煎で東郷元帥、川村、伊東の各大将が見物に来て、品位を上げた。吉原大火後は、ここからよく見えると広告して客足を増したが、しかし思はしい儲けもないので、これを貸館にする事となり、種々の人の手に渡つて、今日ではその昔岸が焼芋屋をしてゐた時に、炭を納めてゐた遊間と云ふ炭屋さんに一日八十円で貸てある。エレベーターは取つたり外したりしてゐるが、これは建物の上からよくないのださうだ。さてこの建物は建築学上、果して危険のないものか何うか。これは附近の住民に取つても、また東京唯一の名物の存否に取つても、重大な問題だ。工科大学教授の塚本博士は、数年前に此塔の如何に危険状態にあるかを明言した。その意見に依ると、すべての高塔はかねて倒壊する方向を定めて、少し傾けてある物だがこの塔の設計書なる物が全く発見されないから、それは不明であるし、死齢も断言出来ない。しかし彼の濃尾大地震の際に塔の中腹に亀裂を生じて、現今は鉄帯を嵌めてある位だから、既に十分危険期に在る物と断定が出来る。伊太利メネチヤの塔は、サン・マルユー氏が百数十年前に建てた物で、何等の異状も呈せずに千九百一年に突然崩壊した。博士はこれを目撃して来た。その塔は幸ひ海岸に樹つてゐたので海上に倒れたから、人家には何等被害は無かつたが、数年前に小名木川で卅尺の煉瓦煙突が突然崩壊した時の例から押せば、十二階が突然倒れれば方卅四五間の間の人家は如何なる惨害を被るか、ほとんど予想出来ぬと云ふ。ついてはこれを安全に取壊す方法としては、足場を掛けて上の煉瓦から取外すか、または倒さうと思ふ方向の下部に穴を開けて、木材を詰めその木材を焼き払ふと塔は倒れると云ふのである。［読売新聞、三月一九日］

●『十二階』物語　悲劇『死の塔』（五）取壊しの発端／▽倒壊で人家を持上／▽地震学者の取調べ

　現今株主の一人の明言する所に依ると、この塔は確に今西の方即ち吾妻座の方向に少し傾いてゐるから、この方向に倒れるやうにバルトン技師は設計して居た物に違ひないと。なほこの塔の下部は六間の深さに丈夫なるコンクリートで固め、そこを中心に四方に十字形に大きな杭が埋めてあり、煉瓦の取附け方も今時の胡麻化しでなく、頗る丁寧綿密であるから、一作昨年の大風にビクともしなかつた。一体この塔の対風力は、一平方呎《フィート》に対して四十封度《ポンド》であるから、日本の風はいくら強くても十五封度迄である、十階以上の木造部は吹取られても塔だけは決して倒れぬと事務所の人は豪語してゐる。しかしもしも風で倒れれば、地下に横たはる長い杭も一所に持上るから風上の人家も数軒は確に持上げられてしまふのだ。なほ内務省や警視庁の役人は、ときどき検査に来、昨年は地震学者の大森博士がわざわざ調査に出掛けたが、何れも明確な事は云はない。唯その筋から救命袋と階子とを備へ付ける様命令されてゐるが、それはまだ実行されてゐないやうだ。なほ六階以上に火を失したなら、今日の喞筒《ポンプ》では到底水を吹上げる事が出来ないから、今日でも夜間に人を昇す事は厳禁して火を置くことを全く止めてゐる。なほエレベーターが上下するのは、塔を動揺させて危険であるから、一日も早く中止させたがよいとの説である。そして塔の所有者等は、その筋の精密な調査を仰いで、どうとか始末をしたいとの事である。［読売新聞、三月二一日］

●旧世紀の遺物凌雲閣　今はただ前世紀の遺物として、はた田舎人士の東京見物の一ッとして保存されつつ、浅草に聳えてゐるのは名高い十二階である。活動写真が今の様に跋扈しない前に登つて見た事があつたが、其時には随分やけに高いなと思つたが、此間登つたら案外低いので驚いた。今は六階までエレベーターの便がある。しかし矢張り昔の様に殺風景な二百五十二段の梯子段をトボトボと登つた方が面白味があると思ふ。十二階を上り切ると二銭で望遠鏡を貸してくれる。老爺が一人空と睨めつこしてゐる。数年前此処から飛び降りて自殺した者があつた。以来周囲は金網で囲まれてしまひ、観客は小鳥同然の待遇《あつかひ》を受けてる［宮尾しげを「東京気分 浅草繁昌記」『日本一』第六巻第四号、南北社、四月一日発行：二〇三］

●当会社社長松崎権四郎儀予而病気之処養生不相叶本日午後十時逝去仕候間此段謹告仕候

大正九年五月九日　株式会社十二階

［東京朝日新聞、五月一一日］

一九二一（大正一〇）年

●一方には極端な位にまで分化した「浅草」にも、なほ分化しない依然たる混沌を続けてゐるものがないではありません。観音堂の広場に出てゐた砂文字のお婆さんはすでに見えず、源水の独楽や、永井兵助の居合い抜きやも久しく影を消しましたが、池の端にはなほ江川の玉乗りが忘れて置かれたもののやうに、貧弱な囃をときどき聞かせて居ます。十二階は始末にをへなくて、時の方があきらめを付けて、ただ一つぽつねんとして取り残されてゐます。それでも年に二度の藪入りの小僧さん達に、小将門位の野心を起こさせる効能はありませうが、浪花節の定席も、萬盛館の落語大会も、「浅草」の空気には少々住み悪いもののやうに思はれます［権田保之助「ポスターの衢」『大観』第四巻第四号、四月一日発行：二二一］

●午後五時　凌雲閣　人間には妙な性癖が有る。少しでも高い所から人を見下ろすと愉快を感じるらしい。明治十八年頃ださうナ。五重の塔修復の時、足場を掛けて登らせたら大変儲かつたと云ふ。そこで香具師が今の富士館辺りに富士山の模型を築き上げ、金五銭で登らせたら案のごとく大繁盛だ。すると、最後に凌雲閣が出現して富士山を蹴散らかしてしまつた。これが明治二十三年から今日に至るまで浅草の標的《シムボル》となつて肩をいからして聳ゆる十二階。三人死んだから三死十二階は落語家の云ひ草だが、自殺を企てる不所存者を防ぐために十一、十二階は金網が厳重だ。その鳥籠のやうな中から「あの丸いのが国技館かい」「あつちの白い燐火箱《マッチ》の行列が吉原だよ。どうだい公園にウヨウヨする人間共の小さいこと、まるで蛆虫だね」と怖る怖る覗き込んでは、征服者の得意さを顔の筋肉に表示させる［吉岡鳥平『甘い世の中』弘学館書店、六月一八日発行：九〇］

●凌雲閣事十二階は、以上六区の廓外に在るが、ある意味では浅草の興行物を代表して聳え、最初越後長岡の生糸商福原庄三郎が仏国エッフェル塔を見て来て、伊太利人に設計させ十三万七千円の工費でこれを建てた頃は、純粋の登覧用として公開されたが、その後興行師の手に移り、諸種の遊芸が催されて一日の入場者二万内外を算したこともある〔矢田挿雲「浅草公園の今昔」『江戸から東京へ』第二巻、東光閣書店、七月一五日発行：一三六〕

●浅草凌雲閣振動験測　理学博士 大森房吉

緒言　浅草公園内十二階塔凌雲閣は、明治二十三年に築造せられたる一種の八角形観望台にして、総高さ百七十二尺四寸あり。第一階より第十階までは煉瓦造りにして高さ百三十尺四寸に達し、等一外径四十尺にして壁の厚さは左のごとし（渡邊、竹腰、高橋三氏実測による）。

（イ）最下三階…三尺二寸　（ロ）第四階第五階…二尺八・四寸　（ハ）第六階第七階…二尺四・八寸　（ニ）第八階乃至第十階…二尺一寸　塔の内径は（イ）の分三十一尺より（ニ）の分三十四尺の間にあり。外側支柱は八角点に設けられ第九階迄に及ぶ。第十一、第十二両階は木造なり。第一図（図4-23）は、渡邊、竹腰、高橋三氏が明治四十四年に実測せられたる図面の縮写にして、その計算に依れば全構造物の総重量は約四百三十万封度となり、重心点は地上五十九・九尺の高さにあり。

耐震的関係　凌雲閣は一種の大なる煉瓦煙突の如きものにして、構造単一なれば、割合に堅固なるべき筈なるも、許多の窓を設けたるにより、大いにその耐震力を減却することとなれり。すなわち煉瓦壁の面積を減少せるにより、激震に際しては、窓を通じて用意に数多の破罅を生ずるものとす。明治二十七年六月二十日午後二時頃の東京激震のとき、市内本郷の堅硬地方における振動の強さは、一秒に付き四百四十四ミリメートルの加速度なりしが、浅草公園の柔軟地域にての振動は、一秒に付き加速度約一千ミリメートルの強さに達せるものなるべく、凌雲閣は上下の窓列を通じ、煉瓦壁に裂罅を生ぜること頗る甚だしかりしをもつて、ただちに損害を修理し、各階床の上縁及び下縁に接し、幅三寸、厚さ5／16寸の帯鉄物を壁の内外両側に施し、1／2ボールトをもつて壁を通じて緊縛せるのみならず、天井に接して同寸法の帯鉄物並びに1 1／8寸の鉄棒をもつて対角線に沿ひて締め付たり。これらの修繕が効果ありしたためならんか、翌明治二十八年一月一八日の激震のために格別の損害を加へたることなく、ただ第三階西側壁、第五階南東側壁、第六階西側及び見てみ東側壁、第七階西側壁に少しばかりの裂罅を生じ、もしくは古き裂罅を少しく拡大せるに止まれり。ただしこの第二回地震の東京における震動の強さは、前年のときに比すれば僅かに二分の一に過ぎざりしなり。（中略）

結論　凌雲閣の振動期（一・〇八秒）は大地振動の振動期（一秒乃至一秒半内外）に比して長きものに非ざるをもつて、同塔は短柱の部類に属し、その根本において最大の地震破壊作用を感ずることとなり、普通煉瓦煙突が高さの約三分の二附近において震害を受くるものとは趣きを異にすべきなり。浅草公園の柔軟地域における地震振動期は〇・九秒もしくは一・〇秒にして、凌雲閣塔の自己振動期とほとんど相等しかるべきをもつて、強震に際しては塔の振動を助増するの効果あるべし。ただし煉瓦塔が根本において破壊せられたる上、全構造物が転倒するがごとき災害は決して有るべき筈無きものとす。将来東京に激震ありとへば、その強さは一秒に付き約二千ミリメートルの加速度に達することありとも、凌雲閣の震害としては壁に許多の裂罅を生ずべきも、すでに鉄条の修理が有効に存続する限りは煉瓦壁が大なる片塊となりて落下するにも至らざるべしと信ぜらる［大森房吉「浅草凌雲閣振動験測」『建築雑誌』三五巻四一七号、日本建築学会、七月二五日発行：二一―二三］（ほぼ同じ報告が『震災予防調査会報告』［九十七（甲）、一九二一年一一月一〇日発行：八―一二］に掲載されている）（図4―26）

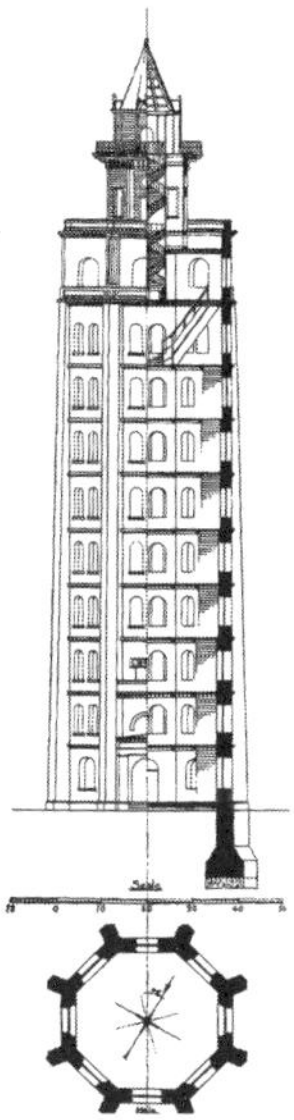

図4-26　浅草凌雲閣構造図
『震災予防調査会報告』
第97号甲［1921：10-11］

一九二二（大正一一）年

●美しい最初の印象　今から廿有五年前、十二歳の少年の時に、初めて浅草の十二階に昇つた。当時、親父が奥州仙台から九州小倉に転任する途中、このズーズーに半分成りかけた少年を引張つて江戸見物に立寄つたのだ。親父はお役目で東京に用事があつたのだが、こちとらは、初めて東京が見物出来るといふので大喜びだつた。そこで家僕をしてゐた当時仙台医学専門学校の生徒だつた男が、早速吾々の手を引いて、浅草へ赴いたものだ。この医学生は、その前年辺り上京して吉原を見物したことがあると見えて、今から思へば吉原の方向を一心に眺めてゐたやうだ。そして、早く十二階から下りて、吉原へ行かうとしたらしかつた。しかし、吾々兄弟は、十二階を降りるや、その附近にあつた玉乗りや、その他の見世物に気を引かれて、無理に医学生の学僕にせがんで、それらの見世物に入つて見物した事を覚えてゐた。なんでもその時の印象では、やたらにすべての物が面白く賑やかだつたやうだ。十二階等も、それこそ、例の百美人の写真があつたらうし、頗る多数の人が昇り降りするのを覚えてゐる。望遠鏡等も、なかなか多数の申込みがあつて、容易に吾々の眼に来なかつたやうだ。その他、すべて話に優る美《うる》はしさ、面白さだと思つたやうだ。これは無意識時代に見物した印象、次は日露戦争当時に、中学を卒へて出京した。そして田舎出の中学卒業生の仲間と一所に見物したのだ。無論十二階へも登り、花屋敷にも入つたが、どうも少年時代に見たやうな、美しいとか、たまらなく面白いとかの感銘は皆無だつた。十二階はよごれて、さびれてゐた。花屋敷もごたごたと色々な物はあつたがダークの操つり以外は、皆真の子供だましの馬鹿馬鹿しい物であり、その他の見世物もあまりに下卑て、動物計りでなく、少年少女の虐待も目の前に見せつけられたり、荒んだ芸人達の浅ましい有様を見たり、小舎の中が皆汚く臭く、見物人も皆あまりに無知低級で、かつ悪臭を放つ手合なのに、全く吃驚して引上げた次第である。浅草は面白い所と云つて引張つて行つた友人の手前、はなはだ面目無かつた事を覚えてゐる。当時、細い臭い路地には、ちよいとちよいとと呼んだり、鼠啼きをしたりする、うどん粉を浴びたやうな女が、障子の隙間から、やたらに顔をのぞかせてゐたが、それらを瞥視する事は、全く醜悪そのものを見るやうで、淫情どころか嘔吐を催して引上げたものだ。従つて、もう二度と足踏みしまいと思つた。しかし、田舎から人でも来た時には、日比谷公園の次には、ここに引張つて行かなければならん事は、全く苦痛であつた［仲木貞一「笑ひの要求から涙の味へ」『恋と愛』第二巻第四号、天下堂書房、四月一〇日発行：三七］

●十二階は紫嬢や喜楽やの喜劇で呼んで居る。十二階は田山花袋氏が何時も盛んに推奨して居るが、ツイぞ登つて見る気になれない。これは五重の塔と比較仕て造られたものであるさうだが、エレベーターで甘酒は矢張り面白くない［井口菊奴「浅草案内記」『恋と愛』第二巻第四号、天下堂書房、四月一〇日発行：六五］

●浅草十二階「凌雲閣」公園の廓外ではあるが、凌雲閣がある。螺旋状の階段を上ぼること十二階、東京全市は一眸の中に集まる。十二階といへば浅草名物の一つであると共に東京の一名物［加藤好造編『遊覧東京案内』大東社、五月八日発行：一九一―二］

●増田大作／雨やみて空気澄みたれ十二階のゆうぞら高く仰ぎわが見し［増田大作『歌集 寒菊』潮音社、一九二二］

大正一二（一九二三）年

●東京全市大火災／浅草の十二階倒壊し／火災四十八箇所に起る　一日正午、東京市に大地震起り激甚を極め、浅草十二階の大建物凌雲閣は、第一に大音響とともに倒壊し、その下にあつた数十戸の家屋は全部滅茶滅茶に倒壊し、死傷者多数で、惨状目も当てられず（以下略）［東京朝日新聞、九月二日］

●焼失または破壊したのは、宮城の一部を始めとし、各国公大使館、竹橋歩兵連隊、警視庁、高輪御所、小石川砲兵工廠、東京駅、汐留駅、丸之内ビルデング、海上ビルデング、三越呉服店、新築中の歌舞伎座、帝劇、松坂屋、東京朝日、時事、読売、万朝、やまと、中外商業、東株取引所、商品取引所、内務省、帝国ホテル、陸軍士官学校、浅草門跡浅草観音堂、十二階その他著名の建物ほとんど全部で、殊に十二階の倒壊した際は、三段に折れて倒れた為に、下敷きとなつた六百余名が一時に圧死した。観音堂焼失の際は、三百名猛火に包まれ惨死した［東京朝日新聞、九月三日］

●爆破作業始まる／物凄い爆音に驚くな　市内焼跡で素人の手ではどうにもならない危険な建物を、陸軍兵隊の手で爆破させる事に決定し、各師団所属工兵隊がそれぞれ手分けて、二十日から爆破に取り掛かつたので、何も訳を知らぬ人達は物凄い爆音に吃驚しているやうだが、あらかじめ附近の交通を禁止して掛るのだから、別に危険はない故注意と安心が肝要である。最初に爆破した建て物は逓信省の倉庫五棟で、高田第十三師団の工兵第十三大隊第二中隊でやつた。昨二十一日は逓信省構内倉庫、本所電話交換局、中央電信局、大蔵省雷門郵便局その他で、二十二日は丸善神田郵便局同電話分局、二十三日は例の名所浅草の十二階のヘシ折れた残りを爆破するさうだ。爆破は威力の強い黄色薬で、この爆薬に掛ると物凄い爆音と共に頑丈な建物も粉末塵となるし、附近の仮小屋なぞもヘシ飛んでしまうさ

うだから注意が肝腎だ〔読売新聞、九月二三日〕

●十二階の爆破／名残の一丈の砂山　工兵隊の爆破作業も着々と運んで、二十三日はいよいよ浅草名物十二階の爆破を見る日となつた。浅草公園は午後三時頃から作業を開始するといふのに、気の早い見物は朝の十時頃から押寛け、時刻が迫ると共に、近くは上野の山から遠くは日本橋等に到る間の焼残つた家の屋根屋根に、鈴生りになつて見物した。

当の十二階は前日来工兵の一個中隊が総掛りで、十二階の根元の一階と二階の屋根に、火薬を装填する穴を二十八個を開け、その一つの穴に二百グラムの爆薬十二個宛を装填した。いよいよ最後が迫つた十二階は、午後三時三十分百八十米を隔つた瓢箪池公園に陣を張つた工兵隊の口火を持つ一隊に、その運命を握られた。

気を附けの喇叭を吹き、赤旗を持つて巡回する工兵警備の駆け廻る信号に群衆は遠ざけられ、南は広小路、西は三輪辺りまで見物が退けられ、浅草公園内は全く巡査と兵隊の外には人影がなく寂としている。たちまち一発轟然たる音響と共に仰げば、十二階はものの見事に何方へも倒れず、溶けるやうに原型を頂上から崩して、クチャクチャに無くなつてしまつた。時に午後三時四十分、見ると跡には一丈ばかりの砂の山が出来たが、まだ一本高い外壁の骨だけが残つた。それを二度目に爆破して、これで東京名物の十二階は無くなつてしまつたのである（東京電話）〔東京朝日新聞、九月二四日〕

●名物十二階の最期／明治二十四年来の浅草公園の誇り名所図絵に面影を残して居た浅草名物の十二階（凌雲閣）も、二十三日を名残として爆破された。浅草公園は、午後三時頃から作業を開始するといふのに、気の早い見物は朝十時から押かけた。当の十二階は、前日から盛岡の工兵八大隊が二十八個の穴を穿け、二百グラムの爆薬十二個づつを装填し、午後三時三十分たちまち一発、轟然と来て目を仰げば、十二階はクチャクチャと無くなつてしまつた、時に三時四十分、明治二十四年来の名前は永遠に地上から去つた〔東京朝日新聞、九月二五日〕

●万雷の響きと共に／幻滅の十二階／工兵隊が二個の爆破／見物人は子供のやうなハシャギ方

浅草唯一の名物十二階も、かつては危険物視されて、千円の金をつけても貰ひ手がなかつた代物だつたが、一日の震災であはれ八階目からヘシ折れ、それでも焼け野原に三週間余、残骸を曝してゐたが、廿三日午後三時四十分と四時の二回に亘つて市橋工兵少佐の指揮する八師団管轄盛岡工兵八大隊の手によつて、見事に爆破されてしまつた。なにしろ越後長岡の生糸商福原庄七が、仏国土産に例のエッフェル塔を模して、五万五千円を投じ、泉好治郎が請け負つて米人技師ダブーユブ、チーバルトンの指揮の下に健造し、明治廿三年十一月十三日から東都名物の一つとして、三十四年間、東京人士の遊覧場所となつてゐたし、特に浅草界隈の人は十二階といへば、一種の愛着を感じてゐると見えて、一時ごろからは塔を中心に半径三丁の円形を描いた警戒線に押すな押すなの騒ぎで、名物を永久に葬らうと詰めかける。一方陸軍の方でも、高さ二百二十尺、地盤建坪三十七坪五合の高塔を破壊するのは、今回が新記録であるので、他の工兵将校、技術本部幹部将校を始め、戒厳司令部の将校に案内せられて、外国新聞記者、活動写真班なども乗り込んで、いはばいい研究材料といふ形だ。火薬充填は一角三ケ所へ、八角で廿四ケ所であるが、最初東側の一角だけは装填せず、その代わり西側は二階まで填充し（火薬費二千八百円）三時四十分、合図のラッパが秋空に響き渡ると共に、ドドンと百雷が一時に落ちたやうな大爆音がした刹那、あの偉大な高塔も一堪まりもなく、大きな図体を西側の一部分を残して、メチャメチャに崩落する。まるで火事の煙のやうな紅塵が見物人の方へ襲つて来る、その一瞬時の壮観は絵にも筆にも現せない。一同ただ「アヽ」と嘆声を放つのみ。続いて四時に残りの一角も見事に崩され、警戒線が解かれると群集はワアとばかり、十二階の爆破跡に押し寄せ、小山のやうに崩れてゐるレンガに登つて「万歳」と子供のやうにハシャぐ。かくして三十四年の歴史を持つ十二階は、永久に東都から葬り去られたのである［都新聞、九月二五日］（図4－27）

十二階消滅以降の十二階

●震災図会 凌雲閣　俗に十二階と称し、明治廿三年一一月一三日から三十四年間、東都第一の高塔として、特に浅草の名物となつてゐたが、大正十二年九月一日の大震災で遂に消滅せり［大正一二年一一月八日発行、印刷兼発行人 東京都牛込東五軒町四十番地 荒木重三郎］（図4－28）

●十二階が出来て間もなくてつぺんから傘をさして飛び降りた軽業師があつた。無論敢ない最期を遂げて了つたが。かういふ興行に対して当時の警察は何等干渉もしなかつたものらしい。それから百美人といふのを並べた事がある。その事は凌雲閣の名と共に、佳人品評の賽会などゝ称して当時の支那の新聞の画報にまでなつたものである。お隣りの花屋敷には頂上に金の鳳凰を乗せた五階の建物があつて、そこでは大声蓄音機といふのを聞かせてゐた。三公といふ虎が一番の人気ものだつた。［水島爾保布「浅草漫憶」『聖潮』第二巻第一〇号、浅草寺出版部、大正一四年一一月一日発行：一二三］

●金子光晴／詩「十二階」

1

十二階のてつぺんに腰をかける
　日曜日の眺望……は花畑だ！
さはやかな風に　塔がグラグラする
わたしは雲のなかに乗出している
見世物や　旗幟　群衆も、
こゝからは棋盤〈しやうぎばん〉の様に静だ！
　…………遠眼鏡をとれ！
Troppetit《ツロープティ》だ！　欲望　歓楽　喧噪………
こゝはのどかな筑波山と富士だ！
人間の韻律《メロディー》と　悠久の思想　その涯で、

図4-27　遂に消滅す　都新聞 1923.9.25.

図4-28「震災図会 凌雲閣」
荒木重三郎発行、1923.11.8.

私は　その手すりで蒲鉾立《しやつちよこだち》をした。

2

アーク灯が　繁樹のなかで、
こまかい靄を紡《つむ》いでゐた。
深夜……
『旦那！　あそんでゆきませんか？』
わたしは酔つて　酔つて捨石に眠つてゐた。
愛しい夜鷹　が作り笑をして
そばに立つてゐた。
観音堂は怪異な蜘蛛の様だ　空は朱い。
公園は　森よりも荒寥としてゐた。
片足を伸すと闇空の中に突込んだ。
だが　わたしは急に歔欷いた。
あの十二階が
あゝ　なんといふ悲劇的な聖かな姿で
あけ方の浄罪界の空に　そのとき立つてゐたことか。
私は　合掌した！。
神秘なこの聖女隊に……。

［「十二階」『聖潮』第二巻第一〇号、浅草寺出版部、大正一四年一一月一日発行：一二六―一二七］

●十二階下の白首長屋は震災後全く影を没してしまつた。思へば十二階と云ふ名前も因果なものだつた。誰であつたか、忘れてしまつたが、千束町の二階に所謂屍の屍に添ひて横たわり、翌朝朝露の中に十二階の尖塔を見上げた情調は頗る芸術的なある気分に引かれると云つた言葉をゆくりなくも想出した。あの大震災の時、はだしで外へ飛び出して、公園の方を眺ると、十二階が、昨日まで、いや一分間前まで厳然として赤レンガの集積をほこつてゐた十二階が、六七階の辺から上が無くなつてしまつたでは無いか。私は何だか、うその出来事、一瞬間は誰かのいたづらだと云ふ観念がふと浮んだ位だつた。十二階が折れたのを知つて私は、こりや大変な大地震だ、と初めて思つた。子供の時から、十二階がくづれて来たら、大変だと云ふ考は常に持つてゐた。恐らく十二階を一目見た者は、必ず此う云ふ非常の際を想像するであらう。だから、私も今目の前に十二階のへし折れた様を見て、大地震だ！と云ふ恐怖の思が初めて心に爆発したのだ。私が公園へ逃げるつもりで団十郎の銅像の前迄来ると、地面の上にズラリと二三十人の死骸が並べてある。ある者は顔面を押しつぶされ、ある者は足をへし折つてしまひ、膝の辺から太い骨が露出してゐたり、眼球が顔からぶるさがつてゐたりしてゐたもんだ。此を見た大勢の人々は期せずして、十二階でおしつぶされたんだ、と思つたらしい。人々は顔を見合せて、「十二階でやられたんですよ」。「まあ、あれがくづれて下に成つたんでせうかね」。「其うですよ、わたしは掘り出すのを見て来ましたよ」。などと喋々と話し合つて居た。どの人も平素から十二階でつぶされる惨状を空想してゐたに異ない、でなければ、あんなに早く、見て来ない者の何万といふ人の集りが、十二階でやられたと、まことしやかに断定を下してしまふはずは無いと思ふ。

十二階の残骸の七階が工兵隊の手によつて、いよいよ爆発させられる日の見物人の数はどうだつたらう。近所の人は勿論わざわざ遠くから電車に乗つて見に来た者が何と多かつた事であらう。当日の新聞紙は爆発の時間まで、一号活字でかゝげてゐた。兵隊がラッパを吹いて時間を知らせる。赤旗をもつた兵士が交通を遮断してゐる。人々の眼には異様に緊張した厳粛さが漲つてかたづをのんで眺める。やがて轟然とした爆音と共に、赤つちやけた煙が天に冲したかと思ふと、軽い微風に煙が静かに北の方に送られてしまつて、其の跡には、あの赤レンガの折塔が、みじんにくだけてゐた。人々は面白かつたともつかず、悲しかつたともつかず、さりとてうれしくも無い、奇妙な微笑を以つてお互に顔を見合せてゐた。むしろそれは冷笑に近かつた。いや反響の無い空虚な白痴の笑であつた。〔望月恒一「浅草漫歩」『聖潮』第二巻第一〇号、浅草寺出版部、大正一四年一一月一日発行：一三七—一三八〕

●浅草十二階の始　浅草公園内の凌雲閣は、明治二十三年十一月、英人バルトンの設計に基き、会社組織の事業として建設せるものなり。高さ三十六間余、総煉瓦建、工費五万五千円、以来十二階の名にて、浅草の一名物たりしが、大正十二年の震災後、惜しむべしその形を失へり。震災当日午後一時半予は上野山内を通りしが、西郷銅像前の崖上にて、恰も震災直後のこの十二階を観ることを得たりし。八階目以上は折れて形無く、その八階の折れ口より盛んに火炎を吹き出し、それが南風に煽られて、水平に北方に流れて物凄まじき形相なりし。この時十二階の真下と思はるる辺とその他を合せて、眼界に入りし出火の個所は七ヶ所に上り、何れも黒煙を北方に靡かせて焼け出し、如何なる事になり行くやらんと、かつは怖れかつは憂へ、匆々に山を抜けて自宅に帰りたりし。

震災後、近づきてこれを見れば、その折口より、何やら懸垂するものあり。これ、去る二十七年六月二十日の地震にて多少損傷し、閣の内外数条の鉄帯を以て締付け、一階毎に鉄ボートを十文字に渡して修繕し、同十月二十一日あらためて開閣したることあり。その鉄条がなお崩壊部を離さざりしものなりし。併し、半壊の同閣を、このままに置くを危険なりと為し、九月二十三日工兵の手を借り、爆発薬にて、破壊したれば、僅三十三年間の寿命にて、この名物も浅草より消え失せたり。雷は凌雲閣へ腰をかけ　勝男／大声下げて友を呼ぶ十二階　昇旭［石井研堂『増訂 明治事物起原』春陽堂、大正一五年一〇月一八日発行：六四一－二］

●本邦昇降器の歴史について／我が国において「エレベーター」の紀元とも称するべきは先づ東京浅草花屋敷の凌雲閣、一名浅草十二階に「パッセンジャー、エレベーター」の設置を見たのが我国の嚆矢であらう。もつとも手働もしくは蒸気応用の形式に則つたものはその以前にも二三採用せられた形跡はあるが、乗客昇降を目的としたものは、けだし十二階を以て創設のものの如くに思はれる。

そもそも東京浅草凌雲閣は建坪三十七坪五合、八角形十二階木製および煉瓦構造で、明治廿三年一月に設計成り、同年十月に落成され、十一月十三日開閣したのである。この発起人は福原庄七氏、設計者は真野文二博士、顧問は東京帝大教授英人「タヴリウ・ケイ・バルトン」氏である。施工者は泉好治郎氏で、一階より八階に至る間に乗客用昇降機を設置して一般に供用したのであるが、その筋から危険なりと認められ、二ケ月後に撤去を命ぜられ、同時に廃止したのである。（右凌雲閣の内容記事は大熊先生より拝聞す）

その後時代の変遷に伴ひ、大正三年七月廿五日再び一階より八階までに乗客用昇降機を取付け、乗客に一回金十銭を徴収して一般乗客の便に供してゐたが、それは十五馬力電動機を使用し、木製にて手把操縦、すこぶる簡略なものであつたが、大正十二年九月一日の大震災に崩壊したのは、本機の製作者の知られないのと共に遺憾なことである［堀覚太郎『エレベーター』パンフレット第二巻第一号、建築学会、昭和三年五月一〇日発行：一〇－一］

●僕は浅草千束町にまだ私娼が多かった頃の夜の景色を覚えている。それは窓ごとに火かげのさした十二階の聳えているために殆ど荘厳な気のするものだった。が、この往来はどちらへ抜けてもボオドレエル的色彩などは全然見つからないのに違いない。たといデカダンスの詩人だったとしても、僕は決してこういう町裏を徘徊する気にはならなかったであろう。けれども明治時代の風刺詩人斎藤緑雨は、十二階に悪趣味そのものを見出している。すると明日の詩人たちは、有田ドラッグや愛聖館にもかれ等自身の「悪の花」を――あるいはまた「善の花」を歌い上げることになるのかも知れない〔芥川龍之介「本所両国」『大東京繁昌記 下町篇』春秋社、昭和三年九月：三二〕

●震災後復興の第一歩として行なわれた浅草凌雲閣の爆破を見物に行った。工兵が数人かかって塔のねもとにコツコツ穴をうがっていた。その穴に爆薬を仕掛けて一度に倒壊させるのであったが、倒れる方向を定めるために、その倒そうとする方向の側面に穴の数を多くしていた。準備が整って予定の時刻が迫ると、見物人らは一定の距離に画した非常線の外まで退去を命ぜられたので、自分らも花屋敷の鉄檻の裏手の焼け跡へ行って、合図のラッパの鳴るのを待っていた。その時、一匹の小さなのら犬がトボトボと、人間には許されぬ警戒線を越えて、今にも倒壊する塔のほうへ、そんなことも知らずにうそうそひもじそうに焼け跡の土をかぎながら近寄って行くのが見えた。

ぱっと塔のねもとからまっかな雲が八方にほとばしりわき上がったと思うと、塔の十二階は三四片に折れ曲がった折れ線になり、次の瞬間には粉々にもみ砕かれたようになって、そうして目に見えぬ漏斗から紅殻色の灰でも落とすようにずるずると直下に堆積した。

ステッキを倒すように倒れるものと皆そう考えていたのであった。

塔の一方の壁がサーベルを立てたような形になってくずれ残ったのを、もう一度の弱い爆発できれいにもみ砕いてしまった。

爆破という言葉はどうしてもあのこわれ方にはふさわしくない。今まで堅い岩でできていたものが、突然土か灰か落雁のようなものに変わってそのままでするするとたれ落ちたとしか思われない。それでもねもとのダイナマイトの付近だけはたしかに爆裂するので、二三百メートルの距離までも豌豆大の煉瓦の破片が一つ二つ飛んで来て石垣にぶつかったのを見た。

爆破の瞬間に四方にはい出したあのまっかな雲は実に珍しいながめであった。紅毛の唐獅子が百匹も一度におどり出すようであった。

くずれ終わると見物人は一度に押し寄せたが、酔狂な二三の人たちは先を争って砕けた煉瓦の山の頂上へ駆け上がった。中にはバンザーイと叫んだのもいたように記憶する。明治煉瓦時代の最後の守りのように踏みとどまっていた巨人が立ち腹を切って倒れた、その後に来るものは鉄筋コンクリートの時代であり、ジャズ、トーキー、プロ文学の時代である。

あの時に塔のほうへ近づいて行ったあの小犬はどうしたか。当時を思い出すたびに考えてみるのだが、これはだれに聞いても到底わかりそうもない。

こんな哀れな存在もあるのである。

［寺田寅彦「LIBER STUDIORM」『改造』第一二巻第三号（昭和五年三月）『寺田寅彦全集 文学篇 第三巻』岩波書店、一九三二：一三一―三］

●吉井勇／凌雲閣

これやこのピサの斜塔にあらねども凌雲閣はなつかしきかな［小林鶯里『東京を歌へる』文芸社、昭和五年一一月二五日発行：三八六―七］

●この外に明治時代を代表する三つの娯楽場は凌雲閣とパノラマと花屋敷である。このうち最も早く失くなつたのはパノラマで、凌雲閣は関東の大震災に倒壊し、花屋敷のみ残つてゐる。凌雲閣は越後長岡の生絲商福原庄三郎氏が、パリーのエッフェル塔を見て来てイタリヤ人に設計させ、十三万七千円の工費で建てさせた十二階の塔で、当時は純粋の登覧用として公開されたが、その後興行師の手に移り、諸種の演芸が催されるやうになつた。花屋敷が演芸を主とするところと変り、楼上をカジノ・フォーリーのレヴューに人気を奪はれるに至つたのも、同じ時代の影である［佐々木彦一郎「下町北部・浅草区」『日本地理風俗大系2 大東京篇』新光社、昭和六年一〇月一八日発行：三一三］

●最初の電力供給　電力の利用は、電灯よりも少しく後れて、明治二十三年十一月に開始された。即ち浅草に新築された凌雲閣（十二階）のエレベーター運転用として当社が七馬力電動機に電力を供給したのがその最初であつて、我国に於ける電力供給の濫觴を成してゐる。二十四年二月七日発行の工談雑誌に掲載された工々居士の凌雲閣登閣記を見るに、（中略）……。然るに開化の魁として人気を呼んだこのエレベーターも危険なりとの理由で、当局より幾何もなくして電気運転を差止められたのは甚だ遺憾とする所である［『東京電燈株式会社開業五十年史』東京電燈株式会社、

昭和一一年八月二三日発行：三一-三二〕

●それでもいよいよ当日は、瓢箪池を中に包んで今のオペラ館、今の大勝館の角からは向ふへ行けず、観音さまの方からでは木馬館、花やしきへの一線で食ひ止められ、千束町方面は旧猿之助横丁の二三町先から、今の松竹座前通りは騎西屋まで行けないところで交通遮断された。爆破された煉瓦の固りが、いつどこへ飛んで来るかも知れないといふのだ。兵隊さんが腕に赤い布を縛つて監視してゐる。(中略)赤旗の信号があつちでも、こつちでも振られてゐる。またラッパが鳴る、さあいよいよ爆破だ。名残り惜しい気持で凌雲閣十二階を眺め上げて、匆々と瓢箪池々畔を駆け抜け、オペラ館近くの、今のニュートウキヤウ辺の焼跡まで引上げて来たものである。と、ここは未だ遮断線内で、人は入れない区域なのに、一人の、太い青竹の杖を持つた頑丈さうな面魂の男が、縞の着物の裾を端折り、靴を穿いてのそりのそり悠然と歩いてゐたが、そこらに捨てゝあつた一枚の莚を見ると、それをひろげて焼け土の上に敷き、そこへ腰を落して、いま爆破されようとする十二階を、こっちの気の故か、惹かれるやうな眸で凝視めてゐる。

どうも見たやうな顔だと思ひながら、この人がこゝで見物してゐるなら、こつちもこゝにゐても大丈夫だと思つて、別段挨拶もせずに、その莚へ僕も腰をおろした。遮断区域内で見物してゐるのは、この一枚の莚に腰を落してゐる二人の男だけだつた。僕は間もなく思ひ出した。隣りの人は浅草の侠客新門辰五郎こと町田金五郎君だつたのだ。ずうつと昔の新門親分は知らず、この時の親分は四十三四、何代目かの新門辰五郎であらうが、ともかく金龍山お山取締りの親分が浅草で名物の十二階廃滅の日を感慨深げに眺めてゐる。いゝ対照だなアと、僕は十二階の方と、親分の横顔とを半分半分に見詰めてゐた。(中略)

いや、爆破を寸前に控へながら飛んだ横道に逸れてしまつた。大正十二年九月廿三日午後三時三十分。軍隊といふものは正確無比なもので秒刻を違はず黄煙舞ひ上るよと見る間に、轟音地軸を揺がし一瞬十二階がフワフワと骨抜きにされたやうに見えたが、そのまま右へも、左へも倒れず、立つたまゝだらしもなく飴が溶ろけるやうに崩壊してゐる。小さな破片を急霰のやうに周囲に降らしてゐるが、崩壊する煉瓦の壁は内廓へ内廓へと萎むやうに落ち込んで外廓に飛散しない。事の意外に固唾をのんでゐると忽ち第二の爆破、初めの爆破で六分通りを落し、後の爆破で根元まで落してしまつた。この間正確に十分、あとには硝煙濛々として煉瓦の山が堆くできてゐる。実に、水もたまらぬ、とよくいふが水際立つた爆破作業である。右か左かへ、ポッキリと折れて倒れるとのみ思つてゐた遠巻きの見物人は、拍子抜けがしたのか、一時は声を立てるものもなく、作業終りッの赤旗が振られるころになつてから、

「どうだ、えらいもんぢやねえか」

「十二階が溶けちまふなんて思はなかつた」

「どこの工兵隊だ？」

「素敵だねえ、十二階なんてカラだらしもねえ」

「あれなら大丈夫だ。怪我人は出ッこない」

などと感嘆詞がとり交はされて散々ばらばらになつた。なるほどこれぢやあ、先刻右か、左かと訊いた時爆破指揮官が笑つてゐる筈だと僕は思つた。

　隣の新門親分はと見ると、親分は青竹の杖に頤をのせて凝と亡くなつてしまつた十二階の方を見詰めてゐたが、

「あゝこれで浅草もきれいさつぱりだ」

と云ひ捨てゝ、やがて腰をあげた。

「巧いもんですねえ」

と話しかけても、ちょつとこつちの顔を見ただけで黙つてまたのそりのそり歩き出した。親分は親分としての感慨があるらしい。とその時うしろで思つた。――一五・四・九
［秋山安三郎「十二階が崩れる時」『続鉛筆書きいろいろ』小山書店、昭和一六年八月二五日発行：七五―八二］

●吉井勇

春来れど寂しかりけり浅草の凌雲閣は見るよしもなく
啄木と凌雲閣を見上げつつ語りしことも夢なりしかな
十二階ありし日思へば長顔の紅蓮の翁も恋しきものを
おもひでとなればなつかし昔見し凌雲閣の美人写真も

［「凌雲閣」『東京紅燈集』増補改訂新版、新生社、一九四七年五月］

●浅草点描を試みる場合、是非とも大震災まで浅草公園の一角に聳え立った十二階凌雲閣のことを述べなくてはなるまい。実に明治・大正の空を衝いて立った怪奇塔であった。明治二十二年、或る興行師が浅草公園にすばらしく高い展望台を建て、下足銭を取って見物人を上らせたら、大へんな儲けだろうと考えた。新潟県長岡市の生糸商福原庄三郎という人が、フランスのエッフェル塔を見て来たのがきっかけとなり、憲法発布の記念にもと前代未聞の高塔の建築に取りかかった。赤煉瓦八角形の二百二十尺の十二階塔で、

設計を在京のイタリア人某（一説に英人バルトン）に依頼し、さらに修正を辰野工学博士に頼んだ。ところで先立つものは何とやら、方々から共同出資者を求めたが、当時では何しろ奇抜すぎる考案であり、果して見物人が集るかどうかさえも危ぶまれたから、手を出す者がない。折柄某（記録不詳）という皮算用に長けた儲け屋が出資して、明治二十三年一月四日起工式を挙げるまでに漕ぎつけた。初め総費用一万六千円で、三万円位までなら出してもいいというのだが、いざ取りかかって見ると、一万六千円は土台だけに使い果してしまった。これがため最初の出資者は八階まで築いた時に全く破産。その次を引受けた某は十階でもろくもへたばってしまい、遂に発狂して「この塔は俺の命で立てたものだ」と悲壮な叫びをあげて悶死するさわぎ。第三人目の出資者が十二階まで築き上げた。起工以来費した額は約十四万円。下面建坪三十七坪五勺、七階までは世界各国風俗紹介、東京百美人写真陳列など、八階がエレベーター乗降場、九階が美術品並に東京名物売場、十階以上を展望台（当時眺望台といった）とし、三十倍の望遠鏡を据えつけて見物人を喜ばせ、十一階には八千燭のサーチーライトを備えつけて、夜の美観を添えた。登閣料金十銭をはずんで頂上まで行くと、熱い甘酒を湯谷に一ぱい振舞った。

明治二十三年十一月十日完成して以来、新東京第一の見ものとして全国的に大評判。押すな押すなの見物客。やがて浅草公園第六区が活動写真街となるに及んでも、十二階は高く聳えていたのであるが、大正十二年九月一日午前十一時五十八分、突如襲った関東大震災で九時と十階との境からはずれて、ふっとばされ、その月二十三日工兵隊の出動によりダイナマイトで爆破されてしまった［植原路郎『活動大写真』春夏秋冬倶楽部、昭和三〇年六月一日発行：二四－六］

●安三郎うろ覚え「十二階」

十二階（正式の名は凌雲閣）と言っても、いま五十歳がらみの人にはイメージがわかなんだから不便だが、浅草六区の突当りに明治から大正にかけて、そんな煉瓦の高層建築が「日本第一」と三十何年間、現前突っ立っていたと思えば早解りがする。その後、これを慕って、格好だけは同じようなものを広告塔として「仁丹」が浅草公園の入口近くに建てたから、これよりもっと高く、周囲ももっと大きかったものと想像してもらえれば、本当の十二階を知ってる者にとってはあきらめがつく。明治二十三、四年ころ東京見物の展望用として。パリのエッフェル塔から真似したものだという。

ところが私は、この開業式の日も見ているが、それが関東大震災で半ば崩壊して、危険だというので陸軍の工兵隊が来て、全くつぶしてしまう日まで見続けているんだから、ワレながら「じじい振り」がイヤになる。その開業式の夜は、ふだん昼間だけの興行地帯が、そこら中ちょうちんの明りでにぎやかだった。公園中が人群れで歩けない位。十二階の、八階位のところから紅じょうちんを「ほうずき」のように四方につり渡して、その一方の紅じょうちんの網が、いま私が進んで行く方の、今のロック座の屋根の上まで来ていたのを覚えている。というのも、今のロック座あたりは、私がよく遊びに行く「猿屋」だったからである。

この時分、東京の盛り場には、よく「猿屋」というものがあったころで、浅草公園ではここ一軒だったと覚えている。間口の広い場所に猿を十数匹飼って、それに生イモやニンジンなどの餌を売るのが商売なのである。サラに餌を盛って置いて（一銭か五厘）、それを子供に買わせて、子供と猿の直取引で、勝手に子供を喜ばせ、猿をもキーキー歓迎させる商法。これが牛込の神楽坂や、下谷の佐竹ヶ原あたりにもあったかと思う。まだ動物園が今のように庶民に普及しない時分であったかせいか、こうした「猿屋」が随所にあったように思う。

不思議と、この十二階開業式の夜は、それだけしか印象にないが、それから三十余年経って、これがつぶれ去る時の印象は濃い。当日私は新聞記者なもんで、なんでもこの情景は詳報しようと心掛けたせいもある。何しろ震災の被害は六区一帯を荒廃の原同様にしたもので、その荒廃の中に十二、十一、十、九階までを崩壊されたこのヒョロ長い建物が、その八階以下を残してにょっきりと孤立、しかもやや曲って建っている。

とは言っても、いまこの八階以下を撤去すると言っても、その倒れ方によっては、まだ町家の残っている方角もあるから危険があろう。東西南北、どっちの方向に倒すのか、をつぶしに来た当時の盛岡の工兵大隊の司令官の一人にきいてみても、ニコニコ笑っているばかりで答えてくれない。

危険信号の赤旗が瓢箪池のまわりに数本、あちら、こちらに立ってまばらにある通行人を警戒する。危険、と見ら

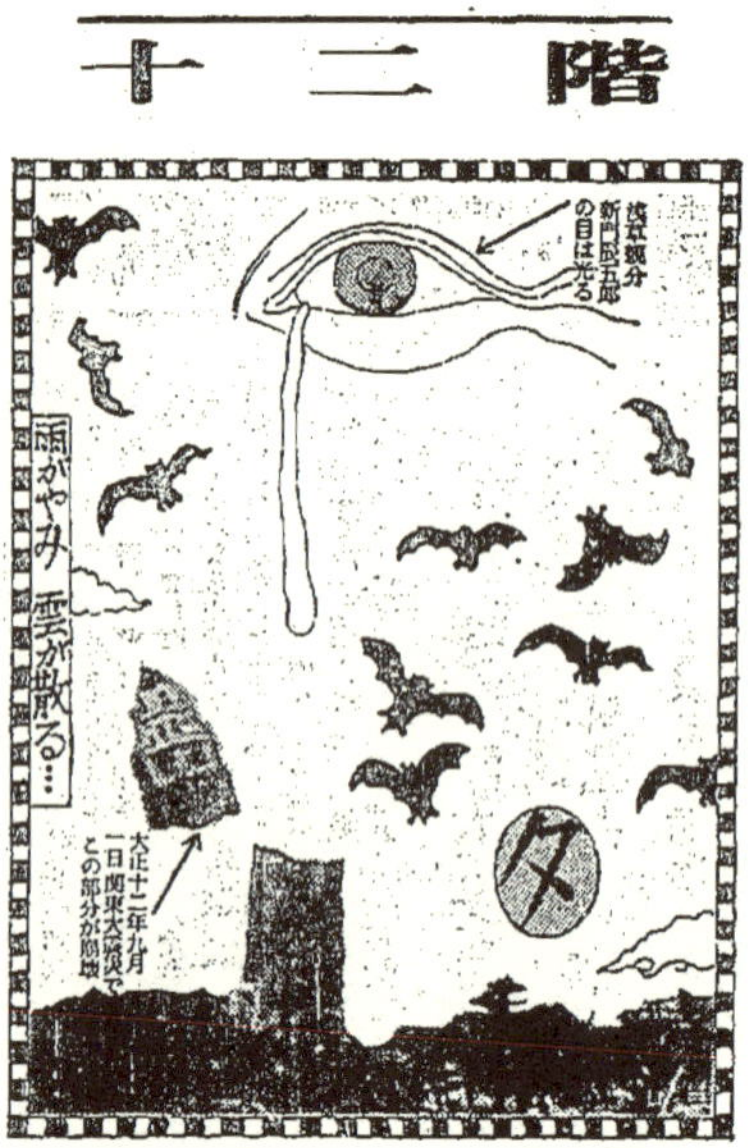

図4-29　秋山安三郎記事中の粟津潔の挿絵
東京朝日新聞 1970.7.5.

れる残っている町家には、臨時の立退きを命じている気配が見える。私ははるかに、瓢箪池の西端、今で言う伝法院通り、木馬館近くにまで退いてこの十二階爆破作業の一瞬を片唾をのむ思いで熟視していた。と、私の隣には、中気症であろうか、切ったばかりの青竹にすがるようにして、危く立っているような老爺（じい）さんがやっぱり私同様、この爆破風景を見詰めているのがあった。あとで話し合ってみれば、これが、江戸からの浅草の親分、何代目かの新門辰五郎であった。（秋山安三郎）［東京朝日新聞、昭和四五年七月五日］（図4-29）

喜多川周之 著作および活動の目録

一九三二年 ? 喜多川周之装幀／河野毅著『第二歌集 反逆児の苦笑』新進作家聯盟／周文堂書院［『新進芸術』一九三二年三月号の裏表紙広告と一九三四年『童謡集 花に戯れる』の巻末広告に拠る／現物未見］

三月 「父のことなど」『新進芸術』三月号、新進作家聯盟：四〇-四三

? 『喜多川周之詩集 母へのおくりもの』新進作家聯盟（周文堂書店発売）［『新進芸術』第二巻第四号の裏表紙広告に拠る／現物未見］

一〇月 「＊九月号「日本雑誌興亡史考」中」『書物展望』第二巻第一〇号、書物展望社：三五

一九三四年 一月 「詩集」『新進芸術』第四巻第一号、新進作家聯盟：一四

四月 『私娼街外景』（大東京風俗資料第一輯）喜多川周之撮影兼発行［絵はがき四枚組、袋および解説付き］

? 「十二階雑記」［同人雑誌に書いたというが、誌名不明。あるいは新進芸術か。］

五月 『回向院の花まつり』（大東京風俗資料第二輯）喜多川周之撮影兼発行［絵はがき四枚組、袋および解説付き］

八月 喜多川周之装幀・絵／河野毅著『童謡集 花に戯れる』青い夢社（発売所／文芸タイムス社）

一九三五年 一月 「考現学浮世統計」礒部鎮雄編『いかもの趣味』三、いかもの会（ページ数なし：二三-二九ページに相当）［筆者名「喜多川周行」は誤記］

一九三七年 一月 「大東京風俗資料研究会創設の詞」大東京風俗資料研究会（喜多川周之・藤塚崖花）

二月 「まづ童謡を議題に／風俗資料座談会」掲載新聞不明、二月一四日［切り抜き／出典原資料未見］

三月 「文人譚奇会機関誌発行」『新聞の新聞』三月二三日（第三八九八号）［切り抜き／出典原資料未見］

? 喜多川周之装幀／吉田良雄著『童謡集 人形の家』文芸タイムズ社

一九三九年 三月 「＊私が最初に」喜多川周之編『第四回風俗談話会資料抄』大東京風俗資料研究会／郷土芸術映画協会（謄写版）：九-一一

一九四七年 七月 喜多川周之製版／西田稔著・池田勝之助画『たのしいまち』児童図書出版社

一九六二年 ? 喜多川周之製本／磯ヶ谷紫江著『おでん幻想』真珠社［豆本で「雛絵本」を名乗った一冊。一九六四年までに四冊が出ているらしいが、未見］

六月 喜多川周之模写／吉田小五郎氏蔵「東京浅草凌雲閣真景」（↓『太陽』一九七一年八月号：七四に掲載）

一九六三年 三月 「十二階ひろい書」『浅草寺文化』第一号、浅草寺史料編纂所：二二-二四

「凌雲閣十二階在建三三年間の浅草北部市街変遷の対照A図・B図」喜多川周之作図、『浅草寺文化』第一号図版

九月 「十二階ひろい書（二）十二階建設前の周辺状況」『浅草寺文化』第二号、浅草寺史料編纂所：二六-二九

一〇月 「明治の赤煉瓦」平井通編輯発行『季刊えくすりぷりす』第六号、真珠社：四-五

一九六四年　一月　「浅草十二階（凌雲閣）崩壊」　喜多川周之作画（石版画砂目二色手刷）斎藤夜居著『本の虫のいろいろ』此見亭書屋：口絵
　　　　　？　「街路灯」（新聞紙名不明、銀座八丁の歩道がオリンピックまでにカラー舗装されることを話題の始めに触れて、「喜多川周之さん（五三）」所蔵の明治一〇年銀座レンガ舗装の「赤レンガ」一片を写真付きで紹介している）
　　　　　三月　「数千年前のカイ殻／浅草ひょうたん池跡から／神田の郷土史家が大量発見」『産経新聞』二五日記事
　　　　　四月　「十二階ひろい書（三）　凌雲閣十二階の建設契機（一）」『浅草寺文化』第三号、浅草寺史料編纂所：三四－四二
　　　　　八月　「火元」『あの日あの時関東大震災を語る座談会』第七回浅草を語る会パンフレット（昭和三九年八月二九日 於・伝法院大書院）浅草を語る会
一九六五年　一月　「十二階ひろい書（四）　凌雲閣十二階の建設契機（二）」『浅草寺文化』第四号、浅草寺史料編纂所：二二－三一
　　　　　　　　「浅草新聞茶屋」『新春浅草を語る会』第八回浅草を語る会パンフレット（昭和四〇年一月一六日 於・伝法院大書院）浅草を語る会
　　　　　三月　「浅草十二階：抱いて帰ったレンガ　明治の職人のぬくもりが…」『東京新聞』一九日記事
　　　　　七月　「十二階ひろい書（五）　浅草公園（一）」『浅草寺文化』第五号、浅草寺史料編纂所：二八－三三
　　　　　　　　「大日本凌雲閣之図」喜多川周之複写、『浅草寺文化』第五号図版
　　　　　八月　「浅草の風物追う／十二階研究家／『初恋の思い』寄せて三〇年」『東京タイムズ』二六日記事
　　　　一一月　「十二階の眺め」『日本古書通信』第三〇巻第一一号（通巻二五九号）日本古書通信社：六－七
一九六六年　一月　「十二階ひろい書（六）　浅草公園（二）」『浅草寺文化』第六号、浅草寺史料編纂所：二六－三三
　　　　　三月　「「朝鮮公使館」の写真みつかる／開設当初の珍品／町の歴史研究家の手で」『東京新聞』二五日記事
　　　　　　　　「日本地図選集序言」『嘉永慶応江戸切絵図 全』人文社
　　　　　八月　「十二階ひろい書（七）　浅草公園（三）」『浅草寺文化』第七号、浅草寺史料編纂所：四五－六二
　　　　　九月　「浅草十二階下」斉藤夜居編集発行『愛書家くらぶ』第二号：二七－三二
　　　　　　　　喜多川周之作図「浅草十二階下新道横町一覧図」『愛書家くらぶ』第二号折り込み
一九六七年　五月　「十二階ひろい書（八）　浅草公園（四）」『浅草寺文化』第八号、浅草寺史料編纂所：二一－四二
　　　　　八月　「浅草文化史と幻の塔」『図書新聞』八月一九日号（九二三号）図書新聞社：一
　　　　一〇月　「資料集めて四四年／浅草十二階の研究家／大震災が与えたテーマ」『内外タイムズ』二六日記事
一九六八年　一月　「解説」『江戸時代日本全国歴覧』人文社
　　　　　　　　◎一三日　NHKカメラレポート「皇居周辺」［斉藤夜居資料］
　　　　　二月　「解説」『三都市・四十三県・三府一庁大日本管轄分地図』人文社
　　　　　三月　「明治百年の中の浅草塔」円城寺清臣編『季刊江戸から東京へ』第一号、江戸から東京への会：一六－一七
　　　　　五月　「『十二階』に新説／洗い髪おつまは髪をゆって参加／町の浅草研究家」『東京新聞』都内城西版、二五日記事
　　　　　七月　「日本橋かいわい」円城寺清臣編『季刊江戸から東京へ』第二号、江戸から東京への会：一六－一七
　　　　　八月　「久保田万太郎先生の「十二階」」『浅草寺文化』第九号、浅草寺史料編纂所：一二－二〇
　　　　　　　　「浅草寺明治百年史年表」網野宥俊・喜多川周之共編、『浅草寺文化』第九号：一三－五三

九月　「浅草寺を中心とした浅草」（一）〜（三五）、『浅草寺』第一六三号〜第二〇〇号（〜一九七二年五月まで連載）

一〇月　◎資料展示「浅草十二階展」浅草刊行連盟主催、於・浅草寺幼稚園（昭和四三年一〇月一七日〜二三日）

一一月　「はっきりしない設立者／『浅草十二階』と取り組む町の史家／神田の喜多川さん資料集めに奔走」『産経新聞』二七日記事

「浅草の素顔——写真の説明に」杉原残華編『浅草の会おぼえ帳（第百五十回記念号）』浅草の会：一六－二五

一九六九年

一月　「人形町かいわい」円城寺清臣編『季刊江戸から東京へ』第三号、江戸から東京への会：一六－一七

四月　「丘づたい」円城寺清臣編『季刊江戸から東京へ』第四号、江戸から東京への会：一八－二一

七月　「地図で見る江戸から東京—四谷見附から十二社まで」「四谷大木戸内外」円城寺清臣編『季刊江戸から東京へ』第五号、江戸から東京への会：一六－一九

八月　◎資料展示「関東大震火災資料展」よもやま会主催、於・有楽町そごう一階アートステップ（八月一二日〜九月九日）

一〇月　「日本橋アルバム」「本通りと脇通り」「地図でみる江戸から東京へ—日本橋小伝馬町周辺」円城寺清臣編『季刊江戸から東京へ』第六号、江戸から東京への会：一二－一三、一五－一八

？　「浅草公園第一歩」『桃源営業通信』第一一号、桃源社：一〇－一二［切り抜き／現物未見］

？　「明治三五年前後の神田書展分布図」調査制作喜多川周之、版権所有芳賀章［古本まつりの神田古書店案内図に載せられたもの］

一九七〇年

一月　◎三日　ＮＨＫカメラリポート「ことしひとこと」

三月　「赤い坂・青い山」円城寺清臣編『季刊江戸から東京へ』第七号、江戸から東京への会：一六－一九

四月　「解説」『武蔵伊豆 江戸と東京地図撰譜』人文社

六月　「博覧会のあと」『歴史読本』第一五巻第六号：三六－三八

七月　「お成りみち上野広小路」円城寺清臣編『季刊江戸から東京へ』第八号、江戸から東京への会：一六－二一

九月　「銃後の人びと」『歴史読本』第一五巻第九号：六六－七一

一九七一年

一月　『東京・昔と今』【松島栄一・影山光洋と編集／喜多川は写真監修】株式会社ベストセラーズ

「ちいさな町の華麗な歴史／『三崎町史』作りへ神田っ子の心意気／路地裏の変遷も／『興味深い町』三崎三座から日大紛争まで」『東京新聞』一二日記事

三月　「神田の土」（一）〜（七）、藤田健蔵編集『かんだ』四四号〜五〇号、かんだ会（〜一九七二年八月まで連載。四四号：二五－二九、四五号：二七－三〇、四六号：二七－三二、四七号：二七－三二、四八号：二七－三二、四九号：二七－三二、五〇号：二八－三二）

四月　「絵はがきにみる記録」『ボナンザ』第七巻第四号、頌文社：四七

七月　「石版画工」『太陽』八月号（九八号）平凡社：七二－七六

一一月　「絵葉書をあつめて：『絵葉書コレクション』の話（一）」『ボナンザ』第七巻第一一号、頌文社：五五－五六

◎二〇日　ＮＨＫカメラリポート「都電六〇年」

一二月　「絵葉書をあつめて：『絵葉書コレクション』の話（二）」『ボナンザ』第七巻第一二号、頌文社：五〇－五一

一九七二年

一月　「絵はがき近代史」絵はがき近代史（一）、『歴史読本』一月号（第一七巻第一号）、新人物往来社

「絵葉書をあつめて：『絵葉書コレクション』の話（三）」『ボナンザ』第八巻第一号、頌文社：九六－九七
「新春収集家コレクションアンケート　喜多川周之（絵葉書）」『ボナンザ』第八巻第一号、頌文社：九七
「玉ノ井 川向うの青春」「子供の毎日 昭和の子供はどんな時代に育ったか」『懐しの昭和時代』（豪華写真シリーズ三）第一巻第三号、株式会社ベストセラーズ：一八－二八、一二一－一三〇

二月　「韓国統監府と伊藤博文」絵はがき近代史（二）、『歴史読本』二月号（第一七巻第二号）、新人物往来社
「官製にもあるエラー：『絵葉書コレクション』の話（四）」『ボナンザ』第八巻第二号、頌文社：五〇－五一

三月　「日露戦争後の日米交流」絵はがき近代史（三）、『歴史読本』三月号（第一七巻第三号）、新人物往来社
「記念絵葉書の記乗：『絵葉書コレクション』の話（五）」『ボナンザ』第八巻第三号、頌文社：五八－五九

四月　「横浜開港と維新の元勲」絵はがき近代史（四）、『歴史読本』四月号（第一七巻第四号）、新人物往来社
「続きものの絵葉書：『絵葉書コレクション』の話（六）」『ボナンザ』第八巻第四号、頌文社：五八－五九
◎一二日　ＮＨＫカメラリポート「三七人の新入生」［斉藤夜居資料切り抜き『週刊朝日』記事］

五月　「奠都記念と江戸城」絵はがき近代史（五）、『歴史読本』五月号（第一七巻第五号）、新人物往来社
「凝ったすかし絵葉書：『絵葉書コレクション』の話（七）」『ボナンザ』第八巻第五号、頌文社：五二－五三
◎三〇日　ＮＨＫカメラリポート「初名のり安兵衛太鼓」

六月　「大相撲黄金時代」絵はがき近代史（六）、『歴史読本』六月号（第一七巻第六号）、新人物往来社
「人気集めた美人絵葉書：『絵葉書コレクション』の話（八）」『ボナンザ』第八巻第六号、頌文社：五〇－五一

七月　「海軍記念日と東郷平八郎」絵はがき近代史（七）、『歴史読本』七月号（第一七巻第七号）、新人物往来社
「脱がされた美人絵葉書：『絵葉書コレクション』の話（九）」『ボナンザ』第八巻第七号、頌文社：五四－五五

八月　「憲法発布と国会議事堂」絵はがき近代史（八）、『歴史読本』八月号（第一七巻第八号）、新人物往来社
「ニュースの速報絵葉書：『絵葉書コレクション』の話（一〇）」『ボナンザ』第八巻第八号、頌文社：五八－五九

九月　「明治・大正の停車場」絵はがき近代史（九）、『歴史読本』九月号（第一七巻第九号）、新人物往来社
「資料価値ある時事絵葉書：『絵葉書コレクション』の話（一一）」『ボナンザ』第八巻第九号、頌文社：七〇－七一
「十二階／研究四〇年の成果駆使／歴史をものす郷土史家／『再建も』の意気／喜多川さん」『読売新聞』一八日記事
◎一九日　ＮＨＫカメラリポート「東京富嶽いまいずこ」［斉藤夜居資料切り抜き］

一〇月　「関東大震災」絵はがき近代史（一〇）、『歴史読本』一〇月号（第一七巻第一〇号）、新人物往来社
「趣向を競う細工絵葉書：『絵葉書コレクション』の話（一二）」『ボナンザ』第八巻第一〇号、頌文社：五四－五五

一一月　「鉄道開通百年」絵はがき近代史（一一）、『歴史読本』一一月号（第一七巻第一一号）、新人物往来社
「明治情緒・石版風俗絵葉書：『絵葉書コレクション』の話（一三）」『ボナンザ』第八巻第一一号、頌文社：六二－六三

一二月　「日本の赤十字」絵はがき近代史（一二）、『歴史読本』一二月号（第一七巻第一二号）、新人物往来社
「絵はがき発行の思い出：『絵葉書コレクション』の話（最終回）」『ボナンザ』第八巻第一二号、頌文社：四六－四七

一九七三年

一月　「逃げまどいの記」鈴木勤編『大震災の波紋』（日本人の一〇〇年 第一一巻）世界文化社：二六―三九

「楽しい教科書（私と歴史読本）」『歴史読本』（臨時増刊 日本の英雄一〇〇）第一七巻第一三号、新人物往来社：三四九

「私のコレクション　古地図」『出版ニュース』一二月下旬号

「明治天皇と皇室」絵はがき近代史（一三）、『歴史読本』一月号（第一八巻第一号）、新人物往来社

「新春収集家コレクションアンケート　喜多川周之（絵はがき）」ボナンザ』第九巻第一号、頌文社：一〇二

◎四日　ＮＨＫカメラリポート「ふるさとの初春（3）下町の土人形」

二月　「浅草寺と浅草公園」絵はがき近代史（一四）、『歴史読本』二月号（第一八巻第二号）、新人物往来社

◎八日　スタジオ一〇二　沢井芳夫・松岸徳之助・喜多川周之・井川良久・増淵路子

◎二二日　ＮＨＫカメラリポート「鬼薊清吉之墓」

三月　「上野公園と博覧会」絵はがき近代史（一五）、『歴史読本』三月号（第一八巻第三号）、新人物往来社

「都会人よ武士になるな」『とうきょう広報』第二四巻第三号、東京都広報室普及部：二四―二五

◎一八日　ＮＨＫカメラリポート「チャボと魚屋さん」

四月　「芝・深川・飛鳥山公園」絵はがき近代史（一六）、『歴史読本』四月号（第一八巻第四号）、新人物往来社

五月　「第一次大戦ポスター集」絵はがき近代史（一七）、『歴史読本』五月号（第一八巻第五号）、新人物往来社

六月　「第一次大戦青島戦」絵はがき近代史（一八）、『歴史読本』六月号（第一八巻第六号）、新人物往来社

◎二日　ＮＨＫカメラリポート「チビっ子ブック立ち読み歓迎」

七月　「シベリア出兵と尼港事件」絵はがき近代史（一九）、『歴史読本』七月号（第一八巻第八号）、新人物往来社

「隅田川の渡し場」『浅草』第三二号、東京宣商出版部：一〇―一一

◎二二日　ＮＨＫカメラリポート「ゆかた健在」

◎一五日「関東ところどころ（東京ローカル）」森光慶・喜多川周之

八月　「透し入り歴史物語」絵はがき近代史（二〇）『歴史読本』八月号（第一八巻第九号）、新人物往来社

◎二四日　ＮＨＫカメラリポート「〝虫売り〟伝承」

九月　「細工絵はがき」絵はがき近代史（二一）『歴史読本』九月号（第一八巻第一〇号）、新人物往来社

◎一〇日　ＮＨＫカメラリポート「追憶 上野の森」

一〇月　「木版摺り絵はがき」絵はがき近代史（二二）、『歴史読本』一〇月号（第一八巻第一一号）、新人物往来社

「五重塔で高見の見物」『浅草』第三五号、東京宣商出版部：四〇―四一

◎五日　スタジオ一〇二　米田奎二・川崎泰資・向坂正男・喜多川周之・近藤四郎

一一月　「手描き肉筆絵はがき」絵はがき近代史（二三）『歴史読本』一一月号（第一八巻第一二号）、新人物往来社

◎一日　ＮＨＫカメラリポート「五重塔と心意気」

◎一五日～二〇日　資料展示「浅草寺五重塔完成記念特別企画 浅草今昔展」浅草観光連盟・台東区教育委員会主催、於・東武百貨店

一二月　◎二二日　ＮＨＫカメラリポート「ビルの谷間の神田っ子」
「石版刷り絵はがき」絵はがき近代史（一四）、『歴史読本』一二月号（第一八巻第一三号）、新人物往来社
「縁日ごよみ」『歴史読本』（臨時増刊 万有こよみ百科）第一八巻第一四号、新人物往来社：一八四―一八七
「奥山から十二階へ」小木曽淑子・喜多川周之・正木健吉編集『浅草細見』浅草観光連盟：一〇五―一〇九
→一九七五年五月 永野章一郎編『心のふるさと・江戸の薫り 浅草』浅草商店連合会：六〇―六五
→一九七六年一二月『増補改訂 浅草細見』浅草観光連盟：一八八―一九二に再収録
「神田名物　古本青空掘出し市　特別ルポ」『かんだ』五四号、かんだ会：一二―一三

一九七四年

一月　◎一九日　ＮＨＫカメラリポート「忙中閑あり、都電で散歩」
「明治天皇と皇族」絵はがき近代史（一五）、『歴史読本』一月号（第一九巻第一号）、新人物往来社
二月　◎一二日　ＮＨＫカメラリポート「新春隅田川七福神めぐり」
「大正天皇と皇族」絵はがき近代史（一六）、『歴史読本』二月号（第一九巻第二号）、新人物往来社
「新門家ふたつの流れ―新門辰五郎の知られざる系譜」『歴史読本』第一九巻二号（一二九号）：一九八―二〇五
三月　「今上天皇と皇族」絵はがき近代史（一七）、『歴史読本』三月号（第一九巻第三号）、新人物往来社
◎九日　ＮＨＫカメラリポート「古書おまえもか」
四月　「乃木希典陸軍大将」絵はがき近代史（一八）、『歴史読本』四月号（第一九巻第四号）、新人物往来社
◎一三日　ＮＨＫカメラリポート「今は昔・桜の名所」
五月　「関ヶ原の役」絵はがき近代史（一九）、『歴史読本』五月号（第一九巻第五号）、新人物往来社
◎一一日　ＮＨＫカメラリポート「かつぎ出したぞ千貫みこし」
六月　「歴史人物肖像集」絵はがき近代史（二〇）、『歴史読本』六月号（第一九巻第六号）、新人物往来社
「内藤新宿の今昔対照図」『狂蒐倶楽部』第二巻第二号（手書きコピー版）：一六―一七［円城寺清臣の『江戸から東京へ』第五号に出したものの再録］
◎一一日　ＮＨＫカメラレポート「烏森神社の祭礼」喜多川周之「『狂蒐倶楽部』第二巻第二号あとがき」
◎八日　ＮＨＫカメラリポート「板の橋界わい」
七月　「息吹く日本列島」絵はがき近代史（二一）、『歴史読本』七月号（第一九巻第八号）、新人物往来社
◎一一日　ＮＨＫカメラリポート「つりしのぶ ガラスの風鈴」
八月　「明治四三年東京大水害」絵はがき近代史（二二）、『歴史読本』八月号（第一九巻第九号）、新人物往来社
◎三一日　ＮＨＫカメラリポート「歩け歩け山手線一周」
九月　「日露戦役東京凱旋門」絵はがき近代史（二三）、『歴史読本』九月号（第一九巻第一〇号）、新人物往来社
喜多川周之指導・遠藤ケイ著『母と子が遊ぶ本：あやとりから紙細工まで』ＫＫベストセラーズ
一〇月　「新日本橋渡り初め以来」絵はがき近代史（二四）、『歴史読本』一〇月号（第一九巻第一一号）、新人物往来社

一一月　◎二一日　NHKカメラリポート「区民歌・区民音頭」
「日露講話と焼打ち事件」絵はがき近代史（三五）、『歴史読本』一一月号（第一九巻第一三号）、新人物往来社
「明治ののどかさ」『狂蒐倶楽部』第二巻第三号（手書きコピー版）：一七―一八
◎二三日　NHKカメラリポート「現代名人気質」

一二月　「東京停車場開業」絵はがき近代史（三六）、『歴史読本』一二月号（第一九巻第一四号）、新人物往来社
「神田須田町そのあたり――大衆食堂が生まれるまで」社史編集委員会編『聚楽五〇年のあゆみ』聚楽：三九―四二

一九七五年

一月　「皇居の一世紀」絵はがき近代史（三七）、『歴史読本』一月号（第二〇巻第一号）、新人物往来社
「明治三三年浅草大通り両側一覧　その一　浅草橋より雷門まで」『浅草寺文化』第一〇号、浅草寺史料編纂所：二三一―二三八
「隅田川七福神めぐり」北原卓編『丗人間讃歌』丗出版社：六五―七二
◎三日　NHKカメラリポート「昭和五〇歳祈りの絵馬」
「汗かきスタンプラリー」『浅草』第五〇号、東京宣商出版部：五〇―五一

二月　「帝都祝典三重奏」絵はがき近代史（三八）、『歴史読本』二月号（第二〇巻第二号）、新人物往来社
◎二日　NHKスポットライト「おみこし海を渡る」喜多川周之、マキシム・ビチュー、隠岐孝治郎　司会・米倉斉加年『狂蒐倶楽部』
第三巻第一号「広告の頁」
◎一八日　NHKカメラリポート「ウイッピー・アピール――街にタバコを捨てないで」

三月　「鳥人アート・スミス」絵はがき近代史（三九）、『歴史読本』三月号（第二〇巻第三号）、新人物往来社
「明治の末っ子新大橋」『明治村通信』第五七号　明治村東京事務所：二頁分
◎二一日　NHKカメラリポート「青梅・小さな山里」喜多川周之『狂蒐倶楽部』第三巻第一号「広告の頁」
◎二四日　NET（日本教育テレビ）女の昭和史　田谷力三他

四月　「帝都復興記念」絵はがき近代史（四〇）、『歴史読本』四月号（第二〇巻第五号）、新人物往来社
「見られなくなった東京 絵はがきにみる明治百年」松田延夫編『The 東京』読売新聞社：一六二―一六六
「浅草をあるく」【内山隆羅夫・正木健吉との鼎談】『旅』第四八巻第五号（通巻五六四号）日本交通公社：二八四―二九一
「浅草千束町のこと」『狂蒐倶楽部』第三巻第一号（手書きコピー版）：一七―一八
◎一八日　NHKカメラリポート「〝押し絵〟を楽しむ」

五月　「明治の日米野球」絵はがき近代史（四一）、『歴史読本』五月号（第二〇巻第六号）、新人物往来社
◎一四日　NHKカメラリポート「おばけみこし復活・下谷神社」（アーカイブス保存の当日番組タイトルは「よみがえった〝お化けみこし〟」）

六月　「日英博覧会」絵はがき近代史（四二）、『歴史読本』六月号（第二〇巻第七号）、新人物往来社
◎四日　NHKカメラリポート「地下鉄スタンプの風景」
◎一六日　NHKカメラリポート「御宿・青い目の旅がらす様」

七月　「国会の花形と新議事堂」絵はがき近代史（四三）、『歴史読本』七月号（第二〇巻第八号）、新人物往来社
◎一九日　NHKラジオ「下町対談・沢村貞子さんと」
八月　◎七日　NHKラジオ午後のロータリー「入谷の朝顔市」中継
「浅草の魔窟本二種」『狂蒐倶楽部』第三巻第二号（手書きコピー版）：一四–一五
◎二一日　NHKカメラリポート「求む、ユニークな方」〔『狂蒐倶楽部』第三巻第二号「広告の頁」〕
九月　「明治神宮創建」絵はがき近代史（四四）、『歴史読本』九月号（第二〇巻第一一号）、新人物往来社
「広告塔の十二階」『日本古書通信』第四〇巻第九号（通巻五五四号）日本古書通信社：一
◎二一日　NHKカメラリポート「祭だ腕のみせどころ」
一〇月　◎三〇日　フジテレビ「あなたの東京」木元教子さんと
「墨田川の移り変り」絵はがき近代史（四五）、『歴史読本』一〇月号（第二〇巻第一二号）、新人物往来社
一一月　「震災記念碑あれこれ」『歴史読本』（臨時増刊歴史百科シリーズ　特集日本記念碑総覧）二〇巻一三号：一三〇–一三一
「首都東京の市域拡張」絵はがき近代史（四六）、『歴史読本』一一月号（第二〇巻第一四号）、新人物往来社
◎五日～九日　資料展示「うえの・あさくさ文明開化展」台東区教育委員会主催、於・台東区役所九階
◎二〇日　NHKカメラリポート「お好み焼繁昌記」
一二月　「白瀬中尉南極探検」絵はがき近代史（四七）、『歴史読本』一二月号（第二〇巻第一五号）、新人物往来社
「江木写真館の営業案内『江木商店美勢鏡』」『狂蒐倶楽部』第三巻第三号（手書きコピー版）：三三–三四

一九七六年

一月　「明治の年賀はがき」絵はがき近代史（四八）、『歴史読本』一月号（第二一巻第一号）、新人物往来社
◎一四日　ラジオ午後のロータリー「成人式と小正月」
二月　◎一二日　NHKカメラリポート「おてんとう様はありがたい」
三月　◎一四日　青梅図書館講演「神田祭今昔」
◎二三日　NHKカメラリポート「たった一人の雑誌社」
四月　「三代の戦地慰問」絵はがき近代史（四九）、『歴史読本』四月号（第二一巻第五号）、新人物往来社
◎一六日　NHKカメラリポート「池のほとりの青空道場」
五月　「東京港の築造」絵はがき近代史（五〇）、『歴史読本』五月号（第二一巻第六号）、新人物往来社
◎一二日　不二サッシ工業講演「東京の高層建築のはじまり」

六月　「大正のうたごえ」絵はがき近代史（五一）、『歴史読本』六月号（第二一巻第七号）、新人物往来社
◎二一日～二三日　ラジオ早起鳥「今朝の随想」
◎二六日　京橋図書館講演「江戸と東京の地図」
七月　「英国皇太子ご来朝」絵はがき近代史（五二）、『歴史読本』七月号（第二一巻第九号）、新人物往来社
◎二六日　NHKテレビロータリー「鳥越おかず横町」（アーカイブス保存の当日番組タイトルは「手づくりが売りもの　おかず横町」）

八月　「軍隊の二十四時間」絵はがき近代史（五三）、『歴史読本』八月号（第二一巻第一〇号）、新人物往来社
◎四日　民主婦人連盟講演「皇居東御苑散歩」
◎一六日　NET あなたが発見した東京「神田須田町かいわい」中継

九月　「明治の新吉原」絵はがき近代史（五四）、『歴史読本』九月号（第二一巻第一一号）、新人物往来社
「浅草細見」珍しい資料二五〇点／『紙くず文化』の躍動美を中心に／土地っ子出版へ」『読売新聞』二九日記事
◎二三日　石浜図書館講演「橋場町の移りかわり」

一〇月　「東海道五十三次」絵はがき近代史（五五）、『歴史読本』一〇月号（第二一巻第一二号）、新人物往来社
「人形町そのあたり」人形町商店街協同組合二〇周年記念出版事業部編『にほんばし人形町』人形町商店街協同組合：八〇－八一ページ
『明治・大正・昭和　人形町々並細見図』喜多川周之考証図、人形町商店街共同組合二〇周年記念出版事業部発行［『にほんばし人形町』の附録であるとともに、一〇月七日～九日に開かれた「出版記念界隈資料写真展」の受付で別刷として頒布された。］
「絵葉書」の項目『国民百科事典六』平凡社：二七七－二七八
◎六日　城西ロータリークラブ講演「紀尾井町そのあたり」
◎七日　村松博雄氏と対談「人形町かいわい」芳町見番
◎一六日　NET こんにちは東京「隅田川くだり」中継
◎一八日　日本橋東ロータリークラブ「日本橋川の流れ」
◎二三日　NET こんにちは東京「幻の版画みつかる・新東京百景」

一一月　「日本最初の飛行機」絵はがき近代史（五六）、『歴史読本』一一月号（第二一巻第一三号）、新人物往来社
◎二日　NHKテレビロータリー「新宿地下道」（アーカイブス保存の当日番組タイトルは「道（2）――光と音の歩行者天国（新宿）」）
◎四日～九日　千代田区老人福祉センター寿学級「神田昔ばなし」
◎八日　NET 東京のこだま「江戸のオアシス飛鳥山」
◎八日～一三日　資料展示「浅草橋場再見」台東区教育委員会主催、於・台東区役所
◎一三日　台東区役所講演「浅草橋場再見」
◎一五日　NET 東京のこだま「姿を消した桜土手」

一二月　「名は高輪泉岳寺」絵はがき近代史（五七）、『歴史読本』一二月号（第二一巻第一四号）、新人物往来社
◎二日　日本工業クラブ座談会「東京の赤煉瓦」
◎二一日　NHKテレビロータリー「ブーツ・ブーツ」
◎二三日　ニュースセンター六・四〇「浅草細見」

一九七七年

一月　「聖徳記念絵画館」絵はがき近代史（五八）、『歴史読本』一月号（第二二巻第一号）、新人物往来社

二月　「日露戦役記念」絵はがき近代史（五九）、『歴史読本』二月号（第二二巻第二号）、新人物往来社

三月　◎二日〜七日　資料展示「下町浅草展」札幌東急百貨店
「絵はがきにみる地図」絵はがき近代史（六〇）、『歴史読本』三月号（第二二巻第三号）、新人物往来社
四月　◎二日　ＮＨＫテレビロータリー「ロックで法要式」
五月　◎二日　ＮＨＫテレビロータリー「花に誘われ上野の山は」
「凌雲閣発行の暦」『狂蒐倶楽部』第四巻第一号（手書きコピー版）：折り込み頁
七月　◎二八日　ＮＨＫテレビロータリー「下の谷向こう三軒両どなり」
「思い出の大東京」坪田五雄編・発行『昭和日本史一三　昭和の風俗』暁教育図書：一一九
「下町」の項目『国民百科事典六』平凡社：三六四
八月　◎三日　ＮＨＫテレビロータリー「マイコンブームとはいうけれど」
九月　「日本橋の河岸と大通り」「江戸の華のことなど」日本橋誌刊行委員会編『記念誌　日本橋』名橋「日本橋」保存会：二〇六−二六八
一〇月　◎二一日　ＮＨＫテレビロータリー「〝げん玉道〟誕生」
一一月　喜多川周之地図作成・山本進編、三遊亭円生著『寄席切絵図』青蛙房
「立川文庫」の項目『国民百科事典八』平凡社：五二四
「東京にだって／見直されています／史跡シリーズ／受ける家族連れ向き」『読売新聞』二日記事
◎四日〜八日「浅草六区展」台東区教育委員会主催、於・浅草公会堂一階
「千葉街道いまむかし／四層楼と共に栄華も消えた」『読売新聞』二七日記事
一二月　「浅草寺／『東京の原点だ』／来年はブームが来る」『読売新聞』一六日記事
◎六日　ＮＨＫテレビロータリー「江戸凧健在」
◎二七日　ＮＨＫテレビロータリー「テレビロータリーこの一年」

一九七八年

一月　◎一四日〜三月三一日　資料展示「サーカス資料展」浅草区民会館一階展示ホール
二月　◎一日　ＮＨＫテレビロータリー「ジャンボ・ファッションショー」
三月　「橋場の銭座」台東区教育委員会社会教育課編『浅草橋場いまむかし』台東区教育委員会：六−九
「江戸への買物道」『歴史読本』第二三巻第四号、新人物往来社：三六〇−三七〇
◎二日　ＮＨＫスポットライト「浅草十二階盛衰記」（三〇分番組）司会・鈴木健二、喜多川周之・村松貞次郎・鳥海たへ子その他出演。
◎一六日　ＮＨＫテレビロータリー「屋号札登場――長野・伊那市」
［喜多川コレクション所蔵］
四月　「偲ぶ明治の東京」【前田愛との対談】『新刊展望』第二二巻第四号（三八五号）、日本出版販売株式会社：一〇−一七
◎二一日　ＮＨＫテレビロータリー「「おていちゃん」を考証する」矢野誠一・喜多川周之［喜多川コレクション所蔵］
五月　「江戸・下町のこころ」【小森隆吉との対談】『都政人』通巻四三七号、都政人協会：三八−四九

六月　「花火」の項目『国民百科事典八』平凡社：一六九―一七〇
◎二日　ＮＨＫ教育　文化シリーズ 生活の中の日本史「浮世戯評（1）落首の刃」吉原健一郎・林英夫・喜多川周之・下元勉・羽佐間道夫
八月　「古き良き東京 絵はがきは語る」『太陽』八月号（一八四号）、平凡社：一〇三―一〇九
◎一五日　ＮＨＫテレビロータリー「〝チャンバラ道場〟誕生」
九月　◎一四日　ＮＨＫテレビロータリー「原宿の寄席」
一〇月　◎四日　ＮＨＫテレビロータリー「浅草双紙をつくる」
一一月　「私の好きな本」『東京の心』創刊号、東京の心編集室：一二
「浅草十二階とバルトン」浅草の会編『浅草双紙 第二〇〇回記念特集』未央社：一九二―一九五
「下町人情の中に息づく史跡」『歴史読本』第二三巻第一四号（通巻二九三号）、新人物往来社：二五二―二六一
「遊戯」の項目『国民百科事典一四』平凡社：六、八―一一
一二月　「露天商」の項目『国民百科事典一四』平凡社：四五二―四五三
「山ノ手にもあった下町 世田谷区太子堂」『旅』第五二巻第一二号（通巻六二一号）日本交通公社：一三〇―一三一
「浅草を愛すればこそ…」桂米丸と対談、『浅草』第九六号、東京宣商広報部：
『江戸凧三代』【橋本禎造・橋本きよとの対談共著】徳間書店
？　◎一五日　ＮＨＫ午後のロータリー「浅草寺境内 碑と庶民の心」（中継）網野宥俊・喜多川周之［喜多川コレクション所蔵］
一九七八年冬～一九七九年秋「東京の庭園」その一～その四『インペリアル』二七号～三〇号、帝国ホテル業務推進室
一九七九年　一月　◎八日～三月三一日　資料展示「下町こども遊び展」台東区教育委員会主催、於・浅草公会堂一階
二月　◎一〇日　ＮＨＫニュースセンター9時「ワイト島でミルンの色付きスライドの発見」のニュースで写真のいくつかはバルトンの撮影であることを解説［喜多川コレクション所蔵］
◎一五日　ＮＨＫテレビロータリー「スケートが生きがい――諏訪・老壮スケート会」
五月　「隅田川の一銭蒸気船」『浅草』第一〇二号、東京宣商広報部：一二―一三
◎六日　ＮＨＫ海外リポート「香港・職人もろもろ」
六月　「明治の町職人さん」『淡交』第三三巻六号（通巻三八九号）、淡交社：四一―四六
「東京わらべ唄考（八）お江戸坂々／目にまぶしい明治の女学生」『読売新聞』六月二日記事
八月　「夜鳴きの鶏」『浅草』第一〇六号、東京宣商広報部：八―九
◎二七日　ＮＨＫテレビロータリー「東京わがふる里」
一一月　「日本の名所と絵葉書」西巻興三郎編『日本百景と土産品 江戸明治Ⅳ 名所見物』太陽コレクション一六、平凡社：一一九―一二三
一九七九年冬～一九八〇年秋「散歩道　皇居ひとめぐり」その一～その四『インペリアル』三一号～三四号、帝国ホテル業務推進室
一九八〇年　一〇月　「近世職人尽絵詞：江戸の屋根の下の職人さん／解説」『増刊歴史と人物』第一一一号、新人物往来社：一三三―一六四

一二月　「モデルさん登場」坪田五雄編・発行『文明開化と女性』暁教育図書：一一〇－一一一
「芸者衆わかった／郷土史家、入手の資料で／浅草「凌雲閣」での初の美人コンクール」『読売新聞』七日記事
「心の中の芝居の碑」『浅草』第一二一号、東京宣商出版部：一四－一五

一九八〇年冬～一九八一年秋「水の東京」①、②、④『インペリアル』三五号、三六号、三八号、帝国ホテル業務推進室　＊③（三七号）は未見。

一九八一年　六月　「ぬくもりの『庶民史』／喜多川周之」『読売新聞』六日記事
一一月　「昭和の浅草写真集を出版」桂米丸と対談、『浅草』第一三一号、東京宣商出版部：一四－一七

一九八二年　三月　「編集後記」浅草の会編『写真にみる昭和浅草伝（三〇周年記念号）』浅草の会：一三四
「人間ドキュメンタリー／下町の暮らしをＴＶに／時代考証家 喜多川周之さん」『向上』第八四一号、財団法人修養団：六〇－六三
？　「東京ウォーキングレポート〈パート二〉水の都・東京」『環境文化』五六号、環境文化研究所：一〇六－一〇八

一九八四年　二月　「薮入りその他」台東区教育委員会編集『下谷・浅草年中行事』台東区教育委員会：六－九

一九八五年　一〇月　「絵図から起こす下谷根岸」台東区下町風俗資料館編『下谷根岸』：一－八
一一月　「網野宥俊先生を偲ぶ」網野宥俊『浅草寺史談抄拾遺』浅草寺山内金蔵院：二七〇－二七五

一九八七年　三月　「凌雲閣」台東区教育委員会編『浅草六区：興行と街の移り変り』台東区教育委員会：一〇五－一一四

発行年不詳　？　喜多川周之図、礒部鎮雄編『俚俗江戸切絵図』有光書房［四〇図。「一七〇図、一七回配本、各回三〇〇〇円の有光書房の広告が、一九七一年七月号の『太陽』に出ているので、そのあたりから発行し始めたものか。一〇図ずつ四回分配布したところで断絶したものと思われる。」
？　「江戸への道すじ」［「ずいひつ」とあるから『歴史読本』ではないかと思う。二〇〇号までの総目録（七二年一二月号）及び二〇〇号から三〇〇号の総目録にはなし。それ以降か］

＊テレビ番組や講演等にかんしては◎を冒頭につけたが、斎藤夜居資料の新聞の切り抜き、『狂蒐倶楽部』のあとがき及び会員活動広告の情報、ＮＨＫアーカイブスのクロニクル検索その他、また江戸東京博物館所蔵のビデオテープや音源などより推定し構成した。わかったかぎりということで、時期的に大きな偏りがあると思われる。

あとがき

いささか風変わりなスタイルの書物になった。

第一章は首都東京において失われた高塔のモノグラフィックな分析、第二章は民間学者のしごとと研究とを論じ、第三章が浅草公園をめぐる聞き書きの再構成で、第四章では社会にのこされた十二階の記録を集成している。スタイルが異なるそれぞれの章の底にあるのは、三〇年以上も前に学びはじめたときの宿題の感覚である。この「あとがき」でその経緯を論ぜずに、第三章のはじめに解題として述べているのも、すこし破格かもしれない。しかし一冊の研究書である。それぞれの章の試みのいわば「虚焦点」とでもいうべきところに、私自身は写真や版画でしか見たことがない「凌雲閣」が立ち、組織人としては「官学アカデミズム」に属している私自身の研究のいとなみとも、どこかでつながっているにちがいない「民間学」が置かれている。

すこし飛躍したものいいになるが、今日からすれば虚構の幻のように思える塔が集約し、人びとの身体に生みだしていたのは、じつは「十九世紀の首都・パリ」ならぬ「日本近代の首都・東京」の経験である。地理的な〈場〉としても、また意味や価値をおびた〈像〉としても、実質をもつようになった空間としての近代都市・東京の、認識であり実践であり体験であるようななにかが、この十二階の〈高さ〉を媒体に生みだされたのではないか。ある集合性において、である。そこに第一章の主題があり、この本の通奏低音がある。だから「失われた〈高さ〉」を、かつては高かったが今のスカイツリーからすれば低く見えるという、ありきたりで安直な意味では受けとらないでほしい。都市という空間は、見るものと見られるものとの無数の、そして相互に異質であると同時に、どこかで呼応する身体とまなざしの交差点に成り立つ。ここでいう〈高さ〉はこの交差が現象する特異点の位置なのだが、認識の復元や体験の発掘をふくむという意味ですでに失われていて、歴史社会学的な想像力が必要となる。見えかくれするキーワードのひとつが「虚焦点」であるのは、それゆえである。

第一章のもとになったのは、文学研究の雑誌に寄稿を依頼された論考「都市生活の光と陰――浅草十二階が与えた視覚と想像力」[『文学』第一四巻第四号、二〇一三年七・八月号：一六六―一八六]である。掲載時に省略した論点などを復活させるとともに、その後に気づいたり入手したりした資料をつかって、大幅に書きかえている。先行する吉見俊哉の浅草論や、細馬宏通の十二階研究には多くを学ばせてもらった。なにを隠そう、手元にあった『浅草寺文化』の喜多川周之さんの論考の古いコピーは、じつは吉見氏に頼んでたしか台東区の図書館から撮ってきてもらったもので、あの特徴ある角張った文字で出典の書き入れがある。吉見氏が『都市のドラマトゥルギー』を書いていた時期は私も同じように若く、いろいろと論じ合う時間があった。彼はエネルギッシュに自分の都市文化研究の構想を追いかけていったが、私は道ばたの草を喰いながら忙しがってばかりで、細馬氏の労作が出たときもしばらく読む時間も機会もなかった。そうこうしているうちに、江戸東京博での資料研究のプロジェクトが始まり、山本進氏が主宰する落語演芸の研究会で出会った岩波書店の編集者に浅草を論じた小論を書いてほしいと頼まれた。そのあたりが再起動のきっかけである。三年ほど前になるか、ここで美人投票の分析につかっている『百花美人鏡』の一冊をたまたま手に入れた。喜多川周之さんが生きていたらお見せして、また縦横にひろがるお話しを聞いてみたかった。その他バルトンをめぐる再婚など、第一章では新しい資料や事実も、すこし増補している。

第二章は、江戸東京博物館での報告書に載せた「民間学者としての喜多川周之」[『喜多川コレクション』調査報告書第二二集、二〇一〇年三月：一二三―一四八]と「喜多川コレクションの魅力――民間学者の遺産」[『喜多川コレクション 第二集』調査報告書第二六集、二〇一二年三月：三七―五五]を素材にし、全面的に構成しなおした。東京都江戸東京博物館の行吉正一学芸員が、開館以来の課題であったコレクション資料の研究を進めることを思い立ち、誘ってくれた成果である。できあがってみたら、私なりのライフヒストリー研究になっていた。あえて第二章をこのように置いたのは、十二階研究の視界そのものをつくり上げた研究主体の存在形態を重視したかったためだ。対象があり主題があっても、それだけでは研究は成り立たない。対象を掘り起こし、主題を追求し、そのための方法を工夫する主体のたえまない実践なしには研究は生みだされない。これが民間学者としての喜多川周之論となったのは、この素材ゆえの必然である。ある出版社の編集者からは、この章は多くの読者にとってたいして関心がないし、意味がわからないだろうからいらないのではないかと言われた。それよりスカイツリーを論ずる章を設けたほうが現代的で、ふつうの読者に興味をもたれると提案されたが、それが正しいかどうか以前に私には書くべき内容が思いつかなかった。なによりも、そんなふうな本づくりしかいまは許されないのかと悲しかった。

第三章がヒアリング記録ではないこと、またテープ起こしの利用が浅草公園と十二階の周辺にかぎられていることは、章の冒頭で述べた。「聞き書き」とはいいにくいので「問わずがたり」とした。中野卓先生は自分の『口述の生活史』［御茶の水書房、一九七七］を、あえて「編著」というかたちで提示したが、その意味ではこの部分は声の編集だけでなく書いたものまで利用しているのだから、もっと編著の性格がつよい。この章の方針も、別な出版社からは私ひとりの純粋な研究成果でないからと、刊行に難色をしめされたりもした。喜多川さん自身のお考えをうかがうことはできないが、著作の権利を継承しているご子息に私の意図を説明した。親父のしごとを覚えてくれていて、どんなかたちにせよ利用してくれるのはありがたいと応援してくれた。そんなこともあって実験的なスタイルだが、あえて試みてみた。

第四章は資料集成的な部分で、今日の本づくりからすれば、さらに収録が忌避される。これを省略せず一章に位置づけたのは、社会科学の論文には明確な「問い」と論証された「結論」だけがあればよいという、一部で主張される単純な考えに少なからず違和感をもっていたことが関連しているかもしれない。「問い」がきちんと設定され「結論」が明確であることという理想が間違っているとはまったく思わない。しかし、自分が出した結論だけ届ければじゅうぶんだというのはどうだろうか。資料を共有することを研究以前のたんなる前提とかたづけ、不可視の領域に追いやるべきではない。資料とすべきものの拡がりと共有のしかたが、研究における論証という実践の奥行きや結論の重みを支えているからだ。問いの立て方が適切であるかどうかもまた、そうした事実の厚みから審査される。多くのひとに知られていない領域の小さな現象ならば、観察された事実の積み上げから共有しなければ、説明も批判もまた説得力をもたない。この本の手のうちを明かすというつもりは毛頭ないのだが、データベースとして今後の研究が最低限共有すべきものを、年表代わりに時系列で集成した。資料の量を勘案しつつ月単位や年単位、あるいは明治三〇年代、四〇年代などの適当なくくりで、私自身の概説・解題をくわえている。▼の記号につづけて細いゴシックで組んである部分がそれにあたる。引用は読みやすさを考えて読点をおぎない、副詞などの漢字をかなにひらいた。資料性の高い部分には検索用の便宜が必要だろうと、第三章の「問わずがたり」と第四章のみを対象とした索引を作成した。

この本はすでに暗示しているように、いくつかの出版社での刊行が予定されたり検討されたりしながら、さまざまな理由から実現にはいたらなかった。詳細は省くが、現在の出版をとりまく窮状をまえに、編集者が刊行をあきらめたくなる気分もわからないではない。そんななかで草稿に目を通し、研究書として一冊にすることの意義を認め、がんばってくれたのが中村憲生さんで、弘文堂にはこころより感謝している。著者としての私の非力はさておいて、研究書という稀少で特殊な文化資源が世におくりだされるかどうかは、いつの時代も遠大な志をたもち、読解力という想像力をもちあわせた最初の他者、あるいは第三の読者である編集者にささえられている。であればこそ、志と能力のある編集者が生きづらい世のなかは望ましくないと、地味な織り模様の研究書しか書けない著者としては思う。

この本を谷根千の森まゆみさんに贈る。森さんは、幻の「民間学専攻」の同級生である。

二〇一五年師走

佐藤　健二

ヤ

ラ

ワ

ナ

ハ

マ

索引

ア

カ

【著者紹介】

佐藤健二（さとう　けんじ）

1957年生まれ。東京大学大学院人文社会系研究科教授。社会学博士。専攻は、歴史社会学、社会意識論、社会調査史、メディア文化など。

主な著書に、柳田国男のテクストの新たな読解や書物論をふくむ『読書空間の近代』（弘文堂）、絵はがき論や風景論の『風景の生産・風景の解放』（講談社選書メチエ）、うわさ話の基礎研究で「クダンの誕生」を収録した『流言蜚語』（有信堂高文社）、歴史社会学の方法意識を論ずるとともに新語論や石井研堂論をふくむ『歴史社会学の作法』（岩波書店）、近代日本の社会調査の歴史的展開を考察した『社会調査史のリテラシー』（新曜社）、ケータイを切り口にことばの力と他者認識の変容を論じた『ケータイ化する日本語』（大修館書店）などがある。

近著の『論文の書きかた』（弘文堂）では、問いを立て、観察し調査し、記録を分析し、図にまとめ、文を書くという営みのなかで、いかに社会学的な想像力を働かせるかを説き、『柳田国男の歴史社会学』（せりか書房）では、『読書空間の近代』が問うた「方法としての柳田国男」という主題を、全集編纂への参加以降の経験をもとにふたたび論じている。

浅草公園　凌雲閣十二階——失われた〈高さ〉の歴史社会学

2016（平成28）年2月15日　初版1刷発行

著　者　佐藤健二

発行者　鯉渕友南

発行所　株式会社　弘文堂　101-0062 東京都千代田区神田駿河台1の7
TEL 03(3294)4801　振替 00120-6-53909
http://www.koubundou.co.jp

装　丁　笠井亞子

組　版　スタジオトラミーケ

印　刷　大盛印刷

製　本　牧製本印刷

ISBN978-4-335-55174-1